"十二五"国家重点出版物出版规划项目

教育部新兴领域教材研究与实践项目

城市交通系列教材　　邵春福　闫学东　总主编

城市交通枢纽

（第2版）

何世伟　编著

北京交通大学出版社

·北京·

内 容 简 介

本书主要介绍城市交通枢纽设计的基础理论和方法,分为 10 章,包括:城市交通枢纽概述,城市交通枢纽设计的内容、原则与模式,城市交通枢纽的人流特性及组织,铁路主导型枢纽,公路主导型枢纽,水运主导型枢纽,航空主导型枢纽,城市内部交通枢纽——地面公共汽(电)车换乘枢纽,城市内部交通枢纽——城市轨道交通与地面公共汽(电)车换乘枢纽,城市内部交通枢纽——停车换乘枢纽。

本书是"十二五"国家重点出版物出版规划项目"城市交通系列教材"之一,既可作为交通运输专业的高年级本科生、研究生教材,也可供交通运输规划和设计工作的交通规划部门、规划设计研究院、相关科研部门、咨询公司及其他相关机构的人员参考。

图书在版编目(CIP)数据

城市交通枢纽 / 何世伟编著. —2 版. —北京:北京交通大学出版社,2022.12
城市交通系列教材 / 邵春福,闫学东总主编
ISBN 978-7-5121-4867-3

Ⅰ. ① 城… Ⅱ. ① 何… Ⅲ. ① 城市交通–交通运输中心–高等学校–教材
Ⅳ. ① U491.1

中国版本图书馆 CIP 数据核字(2022)第 251672 号

城市交通枢纽
CHENGSHI JIAOTONG SHUNIU

责任编辑:孙秀翠
出版发行:北京交通大学出版社   电话:010-51686414
地   址:北京市海淀区高梁桥斜街 44 号   邮编:100044
印 刷 者:北京时代华都印刷有限公司
经   销:全国新华书店
开   本:185 mm×260 mm   印张:17.5   字数:437 千字
版 印 次:2016 年 1 月第 1 版   2022 年 12 月第 2 版   2022 年 12 月第 1 次印刷
印   数:1~1 000 册   定价:58.00 元

本书如有质量问题,请向北京交通大学出版社质监组反映。对您的意见和批评,我们表示欢迎和感谢。
投诉电话:010-51686043,51686008;传真:010-62225406;E-mail:press@bjtu.edu.cn。

总　序

　　现代交通系统对我国城镇化发展具有支撑性和先导性作用,它既是人们生活出行的基本保障,又是带动城市经济社会发展的"先行者"。自改革开放以来,我国的城镇化以年均超1%的速度快速发展,截至2021年年底,我国的城镇化率已经超过64.72%。城市交通系统,尤其在超大城市和特大城市,以公共交通为骨干的城市综合交通体系发展迅速,已经有28个省(自治区、直辖市)的51个城市开通了城市轨道交通系统,运营总里程位居世界第一。然而,城市交通拥堵、汽车尾气污染和交通事故多发等"城市病"现象也日趋严重,已经成为阻碍我国城市经济社会发展的社会问题,严重影响市民的生产和生活,人们出行的获得感、安全感不高,更谈不上满足感和幸福感。

　　"城市病"问题得到了政府和社会各界的广泛关注,但是至今高校尚没有设置城市交通专业,又没有与此对应的系列化、专业化教材,导致城市交通治理人才匮乏。城市交通牵涉人文、社会、政治、经济、工程等多个领域,是典型的交叉学科,治理城市交通需要复合型人才。

　　为满足社会对城市交通专业人才的培养需求,从2012年开始,作者与北京交通大学出版社共同组织北京交通大学交通运输学院交通工程和交通运输2个国家级教学团队的师资力量编写了"城市交通系列教材",包括《城市交通概论》《城市总体规划》《城市交通调查》《城市交通规划》《城市交通流理论》《城市公共交通》《城市交通管理与控制》《城市交通设计》《城市交通枢纽》《城市道路工程》《城市交通安全》《城市交通经济》《城市智能交通系统》《城市交通专业实验教程》《城市智慧物流》,共15册教材。本系列教材获批了原国家新闻出版广电总局的"'十二五'国家重点出版物出版规划项目",并于2016年完成了本系列教材第1版的出版发行。

　　本系列教材一直作为北京学院的主要参考教材使用。北京学院是北京市教育委员会借助在京高校的优势特色资源为北京市培养特需人才的一项重要工程。北京交通大学依托在交通运输领域的传统优势和特色,于2015年申报北京学院城市交通辅修专业并获批,并于同年招生,至今已经招收了6届。

　　本系列教材为"城市交通系列教材"的第2版。修订出版第2版的理由如下:首先,本系列教材初版发行6年来,受到了相关高等院校和科研单位的厚爱。其次,中共中央、国务院于2019年9月发布了《交通强国建设纲要》,于2021年2月发布了《国家综合立体交通网规划纲要》,并把交通强国建设作为国家战略,要求到21世纪中叶,构建安全、便捷、高效、绿色、经济的现代化综合交通体系,打造一流设施、一流技术、一流管理、一流服务,建成人民满意、保障有力、世界前列的交通强国,为全面建成社会主义现代化强国、实现中华民族的伟大复兴中国梦提供坚强支撑;实现"全国123出行交通圈"(都市区1小时通勤,城市群2小时通达,全国主要城市3小时覆盖)和"全球123快货物流圈"(国内1天送达,周边国家2天送达,全球主要城市3天送达),做到"人享其行,物优其流"。最后,城市和都市圈内部的"多规融合"和"多规合一",京津冀、长三角、粤港澳、成渝等世界级城市群和国家、区域级城市群建设的推进，以及智慧城市、智慧交通和城市治理等对城市交通的知识体系和人才培养提出了新的需求。编写团队为适应上述需求的变革，修订出版本系列教材的第 2 版。

由于编者的水平、时间有限，本系列教材中难免出现疏漏和不足之处，敬请读者批评指正。

作　者
2022 年 10 月

前　言

　　城市总有一些交通建筑让人印象深刻，无论是美国纽约的中央车站、英国伦敦的国王十字车站、日本的京都火车站，还是 20 世纪 50 年代北京十大建筑之一的北京站，还有北京新地标的首都国际机场 T3 航站楼、北京大兴国际机场、北京南站等，这些有多条线路交汇或多种交通方式衔接的交通枢纽，在解决人们出行和换乘等基本交通需求的同时，也承担了城市景观、地标、门户，甚至商业中心、城市副中心等更多的职能。以柏林来哈特枢纽、巴黎拉德芳斯枢纽为代表的交通枢纽，已成为集多种交通方式、商业、办公等多种功能于一身的立体化综合性枢纽；以日本的京都火车站枢纽、大阪核心区 Grand Front 为代表的城市综合体项目，更是囊括了购物中心、标准写字楼、五星级酒店、销售型公寓、展厅、剧场、活动空间、会议中心等多种物业类型。以大阪 Grand Front 为例，有 7 条轨道交通线路在附近汇集，每天有约 250 万人次的客流量，除传统商业和物业类型外，其"知识之都"几乎囊括了所有方便人们交流的各种设施，如大小办公室、沙龙、实验室、展厅、剧场、活动空间、会议中心等，开始成为创造新文化、新创意、新产品和新服务的创新交集点，其所表现出来的活力，再次点燃了城市生活的激情。

　　杰出的交通建筑是凝固的历史和艺术，早期古典主义与新古典主义的交通场站建筑，强调的是理性；而现代主义、后现代主义特征的交通场站建筑体现的是灵活性；后工业时代的交通场站建筑呈现出的是复杂性和矛盾性。从古典主义的交通场站建筑强调的完美比例、哥特式交通场站建筑的庄严宏大、新古典主义交通场站建筑对于严谨和完美的追求，再到现实主义、装饰主义、未来主义等新建筑形式，设计的交通枢纽建筑呈现出了动感、活力及力量。交通枢纽建筑，一方面仍然秉承着人文精神的终极理念，如哥特式火车站交通枢纽建筑，其宏伟的大门和车站内部都是闪亮的，它试图点亮人们的心灵，让出行的旅人借助亮光抵达真正的光明；另一方面，交通场站建筑风格也传递出时代的特征，如高大宏伟的交通场站建筑风格象征了国家在经济上升期的雄心和自豪感，传递出民族主义、勇气、荣誉感和尊严感等意识，而低碳环保的简约设计体现出现代社会可持续绿色发展的新理念。在交通枢纽的核心——交通功能的设计与实现方面，从传统的平面场站到立体交通枢纽设计，设计师们不断推陈出新，基于"无缝衔接"和"零距离换乘"理念，提出了不同交通方式与线路间的既物理衔接又便捷的功能与服务衔接的优秀设计方案。应该说，无论是建筑的稳重庄严或动感灵活，还是功能与服务的便捷通畅，过去一个多世纪的交通枢纽设计与发展史，为交通枢纽设计变革积攒了厚重的知识财富，而中国城市化快速发展，加快高铁、航空、城市轨道交通等建设带来的交通枢纽发展机遇，更为中国的交通枢纽规划和设计者提供了大展身手的舞台。未来中国交通枢纽设计应秉承何种理念，如何学习并集成世界交通枢纽设计的思想与技术精髓，传递优秀的中华文化（如"天人合一"）与世界文化的理念，值得每一位交通枢纽规划学习者和设计者认真思考。

本书第1版于2016年1月正式出版以来，中国交通枢纽的建设发展取得了举世瞩目的成就，包括北京丰台高铁枢纽站在内一大批新综合交通枢纽建成或即将建成开通运营，为城市交通枢纽建设设计提供了丰富的案例和宝贵的经验。在国家政策层面，《交通强国建设纲要》《国家综合立体交通网规划纲要》提出了构筑多层级、一体化的综合交通枢纽体系，重点建设京津冀等四大国际性综合交通枢纽集群，推进建设20个左右国际性综合交通枢纽城市及80个左右全国性综合交通枢纽城市的目标，将综合交通枢纽列入"十四五"规划102项重大工程项目予以推进。《国家物流枢纽布局和建设规划》《国家物流枢纽网络建设实施方案（2021—2025年）》提出选择127个城市作为国家物流枢纽承载城市，规划建设212个国家物流枢纽，聚焦打造"通道+枢纽+网络"现代物流运行体系。交通运输部等联合印发的《现代综合交通枢纽体系"十四五"发展规划》，围绕建设现代综合交通枢纽体系，进一步明确"十四五"交通枢纽发展的具体任务，这些振奋人心的政策和规划文件为新时期综合交通枢纽体系化大发展指明了方向，传递了高质量发展下新的更高要求。新的《城市客运交通枢纽设计标准》（GB/T 51402—2021）国家标准的发布，进一步保障了城市客运交通枢纽设计的规范性。这些均为本书的再版修订提供了新背景、新要素和新变化。

作为《综合交通枢纽规划——理论与方法》的姊妹篇，前者着重介绍交通枢纽规划的基础理论和方法，本书更侧重城市交通枢纽的设计方面，并吸取了作者交通枢纽规划与设计课程的部分讲义内容。由于《交通港站与枢纽》教材对每种交通方式港站设计问题已有较多介绍，本书将重点放在具有两种以上交通方式或线路交汇的交通枢纽场站的设施设备布局、作业流程及功能设计方面，基于系统、基础、清晰、实用和逻辑严密角度来组织内容，并尽量结合实际案例讲解，避免抽象的原则和空洞说教。本书不仅介绍交通枢纽设计的国内外动态，而且传递出兼具传统与时代特征的价值观和新理念，同时增加了相关新的设计规范和标准，使教材内容与实际工作需要更加接近。

本次再版修订由何世伟教授编著。

本书受首都高端智库课题（2021ZKKT013）资助。

若需本书课件资源，可发 shwhe@139.com 邮箱联系。

感谢北京交通大学出版社对本书出版的大力支持！由于作者水平有限，书中内容不准确甚至错误之处在所难免，恳请各位专家、同行和读者批评指正。

编　者

2022.10

目　录

第1章

城市交通枢纽概述

1.1 城市交通枢纽简介

1.1.1 城市交通枢纽的定义

城市交通枢纽是在两条或两条以上运输线路的交汇、衔接处形成的具有运输组织、中转、装卸、仓储、信息服务及其他辅助服务功能的城市综合性设施。它是为交通对象完成一定出行目的在不同交通方式或交通设施之间搭乘转换的全过程，以及在该过程中所得到的由载运接驳设施（如衔接通道及线路、换乘站厅等）提供的交通服务。

城市交通枢纽是区域或城市交通网络的重要节点，是各种运输方式交通网络的交汇和运输转换衔接处，是实现客运"零距离换乘"、货运"无缝化衔接"的现代交通运输的核心，也是构建综合交通运输体系的关键。

城市交通枢纽，作为城市不同交通方式或不同线路衔接的重要市政基础设施，与城市出行、物流发生越来越紧密的联系，城市正发生迅速的变化，城市小汽车保有量及使用的迅速增加，使城市的交通变得更加拥堵。另外，新的公共交通方式也开始引入城市，为了满足遍布城市不同角落的人们的出行和物资交流需要，各种交通方式与城市产生更多的联系，交通枢纽作为各种交通联系的节点，也面临城市土地利用、空间构架与交通出行、物资运输效率等一系列的问题。

交通枢纽承担城市内外部交通的联系作用，在对外交通方面，枢纽是城市的门户，它是展示城市形象的窗口，是内外交通中转、换乘组织的中心，也是城市活动集聚的重要场所。当前，我国深水港、航空港等大型交通枢纽设施得到大力发展，而随着高速铁路网络的构建，铁路枢纽也将迎来新的建设高潮。区域交通枢纽和网络格局的改变，对城市的区位条件、功能布局和空间结构具有至关重要的影响。

城市内部的交通枢纽也面临新的发展机遇，在环境、能源等各种压力下，优先发展公共交通成为大城市的必然选择。而城市轨道交通在城市综合交通体系中发挥着越来越大的作用，大型的轨道交通站点正成为运送客流和组织城市生活的一个重要空间载体。总体来说，不同类型、不同规模和等级的枢纽，其功能和交通组织要求有很大不同，枢纽与周边地区以及整个城市的关系也存在很大差异。近几年，我国各类城市交通枢纽地区的规划实践十分活跃，而轨道交通枢纽（包含对外铁路和城市轨道交通）的规划建设尤其具有普遍性。人们对于枢纽地区规划也有了更多的新思考和探索，这些设计理念、方法和经验对指导我国交通枢纽未来的发展与建设有重要的借鉴价值。

城市交通枢纽的规划设计不仅仅是物理空间的问题，还涉及枢纽的功能和作用、枢纽在城市中的合理布局、枢纽设施的区域共享、枢纽地区的活动多样性和综合开发、枢纽的环境和服务品质、枢纽及周边地区的生态与环境保护等诸多的问题。如何创造一个运行高效、绿色环保、文化浓郁、活力持久的多维意义上的交通枢纽，既需要政策、技术层面的响应，也需要规划设计人员不懈的理论研究和实践跨越。

一般来讲，城市交通枢纽应该具备以下特征。

从地理位置上来看，城市交通枢纽处于"干线交汇"处，通常由处于干线上的两种或两种以上运输方式的场站有机整合形成，是客货流的重点集散地。

从运输网络上来看，城市交通枢纽重在"衔接"，如要求城市对外运输方式与城市内部交通（如地铁、公交、出租等公共交通）方式的内外紧密衔接，路网中干线运输方式（如航空与高铁、高铁不同线路、高铁与既有普速铁路间）的紧密衔接等。

从运输组织上来看，城市交通枢纽强调客运"换乘便捷"、货运"无缝衔接"，必须着重考虑不同运输方式间的客流转换、货运中转，具备相应的转换设施或功能区，同时枢纽内的不同运输方式的运行时间、运能匹配、运营线路统一协调，减少换乘旅客的等候时间、货物的中转停留时间，实现运输过程在时间上的无缝衔接。

从基础设施上来看，城市交通枢纽要求"设施一体"，要求根据各种运输方式的作业特点，将各种运输方式在同一空间内统一规划与建设，确保各种空间布局紧凑，交通组织流畅，行人及货物的系统安全。

从运营管理上来看，城市交通枢纽体现"信息一体"，需要建立先进的管理制度实施高效管理，并具备相适应的信息化管理手段，使得枢纽内各种运输方式的交通信息能够互联、互通、共享，使旅客在出行中及时、方便地了解有何种交通工具可供选择，如何换乘及换乘时间，使货物的中转、换装、输送安排更加科学合理。

从综合服务上来看，城市交通枢纽体现"服务一体"，包括为旅客提供行包托运和提取、医疗、信息咨询等基本服务，为货主提供配送、信息、金融等服务，为载运工具提供维护、检修、停车等载运工具服务空间等。此外，大型交通枢纽往往还提供商业、办公、娱乐、购物、停车等综合配套服务。

1.1.2 城市交通枢纽的分类、功能和设施构成

1. 分类和功能

城市交通枢纽有多种不同的分类方式，如按照服务对象、布局形式、规模大小、主导交通方式等进行划分，为便于介绍，下面先按照服务对象将其分为城市客运交通枢纽和城市货运交通枢纽，再作进一步细分。

1）城市客运交通枢纽

按照《城市客运交通枢纽设计标准》（GB/T 51402—2021），城市客运交通枢纽分为城市综合客运枢纽和城市公共交通枢纽，城市综合客运枢纽包括航空枢纽、铁路枢纽、公路客运枢纽、客运港口枢纽等，城市公共交通枢纽包括城市轨道交通枢纽、公共汽（电）车枢纽等，是乘客集散及转换交通方式和线路的场所。根据分类标准的不同，城市客运交通枢纽可以分为以下几类，如表1-1所示。

表1-1 城市客运交通枢纽分类表

分类标准	类型	功能与特点
交通功能	城市对外交通枢纽	将城市公共交通与长途汽车交通、铁路、水路、航空连接起来，使乘客能尽可能地以较短的时间完成进出城市的出行。一般位于城市内外交通接合部
	城市内部交通枢纽	沟通市内各功能分区之间的交通联系，主要为城市内部区域之间或区域中心与对外枢纽的客流交换服务。一般位于城市内主要客流集散点，多种交通方式、多条线路交汇点
枢纽功能	交通枢纽	主要承担换乘功能
	交通枢纽+公共服务中心	除承担换乘功能外，还承担为公共服务中心交通服务的功能
布置形式	立体枢纽	枢纽站分地下、地面、地上多层，设有商业、娱乐、餐饮等综合服务。设置多结合多层建筑
	平面枢纽	枢纽站设置在地面层，视客流量的多少确定枢纽规模
布设位置	城市边缘区	位于火车站、航空港、客运港、公路主枢纽等对外交通出入口，客流集散量大地点布设位置
	城市中心区	属于集散综合体，集交通、商业、办公、娱乐、购物、停车等功能于一体
主导交通方式	公路主导型	一般由公路、城市交通共同构成，公路客流为枢纽主客流，其他交通方式主要为公路旅客提供交通接驳服务
	航空主导型	一般由航空、公路、城市交通共同构成，一般位于城市外围；航空客流为枢纽主客流，其他交通方式主要为航空进出港旅客提供交通接驳服务
	铁路主导型	一般由铁路、公路、城市交通共同构成，铁路客流为枢纽主客流，其他交通方式主要为铁路进出站旅客提供交通接驳服务
	水运主导型	一般由水运、公路、城市交通共同构成，水运港口客流为枢纽主客流，其他交通方式主要为进出港旅客提供交通接驳服务
	综合型	一般由航空、铁路、公路和城市交通共同构成，综合枢纽按照交通方式重要度排序和主客流交通方式综合确定。包括两类：一类是含多种对外交通方式，但最高级别对外交通方式客流非枢纽主客流交通方式；另一类是含对外交通方式，但城市公共交通方式为枢纽主客流

在上述分类标准中，城市对外交通枢纽可按主导交通方式对枢纽进行分类，城市内部交通枢纽可按公共汽（电）车枢纽、城市轨道交通与地面公共汽（电）车换乘枢纽、停车换乘枢纽分类，这样比较直观且便于理解，本书在后续章节将从这一角度进行重点论述，这也与《城市客运交通枢纽设计标准》（GB/T 51402—2021）中城市综合客运枢纽的分类比较接近。

2）城市货运交通枢纽

城市货运交通枢纽是以城市为依托，与陆路、水路、航空等交通方式相配套，具有对货物运输进行集散、存储、配送、中转等功能，装备先进、管理科学、信息灵通、功能齐全的运输综合设施，起到类似集散点的作用。它既可将进入城市的货物化整为零，分送到市内各点，也可将运往外地的货物集零为整，发往外省市。同时还可开展货物中转和多方式联运，提高运输效率。

城市货运交通枢纽按交通方式可划分为铁路、公路、航空、水运、综合等货运枢纽，按货物的类型可划分为普通货物、危险品、集装箱等货运枢纽；按服务范围可分为全国性、区域性、地方性货运枢纽；按作业性质可分为集散型、中转型、综合型货运枢纽等。

城市货运交通枢纽作为城市内外货物集疏运及中转设施集中布设地点，承担物流运转的任务，往往又称为城市物流中心、货物流通中心等，因此也遵从其相应的分类办法。如按货物流通中心分类办法，有以下的分类。

（1）按服务范围和性质分类

① 地区性货物流通中心，通常布设在城市外围，每处占地 $50\sim60$ hm²。

② 生产性货物流通中心，这种中心应明确服务范围，其服务半径一般为 $6\sim8$ km，每处占地 $6\sim10$ hm²。

③ 生活性货物流通中心，一般以行政区来划分服务范围。由于城区用地紧张，其服务范围不宜过大，一般服务半径为 $2\sim3$ km，每处占地 $3\sim5$ hm²。

（2）按使用特性分类

① 普通货物流通中心。

② 特殊货物流通中心，主要承运危险货物、易腐物、液体货物、鲜活货物等。

③ 综合货物流通中心，设有客货综合站、零担集装箱综合站。

（3）按功能分类

① 集货中心；② 分货中心；③ 配送中心；④ 转运中心；⑤ 存储加工中心。

（4）按日处理货物量分类

① A 级流通中心，日理货量大于 700 t，流通大厅面积大于 $4\,900$ m²。

② B 级流通中心，日理货量为 $400\sim700$ t，流通大厅面积为 $2\,800\sim4\,900$ m²。

③ C 级流通中心，日理货量为 $200\sim400$ t，流通大厅面积为 $700\sim2\,800$ m²。

④ D 级流通中心，日理货量小于 200 t，流通大厅面积小于 700 m²。

2. 设施构成

枢纽交通设施一般指不同交通方式、不同交通线路、不同交通方向间实现客流（或货流）联运、换乘（或换装）、候车和交通工具停放、技术作业、调度等具有多种功能的综合性设施。主要包括以下几部分。

（1）场站设施

场站设施包括各种交通方式港站、载运工具保养场、维修站等。

（2）线路设施

线路设施包括枢纽内联结各场站的干支线、联络线、疏解线和各种平面、立体交叉设施等。这里线路特指轨道交通线路、公路线路、水运航道和航空器进出港通道等，立体交叉设施指用地下通道和跨线桥使相交路线在高程不同的平面上互相交叉的交通设施。常用立体交叉的类型，可按其跨越方式和交通功能划分：按其跨越方式，可分为上跨式和下穿式两种；而按其交通功能，则可分为分离式（简单立交）和互通式，如我国目前常用立体交叉的类型包括部分苜蓿叶形、菱形、苜蓿叶形、定向式（或部分定向式）、环形（两层式、三层式、四层式）、组合式、喇叭形等。

（3）客货运港站内部设施

它包括集散类、通道类、服务类设施等。

① 集散类，包括客运车站的站台、候车室、集散大厅、对外交通的集散广场，货运车站的场库、货位、装卸区等。

② 通道类，包括各种衔接换乘出入车站的通道，如换乘通道、楼梯、各种出入口、自动扶梯等。

③ 服务类，主要指车站内各种类型的客运售票、货运收费、服务窗口和进出站检票口。

④ 其他，包括各种导向装置（声、光、电、文字和图形显示）等。

（4）管理运营机构

在枢纽地区，往往设立保障轨道交通正常运营的组织管理机构。此外，对于公共汽（电）车、轨道等各种交通方式一般都有相应的调度、维修、办公、管理等功能设施。如：轨道交通系统所配备收费系统设施（售票系统、检票系统、补票系统），大型管理功能设施，公交运营车队的管理和夜间停车设施，设备维修和客货运管理设施等，有些地方设有自己开发的房产和租赁的房屋设施。

由于城市客运交通枢纽和城市货运交通枢纽的服务对象不同，因此，两种类型的枢纽在土地开发模式、空间布局、功能特征及建筑设计上也具有很大的差异，以下主要结合客运交通枢纽来介绍城市交通枢纽的发展，而将货运枢纽发展的内容放在后续章节。

1.2　国内外城市交通枢纽的发展

1.2.1　土地开发模式的发展

1. 土地开发模式分类

国内外交通枢纽土地开发模式通常分为终点型和网络节点型两种，如表1-2所示。

表1-2　城市交通枢纽土地开发模式分类及其特点

土地开发模式			含义	优点	缺点
终点型	办公 停车库 高架轻轨 巴士站 出租车站 车站 地铁车站	连高速公路 二层步行系统 地面 地下步行系统	终点型这种模式适用于用地紧张或用地已经开发完毕的情况，枢纽一般是单栋建筑，其内部功能以竖向布置并垂直连接，多见于城市客运交通枢纽	节省城市用地	比较拥挤

土地开发模式		含义	优点	缺点
网络节点型	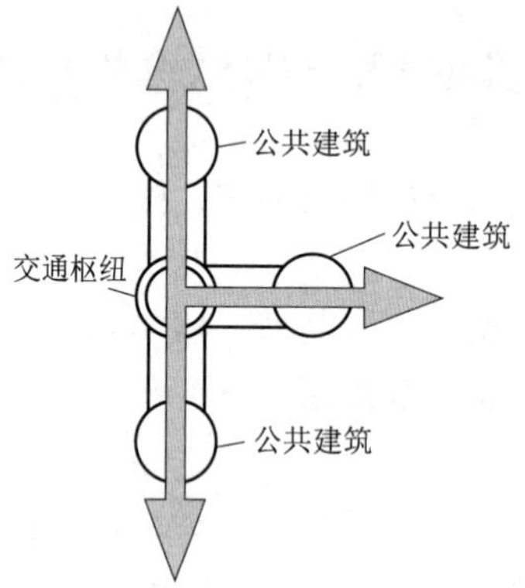 公共建筑 公共建筑 交通枢纽 公共建筑	以交通枢纽为中心，周边布置其他功能的附属设施，该中心区域将形成一个城市交通、商业、商务中心，并向整个区域辐射	可形成城市或区域的地标或门户	需要较大的城市用地

2. 土地开发模式发展趋势

（1）交通枢纽周边土地开发和建筑功能呈混合性趋势

枢纽周边土地和建筑功能通常包括交通、商务、商业、居住、娱乐等多种服务功能，表1-3列举了国内外部分城市综合交通枢纽周边用地和建筑功能情况。

表1-3　国内外部分城市综合交通枢纽周边用地和建筑功能情况

地　区	项目名称	功能组成
德国柏林	柏林来哈特交通枢纽	交通、商业
德国斯图加特	斯图加特交通综合体	交通、购物、餐饮、娱乐
法国巴黎	巴黎拉德芳斯换乘枢纽	交通、商业、办公、娱乐、展览
法国里尔	里尔火车站	交通、商业、娱乐、展览
泰国曼谷	曼谷SA地块	交通、商业、办公、旅馆
美国圣安东尼奥	美国圣安东尼奥河运	交通、商业、会议、娱乐中心
日本北九州市	日本九州转运站	交通、商业、旅馆
日本名古屋	日本名古屋高速铁路站	交通、商业、旅馆
中国香港	香港九龙交通枢纽站	交通、办公、娱乐、餐饮
中国北京	北京东直门交通枢纽	交通、办公、商业、酒店
	北京西直门交通枢纽	交通、办公、商业
中国上海	上海南站交通枢纽	交通、商业、办公
中国深圳	深圳福田交通枢纽	交通、商业、办公
中国广州	广州新客站	交通、商业、娱乐、办公
中国郑州	郑州综合交通枢纽	交通、购物、餐饮、旅馆

城市交通枢纽用地空间和功能呈混合性特点（表 1-4），如通常在枢纽地块的水平方向配置两种以上的用地类型，以满足换乘旅客在枢纽地块的多种服务需求；而在垂直方向则将多种功能统一组织与设置，以达到不同功能主体间的相互协调与补充，如图 1-1 所示。

表 1-4　城市交通枢纽用地空间开发趋势及功能组成

方向	功能组成
水平方向	办公、购物、娱乐、商务、居住等用地类型
垂直方向	地下为停车和设备用房，1~2 层作为交通、商业功能，3 层以上为旅馆商务功能

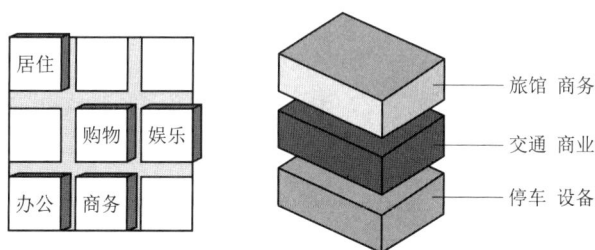

图 1-1　城市交通枢纽用地空间开发趋势示意

（2）交通枢纽周边土地开发呈紧凑性趋势

交通枢纽周边土地的利用强度因枢纽自身的城市门户作用，往往会呈紧凑的开发模式，而随着与交通枢纽中心区距离的变大，其开发强度会呈下降趋势，如图 1-2 所示。

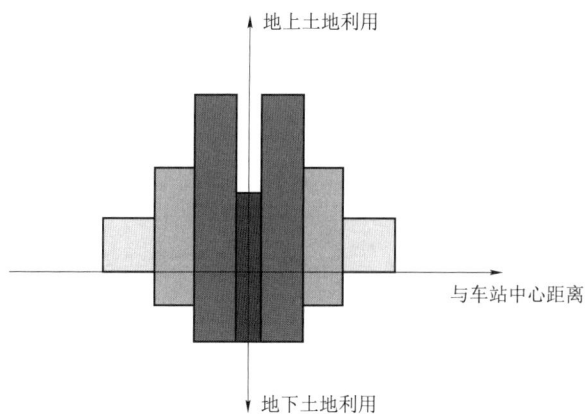

图 1-2　城市交通枢纽土地开发强度示意图

（3）交通枢纽的土地开发呈现立体化趋势

立体化布置在合理组织交通换乘流线的同时，可充分利用地上、地面、地下空间，大大增加了土地利用率，在我国大中城市用地紧张的情况下，新规划并建成的交通枢纽的立体化趋势越来越明显，表 1-5 为北京市部分交通枢纽土地开发情况。

表 1-5   北京市部分交通枢纽土地开发情况

枢纽名称	占地面积/hm²	地上建筑面积/万 m²	地下建筑面积/万 m²	容积率（不包括地下建筑面积）
北京东直门交通枢纽	15.44	50	30	3.24
北京西直门交通枢纽	6	19	10	3.17
北京西站南广场	15	48	18	3.20

1.2.2   空间布局模式的发展

1. 国内外交通枢纽空间布局模式典型案例

部分典型客运交通枢纽的布局模式基本情况如下。

（1）柏林来哈特枢纽

柏林来哈特枢纽，是集多种交通方式、商业、办公等多种功能于一身的立体化综合性枢纽，如表 1-6 所示。

表 1-6   柏林来哈特枢纽空间布局模式

横向布局	地面层为路面交通，停车场	纵向布局	地上二层：轨道交通站台层
	在高架桥西侧设置地上、地下四层私家车停车场，提供方便的停车设施		地上一层：售票、换乘大厅及商业设施
			地面层：路面交通和停车场
	在轨道桥东西两端建造办公楼，提供商业设施，吸引客流		地下一层：售票及换乘大厅
			地下二层：轨道交通站台层

（2）巴黎拉德芳斯枢纽

巴黎拉德芳斯枢纽，是集轨道交通、公路交通、商业设施于一体的综合性交通枢纽。该枢纽空间布局模式如表 1-7 所示。

表 1-7   巴黎拉德芳斯枢纽空间布局模式

横向布局	地面层地面道路	纵向布局	地面层：地面道路
	西南侧为商业中心		地下一层：常规公交车站和停车场
			地下二层：售票大厅和换乘大厅，并设置商业设施
	东北侧为展览中心		地下三层：地铁站台层
			地下四层：地铁站台层

（3）圣弗朗西斯科港湾枢纽

圣弗朗西斯科港湾枢纽是集轨道交通、常规公交、长途客运等多交通方式于一身的综合交通枢纽。港湾枢纽共分为 6 层，其中地下有 2 层，地面及地上 4 层。该枢纽空间布局模式如表 1-8 所示。

表 1-8　圣弗朗西斯科港湾枢纽空间布局模式

纵向布局	地上三层：长途公交
	地上二层：常规公交
	地上一层：通往地上的换乘大厅
	地面层：路面层及有轨电车
	地下一层：通往地下的换乘大厅
	地下二层：轨道交通站台

（4）九州转运站枢纽

九州转运站是日本的一个高效的城市内外交通的换乘中心、转运中心，为洲际高速铁路、市际铁路、城市高架轻轨及地面机动车流之间建立起一个简明高效的立体网络。九州转运站自身集多种功能于一体，其空间布局模式如表 1-9 所示。

表 1-9　九州转运站枢纽空间布局模式

横向布局	地面层地面道路，上方为轨道交通	纵向布局	地上五层以上：客房
	西侧为商业		地上三至四层：轨道交通站台层
			地上二层：换乘大厅轨道交通站台层
			地上一层：商业
	东侧为商业		地面层：路面交通
			地下一层：商业和停车场
			地下二层：商业和停车场

（5）上海南站枢纽

上海南站分为三层，南来北往的火车可从主体建筑的架空部分穿行而过，各种交通方式换乘便捷，南站南北广场平面设计为园林绿地和旅游集散地。上海南站枢纽空间布局模式如表 1-10 所示。

表 1-10　上海南站枢纽空间布局模式

横向布局	公交站位于南北广场的东侧，以便使人行通道与候车厅相联系	纵向布局	地上一层：大空间候车大厅，作为出发大厅
	出租车、社会车辆位于地下一层的下沉广场		地面层：轨道交通站台层
	北广场设置大型车停车场		地下一层：到达换乘大厅和售票大厅
	南北广场分别设置非机动车停放区		

（6）上海虹桥枢纽

上海虹桥枢纽综合多项交通功能，位于上海市中心以西。枢纽的设计秉承着综合化、人性化和高效率的概念，其空间布局模式如表 1-11 所示。

表 1-11 上海虹桥枢纽空间布局模式

横向布局	自西向东分别为：路面交通、磁浮列车、路面交通、普通铁路、路面交通	纵向布局	地上一层：轨道交通站台层
			地上二层：轨道交通站台层
			地面层：换乘大厅、轨道交通站台和公交停靠
			地下一层：换乘大厅、轨道交通站台
			地下二层至地下三层：轨道交通站台

（7）香港九龙交通城枢纽

香港九龙交通城是香港轨道交通和常规路面交通的汇集点，担负着连接城市重要地块和交通设施的作用。交通城以立体化的设计理念进行设计，并结合办公、酒店、住宅等进行地块的一体化开发，各种交通线路通过交通城的换乘大厅并与商业地块有机连接，其建设充分彰显了香港作为国际化大都市的现代化生活节奏和品质。香港九龙交通城枢纽空间布局模式如表 1-12 所示。

表 1-12 香港九龙交通城枢纽空间布局模式

纵向布局	地上二层以上：商业
	地上一层：通往地上与地下的换乘大厅
	地面层：路面交通
	地下一层：轨道交通站台
	地下二层：轨道交通站台

（8）天津火车站枢纽

天津火车站枢纽是天津最主要的铁路交通枢纽，是在保留原有南站房情况下新建的北站房，是目前国内大型综合交通枢纽之一。客流的流线设计采用了上进下出与下进下出两种方式，并且乘客足不出站便可实现便捷换乘。天津火车站枢纽空间布局模式如表 1-13 所示。

表 1-13 天津火车站枢纽空间布局模式

横向布局	枢纽站前广场建设地下停车场、出租车等候区、地面公交场站	纵向布局	地上建筑和地下一层为城际客站、普通铁路站台和集散厅
	枢纽站后广场建设公交枢纽工程、停车楼工程		地下二层、三层、四层为地铁站台和设备区

2. 国内外交通枢纽换乘空间布局模式分类

城市交通枢纽换乘空间的布局模式和特点如表 1-14 所示。

表 1-14　城市交通枢纽换乘空间的布局模式和特点

横向布局	并联式	 旅客的换乘都通过换乘大厅，各种交通方式的站台并列布置，换乘旅客根据需要选择换乘路线进入站台，换乘流线互不干扰。并联式的布局通常换乘大厅和站台在同一层
	串联式	 旅客的换乘都通过换乘大厅，并要经过高架或者地下廊道进入并列布置的各种交通方式的站台，换乘流线互不干扰。串联式的布局通常换乘大厅和站台同层或不在同层
纵向布局	上进下出（针对出发人流）	 上进下出
	下进上出（针对出发人流）	 下进上出
	混合型	 混合型

从表 1-14 可以看出，国内外交通枢纽的换乘空间在横向上通常将各种交通方式的站台并列布置，无论采用并联式还是串联式的进站方式，都能较好地解决进站客流互相干扰的问题。而在纵向上大部分都采用"到发分层"多层面、多出入口、多通道联系的理念。到发分层，不仅实现了上下功能的有机衔接，同时可避免大量进站和出站旅客流线的互相干扰，在提高换乘效率的同时，还为旅客提供舒适的换乘空间环境。

3. 空间布局模式发展总结

（1）国外综合交通枢纽通常采用立体化、集约式的空间布局模式

这类枢纽一般在不同的标高层设置多个不同的交通功能或其他服务功能，大量的公交车停车场、长途车停车场、出租车停车场、私家车停车场在枢纽内立体布置。在换乘大厅内以垂直交通来实现各种交通方式和不同服务功能的相互联系。通过垂直换乘的方式，换乘时间和换乘距离大大缩短，以实现高效换乘、无缝接驳的目的。

该种布局模式一般较节约城市用地，通过与商业和办公等设施相结合的方式，可形成新的城市的地标或门户。但这种空间布局模式的工程难度大，一次性造价高，交通压力大，有时需要各种高架和地下隧道建设相配合。

（2）国内的一些老式枢纽站常采用平面化的空间布局模式

平面布局往往是分散布局，功能分区分散，浪费城市用地，具有较大的换乘距离和较长的换乘时间，难以实现高效换乘，且降低了旅客的换乘舒适度；但在交通功能的布局和工程的实施方面比较简单，且易于实施、低造价。

（3）国内新建的城市综合交通枢纽常采取混合式空间布局模式

吸取了国外的立体化空间布局模式和国内传统的平面化空间布局模式各自的长处与优点，在综合考虑我国现阶段国情及换乘方便性的情况下，国内新建的城市综合交通枢纽常采取混合式空间布局模式，即尽量使各种交通方式在枢纽内进行高效换乘，最大限度地实现无缝接驳，并在枢纽内适当地设置商业、娱乐等服务设施，如有困难会使这些辅助设施靠近枢纽布置，并通过地上天桥或地下通道进行水平联系。常规公交、出租车、小汽车等停车场则利用站前、站后广场进行平面布局，以解决停车问题。

1.2.3 城市交通枢纽建筑的功能性特征与演化

1. 交通功能与演化

交通功能是交通枢纽建筑必须实现的基本功能，交通枢纽的首要任务是为旅客或货物提供交通出行或运输服务，其涉及的交通流线至少包括客运流、货运流、载运工具流，交通功能作为交通枢纽最基本的功能，主要体现在以下 3 方面。

（1）客货集散功能

作为多种运输方式的起终点，为乘客、货物和车辆提供聚集会合和疏散分流的服务。枢纽交通组织极为复杂，它的正常运转，除了高效的换乘组织外，便捷的集疏散系统也是重要保证。为实现整个枢纽集散系统的高效运转，目前交通枢纽建筑设计强调枢纽外围衔接交通及枢纽内部流线的整合设计，以构建周边多层次、立体化的路网结构和多种类、差异化的集散模式。如客运枢纽，在建筑方面表现为：为"最后一公里"接驳出行设计的行

人专用道、自行车专用道及公租/私用自行车停车场地设计、为社会/私家车接驳交通进行的车辆流线设计及停车换乘（park and ride）停车场设计、为地面公交车辆专用道及停车场设计等。

（2）换乘/中转功能

作为多种运输方式的交汇点，为乘客、货物提供不同方式之间、不同线路之间便利的换乘或中转（换装）服务。交通枢纽通过各运输方式基础设施的集约化布设，多层面、多通道、多进出口的客运换乘设计、减少装卸/中转次数的货运中转设计，来满足不同目的、不同方向的客流换乘和货运中转需求，以客运"零距离换乘"、货运"无缝衔接"为目标，实现旅客和货物在枢纽内便捷、高效的换乘或中转。

综合客运枢纽内部换乘的类型较多，对应的换乘功能的空间形式也比较多样，当枢纽为新建，多种运输方式共用一个换乘空间时，一般采用独立宽敞的换乘大厅；若枢纽为改扩建，几种运输方式相距较远，可以采用相互连通的换乘通道；若枢纽用地条件有限，不同运输方式不能采用集中式换乘，可以通过贯通上下的换乘楼/电梯。伴随社会的发展和人们生活方式的改变，旅客出行方式也相应发生了一定的变化。例如，过去旅客出行一般都需要携带很多大件的行李，场站必须考虑行包的装卸平台和行包的托运场所，有的场站还有自己独立的行包服务功能区。但是，随着出行的多样化和高效化，旅客出行往往携带一个旅行箱（包）即可，这些变化也会影响综合客运枢纽功能的梳理和空间的划分。又如，为增加乘客中转的舒适性，在城市航站楼枢纽，还提供乘客登机牌办理与行包托运业务，即在乘客乘坐高铁或机场轨道交通快线前往机场的枢纽车站，提供了行包托运业务，实现高铁、城市轨道交通和航空运输的行包联运服务。综合货运枢纽，一般通过修建港口码头铁路，利用装卸桥将集装箱等货物直接从船舶装卸到双层集装箱列车上，实现水运与铁路的快捷中转；在机场枢纽，通过建设自动化货物分拣系统，实现货物在飞机与汽车间的快速中转等。

（3）载运工具的快捷运行功能

这一功能空间主要为各类交通工具提供行驶和停放的设施或场地，同时还可以为各种交通工具提供检修、清洗等服务的场地。交通功能空间是由各交通方式的乘降平台、停放区域和生产辅助区组成的。目前对于交通流量特别繁忙的大型交通基础设施，为铁路、航空、船舶、汽车、公交、出租、社会车辆等载运工具提供快速进出枢纽的专用道设计，为减少不同交通方式线路的交叉干扰，使用立交方式引入枢纽，提供并设计不同载运工具进行枢纽客货运中转作业的专用场地等。

2. 服务功能及演化

除了交通功能之外，服务功能也是交通枢纽功能的一个重要组成部分，包括为各种运输方式的旅客提供行包托运和提取、医疗、信息咨询等基本服务，为货主提供休息、信息、金融等服务，为铁路、航空、船舶、汽车、公交、出租、社会车辆等载运工具提供维护、检修、停车等载运工具服务空间。

以客运枢纽为例，服务功能设计既要为旅客在整个枢纽乘车、换乘等关键阶段，以最便捷的位置提供最恰当的服务，同时又不能影响旅客正常的乘车、换乘要求。根据这一功能特征，服务功能空间在一般情况下并不单独存在，常常依附于站房功能空间和换乘功能空间，可以采用分散式或者集中式进行布设。其中，分散式应用比较广泛，一般位于主要功能空间的边缘，既便于提供服务，又不会影响旅客在主要功能空间内的活动，如小件快递等；集中式应用则一般位于主要功能空间的中心，规模适中，突出醒目，能够为主要功能空间内的旅客提供最便捷的服务，如问讯中心。信息共享是指综合客运枢纽内部各种运输方式的信息能够互联、互通，即对各运输方式运行中所产生的各种信息进行准确采集、同步传输、协调反应、及时公布，通过网络、电子公告牌或统一的电子平台传递给旅客，使旅客在枢纽内部就可以了解到"乘车、换乘、停车"等各种信息，尽量实现各种运输方式的联网售票。伴随社会发展及建筑技术的进步，传统交通场站功能空间布局的服务方面的设计要求也发生了很大的变化，例如：原来大面积的地面停车场，被集约化的立体停车场代替；原来的人工售票逐渐被电话、网络购票和电子自助售票机代替，这使得原来功能布局中对于停车场、售票厅空间的考虑将不再单一，意味着功能空间的划分、布置也将更加灵活。

3. 商业/经济功能及演化

综合交通枢纽作为城市的重要节点，优越的地理位置、便捷的交通条件和大量的客货流，使枢纽及其周边地区的商业价值不断增加。目前，国外的枢纽多采用"交通枢纽+商业开发"的模式，不仅实现了土地的集约化利用，也为乘客和周边地区的居民提供了商业服务，成为区域经济的一个增长点。近年来，在规划设计我国的交通枢纽时，设计人员也在不断探索如何能够实现交通和商业的有机结合和良性互动，因此，交通枢纽的经济功能越来越受到重视。

以客运枢纽为例，商业娱乐功能是在客运枢纽内为旅客提供餐饮、购物、休闲娱乐等服务，它与服务功能类似，也是为枢纽主导的几种功能提供辅助服务的。综合客运枢纽旅客数量多、部分客流停留时间长，对餐饮、购物等商业功能有巨大的需求，合理布设商业服务功能，有助于旅客消磨枯燥的等候时间，改善旅客的候车情绪；同时，商业功能的适当引入和商业空间的合理布设，可以有效地提高枢纽的效益和品质，实现交通和商业的有机融合，因此将商业娱乐功能单独作为一个功能分区来讨论是十分必要的。

从建筑空间运用角度，与服务功能空间类似，商业娱乐功能空间也很难脱离枢纽的主体功能单独实现，一般不采用独立的空间形式，而是通过多种形式与主要功能空间合理衔接。除了可以采用分散式和集中式进行布设外，还可以利用主要功能空间的夹层进行布设，特别是站房功能空间的夹层。这种布设模式一方面可以节省空间，提高利用率；另一方面也可以实现商业人流和候车人流的分离。无论采用何种布局模式，都需要设立多个出入口充分实现商业与交通的有机融合，以最大限度地服务旅客。

4. 带动城市发展及土地开发功能

综合交通枢纽是多种运输方式的汇集点，通常也是城市的地标或门户，大量的客流、货流、车流在此集散、中转/换乘，产生了明显的集聚效应。这种集聚效应将对周边地区产生较强的辐射带动作用，随之形成沿/环枢纽发展轴/圈，甚至逐步成为城市新的发展中心，可以说，综合交通枢纽的发展引导了城市的可持续发展，现代的综合交通枢纽开始逐步从单一的交通功能向城市的其他功能延伸，融为城市的多功能体。

以综合客运枢纽为例，从区域一体化发展角度，不同的城市产业分工不同，差异化的发展目标又促使大中城市之间产生了大规模的城际客流。综合客运枢纽成为承担这种城际客流集散、中转功能的重要场所，也是区域城市间联系的重要纽带。通过各个城市间综合客运枢纽的有机联系，真正实现时空距离的缩小，有利于都市圈同城化进程的加快，加强城市间、区域间产业和经济的联动，促进区域经济一体化和城乡统筹的发展。

我国还处在城市化的快速发展阶段，大多数城市都在不断地扩展其城市框架。综合客运枢纽是不同交通场站功能的叠加，其对土地利用的导向功能较单一运输方式场站也更加明显。由于这种客流诱增的导向性，新建在城市外围的综合客运枢纽往往利用 TOD（transit-oriented development）的开发模式，对周边土地进行一体化开发，打造城市的发展区域，在建设设计中，枢纽场站建筑外观与整体风格需要与城市所在区域的风格保持一致；在空间使用方面，需要考虑枢纽内部空间与周边城市商业空间、城市环境和人文风貌的协调。

5. 环境保护及经济社会发展功能

"建筑是形式与功能的完美结合"是现代建筑师广泛认可的设计理念，交通枢纽特别是综合客运枢纽，其中的交通建筑往往也作为一类特殊的建筑，除交通元素外，它还应该融合文化、科技、绿色、休闲等诸多元素，使枢纽成为一张充分展示城市文化和特征的重要名片。从环境保护角度，目前交通枢纽在污水循环利用、太阳能发电、节能环保设计等方面都表现出与传统枢纽不同的特点。

1.2.4 城市交通枢纽建筑的文化性与艺术性特征及演化

城市交通枢纽建筑是交通枢纽设计的核心内容，为适应城市及城市交通系统发展的需要，交通枢纽建筑在功能性、文化性等方面也在不断演变和发展。

1. 早期古典主义与新古典主义的交通场站建筑

（1）古典主义的交通场站建筑

思想最早来源于前 500—前 323 年的古希腊时代，其建筑特征是体现人、理性与自然的结合，自然主义与理想主义的融合，追求"对立平衡"，寻求建筑的理想姿态、完美比例（如能普遍引起美感的和谐的"黄金比例"，在场站设计中强调不同站房空间组合及站房内空间的完美比例），并广泛加以采用，在艺术上强调用完美强化的写实主义。

（2）哥特式建筑与新哥特式建筑

起源于 12 世纪的法国，之后迅速传遍欧洲，工业革命后，在铁路车站设计上有使用。其建筑特征强调"庄严宏大"，在外观上有直刺苍穹的塔尖，内部沐浴在透过彩色玻璃窗射进的阳光中。哥特式建筑的核心是"传递观念"，对于火车站这样的交通枢纽建筑，其思想是"宏伟的大门和车站内部都是闪亮的，但除了闪亮之外，它还试图点亮人们的心灵，让出行的旅人借助亮光抵达真正的光明"。

（3）新古典主义的交通场站建筑

18 世纪下半叶的欧洲，出现一股复兴古希腊和古罗马艺术及文艺复兴艺术的运动，提倡自觉且坚决地遵循建筑艺术严格而苛刻的标准，体现其"高贵的单纯和静穆的伟大"，重新复兴对于严谨和完美的追求，宣扬民族主义、勇气、荣誉感、尊严感及遵从传统等态度，这也影响到交通建筑的设计。

　　古典风格、文艺复兴风格和哥特式风格在 19 世纪的欧洲、美洲建筑中非常流行，如英国工程师刘易斯·丘比特（Lewis Cubitt）1850—1852 年间设计并建造了国王十字（Kings Cross）车站（图 1-3），是伦敦 19 世纪兴建的最大型交通枢纽之一，站台包括两组巨大的钢铁穹顶盖，是采用两个跨度达 30 m 的铸铁大跨度弧形构件支撑的，再加上弯木构件，立面（入口面）采用常规的砖结构，其建筑风格是意大利文艺复兴式的，这也是维多利亚时代的建筑风格之一。再比如美国纽约中央火车站（图 1-4），位于美国曼哈顿中心，始建于 1903 年，1913 年正式启用。该车站是由美国铁路之王范德比尔特家族建造，是纽约著名的地标性建筑，也是一座公共艺术馆。美国纽约中央火车站最吸引人之处就是其挑高的候车大厅和人车分道的设计。候车大厅里的主楼梯按照法国巴黎歌剧院的风格，是当时世界最大的公共空间之一，大厅的拱顶由法国艺术家黑鲁根据中世纪的一份手稿绘制出黄道 12 宫图，共有 2 500 多颗星星，星星的位置由灯光标出，一通电源便满目生辉。

图 1-3　英国国王十字车站

图 1-4　美国纽约中央火车站

　　19 世纪下半叶，巴黎、伦敦、维也纳、阿姆斯特丹、里斯本等欧洲城市均进行了大规模的重建与改建，不少建筑非常雄伟，如法国巴黎北站（1846 年竣工，图 1-5）、伦敦圣潘克拉斯国际火车站（1868 年竣工，图 1-6）、比利时安特卫普中央车站（图 1-7）等。葡萄牙里斯本罗西欧火车站建于 1886 年，由建筑师 Jose Luis Monteiro 设计，8 个门的宫殿和难以置信的装饰钟楼令人印象深刻（图 1-8）。葡萄牙波尔图圣本托火车站，启用于 1916 年，其复折屋顶和石头门脸会使人联想起 19 世纪的巴黎建筑，车站中的瓷砖画向乘客讲述了诸多葡萄牙的历史故事（图 1-9）。在亚洲，建于 1888 年的印度孟买维多利亚车站（现改名为 Mumbai Chhatrapati Sivaji），引入了哥特式建筑风格（图 1-10）；1872 年开工建设，1908 年投入使用的伊斯坦布尔海达尔帕夏火车站采用了新文艺复兴时代的风格和 U 型的设计（图 1-11）。

图 1-5　法国巴黎北站

图 1-6　伦敦圣潘克拉斯国际火车站

图 1-7　比利时安特卫普中央车站

图 1-8　葡萄牙里斯本罗西欧火车站

图 1-9　葡萄牙波尔图圣本托火车站

图1-10 印度孟买维多利亚车站

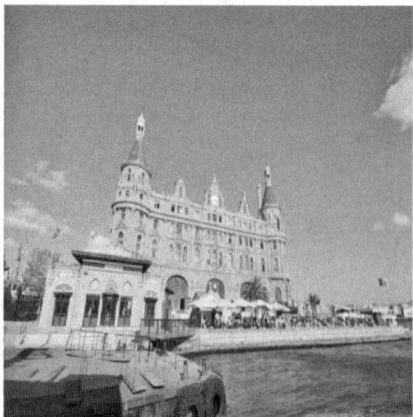

图1-11 伊斯坦布尔海达尔帕夏火车站

哥特式建筑风格象征了国家在经济上升期的雄心和自豪感，这种民族和政治的观念通过古典建筑风格的外表传达出来，今天，我国很多交通枢纽建设采用高大雄伟的建筑风格，与欧洲19世纪的状况有相似之处。

2. 新建筑流派的兴起及其对交通枢纽建筑的影响

19世纪30—50年代，建筑家针对学院派、新古典主义等建筑中存在的呆板与不足，结合科技进步影响和普通人日常活动的权利保护等需求，推出现实主义建筑、装饰主义、未来主义等新建筑形式，设计的交通枢纽建筑也呈现出动感、活力及时代的力量。

（1）现代主义建筑

20世纪20—30年代，在现代建筑中，最具普遍意义的理念是国际风格，亦称国际现代主义。这一建筑理念主张建筑的外形应根据功能而定，所用建材（混凝土、钢铁与玻璃）因本身固有的特质而广受欢迎，而装饰则被舍弃掉。国际现代主义风格到今天仍然有很多的应用，如20世纪70—80年代在巴黎北部的高层建设区"拉德芳斯区"的交通建筑，可以看见国际现代主义风格的普遍运用。

（2）装饰主义建筑

20世纪20年代，许多法国建筑设计师主张将装饰风格现代化，他们舍弃了传统的古典主义的装饰风格，舍弃了哥特式的装饰风格，从更远的源头（如古埃及）寻找灵感，将现代线条与鲜明的色彩和图案结合起来，使用现代材料，结合大胆、具有异国情调的几何图案，形成所谓的装饰派艺术。20世纪30年代兴起的流线型现代主义与装饰派艺术同根而生，流线型现代主义把流线型审美观运用到建筑设计中，这在一定程度上受到了流线型车型所采用的绵延流畅的曲线的启发。

（3）未来主义建筑

意大利的未来主义起初只是一场艺术运动与文学运动，始于1909年，而安东尼奥梦想式的作品把未来主义引入了建筑领域，他发布宣言呼吁一种适应未来建筑形式的出现，希望新的建筑形式与当时欧洲流行的历史风格与装饰割裂开来，鼓励不加修饰、大胆创新的建筑，指出未来主义建筑应该通过大胆使用建筑材料（混凝土、玻璃、钢铁）与奇特的造型设计达到预期的效果。他在宣言中对合理使用现代建筑能够产生的美学效果进行了说明。未来的城市应该是活跃的、运动的，处处充满了动感，就像一条巨大喧闹的船坞，而现代建筑就像一台巨大的机器。在建筑中用到的技术不该被隐藏起来，应该对外展示并予以突出，比如电梯应该"像钢铁与玻璃构成的巨蟒一般攀附在建筑的正面"。高速运转的传送带与狭窄通道可以解决交通问题。建筑不仅要占领地面与建筑上方的空间，还要钻入地下，建筑"楼层应深入地下"。另外，应该用科学方法取代装饰，用自然的线条与巨大的体积来体现建筑之美，这些观点在立体交通枢纽的规划设计中被广泛使用。

（4）其他风格的建筑

① 构成主义建筑，其观点是将建筑还原为最基本的元素，如最基本的色彩、几何形状和简单的要素，利用材料构建出具有质量感的空间；② 新造型主义建筑，主要出现在 1917—1931 年，其思想是用简单的直线条与平涂的纯色或中性调子，清除一切多余的东西，避免因渗入这个世界的细微细节或描述而影响其对于宇宙核心均衡的本质表达，把握建筑的全貌，而不是关注某个特定的区域，创造出一种动态平衡感；③ 新客观主义建筑，主要出现在1923—1933 年；④ 超现实主义建筑，其观点是时刻把你的所见抛在脑后，而时刻留心你所未见的，释放潜意识中的创造力；⑤ 消费主义建筑，其建筑风格在于对流行文化和商业文化的热情拥抱，如在交通枢纽或车站设立摇滚音乐区等；⑥ 极少主义建筑，其继承了构成主义的观念，强调以理性和客观代替主观，分析建筑的核心价值需求，将建筑材料简化到其最基本的状态，指出交通建筑应当由现代的、工业的、环保的材料构成。此外，还有社会现实建筑、新表现主义建筑、超级写实主义建筑等。

这些风格的建筑在交通枢纽中有较多体现，如德国建筑家威廉·洛素（William Lossow）等人于 1908 年设计和建造了德国莱比锡车站，采用了完全的钢铁结构和玻璃顶。在第一次世界大战之后的一段时间内，许多意大利的建筑都显示出了未来主义的影响痕迹，火车站，尤其是特伦托与佛罗伦萨的火车站，与未来主义艺术家颂扬的速度与运输的理念最为契合，如佛罗伦萨的圣母玛利亚车站由乔瓦尼·米凯卢奇设计，1932—1933 年修建完毕，在车站里，采用大面积的釉料及其坚固、简单、巨大的结构，同样合理安排道路和小汽车停车场。法国建筑家赫克托尔·吉马尔（Hector Guimard）于 1900 年设计了巴黎地铁入口建筑，采用青铜金属铸造技术，使用曲线、自然形态构思，这是"新艺术"运动作为一个设计运动的正式开始，再如赫克托尔·吉马尔设计的模仿海贝形态的地铁入口建筑，是"新艺术"运动自然主义倾向的体现。法国"新艺术"运动，其特点是反对工业化和雕琢的维多利亚风格，主张从自然、东方艺术中汲取创造的营养，特别是植物和动物的纹样，是他们创造的主要形式构思。

在新艺术运动的影响下，奥地利形成了以奥托·瓦格纳（Otto Wagner，1841—1918）为首的维也纳学派，提出新结构、新材料必然导致新形式的出现，反对历史样式在建筑上的重演，主张对现有的建筑形式进行"净化"，使之回到最基本的起点，从而创造新形式。其代表作是维也纳的地铁车站（1896—1897），车站上有一些新艺术派特点的铁花风格，玻璃和钢材被用来为现代的功能和结构理论服务。芬兰在 20 世纪初，在探求新建筑的运动中，著名设计师埃列尔·萨里宁（Eliel Saarinen，1873—1950）设计了赫尔辛基中央火车站（1906—1916），采用简洁的体型、灵活的空间组合，以其花岗岩外墙、钟楼及仁立在门前的两尊巨型雕像闻名（图 1-12）。

图 1-12　芬兰赫尔辛基中央火车站

美国洛杉矶火车站融合了西班牙殖民地文化和当时的装饰艺术派建筑风格，车站候车大厅的装饰十分豪华，有彩绘的木质天花板和嵌有大理石的彩色地板（图 1-13）；土耳其锡凯尔火车站（图 1-14）曾是从巴黎始发的"东方快车号"的终点站，车站大门左右长条的红砖和彩色玻璃使这座具有土耳其新艺术派风格的建筑看上去魅力十足。

图 1-13　美国洛杉矶火车站

2006 年建成使用的柏林中央火车站（图 1-15）是一座五层钢结构玻璃的现代主义风格建筑，金碧辉煌的内部构造，与气宇轩昂的外部景观相辅相成，轨道分两层，每日进出站火车约 1 800 趟，每日接待近 35 万名旅客，已经成为德国柏林一座新的地标。建于 2005 年的日本金泽火车站（图 1-16），其木制手鼓状大门和玻璃质伞状穹顶颇具特色，内有大型购物广场及 7 个站台。比较有特色的超现实主义建筑的车站，有比利时的吉耶曼车站（图 1-17）、荷兰的鹿特丹中央车站（图 1-18）等。

图 1-14　土耳其锡凯尔火车站

图 1-15　德国的柏林中央火车站

图 1-16　日本金泽火车站

图 1-17　比利时的吉耶曼车站

图 1-18　荷兰的鹿特丹中央车站

3. 建筑的未来发展及其对交通枢纽的影响

建筑术（architectonic）包括结构（structure）、构造（tectonic）和建造（construction）3个方面。早期古典主义与新古典主义的交通场站建筑术，强调的是理性；而现代主义、后现代主义特征交通枢纽建筑体现的是灵活性；后工业时代的交通枢纽建筑还呈现出复杂性和矛盾性。从"坚固（持久性等）、适用（功能及方便性等）、美观"建筑三原则可以看出，前面两个原则体现的是理性，而美观则强调了非理性。从建筑风格而言，当代的建筑师一般比较推崇异形、动感的建筑，建筑景观的尺度一般很大，但资源的有限性和空间的适用性需要有好的平衡，也需要处理好与历史建筑的关系。这一思想，在西方交通枢纽的新建与改造中往往得到较多的应用，比如英国伦敦为迎接2012年的伦敦奥运会重新设计改造的国王十字车站，在保留了车站原有风格的基础上，John McAslan 为西大厅设计了一个跨度 150 m、覆盖整个半圆形西大厅的白色网格顶篷（图 1-19），使车站更具现代交通枢纽的特征。再如西班牙马德里阿托查火车站，于 1851 年启用，后进行了多次改造，现以车站里独特的热带花园著名（图 1-20）。

我国交通枢纽建筑在研究世界各国建筑特点的基础上，结合我国的文化地域等特征，也出现了不少优秀的作品，如北京大兴机场、首都机场 T3 航站楼、部分高铁车站等，我国铁路还提出从"功能性、系统性、先进性、文化性、经济性"原则来指导铁路客站建设，图 1-21～

图 1-26 为部分中国高铁车站，这些建筑体现出我国当前交通枢纽未来发展强调的绿色（主要是紧凑性）、宜人、活力（功能混合）、特色等特征。

图 1-19 改造后的英国国王十字车站

图 1-20 西班牙马德里阿托查火车站

图 1-21 深圳北站

图 1-22 郑州东站

图 1-23 天津西站

图 1-24 苏州站

图 1-25　北京南站

图 1-26　成都东站

1.3　城市交通枢纽建设的现状及发展

　　近年来，伴随着城市布局调整和交通系统变革，各国城市交通枢纽设计标准和技术也在不断创新发展。在客运枢纽发展方面，如欧盟为鼓励一体化公共运输的发展，2001 年通过专门的 PIRATE 项目对衔接了多种交通方式的综合客运枢纽的衔接标准、服务规范、评价指标等作出统一指导，欧洲各国还结合本国实际进一步制定了实施细则，如英国的《交通枢纽——交通建筑与换乘系统设计手册》对各种类型枢纽设计进行了具体说明，伦敦交通署指出伦敦所有交通枢纽建设运营均应满足"效率、使用、理解、质量"的要求，同时出台了《换乘导向标识设置标准》，对不同交通方式、不同方向、不同线路的导向标识及其设置标准进行了明确规定，以确保枢纽内交通导向标识的连续统一，并于 2009 年出版了《换乘枢纽最佳实践手册》。西班牙马德里在 2000 年出版多模式枢纽官方设计手册，对垂直换乘设施、残疾人无障碍设施及座位的设计等制定了设计标准和方法。美国在推进一体化运输战略过程中，虽未特别强调多方式衔接的综合客运枢纽的标准化问题，但在其编制的《公共交通通行能力和服务质量手册》中，明确界定了不同类型交通枢纽的设施服务水平的判定方法和标准。2012 年，美国华盛顿州交通运输厅发布了了《枢纽设计手册》，对各类型交通枢纽的功能及设计理念进行了阐述。美国城市土地协会编著的《联合开发——房地产开发与交通的结合》中，对如何加强与运输投资有关的经济开发，公共和私人团体间的协议安排做了详细论述。在货运枢纽规划建设方面，国外非常重视货运枢纽的中转与衔接效率的提升，如美国交通运输部资助的 2003 年研究报告 *Financing and Improving Land Access to U.S. Intermodal Cargo Hubs* 中提出加强货运枢纽"最后一公里"衔接的改造方案。由于货运枢纽规划与发展，还与物流中心（园区）、货运中心、流通中心等密切关联，很多物流中心同时也发挥着货运枢纽的货物集散与中转职能。在规划方面，如日本早在 1964 年就开始对物流产业发展进行调控，1969 年形成日本全国范围物流体系的宏观规划，1996 年颁布《综合物流施策大纲》，并 5 年制定一次，每年加以研讨修正，至今已建成东京、平岛、葛西等 20 多家大规模物流中心，平均占地 74 hm²。德国从 20 世纪 80 年代开始在全国规划建设了 40 个物流中心（称为"货运中心"或"货运村"），部分物流中心占地在 100 hm² 以上。美国采用市场化运作模式，先后建成得克萨斯联盟物流中心、芝加哥物流中心等，在物流中心及货运枢纽的标准化建设及运作管理方面也积累了丰富经验。

2012 年 9 月 5 日，湖北省交通运输厅发布了"十二五"综合客运枢纽及公路货运枢纽（物流园区）建设规划，组织编写了《综合客运枢纽项目可行性研究指南》。在"十二五"期间采取了以中央车购税资金对综合客运枢纽中的公路客运站相关设施进行补助的激励政策，鼓励公路客运站按照"主动衔接"的思路，积极与铁路、民航、水路枢纽场站及城市交通方式对接，通过资助示范项目推进综合客运枢纽建设，进一步提升了区域公共交通系统换乘的便利性。2013 年 11 月，交通运输部发布了《中央编办关于交通运输部有关职责和机构编制调整的通知》，明确交通运输部统筹规划铁路、公路、水运、民航及邮政行业的发展，并"指导综合交通运输枢纽规划管理"，交通行政体制改革的深入有望加强交通运输部门在综合运输管理领域的协调力度，打破当前在综合枢纽规划建设中存在的行业羁绊，为综合交通枢纽的统一规划、同步建设、协调运营创造良好的发展环境。国务院印发《"十二五"国家自主创新能力建设规划》，提出将"综合交通枢纽客运一体化服务系统"作为国家综合交通运输创新能力的建设重点，客观要求交通运输部在推进综合客运枢纽建设发展的目标上，由重点关注基础设施建设，向统筹考虑设施、信息、服务等不同层面的全方位衔接，推进规划、建设、运营等各个环节的一体化。"十三五"期间是我国全面建成小康社会的关键阶段和国家新型城镇化建设的快速发展时期，以城市群为主要特征的新型城镇形态使得城际、城市和城乡间客运换乘、货运交流需求持续扩大，要求在推进综合交通枢纽建设内容上，既要充分考虑城市群经济社会发展对交通枢纽的建设要求，发挥枢纽建设对促进交通、产业、城市空间融合的支撑作用，又要兼顾如何体现城乡客货运衔接、惠及大众民生等社会公共服务问题。国务院进一步出台促进交通枢纽建设的意见，如为落实《国务院关于改革铁路投融资体制　加快推进铁路建设的意见》（国发〔2013〕33 号），实施铁路用地及站场毗邻区域土地综合开发利用政策，于 2014年发布《国务院办公厅关于支持铁路建设实施土地综合开发的意见》（国办发〔2014〕37 号），意见特别要求，大力推进铁路与城市轨道交通、公共交通、出租车等各类交通方式的无缝衔接，促进综合交通枢纽建设，方便乘客的出行和换乘，为铁路站场建设城市交通枢纽进一步创造了政策条件。2020 年 4 月，出台《国家发展改革委促进枢纽机场联通轨道交通的意见》（发改基础〔2020〕576 号），给出包括北京、上海等 11 个枢纽机场联通轨道交通重点项目的清单。2021年 4 月发布的《城市客运交通枢纽设计标准》（GB/T 51402—2021）进一步保障了城市客运交通枢纽设计的规范性。

在货运枢纽发展方面，各个时期的铁路、公路、航空等交通方式发展规划中，均制定了相应城市的货运枢纽规划，如 2004 年出台的《国家公路运输枢纽布局规划》对 179 个公路主枢纽涉及的货运场站进行规划与建设，大大加强了城市枢纽货运场站的集疏运及中转能力。铁路根据货运作业密切关联的编组站、集装箱中心站、货运中心站的需求变化情况，先后于2003 年、2007 年等多次在铁路生产力布局调整中，规划了路网性货运枢纽、区域性货运枢纽建设与布局调整方案，2007 年国务院批准了《国家发展改革委关于印发综合交通网中长期发展规划的通知》（发改交运〔2007〕3045 号），划定了 42 个全国性综合交通枢纽，一批区域性、地区性综合交通枢纽建设也取得阶段性成果。同时，我国非常重视物流园区（中心）的规划建设，在 21 世纪初期，运营、在建和规划中的物流园区已达 200 个以上，2009 年，《国务院关于印发物流业调整和振兴规划的通知》（国发〔2009〕8 号）提出构建 21 个全国性物流节点城市、17 个区域性物流节点城市的布局方案。2013 年国务院又出台了《全国物流园区发展规划（2013—2020 年）》，对城市规划建设物流园区的重要性和辐射服务范围进行了政策指引，规划了 29 个一级物流园区布局城市和 70 个二级物流园区布局城市。2018 年 12 月 21 日，国家发展改革委、交通运输部发布《国家物流枢纽布局和建设规划》（以下简称《规划》）。《规划》选择 127 个城市作为国家物流枢纽承载城市，规划建设 212 个国家物流枢纽，《规划》提出，到 2025 年布局建设 150 个左右国家物流枢纽，推动全社会物流总费用与 GDP 的比率下降至 12% 左右；到 2035 年基本形成与现代化经济体系相适应的国家物流枢纽网络。涵盖陆港型、空港型、港口型、生产服务型、商贸服务型、陆上边境口岸型等 6 种类型，区域、类型分布相对均衡，有利于支撑"一带一路"建设、京津冀协同发展、长江经济带发展、粤港澳大湾区建设、长三角区域一体化发展、西部陆海新通道等重大战略实施和促进形成强大国内市场。

随着我国全面深化改革的逐步推进，我国综合交通运输体系发展进入一个新阶段，综合交通枢纽的体系化规划建设得到更高度的重视。2019 年 9 月，中共中央、国务院印发了《交通强国建设纲要》，提出构筑多层级、一体化的综合交通枢纽体系。依托京津冀、长三角、粤港澳大湾区等世界级城市群，打造具有全球竞争力的国际海港枢纽、航空枢纽和邮政快递核心枢纽，建设一批全国性、区域性交通枢纽，推进综合交通枢纽一体化规划建设，提高换乘换装水平，完善集疏运体系，大力发展枢纽经济。2021 年 2 月，中共中央、国务院印发《国家综合立体交通网规划纲要》，提出要建设多层级一体化国家综合交通枢纽系统，加强综合交通枢纽集群、枢纽城市及枢纽港站"三位一体"统筹布局，重点建设京津冀、长三角、粤港澳大湾区、成渝地区双城经济圈等四大国际性综合交通枢纽集群，推进建设 20 个左右国际性综合交通枢纽城市以及 80 个左右全国性综合交通枢纽城市。将综合交通和物流枢纽列入"十四五"规划 102 项重大工程项目予以推进，为综合交通枢纽体系建设指明了方向，也提出了新的更高要求。2021 年，为高质量推进"十四五"时期国家物流枢纽建设工作，推动形成以国家物流枢纽为核心的骨干物流基础设施网络和骨干多式联运体系，支撑构建以国内大循环为主体、国内国际双循环相互促进的新发展格局，国家发展改革委印发《国家物流枢纽网络建设实施方案（2021—2025 年）》（发改经贸〔2021〕956 号，简称《方案》）。《方案》指出，"十四五"期间将聚焦打造"通道+枢纽+网络"现代物流运行体系。一方面，围绕推动存量国家物流枢纽高质量发展，整合优化存量物流设施，强化多式联运组织能力，促进国家物流枢纽互联成网，推动完善以国家物流枢纽为支撑的"轴辐式"物流服务体系；培育发展枢纽经济通道经济，打造经济和产业发展走廊。另一方面，围绕加快健全国家物流枢纽网络，支持城市群内国家物流枢纽共建共享共用和一体化衔接，强化都市圈物流网点体系与国家物流枢纽网络有机衔接、协同联动。拟通过加强物流基础设施建设的衔接与协调，进一步提升物流效率，国家物流枢纽建设将极大推进城市货运枢纽的发展。2022 年 2 月，交通运输部、国家铁路局、中国民用航空局、国家邮政局、中国国家铁路集团有限公司联合印发了《现代综合交通枢纽体系"十四五"发展规划》，围绕建设现代综合交通枢纽体系，按照"坚持服务人民、坚持系统观念、坚持改革创新、坚持多方协同"的工作原则，进一步明确了 5 方面 13 项具体任务。

综合交通枢纽作为综合交通网络的关键节点，不仅是各种运输方式高效衔接和一体化组织的主要载体，在提高综合交通运输网络效率、优化运输结构、提升多式联运发展水平、加快交通运输转型发展中具有重要的作用，而且还有重要的经济和社会服务职能。综合交通枢纽体系是统筹融合铁路、公路、内河航运、海港、运输管道和航空为一体的海陆空协同枢纽体系，由于不同性质的客货需求对时间、距离、费用及个性化服务等各不相同，不同交通模式的客货流存在较大差异，各种交通方式自身也存在不同层级体系等，这些都决定了综合交通枢纽体系必须是多层级、一体化的，并且要在节点上实现更高层面的客货供需动态平衡。总结起来，"十四五"及其未来一段时期综合交通枢纽发展的重点工作主要包括以下几个方面。

一是依托超大型城市群内高度发达的多方式一体化综合立体交通网，以国际性综合交通枢纽城市为核心，建设面向世界的京津冀、长三角、粤港澳大湾区、成渝地区双城经济圈四大国际性综合交通枢纽集群。

二是加快建设国际性综合交通枢纽城市以及全国性综合交通枢纽城市，有效支撑国际和跨区域人员交往、物流中转集散、资源高效配置。

三是建设一批国际性综合交通枢纽港站、全国性综合交通枢纽港站，推进综合交通枢纽一体化建设。要提高换乘换装水平，加快完善集疏运体系，满足行业发展对综合交通枢纽区域交通功能的需求，尽量避免综合交通枢纽对城市交通和城市功能的干扰。

四是大力发展交通枢纽经济。大型交通基础设施普遍都是区域性重大基础设施，如机场、铁路客运站、汽车客运站等大型交通枢纽，直接影响所在地区经济发展，并辐射周边区域。要补齐交通枢纽基础设施短板，推进要素集聚、资源整合，打造低成本、高效率的枢纽服务网络，提升实体经济发展活力，促进区域协调发展。

回顾近几十年国内外交通枢纽发展实践，交通枢纽在立体换乘、空间集约化，综合开发，功能多元化、以人为本、设计人性化，系统管理、组织现代化，多枢纽协同，周边交通环境的综合治理与改善，以及与城市发展的协同方面均取得很大的进步，为未来交通枢纽的发展奠定了重要的基础，伴随中国全面建成小康社会、经济结构的转型、新型城镇化、经济新常态下需求结构的变化、"一带一路"建设和节能绿色环保等新需求与新挑战，城市交通枢纽的设计与建设也势必需要与时俱进，不断创新发展，以更好地满足社会经济可持续发展的需要。

复习思考题

1. 什么是城市交通枢纽？它有哪些分类？结合实例说明。
2. 结合实例说明国内外城市交通枢纽的发展。
3. 基于世界城市交通枢纽建筑的文化性与艺术性特征，举例分析我国交通枢纽建筑的特点。

第2章

城市交通枢纽设计的内容、原则与模式

2.1 城市交通枢纽设计的内容与原则

2.1.1 城市交通枢纽设计的核心内容和流程

城市交通枢纽设计一般包括以下几个重点工作模块。

1. 背景研究

城市综合交通枢纽的设计应立足于现状，着眼于未来，并与城市交通总体规划与建筑设计相协调配合。因此，在设计之前应进行现状调查与资料的收集，包括枢纽用地、周边道路交通等现状资料的收集与调查，城市总体规划、土地利用规划、综合交通规划、公共交通规划等规划资料和相关起迄点（origin and destination，OD）资料的收集。然后，应对上述资料进行整理和分析，对枢纽现状问题进行总结，并从规划资料中获得枢纽设计的各种限制条件，包括用地、交通、市政、生态景观、投资等约束条件。充分认识上层规划的要求和交通设计的要求。

枢纽的选址与设计应符合下列规定：城市总体规划及相关交通发展的要求；安全和卫生等国家现行有关标准的规定；应有良好的供水、排水、供电、通信、燃气、道路等市政基础设施条件；设计应合理利用地形条件，布局紧凑，近、远期结合；设计应采用节能、节地、节水、节材和符合环境保护要求的技术；绿化设计应符合城市规划要求等。

2. 交通枢纽功能定位分析

城市综合交通枢纽是多种多样的，不同类型和等级的枢纽，其服务范围、服务对象、建设规模、配套设施及交通运输流特征等都具有显著的差异，在设计时考虑的因素也不相同。因此，枢纽规划设计应根据交通枢纽的区位条件、交通衔接方式，结合城市交通发展、城市土地开发战略等来界定换乘枢纽在城市大环境中所处的地位和作用，即对交通枢纽进行功能定位分析。只有对城市综合交通枢纽进行准确的功能定位，才能充分发挥该枢纽在城市宏观交通系统中的作用，从而促使整个城市交通向良好的方向发展。

例如，北京市东直门交通枢纽的宏观功能定位为：东直门地处城市中心区域，该交通枢纽应该起着"发展和限制相结合"的双重作用，即发展城市公共交通，限制私有小客车在城区的使用。该枢纽属于市区重要的大型综合交通枢纽，集多种交通方式于一体，并优先满足轨道交通之间的换乘。

3. 交通枢纽需求预测与分析

城市综合交通枢纽的需求预测与分析是确定枢纽设施规模及衔接换乘/中转布局的主要依据。交通枢纽的建设规模和换乘布局模式不仅要适应客货流集散、换乘/中转的需要，而且要适应交通枢纽周边土地利用的要求。因此，在研究交通枢纽设计时，必须进行交通枢纽需求分析。

交通枢纽需求分析应以枢纽的功能及等级定位为指导，以枢纽周边的外部交通环境为约束，综合考虑枢纽地区的土地开发模式与地块功能、枢纽吸引范围等情况，选用适当的预测方法对交通枢纽的需求进行预测。通过对交通枢纽需求进行预测分析，提供规划年枢纽的交通情况，如交通流量、流向、交通结构、转换关系、各种交通方式之间的换乘/中转量、服务水平、交通敏感程度等。同时在交通枢纽需求预测与分析的基础上，对交通枢纽的设施规模进行确定。

以城市客运枢纽为例，交通枢纽需求预测与分析内容如下。

① 城市综合客运枢纽设计应以预测客流量为依据，预测客流量应包括枢纽客流总量预测、各种交通方式客流量预测及各种交通方式间换乘客流量预测。

② 交通预测年限以枢纽建成运营年为基准年，可分为初期、近期和远期。初期一般为建成运营后第 3 年，近期为建成运营后第 10 年，远期为建成运营后第 25 年。

③ 枢纽客流分析应包括常态客流分析、突发客流分析、敏感性分析及超高峰系数等。

④ 大型城市综合客运枢纽主要换乘区域还应进行交通动态仿真模拟，动态仿真模拟结果应符合枢纽各区域服务标准要求。

4. 交通枢纽功能布局

城市交通枢纽应包括枢纽主体、附属设施、停驻车区、道路、广场、绿化、市政配套等。以客运交通枢纽为例，其功能设施包括以下几部分。

① 枢纽主体，一般包括公共区及为其服务的管理办公区。公共区主要为乘客服务，由到发、换乘等功能组成；管理办公区主要由管理、办公等功能组成。管理办公区宜与公共区有良好的联系。

② 附属设施，一般包括车辆维修、加油加气等为车辆及工作人员生产生活服务的设施。

③ 停驻车区，一般包括车辆的停车区、临时周转区、夜间驻车区。

交通枢纽功能布局应满足交通功能要求，并保证建筑、交通、市政配套等设施整体布局的合理性。在布局中应以人为本，公交优先，主客流优先；换乘应流线清晰、安全便捷。当航空或枢纽客流量很大时（如航空枢纽客流量大于 20 万人/d、铁路枢纽客流量大于 30 万人/d），宜采用两个以上（含两个）方向广场及城市市政交通设施集散客流，且不同方向对外衔接道路不交叉。自行车停车一般采用的是地面布置，当布置于地下时宜设置骑行进出条件。

5. 枢纽交通设计

枢纽的交通设计一般包括空间布局设计和流线设计两大部分，以客运交通枢纽为例，具体过程如下：

① 通过对换乘客流重要度排序，在枢纽宏观功能定位和建设规模确定的基础上对枢纽内主要交通功能区进行划分，即对枢纽进行平面和立体布局设计；

② 对各功能区的衔接方式进行选择，对连通通道及楼梯的位置进行设置；

③ 结合枢纽周边道路对枢纽出入口进行布置，对步行出入口及车辆出入口进行划分；

④ 在枢纽平面布局、出入口设计、疏解道路设计的基础上，进行枢纽内部交通组织设计；

⑤ 结合枢纽出入口设计和周边的道路交通状况对枢纽进行外部交通组织设计。

客运交通枢纽的交通组织和流线设计应满足以下要求。

① 枢纽的交通流线组织应人车分流，避免冲突。

② 人流交通组织设计应以换乘客流量为基础，主客流优先，平均换乘距离最小。

③ 乘客的最远换乘距离应符合相关枢纽设计规范规定，一般对公交线路间的换乘距离、公交与地铁间的换乘距离、其他交通方式间的换乘距离均有要求，当超过要求的换乘距离时，宜采用自动步道设施或立体换乘形式。

④ 车流交通组织设计应符合下列规定：车流交通组织应遵循公共交通优先的原则，应减少绕行距离，不宜迂回、交叉、干扰。车流流线应与枢纽主交通方式的人流流线相一致，进出流线宜在空间上分开。

⑤ 当交通枢纽包含综合开发时，综合开发部分的进出车流、人流应与枢纽部分的进出车流、换乘客流相对分离，各自独立组织。

6. 建筑方案设计

现代建筑设计理论认为，功能表现为内容，空间表现为形式，二者存在不可分割的联系。不同的功能将产生不同的空间形式，而不同的功能组合也会导致不同的空间形态和空间组织方式。这也体现了建筑理论中空间追随功能的思想，功能的千差万别导致了建筑形式上的千变万化。

交通枢纽建筑方案虽然提供的是建筑的物理空间形态，但空间形态支撑的是建筑功能，在空间设计上需要将组成建筑的各种空间按不同的功能进行分类。即按照不同空间内部使用者活动的需求特征，通过把空间要求相似、联系紧密的功能相合并，把需求矛盾、相互存在干扰的功能用一定方式相分隔，来确保建筑功能的正常运转。例如，一个普通的公路客运枢纽，根据它的主要功能和特点，可以将它划分为站房、停车、广场等多个独立的大空间；而对于站房这个大空间，按照具体服务类型的不同，又可以划分为候车、售票、行包房等多个相对独立的使用空间。实质上，在一定的区域内划定一个范围，将较为固定的一系列活动布置在其中，这就是建筑功能分区的本质，也是一个由粗到细的设计过程。

以客运枢纽为例，站房建筑方案设计的内容一般包括换乘空间、商业空间、服务用房与管理用房、垂直交通设施、防灾设计、室内环境等，同时还涉及给水排水、暖通空调、电气等建筑设施。交通枢纽设计规范会给出相应空间的设计标准，如换乘空间中的枢纽换乘厅的形式及规模（如使用面积）、换乘空间服务设施的分类配置标准、换乘通道、出入口、楼梯、自动扶梯、安检设备等设施的能力等。此外，换乘空间建筑，应该采用能充分发挥与功能相适应的、对旅客行为起促进作用的方案，而尺度合适、方位感明确、结合多种建筑手法精心设计的设计，往往可以达到提高旅客换乘效率的正面作用。

7. 对设计方案进行评价与优化

枢纽设计阶段主要融入的是定性的分析，由于设计主导思想及设计人员的不同，定性的设计方法可以作出多个不同的设计方案，因此有必要将各套方案进行定量分析，以评定各个方案的优劣程度，选出最佳方案。即对设计方案进行评价。同时在相关技术专家意见反馈的情况下，进行方案的优化工作，直至制订出可实施的方案。

城市客运交通枢纽设计的流程如图2-1所示。

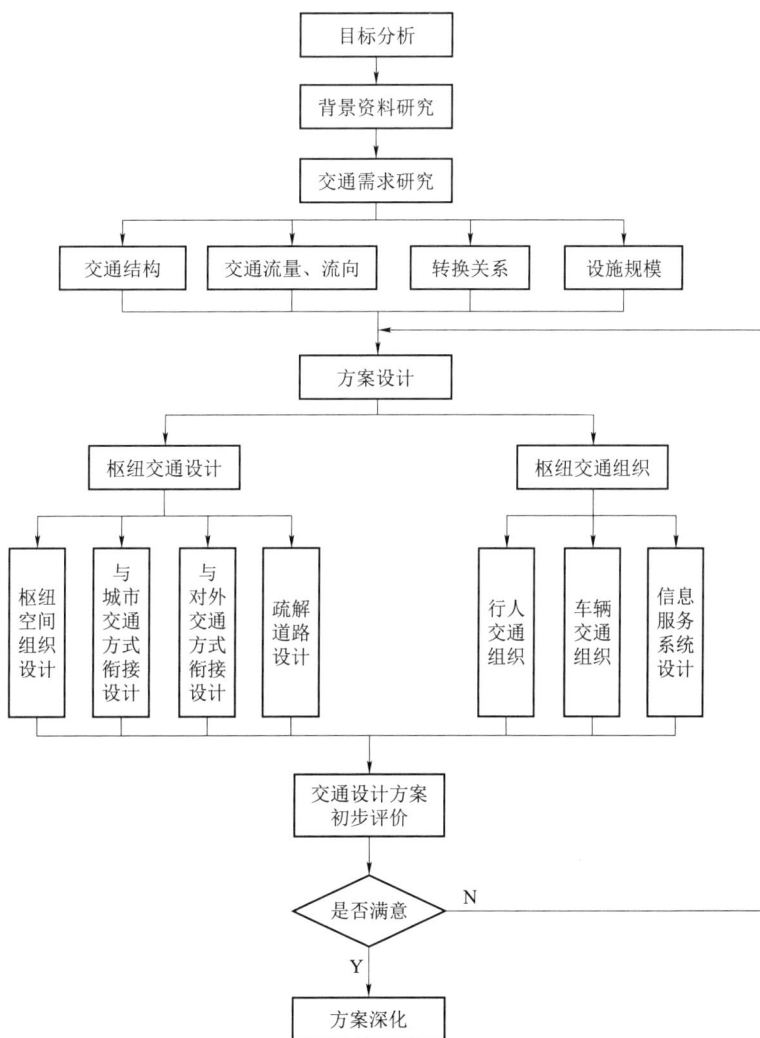

图2-1　城市客运交通枢纽设计的流程

2.1.2　城市交通枢纽设计的原则

城市交通枢纽设计需要综合考虑城市交通枢纽的功能、结构和城市交通内外部环境等因素，按照其设计特点，并遵循一定的设计原则，这样才能提高城市交通枢纽设计的科学性和实施效率，使得规划的城市交通枢纽满足现状和未来的交通需求。一般而言，城市交通枢纽设计主要有以下一些原则。

1. 网络化的设计原则

任何一个富有效率的交通枢纽都不是独立存在的，它的正常运转必须依靠周边的城市交通网络的支持。二者之间是相互制约的互动关系，在设计交通枢纽的时候，应该对该区域甚至更大范围的交通网络或客货运需求状况及发展有一个全面、系统的认识，在此基础上才可能对交通枢纽进行合理的功能定位。例如，在交通枢纽和城市道路的接口处往往会出现"瓶颈现象"，而某一点的矛盾将影响整个交通枢纽正常功能的发挥。由此可以看出，单独去搞好枢纽中某一个建筑的单体设计，其生命力是十分有限的。只有建立起一个系统的交通网络的概念，才是做好交通枢纽设计的前提和基础。

2. 综合性的设计原则

"交通"是一个动态的概念，它是随着社会的发展而变化的。作为城市交通体系中一个有机的组成部分，交通枢纽必须具备对实际需求变化的适应能力。同时，随着商业文化的冲击，交通枢纽建筑也不可能是单纯的交通建筑，它必然是适应市场需求的集诸多城市内容于一身的综合体，增加如商业、购物、娱乐、居住、休憩、工作等城市更多的功能。在城市中建筑的生命力也正在于其灵活应变的可能性。

从可持续发展的角度来说，枢纽设计应具有足够的前瞻性及适应性，为未来的发展留下接口和余地。要以一种综合的、动态的、发展的观点去看待交通枢纽的设计，只有这样才能适应社会发展的需求。

3. 建筑协调性的设计原则

在交通枢纽（所有类似的交通建筑）的设计中引入城市设计的观念。不能让城市活动终止于建筑之外，而应该渗透于建筑之中，使交通枢纽成为城市的一个有机的组成部分。要达到这样的目标，有效的办法之一就是充分利用地下和地上空间。立体化的空间利用模式，不仅减少了对城市用地的侵占，同时也保证了城市空间的连续性和完整性。

由于交通枢纽建筑同城市环境的联系紧密，使得人们在交通枢纽的设计中，不但要考虑客运的需求，而且要充分考虑与枢纽周边城市环境相协调，要通过一切设计手段使交通枢纽建筑成为城市的有效空间。

4. 环保的设计原则

这是所有建筑设计都应该遵循的原则，对交通枢纽建筑设计来说尤为重要。以客运交通枢纽为例，在枢纽之中容纳的不光是人，还有公交车、出租车、地铁等交通工具，这些交通工具所产生的噪声、震动、废气等对城市环境和建筑的空间质量有严重的负面影响，这些都是在设计中需要重点解决的问题。同时，交通枢纽作为一种对城市发展有重要影响的建筑形式，其环保的意义远不局限于一座建筑的范畴。只有建立起一套环保的交通体系，才可能产生环保的交通枢纽建筑。环保为人们带来的绝不仅仅是舒适的环境和完善的功能，它直接影响人们对城市交通的认同和理解。

5. 可操作性原则

枢纽的规划设计方案应符合各有关的规范标准及规定，既要考虑城市交通系统和交通工具可持续发展的需要，又要考虑资金、环境等客观条件的限制，使方案具有切实可行性。

6. 人性化的设计原则

城市交通枢纽的发展从始至终都贯穿着对人性的理解与思考。特别是城市客运交通枢纽，其设计原则归根结底应体现出"以人为本"的设计理念。建筑的空间也必须是人性化的空间。因此，要把"以人为本"的设计理念落实于实践之中，最大限度地满足行人对换乘便捷、快速、安全、舒适的要求，缩短行人在枢纽内的转乘时间，提高设施服务水平，使枢纽内的人流既便于集中换乘，又便于疏散。为了做到张弛有度，就需要切实地分析和掌握人在交通枢纽中的活动规律，并把它体现于交通枢纽设计的各个环节。

2.2　城市交通枢纽一体化设计模式

2.2.1　一体化设计模式的内涵

传统的设计模式一般以一种交通方式的站房为中心，其他交通方式的站房或停车场布置在其周围，它们之间各自为政，难以进行统一的管理，从而造成了资源的浪费。虽然多种交通方式都设置于同一地块，但仍然有换乘距离很长、换乘舒适度差的缺点。由于多站房和周边多种相关辅助设施都在城市用地的二维平面上布置，其外部形象无法得到统一，并因其零散布置，所以无法形成城市的中心和门户。

城市交通枢纽的一体化设计首先将公路、铁路、水路、航空等多种交通方式进行高度整合、高效衔接、优化配置，实现交通枢纽与城市交通网络有效联结；其次，该设计方法将枢纽地段的城市空间统一安排，充分利用地上、地面、地下空间，进行立体化开发，使各类交通线路和各项功能主体相互配合。

基于以上两点，城市交通枢纽的一体化设计将在大大缩短客货流的换乘/中转距离和时间的同时节约了大量的城市用地，对提高交通系统的运营效率和缓解城市土地压力有积极的意义。

2.2.2　一体化设计的核心问题

一体化设计的核心问题是功能组织和空间组织。

1. 功能组织

一体化设计的功能组织是指对在特定的区域内建筑与建筑或建筑与城市空间的功能进行合理的叠加和组合。不同功能区块的组合方式通常有以下4种方式。

① 主从式。即以一种功能主体为主导，其他作为辅助功能。这种组合方式关系明确，如城市办公区域和周边的餐饮、购物地段的关系。

② 竞争式。即同种功能主体并置，这种组合方式会产生集体化学效应。例如，在某商业地块中的商场、专卖店、超市等商业设施构成相互竞争关系。

③ 并列式。不同类型功能主体相互结合于同一城市地段。最典型的例子就是不同交通方式在城市同一地段各自设站。

④ 混合式。即集中了两种或两种以上的功能组合方式，例如，交通枢纽与商务中心的结合。

前 3 种典型功能区块的组合方式如图 2-2 所示。

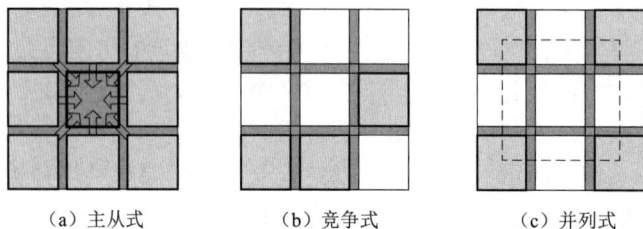

(a) 主从式　　　　　　(b) 竞争式　　　　　　(c) 并列式

图 2-2　前 3 种典型功能区块的组合方式

早期的城市和建筑的功能组织多以单个的建筑实体或区域为最基本元素，在城市地块中以道路等为主线进行串联组合，而随着社会和城市化的发展，城市和建筑的功能组织有了新的趋势，主要表现为以下几方面。

① 功能组合的混合性趋势。即在空间设计中采用多种功能组合的方式，呈现混合性发展趋势。

② 功能组合的密集性趋势。即在现今城市用地日趋紧张的情况下，最大限度地缩小各功能主体之间的距离。例如，在以往的火车站周围的长途客运站、公交站点，它们之间的距离较长，换乘旅客往往需要较长的换乘距离和时间。而随着功能组合的密集化，旅客的换乘距离和时间会相应缩短，换乘效率会大大提高。

③ 功能组合界限的模糊性趋势。指在某功能主体中出现了其他的功能形式，功能主体之间的界限逐渐模糊。

2. 空间组织

一体化设计的空间组织，首先应使各个空间各司其职，充分发挥它对所服务人群服务的应有作用；其次，应立体开发，综合利用地上、地下空间，合理并高效地对城市和建筑空间进行立体化组织；最后，要使人与社会、环境和谐共生，在不破坏生态环境的前提下，实现人工环境和自然环境的有机融合。一体化设计的空间组织方式可以分为并置、渗透、水平联系、垂直联系和混合式 5 种，前 4 种一体化设计的空间组织方式如图 2-3 所示。

① 并置。根据不同功能空间的功能特性将它们置于各自的归属空间内，彼此形成互相分离的状态。此种空间组织的方式适用于动静空间分区或功能关联性不大或没有关联性的功能空间主体。

② 渗透。当一种功能空间主体为另一种功能空间主体所用时，此种空间组织的方式便随之形成。这种空间组织的方式具有较强的开放性。

③ 水平联系。不同功能空间主体通过高架、连廊等建立起水平方向的联系。

④ 垂直联系。不同功能空间主体通过垂直交通建立起垂直方向的联系。

⑤ 混合式。即集中了两种或两种以上的空间组织方式。

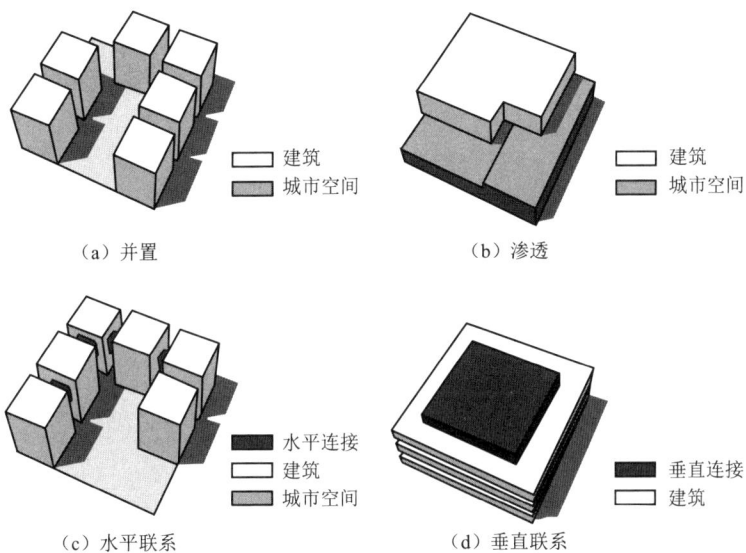

（a）并置　　　　　　　　　　　　　　（b）渗透

（c）水平联系　　　　　　　　　　　　（d）垂直联系

图 2-3　4 种一体化设计的空间组织方式

复习思考题

1. 城市交通枢纽的设计内容和流程有哪些？结合实例说明其设计原则。
2. 什么是城市交通枢纽一体化设计？

第 3 章

城市交通枢纽的人流特性及组织

城市交通枢纽服务的对象包括客流、货流及各种载运工具交通流，对于城市客运交通枢纽而言，枢纽内日常活动主体的旅客，以及枢纽外部疏解道路和枢纽内部道路系统的车辆，其交通特性密切影响枢纽中的客流能否安全、高效、流畅地流动和集散。由于道路车辆交通特性、道路平面及立体交叉口设计、车辆流线组织与疏解方法在"城市交通系列教材"的其他教材中有详细介绍，本章主要介绍城市交通枢纽的人流特性及组织问题，作为客运交通枢纽设计的基础。

3.1 枢纽内部行人交通特性

本节分别从宏观和微观两个方面对枢纽内行人交通参数、特性、建模方法、仿真软件进行介绍，另外还介绍行人服务水平的划分及其在枢纽设计中的应用。其中，宏观方面侧重于行人的群体行为特征，可以通过宏观模型（如基本图、气体动力学）对行人交通流的群体特征进行定量的描述；微观方面侧重于行人的个体行为特征，在对个体行为规则进行合理表述的基础上，可以通过微观模型（如社会力模型、元胞自动机等）进行仿真分析。

3.1.1 行人宏观交通特性及建模

行人宏观交通特性是行人群体交通行为的特性，即大量行人在某一时段某一区域内所呈现的速度、流量、密度之间相互关系的集体特性。

1. 行人宏观交通特性参数

行人宏观交通特性参数包括速度、流量和流率、密度。

（1）速度

当大量行走的行人聚集到一起形成行人流时，行人个体特征表现不明显，表现出来的是整体特征，即行人流速度，一般以 m/s 或 m/min 为单位。

人流速度可以通过车站调查获得，最好是完整一天的人流数据，而且主要位置处每隔 5 min 就应该记录一次。如果时间、资金有限，可只调查早高峰人流数据。

（2）流量和流率

流量指单位时间内通过某一点（某一横截面）的总人数，以 15 min 或 1 min 为单位进行统计。流率指单位时间内通过单位有效宽度的行人数，一般用人/（min•m）作为单位。

以伦敦地铁为例，通常取 15 min 的最高流量为样本，然后计算每分钟的流量，乘预计上下乘客的速度。对于自动检票机，采用 5 min 最大人流速率（这样更合适，因为检票机空间比通道小）。伦敦地铁还使用以下方法推算流量：

① 3 h 最大人流乘 0.55 得到 1 h 的最大人流量；

② 1 h 最大人流乘 0.3 得到 15 min 的最大人流量；

③ 15 min 最大人流乘 0.4 得到 5 min 的最大人流量。

一些国家的行人自由流速度调查数据如表 3-1 所示。

在特定条件下，单位时间内所通过行人设施某一断面的行人最大流量即设施的通行能力。我国《地铁设计规范》（GB 50157—2013）中规定了地铁车站各设施的最大通过能力，如表 3-2 所示。另外，车站的站厅、站台、出入口通道、人行楼梯、自动扶梯、售检票口（机）等部位的通过能力应按该站远期超高峰客流量确定。超高峰设计客流量为该站预测远期高峰小时客流量（或客流控制时期的高峰小时客流量）乘 1.1～1.4 超高峰系数。

表 3-1　一些国家的行人自由流速度调查数据

资料来源	平均速度/（m/s）	标准差/（m/s）	地点	备注
Hankin&Wright，1958	1.60	—	英国	地铁站
Hoel，1968	1.50	0.20	美国	商业区
Older，1968	1.30	0.30	英国	商业区
Institute of Transportation Engineers，1969	1.20	—	美国	交通工程手册
Navin & Wheeler，1969	1.32	—	美国	校园
Henderson，1971	1.44	0.23	澳大利亚	人行道
Fruin，1971	1.40	0.15	美国	通勤站点
Sleight，1972	1.37	—	美国	路上交通
O'Flaherty & Parkinson，1972	1.32	1.00	英国	市中心人行道
Tregenza，1976	1.31	0.30	英国	路上交通
Roddin，1981	1.60	—	美国	路上交通
Tanariboon et al.，1986	1.23	—	新加坡	市区
Pauls，1987	1.25	—	美国	写字楼
FHWA，1988	1.20	—	美国	路上交通
Koushki，1988	1.08	—	沙特阿拉伯	市区
Daly et al.，1991	1.47	—	英国	地铁站
Tanariboon & Guyano，1991	1.22	—	泰国	曼谷市区
Morrall et al.，1991	1.25	—	斯里兰卡	商业区
	1.40	—	加拿大	商业区
Virkler & Elayadath，1994	1.22	—	美国	校园
Knoflacher，1995	1.45	—	澳大利亚	路上交通
Sarkar & Janardhan，1997	1.46	0.63	印度	主换乘区
Corw，1998	1.40	—	荷兰	步行设施
Young，1999	1.38	0.27	美国	机场

表 3-2　地铁车站各设施的最大通过能力

设　　施		通过能力/（人/h）
1 m 宽楼梯	下行	4 200
	上行	3 700
	双向混行	3 200
1 m 宽通道	单向	5 000
	双向混行	4 000
1 m 宽自动扶梯	运送速度 0.5 m/s	6 720
	运送速度 0.65 m/s	不大于 8 190
0.65 m 宽自动扶梯	运送速度 0.5 m/s	4 320
	运送速度 0.65 m/s	5 265
人工售票口		1 200
自动售票机		300
人工检票口		2 600
自动检票机	三杆式　非接触 IC 卡	1 200
	门扉式　非接触 IC 卡	1 800
	双向门扉式　非接触 IC 卡	1 500

（3）密度

行人密度指在通道或行人排队处、单位面积上的行人平均数，单位用人/m² 表示；行人空间是指每位行人可用的平均面积，是密度的倒数，用 m²/人 表示。这个指标反映了行人在枢纽设施中的拥挤程度。

行人密度在 3.0～3.5 人/m² 时即可以避免行人行走时发生身体接触。单个行人的最小占用空间大约为 0.085 m²，考虑到行人空间需求等影响，行人流的最大密度可能达到 6.7 人/m²，而实际中超过 6 人/m² 的情形很少。当密度超过 7 人/m² 时，行人之间的作用力增强，部分行人可能会被挤离地面，交通系统可靠性下降，易导致踩踏事件。

2. 枢纽内不同设施行人宏观交通特性

由于行人所处的物理环境和交通环境不同，其特征参数和基本图的形态有所不同。例如，在不同的步行设施内，乘客在最大流量时速度、观测到的最大流量值、乘客的平均速度、平均密度及平均个人空间有所不同。表 3-3 为北京某地铁站内不同设施处乘客交通流特性参数比较，表 3-4 为北京轨道交通枢纽与香港 MTR、KCR 枢纽站内不同设施乘客交通特性参数的比较，表 3-5 为北京轨道交通枢纽与香港 MTR、KCR 枢纽站内不同设施物理属性的比较。

表 3-3　北京某地铁站内不同设施处乘客交通流特性参数比较

乘客步行设施		观测最大流量/ [人/（min·m）]	最大流量时速度/ （m/min）	平均速度/ （m/min）	平均密度/ （人/m²）	平均个人空间/ （m²/人）
楼梯	下行	85	37.8	48.3	1.84	0.54
	上行	81	30.4	43.9	1.88	0.53
通道	进站	98	39.2	54.3	1.68	0.60
	出站	96	37.5	50.4	1.82	0.55

续表

乘客步行设施		观测最大流量/[人/（min·m）]	最大流量时速度/（m/min）	平均速度/（m/min）	平均密度/（人/m²）	平均个人空间/（m²/人）
换乘通道	单向流	64	45.2	56.5	1.48	0.68
	双向流	94	38.2	49.4	1.81	0.55
自动扶梯	上行	140	—	48.5	2.88	0.35
	下行	140	—	49.2	2.88	0.35

表 3–4 北京轨道交通枢纽与香港 MTR、KCR 枢纽站内不同设施乘客交通特性参数的比较

乘客步行设施		达到通行能力时的速度/（m/min）			通过能力/[人/（min·m）]		
		北京	MTR	KCR	北京	MTR	KCR
楼梯	下行	37.8	36.07	34.15	85	70	70
	上行	30.4	25.59	24.99	81	80	73
通道	进站	39.2	36.75	35.98	98	92	88
	出站	37.5			96		
换乘通道	单向流	45.2			—		
	双向流	38.2			94		
自动扶梯	上行	48.5	43.39	41.75	140	120	118
	下行	49.2	43.97	41.98	140	120	118

表 3–5 北京轨道交通枢纽与香港 MTR、KCR 枢纽站内不同设施物理属性的比较

步行设施	台阶高度/m			台阶宽度/m			通道宽度/m		
	北京	MTR	KCR	北京	MTR	KCR	北京	MTR	KCR
人行楼梯	0.140	0.150	0.163	0.320	0.305	0.271	—	—	—
通道	—	—	—	—	—	—	2.8~4.2	2.5~3.3	3.24
自动扶梯	0.200	0.205	0.200	0.350	0.405	0.306	—	—	—

3. 行人宏观交通特性建模

对于行人的群体交通行为，目前所采用的建模方法主要有两类：基本图和气体动力学模型。基本图主要描述行人速度、流量和密度的关系，气体动力学模型则把行人流比拟为气体或流体，从而将气体动力学、流体力学的模型运用到行人交通特性分析中。

1）基本图方法

基本图即速度、流量、密度三者之间的关系图，是研究交通流宏观特征的基本方法，其基本思路是通过实际数据的拟合对交通流的速度、密度和流量的关系进行定量分析。

图 3–1 为各国学者针对不同场景条件下建立的行人交通流基本图。

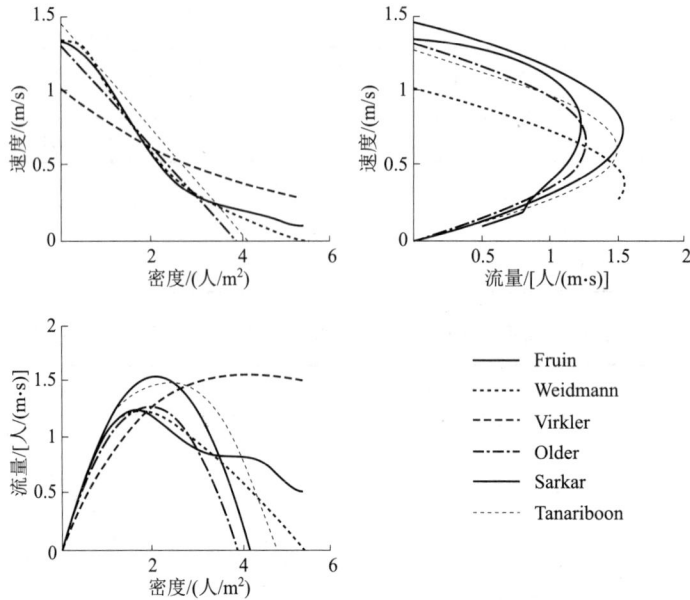

图 3-1　不同场景条件下建立的行人交通流基本图

由于行人设施及行人年龄段、性别、文化背景等的不同，行人交通流的宏观参数会呈现较大的差异。因此，在运用基本图对特定行人交通流进行研究时，通常要先通过实际数据的拟合对各类参数进行标定。表 3-6 汇总的回归关系为国外研究者对其采集数据的样本点进行拟合的结果。

表 3-6　基于观察数据的行人流模型

数据来源	观察地点	交通流模型
Older	商业街道	$v = 1.31 - 0.34\rho$ $q = 1.32\rho - 0.34\rho^2$ $q = 3.85v - 2.94v^2$
Fruin	美国通勤公共汽车站	$v = 1.43 - 0.35\rho$ $q = 1.43\rho - 0.35\rho^2$ $q = 4.08v - 2.86v^2$
Polus 等	以色列海法商业区人行道	$v = 1.31 - 0.27\rho$ $q = 1.31\rho - 0.27\rho^2$ $q = 4.94v - 3.76v^2$
Weidmann		$v = v_\mathrm{m}\left\{1 - \exp\left[-1.913\left(\dfrac{1}{\rho} - \dfrac{1}{\rho_\mathrm{jam}}\right)\right]\right\}$ $v_\mathrm{m} = 1.34, \rho_\mathrm{jam} = 5.4$
Sarkar 和 Janardhan	加尔各答城市换乘区	$v = 1.46 - 0.35\rho$ $q = 1.46\rho - 0.35\rho^2$ $q = 4.17v - 2.86v^2$
Seyfried 等	受控单向队列的行人流试验	$v = -0.34 + 0.94\rho$

注：速度 v（m/s），密度 ρ（人/m²），流量 q［人/（s•m）］，下同。

由表 3-6 可见，目前对于描述行人流的模型较多，而早期的行人模型主要针对商业区、校园和写字楼等环境进行。其中最简单的模型是将速度-密度关系简化为线性，还有将其拟合成三次多项式或更高次多项式、高斯多项式。近几年，由于城市交通枢纽、综合客运枢纽等大型设施的不断发展，国内针对交通枢纽内部设施行人流的研究越来越多。对于枢纽内部行人交通流模型，主要有以下几种，如表 3-7、表 3-8 所示。

表 3-7　交通枢纽内不同设施速度-密度关系

模型分类	数据来源	具体模型		
		水平通道	上行楼梯	下行楼梯
线性关系	杨丽丽，2009	$v = -0.158\,9k + 1.687$	$v = -0.132k + 0.690$	$v = -0.175k + 0.941$
	Lam，1995	$v = -0.36k + 1.29$	—	—
三次多项式关系	曹守华，2009	$v = 0.113\,7k^3 - 0.529\,2k^2 + 0.152\,4k + 1.611\,8$	$v = 0.047\,9k^3 - 0.248\,7k^2 + 0.242\,1k + 0.587\,7$	$v = 0.029\,3k^3 - 0.156\,5k^2 + 0.069\,6k + 0.794\,7$
四次多项式关系	张驰清，2007	$v = -0.004\,5k^4 - 0.052\,3k^3 - 0.158\,7k^2 - 0.208\,2k + 1.700\,9$	$v = -0.007\,9k^4 + 0.094\,8k^3 - 0.338\,6k^2 + 0.109\,6k + 1.338\,3$	$v = -0.038\,8k^4 + 0.042\,1k^3 - 0.138\,7k^2 - 0.052\,8k + 1.076\,7$

表 3-8　交通枢纽内不同设施流量-密度关系

数据来源	具体模型		
	水平通道	上行楼梯	下行楼梯
杨丽丽，2009	$q = -24.24k^2 + 79.90k + 3.55$	$q = -10.60k^2 + 51.96k + 1.99$	$q = -15.91k^2 + 65.36k + 0.13$
Lam，1995	$q = -0.36k^2 + 1.29k$	—	—
曹守华，2009	$q = -0.03k^4 + 0.373\,2k^3 - 1.601\,1k^2 + 2.569\,4k$	$q = 0.025\,4k^4 - 0.184\,5k^3 + 0.237\,1k^2 + 0.586\,6k$	$q = 0.017\,8k^4 - 0.088\,6k^3 + 0.155k^2 + 1.114\,9k$

下面以 HCM 2010 中的基本图为例，具体说明行人交通流三参数的关系。

（1）速度-密度关系

随着密度的增加，由于行走间隙减小，因此行动逐渐受限，速度呈逐渐减小趋势，图 3-2 为 HCM 2010 中速度-密度关系示意图。图 3-3 为 HCM 2010 中速度-空间关系示意图。

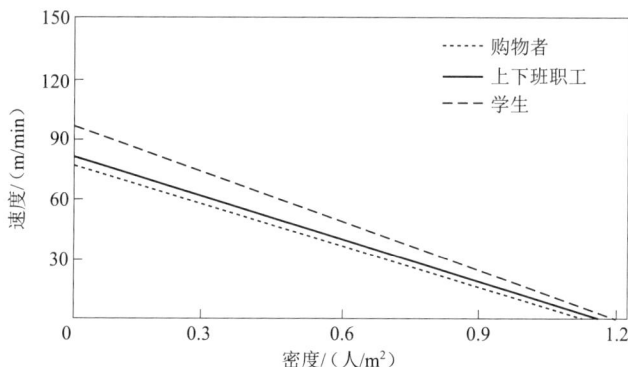

图 3-2　HCM 2010 中速度-密度关系示意图

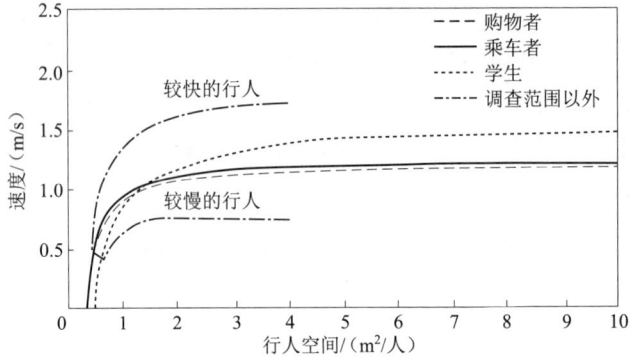

图 3-3　HCM 2010 中速度-空间关系示意图

（2）流量-密度关系

行人空间与行人密度互为倒数，因此也可以用流量与人均空间的关系来描述行人交通流特性，主要应用于服务水平的分级。经验数据统计表明：随着密度的增加，流量呈现先增后减的趋势，单位行人空间在 $0.4\sim0.9\ m^2$/人时，行人可达到最大流量，如图 3-4 所示。当单位行人空间减至 $0.2\sim0.3\ m^2$/人时，行人几乎趋于静止。

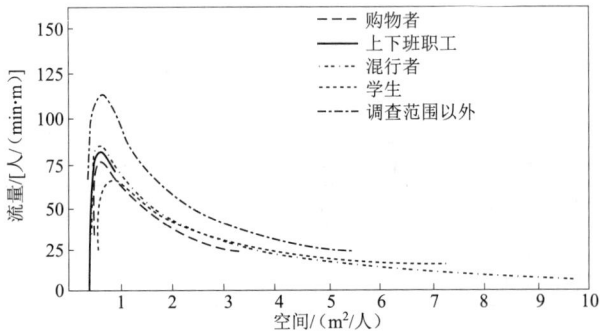

图 3-4　HCM 2010 中流量-空间关系示意图

（3）速度-流量关系

速度-流量模型常用于评价交通运行状况、估算服务水平。常用的速度-流量模型是布鲁斯·格林希尔兹（Bruce D. Greenshields）的抛物线模型。它是由速度-密度的线性关系推导出的，美国道路通行能力手册（HCM 2010）采用的行人的速度-流量曲线如图 3-5 所示。

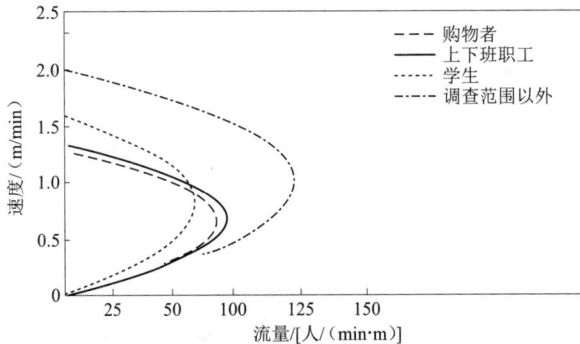

图 3-5　HCM 2010 中速度-流量曲线

（4）基本图特征值

行人交通流基本图描述了速度、流量、密度 3 个参数之间的关系，同时也反映了行人交通流从自由到拥挤、从稳定区到非稳定区的过程。因此，可以从行人流基本图中提取特征值来描述行人流的宏观交通特性。完整的行人交通流基本图包含以下特征值：通过能力 q_c、自由速度 v_0、能力速度 v_c、临界密度 k_c 和堵塞密度 k_j，如图 3-6 所示。

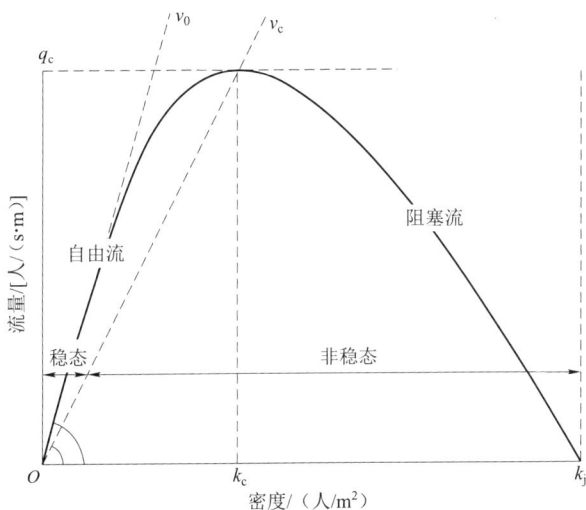

图 3-6　流量–速度–密度三者之间的关系曲线

受到行人交通的特殊性及行人数据难以采集等手段所限，对于行人交通流基本图中的特征参数，至今没有完全统一的认识。表 3-9 列举了不同场景下行人流基本特征值的取值。

表 3-9　不同场景下行人流基本特征值的取值

国家	环境	研究人员	自由流	能力	堵塞密度
沙特阿拉伯	—	AlGadhietal	—	—	$k_j > 7.0$
美国	人行道	Fruin	$k_j < 5.0$	—	$k_j > 5.0$
美国	—	Pushkarev & Zupan	$k_j < 0.6$	$q_c = 1.29$ $v_c = 0.68$ $k_c = 1.89$	$k_j = 4.0 \sim 5.0$
美国	楼梯	Pauls	$k_j < 0.5$	$q_c = 1.67$ $v_c = 0.11$ $k_c = 1.50$	$k_j = 2.5 \sim 5.0$
美国	步行街	Sarkar & Janardhan	—	$q_c = 1.53$ $v_c = 0.74$ $k_c = 2.1$	$k_j > 4.2$
美国	体育馆	Virkler & Elayadath	—	$q_c = 1.03 \sim 1.2$ $v_c = 0.75 \sim 0.82$ $k_c = 1.3 \sim 1.8$	—
瑞士	—	Weidmann	$k_j < 0.5$	$q_c = 1.23$ $v_c = 0.7$ $k_c = 1.5$	$k_j > 5.4$

注：速度 v（m/s），密度 k（人/m²），流量 q [人/（s·m）]。

在 HCM 2010 中指出，当缺乏行人的实际调查数据时，能力速度取 0.8 m/s 较为合适，能力取 4 500 人/（h·m）较为合适。

2）气体动力学模型

除基本图外，其他宏观模型主要是把行人流比拟为气体或流体，从而把气体动力学、流体力学的模型运用到行人流分析中。

利用气体动力学（gas-kinetic）模型描述行人行为首先由 L.F. Henderson 于 1971 年提出，用热力学中的 Maxwell-Boltzman 分布给出了行人前进速度的概率分布公式。L.F. Henderson 用的是普通流体的传统理论，假设行人流满足动量和能量守恒，然而这些假设是不切实际的。1993 年，Bradley 认为高密度人群中会产生像颗粒流或流体中类似的压力，因此用 Nacier-Stokes 方程来描述高密度人群。Derk Helbing 于 1999 年在 Boltzman 方程的基础上，进一步考虑了行人流的动量与能量非守恒性，根据速度矢量方向的不同将行人分为不同类型，建立了具有各向异性的、类似于玻尔兹曼方程的气体运动学模型。2000 年，Serge P. Hoogendoorn 和 Piet H. L. Bovy 提出了一个更为复杂的气体动力学行人模型。2000 年，Roger L. Hughes 把行人的流体模型研究深化，将行人拓展为多种类型。

2002 年，Roger L. Hughes 在数量守恒及三个假设的基础上，建立了行人流连续介质模型（continuum theory），结合 Greenshields 提出的速度−密度线性关系式，给出了特定行人流密度分布下（环形通道）的模型解析结果。具体假设如下：行人速度仅与其邻域密度有关；有共同目的地的行人，如果他们与目的地有相同的距离（所处位置的距离场势位相等），那么不会有相互交换位置的意图；行人期望全局行程时间最短，但是在局部环境下他们会避免进入高密度区域。

气体动力学模型可较为准确地反映出行人流内部个体行人移动速度（矢量）的分布情况，较好地反映了行人交通流的宏观特征，在简单的单向行人流研究中应用较多。然而，气体动力学模型不能体现个体行人之间、个体行人与步行设施间的相互作用，需要对行人中不满足守恒定律的现象进行解释（如行人随时可能停下来），以及对一些由于行人相互作用产生的现象（如避让或减速行为）进行修正。

4. 宏观行人交通仿真软件

行人交通仿真软件包括宏观和微观仿真软件，且以微观仿真软件为主，下面先介绍两类宏观仿真软件。

（1）EVACNET 4

该软件在宏观层面上模拟行人流，不对行人个体行为进行刻画。其虚拟环境的建立方法是：将房间抽象为节点，门和通道被抽象为有向链接（arcs），建立环境的网络模型。用户通过定义节点的行人数量等属性值，以及有向链接的服务能力和行程时间，基于队列模型来分析建筑物内行人安全疏散的最短时间。EESCAPE、FIREWIND 与 EVACNET 4 类似，也是在宏观层面上模拟行人流的。

（2）SimPed

为支持客运枢纽的规划和设计过程，荷兰代尔夫特科技大学与 Holland Railconsult 公司合作开发了 SimPed 仿真软件。SimPed 仿真软件主要用来分析车站设计和布局、时间表设计及作为时间表一部分的月台分配，以及大型步行区域的设计和布局对行人交通流的影响。根据瓶颈通行能力、服务水平评价换乘车站的性能，确定时间表的可行性。

SimPed 仿真软件中的行人模型是半宏观的，行人个体的速度由速度－密度曲线确定。排队模型用来描述正在从事的活动。SimPed 仿真软件通过量化行人穿过车站和在月台或大厅等候时的服务水平，以及动画显示设施不同部分行人的舒适水平，用来评价既有换乘车站（或部分）的布局、既有换乘车站的扩建或改建的影响、新建车站布局方案的选择、不同月台分配方案的选择和改变、时间表的选择和改变等。

3.1.2　行人微观交通行为及建模

行人微观交通行为是以个体为研究对象的行为。掌握行人微观交通行为的规律对提高行人在不同环境下的移动效率、合理改进基础设施的设计和布局、提高设施的利用率、保证行人安全及满足行人心理需求等方面具有非常重要的现实意义。

1. 枢纽内行人微观交通行为参数和特性

1）行人微观交通行为参数

微观行为是不同行为个体在从事某项活动时所体现出不同的行为特征或特性，以单个行人为研究对象。从微观角度对个体行为参数进行分析，探寻行人个体的基本特性，可以反映行人出行和行人个体基本行为间的关系。行人的微观交通行为参数主要包括步频、步幅、步速及行人空间需求等。

① 步频。步频是行人走行时的步数频率，步数为步行者在单位时间内两脚着地的次数，一般以每分钟移动的次数为计量单位，行人的步频主要受到步行者的出行目的、天气情况、携带行李量、步行设施、周围行人的速度等复杂繁多的因素的影响。

② 步幅。步幅是步行者两脚先后着地，脚跟至脚跟或脚尖至脚尖之间的距离，通常用米来表示。步幅是一个相对稳定的参数，它由行人个体的基本属性所决定，一般情况下由行人的身高、体型、年龄、性别、行动能力、行走习惯等因素决定。当行人处在比较拥挤的环境下时，行人的步频和步幅都会受行人所能使用的空间大小的影响。

③ 步速。步速为行人单位时间内行进的距离，一般用 m/s 或 m/min 表示，步速在数值上等于步幅和步频的乘积，行人的步速由行人的步幅和步频决定。

④ 行人空间需求。行人空间需求可以分为静态空间需求和动态空间需求。此处行人空间通常用行人站立或行走时所需要占用的"面积"来表示，而不是通常意义上的占据的"体积"来表示，即通常不侧重考虑行人身高因素。

2）枢纽内行人微观交通行为特性

① 行人高度聚集的枢纽环境是一个相对较封闭的交通空间，行人在封闭的空间内行走时不易受外界因素干扰，方向性差，行走压力较大，因此其行走速度较快。调查显示，中国乘客在封闭交通枢纽中以换乘为目的的平均行走速度为 1.49 m/s，快于在商场购物的行人步速（1.16 m/s）和在休闲区人行道步速（1.1 m/s），亦高于平均速度 1.34 m/s。在快速行进过程中，行人之间更加容易发生拥挤、摩擦、接触等相互作用。

② 行人行为与其涉及交通方式的交互性。枢纽内行人的目的与交通方式密切相关，随着交通工具的到达和离去，行人行为在时间上具有突变性。例如，当知道列车和车辆已经到站时，大多数进站行人会以最快的速度到达站台，但当知道错过这次列车时，行人的速度会放

慢，不急于到达站台。另外，在宏观上枢纽内行人流量具有一定的激变性，随着交通工具在一定时间间隔的到达，枢纽内的客流呈现出急剧升高的特性，这种状态持续一段时间（与时刻表相关）后，站内流量会逐渐减少，在下趟列车到来后，这种现象又会复现。

③ 行人活动内容较多，在交通枢纽内，除行走、等待等基本行为外，行人还有购票、检票、乘降、购物等其他活动，这些活动易影响其他行人的行为，带来一系列其他现象，如排队、拥挤等。

④ 行人行走路线较长。行人在交通枢纽内能够承受的最长行走距离要比在其他设施上的长，即行人所能容忍的通过交通设施的时间较长。且行人具有明显的分类特征或移动目的，如进站、出站、换乘等，易受到枢纽导向系统（如广播、指示牌等）的影响。

⑤ 交通枢纽内的所有设施相互串联，行人在从出发点到目的地的过程中，需要经过一系列的设施，并且设施选择性较少。对于目的相同的一类行人，需要经过的步行设施无论从类型上还是从顺序上都是基本类似的，容易出现从众行为。

⑥ 交通枢纽内的行人交通流在时间和空间上的分布都具有明显的不均衡性，大量的客流在运动时已经不同于个体的交通行为，这些行为大多数呈现非线性动态特性，即通常所说的交通拥挤行为。在行人密集的环境中，很容易在空间占有上形成人与人之间的冲突，每个行人会在保持自己速度大小、方向和避免与他人冲撞之间寻求平衡点。

3）在设施设计中应特别注意的行为特性

枢纽内有各种各样的乘客活动，对于进站乘客，包括乘客进站、辨认方向、获取信息、买票、等待、使用电话亭、购物和使用其他设备、检票、走向站台乘车等。其中每一个活动的特点都应该注意：

① 各活动乘客数量，可以通过各个时间段调查最小、最大、一般情况下的人数获得；

② 不同时间段不同交通流线的客流量；

③ 各活动所需的时间，如高峰时排队买票所用的时间；

④ 各活动之间的联系，如是否在时间上重叠。

根据以上特点和信息，可以计算出某个功能所需要的最大空间，进而对这些空间进行最合理的安排与组织。

① 不同功能区域人流能自由通行，如入口、售票及检票机之间。

② 人流中的人们能自由地决定是否停下来辨认方向和改变原来的方向。

③ 各行为不能发生冲突，尤其是排队买票的人不能阻碍进出站人流，在主要流线上不能出现商业、信息告示牌、自动售货机和椅子等。

④ 高峰期要有足够的售票设施。在伦敦地铁站的设计中，人工售票的数量可以满足 1 h 最高聚集人数的客流量，加上自动售票机则可以满足 5 min 最高聚集人数的客流量。

⑤ 在高峰时要考虑排队造成的拥塞。为了设计出符合需求的平面布局，还必须考虑乘客的需求特性：不同时段的进出站和换乘客流量；乘客趋向于群体还是个体；要携带多少行李等。

2. 枢纽内不同设施行人微观交通行为

交通枢纽内设施主要分成 4 类：行人步行类设施、交通服务类设施、辅助类服务设施、连接类设施。行人交通行为不仅会受到行人个体本身差异性的影响，同时还会受到不同设施性质、设施类型的影响。下面分别介绍行人在不同设施处的交通行为。

1）行人步行类设施

行人步行类设施是指连接各交通服务设施，并帮助行人进行水平或竖直方向通行的设施，主要包括通道、楼梯、自动扶梯、站厅、站台等。

（1）通道

通道的单双向、进出口个数，以及转弯或上下坡直接影响通道内行人流状态，因此改变通道的流向、流量和时段是调整交通组织方案的有效手段之一。例如，单双向限定、通道口开放关闭数量限制、使用时间限制等。

当通道内为双向行人流时，行人密度越大，行人受到的冲撞及阻挡就越多，行人的速度值变化幅度也会相应增大。通道中间若有交叉时，这一现象更显著。

通道所连接的设施不同也会影响通道内行人的步速。例如，在连接到楼梯和自动扶梯的通道内，行人的自由行走速度要小于其他类型的通道，产生这一现象的原因是行人在接近电梯或楼梯的过程中总会自然地减速。

乘客在通道行走时受到两个因素的制约：一是在狭窄的空间里人们的行走速度与在空旷地域里显然不可能完全一样；二是在平道和略微上坡的通道，其行走条件对其行走速度产生一定的影响。经实测显示，乘客在平道的通道中，平均行走速度为 1.3 m/s，在有略微上坡的通道中，平均行走速度为 0.97 m/s。

（2）楼梯

楼梯可以分为单向楼梯与双向楼梯，可用于改变行人流方向。在楼梯口处和在楼梯上，行人流特征有所区别。在到达楼梯之前，行人会减慢步速，因为楼梯对平地来说相当于障碍，到达楼梯口处先要准备上行或下行，若楼梯口处发生拥挤，行人就会等待从而产生延迟，经过楼梯口后行人就会踏上台阶开始上行或下行。楼梯上的行人步速与楼梯口处行人流方向、行人流密度及楼梯台阶高度有关。楼梯的长度越短，行人在楼梯上的步速就会越快。

楼梯的上行及下行行人流特性会有所不同。Institute of Transportation Engineers 在 1969 年对不同坡度行人的速度进行了测量，数据分析得出，斜坡处行人的上行速度和下行速度都受坡度变化的影响，其中，上行速度变化幅度较大。上行的速度在 1.19～1.66 m/s，下行的速度在 1.41～1.51 m/s。

（3）自动扶梯

自动扶梯是行人进行竖直方向移动的主要设施之一，都是单向通行。行人在到达扶梯入口处时，会等待自动扶梯台阶（等待扶梯台阶的时间是一个离散随机过程），然后迈步踏上自动扶梯，跟随自动扶梯速度上行或下行。自动扶梯处的行人行为与楼梯处的行人行为特征相似，不同点在于，此处行人的移动速度是取决于扶梯的运行速度，流向为单向。

行人对楼梯、自动扶梯的选择主要与出行延误有关，无论是进入扶梯前排队区域的拥挤情况，还是楼梯上行人的体力消耗，都可以转化为行人延误。一项在香港的调查得出，行人对自动扶梯的选择概率与在自动扶梯上的延误之间的关系模型如式（3-1）所示。

$$P_e^d = \frac{1}{1+\exp(-3.100\,1-0.174\,5\Delta t)},\ R^2 = 0.844\,3 \tag{3-1}$$

$$P_e^a = \frac{1}{1+\exp(-5.344\,1-0.207\,3\Delta t)},\ R^2 = 0.866\,6 \tag{3-2}$$

式中：

　　Δt ——使用自动扶梯与楼梯的延误时间之差；

　　P_e^d ——下行时选择自动扶梯的概率；

　　P_e^a ——上行时选择自动扶梯的概率；

　　R^2 ——曲线拟合度。

调查发现，行人在对楼梯和自动扶梯进行选择时，下行比上行对延误更加敏感。在下行时，当使用自动扶梯比楼梯节省 7.8 s 以上时，85%的行人会选择自动扶梯。但在上行时，只有当走楼梯比使用自动扶梯节省 17.4 s 以上时，人们才选择走楼梯。也就是说，若走楼梯比使用扶梯在延误上稍有节省时，由于上楼梯较下楼梯更加费力，在上行时行人一般都会选择自动扶梯，而在相同的延误节省下，下行时选择楼梯的概率要大于上行时选择楼梯的概率。

（4）站厅

站厅的作用一般是对人群移动的缓冲。行人通过入口进入站厅，并向各个方向分散。站厅一般具有多个出入口，行人在站厅内的行人流状态较为复杂，最大特点为方向不确定。

有研究表明，在同一水平面内，即使很小的干扰人流也会造成主要流线的拥堵，因此在进行轨道交通枢纽站的流线设计时，应尽量区别水平流线，避免无约束限制的开放式大厅。

表 3-10 为各种交织流线情况的人均面积需求，通过合理设计枢纽控制集散规模来提高集散效率。从表 3-10 中可以看出，在同等客流条件下，设计开放式大厅所需空间是单向通道的 3 倍。

表 3-10　各种交织流线情况的人均面积需求

流线方式	案例	描述	面积需求/（m²/人）	备注
→（单向箭头）	单向通道	线性移动	0.46	面积以 2.14 人/m² 的最高人流密度为基础
⇄（双向箭头）	双向通道	线性正反方向流	0.55	反向流导致人流量总体下降15%
⋈（交叉）	简单的交汇/分流，如 Bend Street 的自动扶梯大厅	线性移动，人流密度和人流量决定冲突的发生	0.66	十字路口还要考虑为充分利用的空间和交汇/分流区域
⊢（垂直交叉）	垂直交汇/分流，如维多利亚线上的自动扶梯大厅	线性移动为主，交织分流为辅	0.80	由于直接冲突增加，要求增加空间以提供活动区域
┼（三四向交叉）	三向或四向交叉，如牛津线 2×2 自动扶梯	封闭区域的复杂交汇/分流	1.20	垂直交汇/分流的扩展
✕（开放交叉）	开放大厅，如维多利亚车站	开放空间复杂的十字交叉移动	1.50	可达到容量最大，随着密度增加，可能会阻碍流线

（5）站台

站台是供乘客乘降的平台，站台空间主要由站台及周围建筑空间和空间内的环境设施组成，是分散换乘客流，供乘客乘降的场地。站台为行人提供行走、排队等待、停驻的空间，相比通道，行人在此设施中有更多的时间处于停滞、徘徊或排队的状态。

站台是综合客运枢纽基础设施最重要的组成部分，在枢纽内诸多步行设施中，站台内行人行为特性最为复杂，同一站台按照设施功能分为候乘区与行走区。行走区是乘客进出站台的步行通道，候乘区是乘客等待候车的空间区域，二者之间没有明显的界线。候乘区行人流包括下车人流、上车人流，行走区包括进站客流、出站客流，不同行走方向的行人流之间易形成冲突与交织。针对行人个体而言，会出现避让、碰撞、超越的复杂现象；针对行人流而言，会出现自动渠化现象。行人在站台上的分布特征是一种独有的行为特征，弄清楚此分布特征，对评价站台服务水平大有帮助。在不同时刻，行人在站台上的分布是不一样的，可以将行人在站台上的行为分为累积分布阶段、上车前集结阶段、到站乘客下车通行阶段。

① 累积分布阶段。在累积分布阶段，当列车尚未进站时，乘客陆续进入站台候乘区，乘客分布逐渐由稀到密，由于列车未到，乘客在乘车前有一定的时间，根据其他乘客的分布情况和自己的喜好与经验选择合适车节位置，或者避开拥挤人群。在这个阶段，由观测得知，当站台上人群稀少时（一般是上一列车刚刚驶出地铁站之时），进站乘客倾向于聚集在离进站楼梯更近的地方，随着离楼梯的距离变长，乘客数量逐渐减少；随着站台上人数逐渐增加，此时进站乘客会为了避开拥挤人群而倾向于选择离进站楼梯相对较远，但不拥挤的区域候车，这种状态持续到列车快要进站时为止。这种选择行为调节了站台上乘客分布，使之趋向均匀状态，因此可以认为此时乘客在站台上基本是均匀分布的。

② 上车前集结阶段。上车前集结阶段，即当列车进站停车后，乘客自动集结到每个车门两侧区域，等待列车上的乘客下车。车门两侧的乘客分布状况近似于两个扇形。由于乘客的心理作用，人越多，拥挤的密度越大，在拥挤状态下的密度可达 $6\sim8$ 人/m²（相当于车厢定员状态下站立人的密度），如图 3-7 所示。

图 3-7　乘客上车前集结状态图

③ 到站乘客下车通行阶段。在实际的观察中，下车乘客未下完，上车乘客已经同时开始上车了，因此下车乘客和上车乘客混杂在一起，聚集在车门附近，此时，乘客分布在两个车门之间的扇形产生部分重叠，如图 3-8 所示。

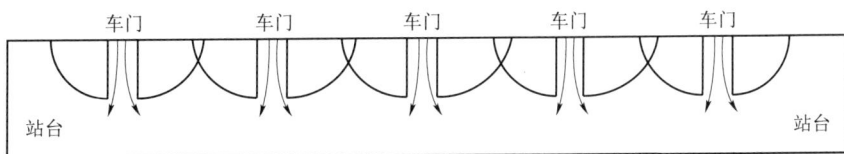

图 3-8　乘客下车通行状态图

值得指出的是，交通枢纽管理部门为了减少站台客流，特别是上下车客流间的冲突，通常会划定乘客候车位置，组织乘客排队候车，倡导乘客先下后上等，从而对站台乘客行为产生影响。

2）交通服务类设施

交通服务类设施即为行人提供枢纽内部交通服务，主要包括问讯处、售票处、交通信息点、等候区、检票处、乘降点等。

（1）问讯处

问讯处是为行人提供人工信息服务的一类设施，通常设置在枢纽入口处。当行人到达问讯处后，若服务人员空闲，行人可向其获知所需信息，然后离开；若服务人员忙碌，则需要排队等待，行人流的特征主要为排队特征。

（2）售票处

售票处一般分为提供人工服务的售票窗口、退补票窗口及提供自助服务的自动售票系统，其中，自动售票系统包括自动售票机和交通卡自助充值机两类。其行人行为都是相似的，具有排队特征。由于售票处可供选择的窗口较多，行人首先需要按照售票服务人员或者自动售票机可提供服务的状态、出售车票的方向和类型、队列长度来选择哪一窗口进行购票。

（3）交通信息点

交通信息点提供交通信息的设施和地点，是具有疏导行人流功能的交通服务设施之一。据其信息的种类及设置地点不同，行人行为会有差别。例如，若交通信息点提供指路标识，则行人会根据指路标识指示方向行走，或者判别所处区域；若交通信息点提供的是交通工具到达、离开等信息，则行人会停下查看相关信息，然后继续向目的地行进。

（4）等候区

在等待使用交通工具的过程中，行人会在等候区等待检票开始，所以等候区一般都直接连接检票口。如图 3-9 所示，等候区内行人大部分都处于分散等待状态，行人在等候区的步行平均速度都较低。当获得开始检票信息时，行人会在检票口前自组织进行排队。

（5）检票处

检票处一般设置在进入站台的入口处，分为人工检票和自动检票，前者不需要专门设备辅助，后者借助专用设备——闸机辅助。行人在检票处的行为类似，当等待行人数量较多，或者闸机能力不能满足行人直接通过时，就会形成排队队列，行人流特性以排队特性为主。

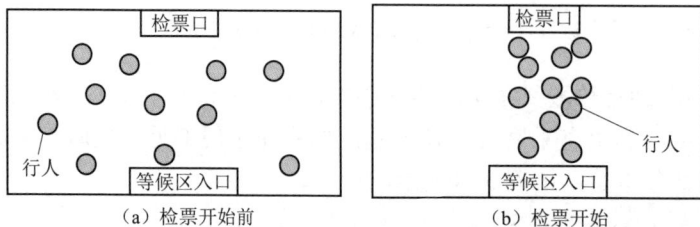

（a）检票开始前 　　　（b）检票开始

图 3-9　等候区行人行为特征示意图

（6）乘降点

如果行人需要换乘出租车，或者使用出租车到达客运枢纽，就需要在出租车乘降点完成。若为出站行人，则他需要先在乘降点等待出租车，当出租车到达后，行人上车然后离开；若为进站行人，则他将在乘降点下车，然后通过指定通道进入换乘设施，换乘其他交通方式。

3）辅助类服务设施

辅助类服务设施是为满足行人的非交通需求的设施。如厕所、商店、娱乐室等，行人是否选择辅助类服务设施取决于自身需求及行为习惯，这里不作重点分析。

4）连接类设施

连接类设施即两设施之间的交接处。行人通过连接类设施从一个设施到达另一个设施。有的设施设置有门，行人到达连接类设施处需要开启门，然后到达另一设施。连接类设施通常为整体设施的瓶颈处。

W. Daamen 在 2004 年研究发现，行人在通行这类设施的过程中，行人受到的横向干扰较小，行人速度主要是受其正前方的行人步行速度影响，并且二者的速度相近。因此，行人在使用连接类设施过程中，需要等待前方行人通过后方能继续通行。

3. 行人微观交通行为建模

对于个体行人的交通行为，主要建模方法可以分为 3 类：元胞模型、力学模型和排队网络模型。元胞模型包括 P. G. Gipps 和 B. Marksjo 提出的基于成本效益元胞模型和 Victor J. Blue、Jeffery L. Adler 提出有关行人的元胞自动机模型。力学模型包括由 Okazaki S 提出的磁场力学模型和由 Dirk Helbing 提出的社会力模型等。排队网络模型主要用于公共场所疏散情形下的微观仿真。

在行人微观仿真模型中，行人运动是通过向目的地运动的推动作用和避让其他行人及障碍物的避让作用的共同作用下实现的。表 3-11 为典型行人微观行为模型的比较。

表 3-11　典型行人微观行为模型的比较

	成本效益元胞模型	元胞自动机模型	磁场力学模型	社会力模型	排队网络模型
向目的地运动	收益值	定义方向	异极吸引	期望速度	重力随机选择
避让作用	成本值	运行规则	同极排斥	相互作用力	优先权（first in first out，FIFO）
模型变量赋值	任意赋值	0 或 1	任意赋值	物理意义	物理意义
模型参数标定	观测	分析基础数据	观测	观测	观测
描述现象	排队	排队、自组织	排队、路径搜索	排队、自组织	排队、疏散

1）成本效益元胞模型

P. G. Gipps 和 B. Marksjo 于 1985 年提出了成本效益元胞模型。该模型将二维空间均匀划分为 $0.5\text{ m}\times0.5\text{ m}$ 的均匀网格（元胞），每个元胞仅有两种状态：空或仅被一个行人占据，模型根据周围元胞的情况对每个行人所在元胞赋成本值 S，该值表示附近行人或障碍物的排斥作用，在与行人向目的地移动的效益值 $P(\sigma_i)$ 共同作用下决定行人运动。

成本值 S 与元胞之间距离的平方近似为反比例关系，如式（3-3）所示。

$$S = \frac{1}{(\varDelta - \alpha)^2 + \beta} \tag{3-3}$$

式中：

S——元胞 k 接近其他行人或障碍物的成本值（排斥作用）；

Δ——行人与元胞 i 之间的距离;

α——略小于行人所占直径（0.5 m）的常数，取 0.4 m;

β——修正系数，取 0.015。

效益值 $P(\sigma_i)$ 如式（3–4）所示。

$$P(\sigma_i) = K\cos(\sigma_i)\left|\cos(\sigma_i)\right|$$
$$= \frac{K(S_i - X_i)(D_i - X_i)\left|(S_i - X_i)(D_i - X_i)\right|}{\left|S_i - X_i\right|^2 \left|D_i - X_i\right|^2} \qquad (3\text{--}4)$$

式中:

$P(\sigma_i)$——行人向目的地移动时的效益值，当行人静止时，该值为 0;

K——比例常数，使沿直线移动的效益值与其他行人靠近时的成本值平衡;

σ_i——行人向元胞 i 移动时偏离目的地的角度;

S_i——指向目标元胞的矢量;

X_i——指向对象的矢量;

D_i——指向目的地的矢量。

网络效益值 B 如式（3–5）所示。模型通过式（3–5）计算行人周围 9 个元胞（包括行人所在元胞）的效益值，行人将会向效益值最大的元胞移动。

$$B = S - P(\sigma_i) \qquad (3\text{--}5)$$

成本效益元胞模型的计算较为简单，但是由于对元胞和行人赋值的随意性，使得在实际情形中难以对模型参数进行标定。

2）元胞自动机模型

Victor J. Blue 与 Jeffery L. Adler 于 1997 年提出了一种用于大型露天场所的行人运动模型，并通过深入研究，设计了双向行人行动的元胞自动机模型。

元胞自动机模型可以利用简单的行为规则以较快的速度模拟大规模路网，揭示各种微观行为变化所带来的宏观行人交通流的特征，通过统计方法给出交通流基本参数速度、流量和密度之间的关系。微观规则和路网的形状、规模等都可以根据实际情况非常方便地调整，并且只需抓住其本质特征而无须去精确模拟实际的行为。

在传统的方格网元胞的描述机制中，描述行人在二维空间内的运动需要包括 3 种运动规律：侧向运动、直线运动和碰撞规避。侧向运动的目的是获得加速空间或避免迎头相撞。直线运动是最为常规的运动方式，需要考虑步行者的期望速度及实际可行距离，最终确定实际可前进的步数。碰撞规避包括对向行人之间的避撞及侧向运动时的避撞。

Victor J. Blue 和 Jeffery L. Adler 建立的元胞自动机模型（cellular automaton model，CA），成功地给出了 3 种运动的描述规则。其中最为核心的变道规则（包含避撞规则）描述如下。

① 两个侧面相邻的步行者不能选择侧向移动。

② 两个步行者侧向之间的空位对于两个人各有 50% 概率可以占据。

③ 基于最有利于加速到 v_{max} 的原则，选择"前进""左移"或"右移"。

④ 行人时距为 8 格。为了躲避视野范围内的逆向行人，可能向邻道躲避。

⑤ 如果超过前方速度较慢的行人的行动受到相反方向行人的干扰，则选择跟在前方速度较慢的行人身后。

⑥ 随机邻道变换概率规则：相邻的两条邻道各有 50%的概率，包括本道在内的不受干扰下的选择概率是 80/10/10，若有一道不可达，则概率为 80/20。

继 Victor J. Blue 和 Jeffery L. Adler 之后，基于 CA 的行人仿真建模方法得到了广泛的认可，并涌现出了大量新的理论成果，这些理论成果从不同角度对最基本的 CA 模型进行了改进，具体包括：基于代理（agent-based）的理念在 CA 模型中的引入，右侧行走偏好的体现，行人后退行为的模拟，考虑动态行人密度的出口选择机制，网格大小、仿真步长对于仿真结果的影响，以及对疏散过程中速度差异的有效描述等。

在与元胞自动机原理相近的模型中，比较有特点的还有格子气模型（lattice gas model），或者称为一个扩展的元胞自动机模型（extended cellular automata），它利用类似元胞自动机的动态特征来模拟流体粒子的运动，也应用到了行人仿真建模方面，如 2002 年，Stefan Marconi 和 Bestien Chopard 建立了一种多粒子人群格子气自动机模型，其主要特点是：在元胞自动机模型中，每个格子只能容纳一个行人，而该模型不同速度的行人在运动中可以出现重叠，一个格点可以容纳不同数目的行人，行人从一个格点到另一个格点的运动与流体运动中的统计方法类似，表现为一系列的冲突与运动过程，在冲突过程中确定行人下一步的运动速度和方向，在运动阶段行人从当前格点移动到目标格点，Stefan Marconi 和 Bestien Chopard 运用该模型对径路形成、出口的振荡及房间疏散等进行了研究。

元胞自动机模型采用基于规则的行为描述，模型的计算效率高，适合大规模场景的模拟。但是离散化的空间描述机制及相应的个体描述机制也存在本质缺陷，对个体行为的细节描述能力有限，同时仿真精度受制于元胞的尺寸。

3）磁场力学模型

Okazaki S 等人于 1979 年提出了模拟行人运动的磁场力学模型。模型运用磁场力学的原理对行人运动进行模拟。在模型中，行人个体被定义为阳极，障碍物（如墙、立柱、栏杆等）也被定义为阳极，行人的目的地被定义为阴极。在磁场引力和斥力的作用下，行人向着目的地运动并避免与其他行人和障碍物冲突。当来自其他磁极的力作用于行人时，行人会根据力的大小调整运动的速度，当行人的速度到达某个给定的上限时维持恒定。模型运用磁场力学的库仑定律来计算行人运动的力，如式（3-6）所示。

$$F = \frac{kq_1q_2\boldsymbol{r}}{r^3} \tag{3-6}$$

式中：

$\boldsymbol{F}$——磁场力（矢量）；

k——常数；

q_1——行人所在位置的磁场强度；

q_2——磁极所在位置的磁场强度；

$\boldsymbol{r}$——由行人指向磁极的矢量；

r——由行人到磁极的距离。

在磁场力学模型中，另一种力为作用于行人用以避免与其他行人冲突的力，如图 3-10 所示。该力为了避免行人 A 与行人 B 冲突，产生了加速度 $\boldsymbol{a}$，计算方法如式（3-7）所示。

$$\boldsymbol{a} = V\cos\alpha\tan\beta \tag{3-7}$$

在图 3-10 中，加速度 $\boldsymbol{a}$ 作用于行人 A 使其运动方向由 RV 向 AC 转向，行人所占据的圆环的半径根据所设定的磁场强度给定。

在模型中，所有来自目的地、障碍物、其他行人的合力共同作用于每个行人，决定了每个行人在任意时刻的速度。在模型中的磁场强度值是预先定义的，如果磁场的强度较大，相应的行人之间或与障碍物之间的斥力也越大。模型中的墙壁等障碍物用一系列连续的点来表示。当行人不能直接到达目的地时，某些特殊的地点（如墙角）被设定为临时目的地。

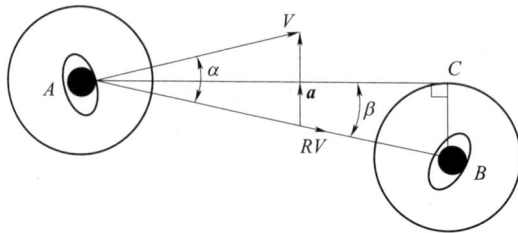

A、B—行人；V—行人A的速度；RV—行人A对行人B的相对速度

图 3-10　作用于行人 A 使其避免与行人 B 冲突的加速度 $\boldsymbol{a}$

在磁场力学模型中引入了排斥力的定义，充分考虑了避免行人与其他行人或障碍物冲突的情形。但是，与成本效益元胞模型类似，由于磁场强度值设定的任意性，给该模型参数标定带来难度。

4）社会力模型

1951 年，K. Lewin 首次提出了社会力的概念。1995 年，Dirk Helbing 发展了这一概念，并提出了用于行人微观仿真的社会力模型。社会力模型在微观行人仿真领域影响很大，具有计算强度大、描述能力强的特点。

社会力模型是一种多粒子自驱动模型，将行人类比为运动形态符合牛顿第二定律的粒子，然后将基于各种内在动机的行人行为类比为各种作用力，具体包括 4 类：面向目的地的加速力；行人之间的排斥力；行人与障碍物之间的排斥力；行人与同伴、信息源等对象之间的吸引力。而在这些力的作用下，单个行人的行为应满足式（3-8）。

$$m_i \frac{\mathrm{d}\boldsymbol{v}_i}{\mathrm{d}t} = m_i \frac{v_i^0(t)\boldsymbol{e}_i^0(t) - \boldsymbol{v}_i(t)}{\tau_i} + \sum_{j \neq i} \boldsymbol{f}_{ij} + \sum_w \boldsymbol{f}_{iw} \tag{3-8}$$

式中：

m_i——行人 i 的质量参数；

t——当前时刻；

$\boldsymbol{v}_i(t)$——行人 i 当前时刻的速度（矢量）；

$v_i^0(t)$——行人 i 当前时刻的期望速率（标量），即行人自身认为最合适的行走快慢程度；

$\boldsymbol{e}_i^0(t)$——行人 i 当前时刻期望行进方向上的单位向量；

τ_i——行人 i 的冲动程度，τ_i 越大，表示面对同样的"实际与期望速度差"行人引发 i 的加速度越大；

$\boldsymbol{f}_{ij}$——行人 j 对行人 i 产生的作用力；

$\boldsymbol{f}_{iw}$——障碍物 w 对行人 i 产生的作用力。

在上述方程中，行人 i 所受两类作用力 $\boldsymbol{f}_{ij}$ 与 $\boldsymbol{f}_{iw}$ 的表示方法如下。

（1）同其他行人之间的作用力 f_{ij}

行人行走通常会受到其他行人的影响。一般来讲，行人总是力求和其他行人保持一定的距离，这个距离决定了行人的主观私有范围，其具体取值与行人密度和期望速率有关。当有陌生人侵入私有范围时，人的不舒适感就会增加。在社会力模型中，将行人 i 受到另一个行人 j 的影响表示为排斥作用力 f_{ij}，且通常表述为式（3-9）的形式：

$$f_{ij}(r_{ij}) = -\nabla r_{ij} V_{ij}[b(r_{ij})] \qquad (3-9)$$

其中：r_{ij} 为由行人 i 指向行人 j 的向量，V_{ij} 是由行人 j 产生的一个二维势场的势能函数，其等势线为椭圆形，且所有等势线的焦点均相同，分别为行人 j 的当前位置和一个时步之后的位置。采取这种势场设定的动机是行人 i 将会预见到行人 j 的行进趋势，j 对 i 产生的排斥力不仅仅与当前位置相关，还与行进方向及行进速度有关。换言之，在当前时步内，行人 j 的整个行进路径都对行人 i 产生排斥作用。而根据物理学相关理论可知，当一条线段均匀地向周围空间的点产生排斥作用时，相应势场可近似为椭圆形，因而行人 j 产生的势场的等势线也为椭圆形，且势场内每一点的势能大小和该点所在椭圆形等势线的短轴半径 b 负相关。而对于处在行人 j 势场中的行人 i，其所受排斥力的大小便等于其所在位置处相应等势线梯度的大小，而方向则与此梯度方向相反，如式（3-9）所示。

（2）同障碍物之间的作用力 f_{iw}

除了受到其他行人的影响外，行人行走往往还会受到障碍物的影响。一般来讲，行人会尽力和障碍物保持一定的距离，因为当靠近障碍物时，行人不得不更加谨慎，以避免发生碰撞而受伤，越靠近障碍物，行人感觉就越不舒服。在社会力模型中，将障碍物 w 对行人 i 行为的影响表示为排斥力 f_{iw}，对此作用力的表示也需引入势场，具体为：

$$f_{iw}(r_{iw}) = -\nabla r_{ij} U_{iw}[b(r_{iw})] \qquad (3-10)$$

式中：

r_{iw}——行人 i 到障碍物 w 的最短距离向量；

U_{iw}——障碍物 w 产生的二维势场的势能函数，其形式主要取决于障碍物 w 的形状。

通过以上分析可知，社会力模型能较好地实现对行人交通流各类微观特征的描述，然而，其在准确性上仍存在一定的不足：基于线性矢量合成的作用力合成不能很好地体现行人对各方面动机的统筹考虑；不能从机理上避免行人与障碍物之间的碰撞及行人之间的重叠。

5）排队网络行人仿真模型

排队网络行人仿真模型是出于公共场所人群疏散目的而被研究的，Peter A. Thompson 等专家将排队网络行人仿真模型作为模拟建筑物火灾人群疏散的工具。排队网络行人仿真模型采用的方法是基于抽象事件的蒙特卡洛仿真。在该模型中，房间用节点来表示，房间之间的门用连接线表示。每一行人离开一个节点，并在连接线中排队，然后进入另一节点。行人由一个节点向另一个节点移动，寻找建筑物的出口。行人都有特定的目标，并且尽可能快速而安全地由目前所处的位置向出口移动。每个节点会记录下行人离开时的路径和时间。当行人到达某一节点时，会根据重力随机选择的原理在所有可能的路径作出选择，重力系数为建筑物中人群的密度函数。在起始节点，行人在开始运动之前有一段反应时间，当行人到达目的地节点时结束运动过程，仿真过程结束。

在排队网络模型中，行人的疏散时间是一个重要的评价指标。然而，排队网络模型并未清楚地描述出行人个体的行为，行人个体之间的冲突也未被充分考虑。此外，排队网络行人仿真模型中所采用的先进先出（FIFO）原则在人群拥挤疏散情况下并不完全真实。

4. 行人微观行为仿真软件

在行人行为模型的基础上，开发出的模拟行人运动的行人仿真软件在 20 世纪末得到了广泛的开发与应用。目前的行人仿真软件主要包括 Legion、SimWalk、NOMAD、VISSIM 等。

1）Legion

Legion 软件用于在奥运环境、公共交通换乘枢纽、站台、飞机场、运动场、竞技场、音乐会和一些高层建筑等地方的行人运动的仿真与分析。近年来世界各地有大量的设计者、规划者、工程师使用 Legion 软件来评估和设计最佳行人空间，以提高行人运动的安全性、有效性及改善行人的体验。Legion 的原始模型是由 Keith Still 于 1996 年开发的基于离散网格的行人模型，用 30 cm×30 cm 的方格表示行人。

其中 Legion Studio 2006 由建模、仿真、数据分析 3 个相对独立的模块组成。Legion 3D 2006 用于将建模模块生成的 3D 空间模型和仿真模块产生的仿真数据相结合，产生具有足够真实感的 3D 演示动画。

Legion 软件行人模型的自定义输入参数包括行人的年龄、性别、拥挤程度、步行速度、个体大小、空间选择策略、忍耐性、灵活性、出行目的、是否带行李等。在模型中，涉及最短路径和最短时间计算模型、路径选择、行人决策随机过程、个人空间限制、行人的忍耐性等。仿真结果输出形式包括：标准格式视频输出；绘图表格输出；图形输出（JPEG、BMP 格式）；参数输出（密度、流率、空间占有率等）。

2）SimWalk

SimWalk 是用于评估舒适度及安全的行人仿真软件。SimWalk 中的每一个行人都是一个自治的代理，沿着指向目的地的方向行走，受到其他行人及建筑物空间的约束。该仿真工具不仅可以用于评估火灾及紧急状况，还可以用于改进正常状况下行人的运动。

SimWalk 的应用领域包括：公共空间和建筑物（车站、医院、机场、公共空间）的设计、安全及出口检测；城市规划及建造中的行人流控制和改进；步行性能研究等。

SimWalk 提供强大的服务水平分析、出口计数、空间利用率分析及仿真录像录制等功能。SimWalk 可以模拟成千上万人的运动，每个人都拥有独立的行为特征和出行目的。SimWalk 采用 wave 算法计算的势能场模型，考虑类似社会力模型的外在因素对行人的作用。

3）NOMAD

NOMAD 是由荷兰代夫特科技大学开发的微观仿真模型。能够对行人微观行为进行模拟是 NOMAD 模型的主要特点。NOMAD 可划分为输入条件和决策模型两部分。输入条件包括 5 部分内容：仿真区域网络拓扑、不同行人组的活动内容、事件背景、行人流的组成、步行参数。决策模型分为 2 个层次：策略层模型和行动层模型。策略层模型是一个宏观层面的决策模型，可详细划分为活动区域选择模型和路径选择模型 2 个子模型。其判断决策主要依据最大效用原理，模型将步行时间、步行距离、服务时间、等待时间、排队时间等主要指标效用化后加以考虑。行动层模型可划分为步行模型、活动模型、等待模型 3 个子模型。NOMAD 作为专门为交通枢纽内部行人组织评价而开发的模型，在模拟行人在多种条件下的复杂行为方面性能优异。

4）VISSIM

VISSIM 是德国 PTV 公司开发的一款微观交通仿真软件，已经在我国业界广泛使用。PTV

公司发布的 VISSIM 软件包含了行人仿真模块。在 VISSIM 行人仿真模块中使用社会力模型模拟行人微观运动，并聘请了社会力模型的创建者 Dirk Helbing 作为其科学顾问。

为了模拟大范围内行人的连续活动，VISSIM 中行人的行为被分成 3 个层次：在战略层面，进行行人路径规划，并产生一系列的目的地；在策略层面，行人进行目的地之间的路径选择，并产生初步的路径决策；在最底层的行为层面，行人展开实际的行为，包括躲避对向的行人、穿越人群，或者只是简单地向目的地移动。

3.1.3　行人服务水平划分及应用

1. 服务水平的概念及指标

服务水平（level of service，LOS）概念首先由 John J. Fruin 在 20 世纪 70 年代提出，将行人流的速度、密度或者流量作为指标来反映行人设施所提供服务的人均占有面积、舒适与安全程度。

在 HCM 2010 中对行人服务水平的定义是：描述行人步行所感受到的服务质量的一种标准，一般用人均占用空间面积、可以达到的步行速度、步行者自由程度、超越他人与横穿人流的可能性及安全舒适程度等作为评价行人服务水平的具体指标。

（1）人行道服务水平

行人占用空间是一个重要的服务水平刻画指标，因为这个值很容易进行观察和测量，而且是行人所感受到的服务的主要因素。调查表明，即使人行道的行人空间面积大于 4 m^2/人，行人的行动也会受到前面其他行人的影响。当行人空间面积达到 6 m^2/人时，行人宁愿以棋盘式方式行走，而不是互相跟随或紧靠着行走。直到行人空间面积达到 10 m^2/人时，行人才能完全自由地、无冲突地行走。如果行人空间面积达到 13 m^2/人，各个行人才不会受到其他行人的影响。

速度是另一个重要的服务水平刻画指标。当行人空间面积为 0.6～0.7 m^2/人时，大多数行人只能极不自然地拖着脚行走。当行人空间面积为 0.7～1.5 m^2/人时，即使速度很慢的行人也不得不更慢下来。当行人空间面积为 1.5～4 m^2/人时，速度最快的行人也不能达到他们所希望的速度。其中，0.6 m^2/人、1.5 m^2/人和 4 m^2/人，这 3 个面积值分别近似地对应最大通行能力、2/3 最大通行能力和 1/3 最大通行能力。

还有其他有意义的服务水平指标，如由 John J. Fruin 提供的图 3-11 表明，当行人空间面积小于 3.5 m^2/人时，行人横穿人流的能力减弱。高于这个水平，行人停下或改变正常步伐的概率减至零。当行人空间面积低于 1.8 m^2/人时，穿越人流变得逐渐困难起来。

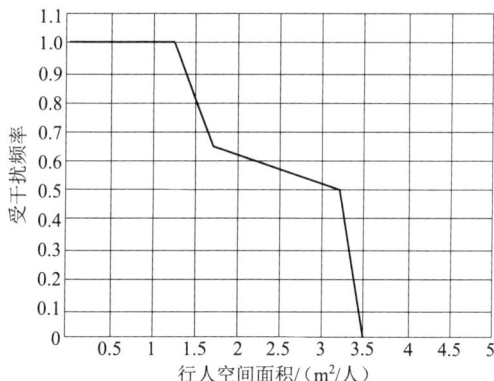

图 3-11　行人穿越人流受干扰的概率

（2）等候区域服务水平

为了表述行人在等候区域内暂时站立、等候提供服务的情况，国外提出了行人等候区域服务水平的标准。这种服务水平与每个等候的行人可利用的平均面积及允许活动的程度有关，站立空间服务水平的描述依据行人平均面积、个人舒适性、内部活动程度等因素，在大量站立的行人中，几乎没有移动的余地，但当行人平均面积增大时，就可以有有限的活动。

2. 服务水平划分标准

LOS 分级法主要是基于乘客在枢纽内的经验感受，通过人群密度可以推算设计时的人流速度。John J. Fruin 将人群密度分为 6 级，并且人行道、楼梯和排队区域的服务水平等级标准不同，如表 3–12 所示。其中 A 级最畅通，F 级最拥挤。

表 3–12　John J. Fruin 服务水平的 6 个等级标准

LOS	A	B	C	D	E	F
人行道	>3.25	>2.32～3.25	>1.39～2.32	>0.93～1.39	>0.46～0.93	<0.46
楼梯	>1.85	>1.39～1.85	>0.93～1.39	>0.65～0.93	>0.37～0.65	<0.37
排队区域	>1.21	>0.93～1.21	>0.65～0.93	>0.28～0.65	>0.19～0.28	<0.19

注：数据单位为 m²/人。

HCM 2010 对服务水平也有相关规定，其中人行通道和排队区域服务水平分别如表 3–13 所示。

表 3–13　HCM 2010 中服务水平标准

服务水平	人行通道			排队区域	
	标准		描　述	标准	描　述
	行人空间/（m²/人）	行人速度/（m/s）		行人空间（m²/人）	
A	>5.6	≥1.3	行人沿希望的路径行走，不因其他行人的影响而改变自己的行动。自由选择步行速度，行人之间不会发生冲突	>1.2	行人可以站立和自由穿过排队区，而不干扰其他人
B	3.7～5.6	1.27～1.3	行人有足够的空间自由选择步行速度、超越他人、避免穿行冲突。此时，行人开始察觉到其他人的影响，在选择路径时，也感觉到其他人的存在	0.9～1.2	行人可以站立，在不干扰队内其他人的情况下有限穿行
C	2.2～3.7	1.22～1.27	行人有足够空间采用正常步行速度和在原来流线上超越他人，反向或横向穿插行走产生轻微冲突，人均空间和流率有所减少	0.6～0.9	行人可以站立，在可能干扰队内其他人的情况下有限穿行。该密度在行人感到舒服的范围内
D	1.4～2.2	1.14～1.22	选择步行速度和超越他人的自由度受到限制，穿越或反向人流产生冲突的概率很大，经常需要改变速度和位置。该服务水平形成了适当流率的行人流，但行人之间很可能出现接触和干扰	0.3～0.6	行人可以站立而不接触他人，在队内穿行很困难，只能随行人往前移动。在这种密度下，行人因时间等待而不舒服

服务水平	人行通道			排队区域	
	标准		描　述	标准	描　述
	行人空间/（m²/人）	行人速度/（m/s）		行人空间（m²/人）	
E	0.75～1.4	0.76～1.14	所有行人的正常步速实际上受到限制，需要频频调整步速。行人空间很小，只能一步一步往前踏，不能超越慢行者。穿插和反向行走十分困难，设计流量接近人行通道通行能力，伴有人流阻塞和中断	0.2～0.3	行人站立时不可避免地接触他人，在队列内穿行几乎不可能。在这种密度下，行人排队只能坚持很短时间，否则会感到极不舒服
F	≤0.75	≤0.76	所有行人步速严重受限，只能一步一步向前踏，与其他人产生不可避免的频繁接触，穿插和反向行走几乎不可能。行人流突变、不稳定，人均空间具有行人排队的特点，而不像行人流	≤0.2	队列内所有人都站着，人与人之间有直接的身体接触，行人极不舒服，在队内不能行动。这种密度情况下，长时间拥挤，行人中产生潜在恐慌

另外，HCM 2010 和美国《公共交通通行能力和服务质量手册》（*Transit Capacity and Quality of Service Manual*，TCQSM）提出了不同服务水平下行人通道和楼梯的通行能力值，如表 3–14、表 3–15 所示。

表 3–14　行人通道通行能力

服务水平	TCQSM		HCM 2010	
	流率/［人/（min·m）］	饱和度（行人流量/通行能力）	流率/［人/（min·m）］	饱和度（行人流量/通行能力）
A	0～23	0～0.3	≤16	≤0.21
B	23～33	0.3～0.4	16～23	0.21～0.31
C	33～49	0.4～0.6	23～33	0.31～0.44
D	49～66	0.6～0.8	33～49	0.44～0.65
E	66～82	0.8～1.0	49～75	0.65～1.00
F	可变	可变	不定	不定

表 3–15　楼梯通行能力

服务水平	TCQSM		HCM 2010	
	行人空间面积/（m²/人）	流率/［人/（min·m）］	行人空间面积/（m²/人）	流率/［人/（min·m）］
A	≥1.9	≤16	>1.9	≤16
B	1.4～1.9	16～23	1.6～1.9	16～20
C	0.9～1.4	23～33	1.1～1.6	20～26
D	0.7～0.9	33～43	0.7～1.1	26～36
E	0.4～0.7	43～56	0.5～0.7	36～49
F	≤0.4	不定	≤0.5	不定

3. 行人服务水平的应用

行人服务水平为评价行人活动空间的通行能力和舒适性提供了一个有效方法，同时也为估算行人设施的尺寸或数量提供了理论依据。

例如，在设计车站的日常运行容量时，必须先确定期望服务水平（对应一定的人流密度和人流速度），然后计算流线上各点线面（站厅、通道、楼梯、电梯）的合适大小。其中，TCQSM提出了对公交枢纽站内的步行通道的估算方法：

① 基于期望的 C 级服务水平，从表 3-14 中选择 C 级所对应的最大行人流率 q；

② 估算高峰 15 min 内步行通道的行人需求 Q（流量）；

③ 考虑到轮椅使用者和大件行李携带者所占据的额外空间，将 Q 乘上适当的调整系数；

④ 将 Q 除以 15，得到设计行人流量（人/min），再将设计行人流量除以 C 级对应的最大行人流率 q，即得到所需要的有效通道宽度；

⑤ 考虑到通道两侧的缓冲区，最后将有效宽度值再增加 1 m，得到通道宽度总体估算值。

伦敦地铁与世界上其他大多数城市的地铁一样，在最高峰的 5 min 内平均每分钟人流速度的基础上，采用了 LOS 分级法的 C、D 两种标准，如表 3-16 所示。这就允许了人流的可变性，提高了车站服务和各种设施在拥挤情况的适应性，并真实反映了提供这些服务的成本。但是，在客流高峰期，车站的实际服务水平会偏低；而在非高峰期，车站的实际服务水平则偏高。

表 3-16　伦敦地铁的服务水平分级

区域	服务水平	量化指标
站台	C	0.8 m²/人
综合大厅（包括售票厅）	C	0.8 m²/人
步行通道—单向	D	50 人/（min·m）
步行通道—双向	D	40 人/（min·m）
楼梯—单向	D	35 人/（min·m）
楼梯—双向	C	28 人/（min·m）

3.2　交通枢纽行人交通组织设计

3.2.1　行人流线的概念

交通是行人、载运工具、货物和信息在空间上的移动、传递和输送的总称。交通流就是行人、载运工具、货物的流动。行人、载运工具、货物在研究范围内流动的轨迹称为交通流线。交通流线按照流动对象的不同，可分为行人交通流线、载运工具交通流线、货物交通流线 3 类，本节主要介绍行人交通流线。

行人交通是以人的体力为基础的最基本的交通方式。它是各类交通方式发生的始端和末端的必然形式。行人交通具有速度慢，一般不成队列，运动速度和方式一般不受限制，对安全间距要求不太严格等特点。

行人在交通枢纽内的活动包括进站（检票、安检）、托运行李、购物、候车、出站等，所有活动的先后顺序可以用流程先表示出来。所谓流程，就是事物进行中的次序或顺序的布置和安排。从业务角度，流程是指由两个及两个以上的业务步骤，完成一个完整的业务行为的过程。流线是在流程基础上，在枢纽平面布局图或立体枢纽布局图的基础上用线条来表示各类旅客的行为轨迹，线条箭头的方向代表流线的方向，有时候还用线条的粗细代表流线的密度，不同线条类型表示不同的流线种类，如图 3-12 所示。

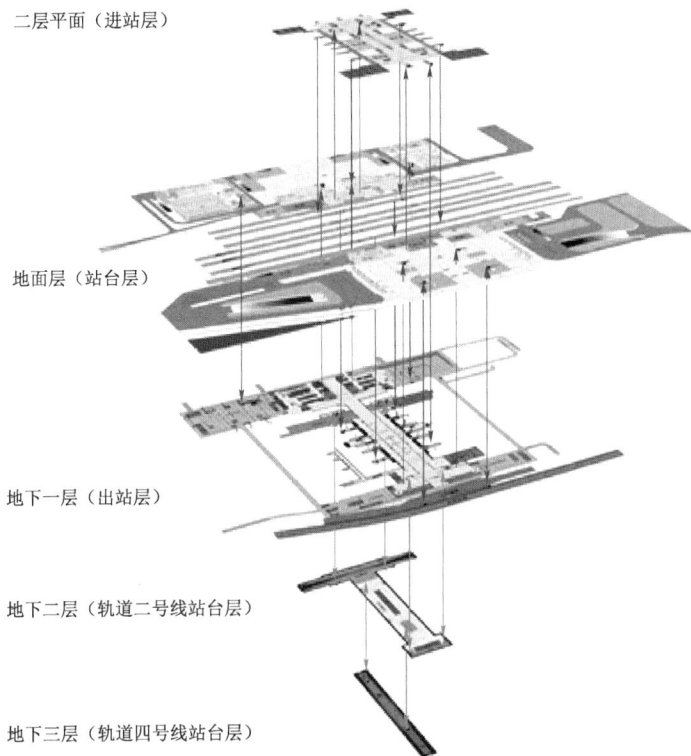

二层平面（进站层）

地面层（站台层）

地下一层（出站层）

地下二层（轨道二号线站台层）

地下三层（轨道四号线站台层）

图 3-12　某交通枢纽人流流线示意图

在实际设计中，流程是基础，只有在对旅客、交通工具流程充分研究的基础上，才能对交通流线进行合理设计，流程再造也必然导致客流流线的变化，比如我国铁路客运枢纽在早期流程设计中，由于换乘车次少，旅客等待时间长等原因，为便于车站管理，要求所有中转乘客先出站，再重新检票进站；而高铁客运枢纽，由于换乘车次多，旅客等待时间短，就改进了原有的旅客中转流程，允许旅客不出站，在站内直接换乘，以方便旅客出行，这样旅客中转换乘的流线也就相应发生了变化。

综合客运枢纽交通流线设计，是在各种交通流线特征分析的基础上，研究不同类型交通流线布设的内在要求，选用适宜的整体交通流线布局形式。此外，交通流线设计也与功能空间组合设计密切相关，不同的交通流线布设形式要求功能空间有相应的排布，不同的功能空间组合又会产生不同的交通流线，实际的设计过程是对功能空间组合、交通流线设计的反复权衡、反复思考，直至实现交通流线设计与功能空间组合的和谐、共赢。

3.2.2　交通流线设计的原则

1. 便捷性原则

综合客运枢纽交通流线的设计应遵循"以人为本"的设计理念，追求人性化的优质服务，以尽力为旅客提供更便捷、舒适的乘车与换乘环境。

综合客运枢纽一般体量巨大，在交通流线设计时应避免流线迂回，将换乘距离控制在合理值范围内。在各类交通流线上通行的旅客流量分析的基础上，确定交通流线的优先顺序。

另外，综合客运枢纽交通流线设计应充分考虑各类特殊旅客的需求，如有行动障碍的旅客等。

2. 紧凑化原则

综合客运枢纽的流线设计，应在避免流线交叉的条件下，使各类交通流线有机结合，紧凑、高效地连接各个功能空间。目前我国综合客运枢纽包含多种运输方式，为减少枢纽占地规模，尽量缩短换乘距离，空间内设计、组合流线成为实现流线紧凑化的重要途径。

3. 连续性原则

在综合客运枢纽内部，要尽量保证流线的顺畅、简洁，避免流线被分割，造成流线的不连续、不规则，方向变化频繁的流线会降低乘客的效率。此外，尽量避免视觉上的不顺畅对乘客出行造成的影响。

4. 减少冲突原则

旅客在综合客运枢纽内将完成多种运输方式间的换乘，流线构成复杂，各种交通流线相互联系、相互制约，交通流线在设计时，应注意避免各种交通流线的相互交叉干扰，使得各种流线冲突、干扰最小。

在进行交通流线设计时，需同时考虑功能空间之间的关联性，优先布设关联度密切的功能空间之间的交通流线，而关联度密切性较小的功能空间之间的交通流线应适当避让。

5. 安全性原则

综合客运枢纽内换乘旅客量巨大，交通流线设计还需特别注意考虑突发事件情况下旅客安全疏散路线、救援人员行动的流线等。

另外，枢纽的流线设计还应提高流线的容错能力，使得换乘方向选择错误的旅客，较为便捷地返回到正确的流线上来，以避免对其他流线上的旅客产生不利影响，影响枢纽内旅客的安全性。

3.2.3　枢纽站内典型行人流线布局设计

典型的行人流线涉及的通道内布局形式一般有专有通道型和共享通道型，而流线的交汇布局形式有节点交汇型、平面交汇型、立体交汇型等。

1. 通道内布局

（1）专有通道

专有通道是指针对枢纽内的各种交通流线，分别设计相应的专有通道（图3-13）或线路，如专用换乘通道、进站通道、出站通道等，由于不存在流线间的交叉和干扰，通道中流线顺畅，行人同向行走，通行效率高，该形式的缺点是建设成本高，可能出现空间利用效率忙闲不均的情况。

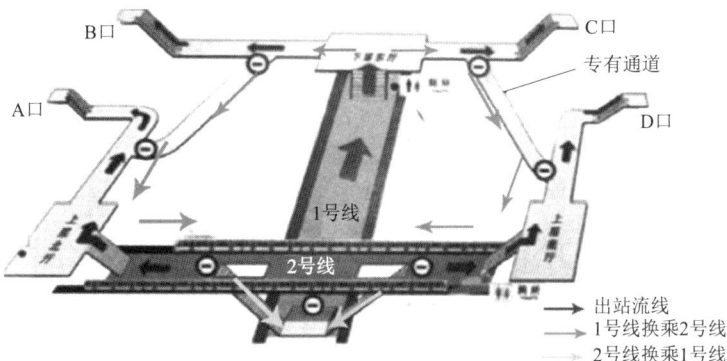

图 3-13　某地铁站换乘通道

在流线布局设计时，一般对进出站或换乘流量大的交通流线，考虑设置专有通道，专有通道的入口应有明确的导向标志，防止乘客误入后掉头返回，干扰正常行进的换乘人流，从而降低换乘效率、引起混乱。此外，为防止大客流导致的站台拥塞，一般要求专有通道在长度或宽度上预留一定的缓冲空间。

（2）共享通道

共享通道将各种交通流线汇集到同一个通道上（图 3-14），在流线布置合理、不存在流线间严重交叉、干扰的情况下，旅客在线式换乘功能空间内各种换乘流线基本同向，通行效率相对较高，空间利用效率也较大。

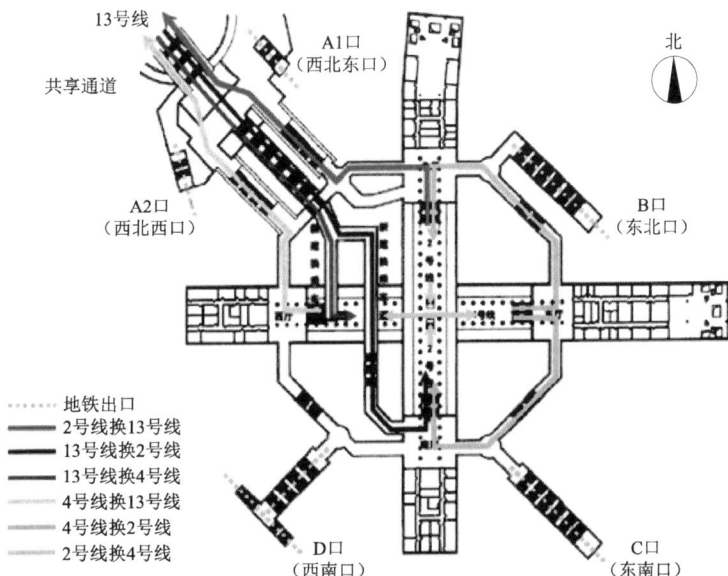

图 3-14　某地铁站 13 号线与 2 号线、4 号线间换乘及进出站流线的共享通道

当各种流线上的交通流量不同时，在流线布局时一般应优先考虑换乘流量大的交通流线，即换乘流量大的流线走向在一定程度上决定了枢纽整体流线布局的走向，但这种考虑方法可能会使得某些方向的交通流线过长，而影响枢纽部分旅客的换乘效率。

该形式只有在各种交通流线不产生相互干扰的条件下，才能保证较高的换乘效率。而为了避免各种交通流线相互干扰，共享通道应该具有充足的横向尺寸。在共享通道的横向尺寸较小时，应注意避免交通流线双向通行。如果共享通道的横向尺寸足够、需要布设不同方向的交通流线时，应精心设计不同方向流线间的分隔，并根据实际情况，采用柱网、栏杆、绿化等多种方式。

此外，还应注意避免旅客在较短换乘距离的情况下进行换乘。如果旅客的换乘路径在行进空间长度方向的距离过短，旅客进行换乘方向判别会有一定的难度，容易错过正确的换乘方向，而旅客一旦错过换乘方向，往往就会掉头返回寻找，这将严重干扰正常行进的换乘人流，从而降低换乘效率、引起混乱。

对于共享通道下换乘距离过短的情况，可以通过以下两种措施予以改善：① 适当增加旅客的通道换乘距离，提高旅客判断换乘方向的能力；② 在换乘功能空间的一侧布设换乘大厅，在换乘大厅内为旅客提供换乘信息，避免旅客错过换乘方向而引起换乘通道内的混乱。

2. 交汇布局

1）节点交汇型布局

枢纽内的各种交通流线在同一平面上布设，为实现旅客在不同功能空间之间的往来，各种交通流线在该空间内衔接、交叉不可避免，在节点交汇的流线包括会合流线、分歧流线和交叉流线等，是换乘流线组织设计中不可避免的重要内容，基本情况如下。

（1）会合流线

会合流线是从两个或两个以上不同方向的行人流会合成一个方向的流线。在节点交汇的同一时间内，互相妨碍和影响，图3-15（a）为两通道行人的会合流线。

（2）分歧流线

分歧流线是行人流在节点由一个方向分成两个不同的方向的流线。图 3-15（b）为行人流的分歧流线。

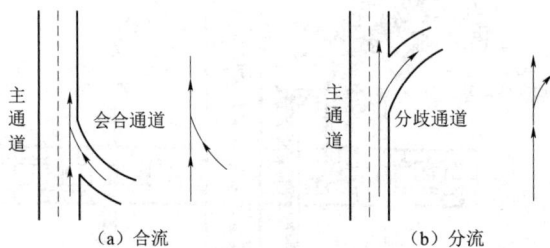

图 3-15 会合流线与分歧流线

（3）交叉流线

交叉流线即流线交叉，包括横断与交织，行人流线从两个不同的方向进入交叉点，然后按两个不同的方向离开交叉点，这时一个方向的行人流线与另一个方向的行人流线形成交叉。实际上，交叉流线是会合流线与分歧流线形式的组合，图3-16（a）为交织流线，图3-16（b）为交叉流线，交叉流线中影响最大的是十字型交叉。

上述会合流线、分歧流线和交叉流线中的流线相互敌对，特别是交叉流线存在较大的行人流冲突。一般应设计更充裕的空间，会合流线和分歧流线在共享通道中经常使用。流线布置时有多种多样的组合，如出入口的分流、合流按需要可以连续出现，也可把分流、合流相互组合。除上述几种基本组合外，还可布置分流、合流从主通道右侧出入或者从主通道左侧出入等其他变化形式。

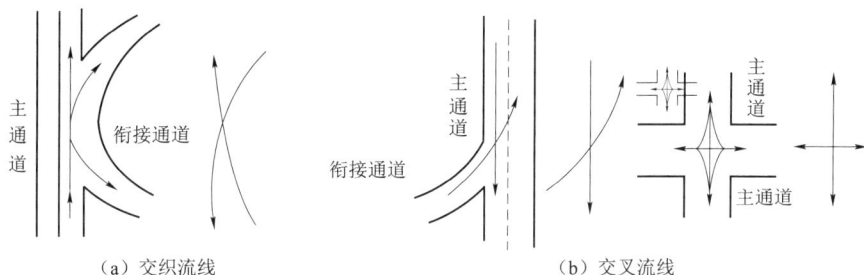

（a）交织流线 （b）交叉流线

图 3-16 交叉流线示意图

2）平面交汇型布局

该类布局是以换乘大厅等面式换乘功能空间来组织流线，各流线均汇聚或从换乘大厅出发，受到该空间特点的影响，该流线布局形式可以实现平面上各种方向间的变换，流线设计更具灵活性，如图 3-17 所示。

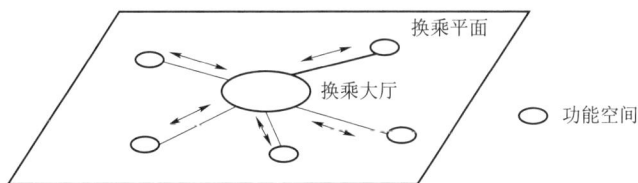

图 3-17 平面交汇型交通流线模式示意图

在该流线布局形式下，枢纽的其他功能空间可根据实际情况布设在换乘大厅的周边或者上下方，所以这种流线布局对于其他功能空间布设的限制性较小，功能空间组合也更具灵活性。此外，该布局形式的容错能力更强，换乘方向选择错误的旅客，可以相对容易地返回到正确的换乘方向。

由于很多换乘流线需要在换乘空间内转换方向，容易造成流线交叉、干扰，因此，在进行流线组织和设计时应注意以下事项。

第一，为了保证在各个换乘流线上通行旅客的舒适性、顺畅性，往往需要为各个流线设置充足的空间，但也使得该流线布局形式的空间利用效率相对较低。

第二，该布局往往包含多个换乘流线方向，为保证让旅客正确、及时地判断换乘方向，对于导向标识系统的要求较高，需要辅以完善的导向标识系统。特别是旅客可能由不同的方向进入，而导向标识系统应尽量朝向需要服务的旅客流来向，因此要处理好导向标识系统的设计问题。

第三，各种交通流线在换乘大厅内会合、交融，在不利情况下还会产生交叉，此种情况下应考虑每条交通流线上承担的旅客流量，并优先考虑流量大的流线进行布设。

第四，换乘大厅是换乘的主要场所，为了给旅客提供良好的视线条件、准确及时的换乘信息，往往采用较大间距的柱网，或者设计为通透的大空间。此时内部楼梯、柱网的布设就成为考虑的内容之一。对于遮挡旅客视线、妨碍流线通行的内部楼梯、柱网，应该考虑合理移位。

3）立体交汇型布局

该类布局一般出现在立体综合客运枢纽中，枢纽中的各种交通流线在不同的平面上会合、交融，分层现象明显。立体换乘功能空间兼具垂直交通、水平交通两种功能，垂直交通往往由电梯、自动扶梯、楼梯等来承担，水平交通往往通过换乘大厅等实现汇聚和分流。旅客在立体枢纽中的交通流线，往往是通过垂直交通转换到不同的平面上，然后再通过这个平面去往所需要的功能空间，整个交通流线系统表现为不同高度的平面通过垂直交通相连接的立体放射流线布局形式，如图 3-18 所示。

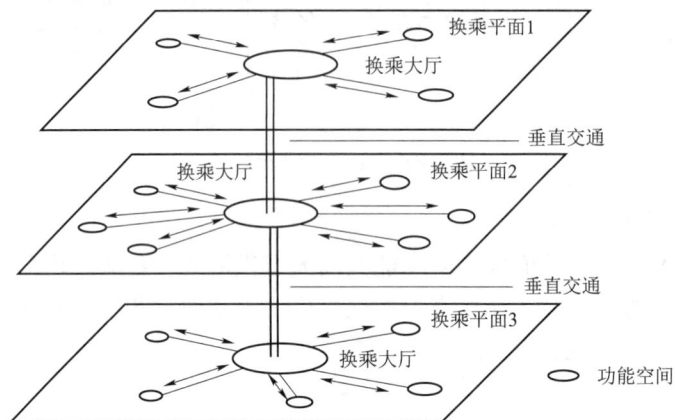

图 3-18　立体交汇型交通流线模式示意图

　　立体换乘功能空间包括垂直交通、多个换乘平面，通过垂直交通实现交通流线在高度上的变换，通过换乘平面实现平面上方向的变换，比单一的面式换乘功能空间具有更强的流线变换能力，所以流线设计具有更强的灵活性。对于设计人员而言，可创作的空间也更大。当然，换乘方向选择错误的旅客，也可以更加方便地返回到正确的行进方向上，所以立体式布局比平面式布局具有更强的容错能力。其存在的缺点是，由于换乘楼梯等垂直交通、换乘大厅等换乘平面均为各条流线预留了充足的空间，而在换乘楼梯下的空间一般很难充分利用，故其空间利用率低。此外，旅客需要辨别的平面和方向较多，若导向标识系统繁杂，必然会给旅客判断换乘方向带来一定的难度，这就对该流线布局的导向标识系统设计提出更高的要求。因此，在设计时应注意以下几点。

　　第一，楼梯、自动扶梯等垂直交通走向、方位的排布，是设计人员应该考虑的重要因素，应尽量使得旅客由垂直交通抵达某平面后，直接面向所需要行进的方向，如图 3-19 所示，而不宜出现旅客到达一个平面后需要通过很大角度才能转向所需要的行进方向。

图 3-19　自动扶梯示例

　　第二，向旅客暗示行进方向，降低旅客对行进方向判别的难度。除了合理排布换乘楼梯等垂直交通的方位，还可以通过改善立体换乘空间内的可识别性来实现，这就需要设计人员精心设计，采用一系列的建筑手法，比如墙体随流线弯曲、墙壁及天花板上布设带有方向指引含义的装饰装修、对建筑空间灵活分隔等，如图 3-20 所示。

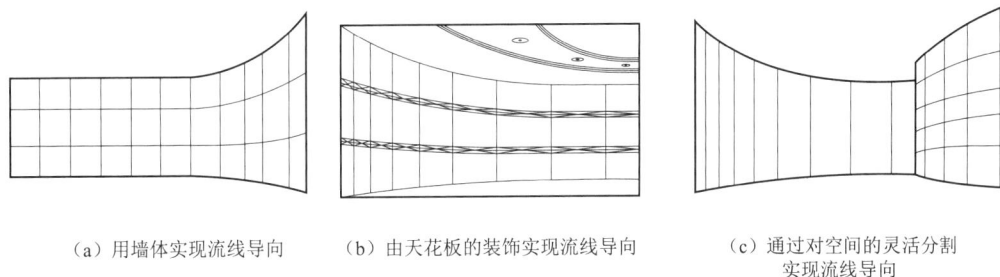

（a）用墙体实现流线导向　　（b）由天花板的装饰实现流线导向　　（c）通过对空间的灵活分割
实现流线导向

图 3-20　改善立体换乘空间内的可识别性的建筑手法

第三，由于立体放射交通流线布局中包含垂直交通设施，这就给有行动障碍的旅客带来一定的困难，需要特别注意垂直交通中的无障碍设计，如图 3-21 所示。

（a）交通枢纽残疾人专用升降梯　　（b）无障碍电梯设计　　（c）带盲文的楼梯栏杆扶手

图 3-21　垂直交通中的无障碍设计

第四，采用标准规范的导向标识系统，车站导向标识系统是组织乘客在站内有效疏解的必要设施，是保证乘客顺利进站、迅速出站的重要手段之一。导向标识系统也是正确引导乘客使用车站内各种服务设施、发挥车站设备功能、保障车站秩序的重要工具。图 3-22 为交通枢纽站内的导向标识示例。

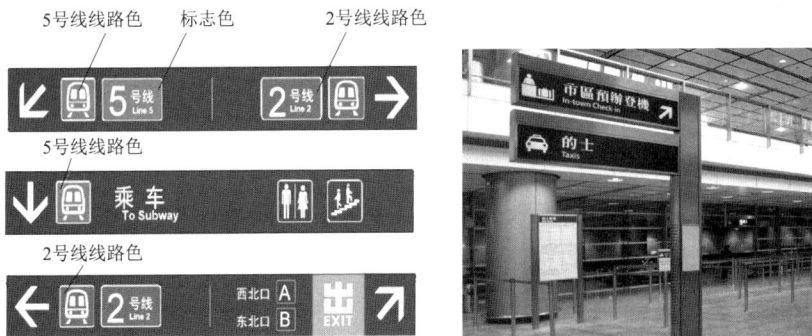

图 3-22　交通枢纽站内的导向标识示例

3.2.4 枢纽站前广场典型流线布局设计

枢纽站前广场一般是多种交通方式交汇的场所,客流流线与站前地区各功能空间布局有直接的关系,一般有平面流线与立体流线两种布局模式。站前广场流线包括车辆与车辆之间、车辆与行人之间、行人与行人之间的流线。这里着重分析车辆与行人之间、行人与行人之间的流线,车辆与车辆之间的流线遵循原则将在后续章节中介绍。

1. 平面式布局

(1)广场设置社会停车场、长途车和公交车停车场

该种布局形式,社会车辆有专用停车场,允许社会车辆长时停车,长途车、公交车、出租车等设有专用停车场站,一般分置站前广场两侧,图 3-23 为某枢纽站前广场进出站和换乘旅客流线示意图。

如图 3-23(a)所示,由于公交站与进出站口较远,旅客进出站距离较长,旅客换乘不便;如图 3-23(b)所示,换乘公交车的旅客与换乘出租车的旅客等存在流线交叉,人行空间比较混乱。

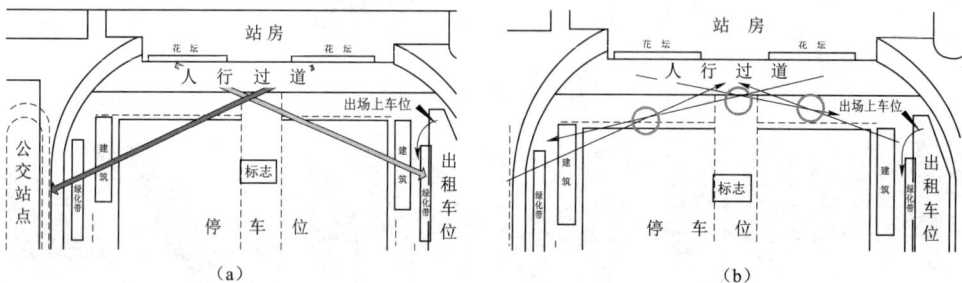

图 3-23 某枢纽站前广场进出站和换乘旅客流线示意图

此外,该种模式还存在高峰期路口交通特别混乱(图 3-24),公交车站进站、出站与其他车流存在严重交叉等问题(图 3-25)。

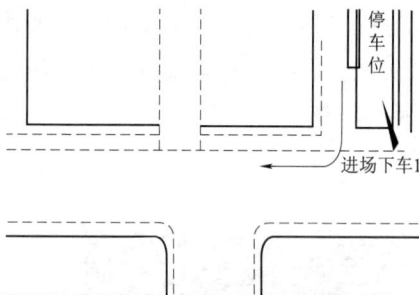

图 3-24 交叉口流线示意图

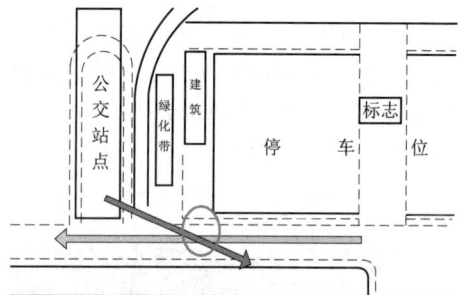

图 3-25 公交车与其他车辆流线交叉示意图

(2)广场设置通过式的车辆(公交、社会)临时停车位

该种布局形式对社会车辆、公交车、出租车等均设置相应的通过式临时停车位,将站前车辆的到达、驻留和出发流线改为通过式流线,不同类型停车位按照客流性质依次平行排列。通过地下旅客通道与相应车辆站台连接,消除了行人与车辆间平面流线的冲突。图 3-26 为韩国首尔火车站枢纽站前广场进出站和换乘旅客流线示意图。

图 3-26　韩国首尔火车站枢纽站前广场进出站和换乘旅客流线示意图

　　该种布局形式减少了站前广场不同流线间的冲突，但也存在一些问题。如图 3-27 所示，该种布局车辆流线的站前广场的入口和出口处，高峰期仍存在分歧和汇聚车辆流线的冲突，对于乘客流线，存在换乘距离较长的问题，图 3-27 所示的地铁 1 号、4 号线和京义线的换乘距离都比较长。

图 3-27　韩国首尔火车站枢纽站前广场车辆流线和换乘流线

2. 立体式布局

（1）公交、长途客车停车场设置于地面与社会车辆停车场设置于地下

图 3-28 为某高铁车站枢纽立体空间布局，将传统社会车、出租车及公交车停车位

图 3-28　某高铁车站枢纽立体空间布局图 1

置分层设计，以减少流线冲突，但其公交与高铁换乘距离或时间较长，如从公交车到达该站乘坐高铁的乘客要进站，需从西进口进入地下一层通道，穿过通道到达东边的进站口，通过楼梯到达一层售票大厅，再通过扶梯到达二层，经过安检，再上扶梯到三层候车室，进行候车、检票、进站，这个过程约需半小时，如图 3-29 所示。

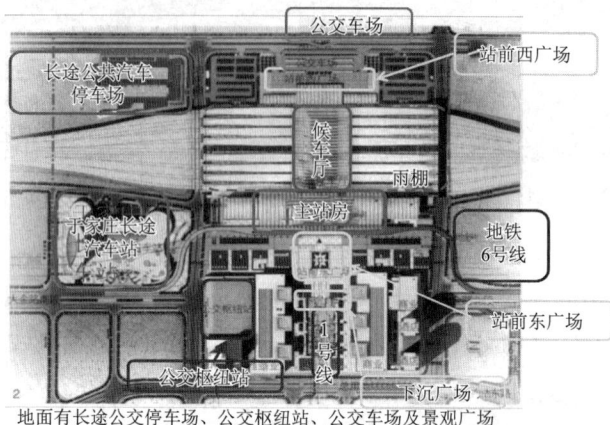

图 3-29　某高铁车站枢纽平面空间布局图

（2）公交、长途客车与社会车辆、出租车停车场同层主次分离

图 3-30 为某高铁车站枢纽立体空间布局，其中公交、长途客车、社会车辆、出租车停车场及铁路同层设置，地铁放在下层。为减少流线冲突，把公交和长途客车停车场作为整体考虑，并置于优先地位，统一安排在枢纽核心区的西侧；把出租车与社会车辆停车场作为整体考虑，置于次要地位，统一安排在枢纽核心区的东侧。这样的设施分布形式保证了上述基于公交优先、人车分流、进出分离理念的交通组织流线设计的可行性，存在的问题是出租车与社会车辆的乘客与其他交通方式的换乘较为不便。

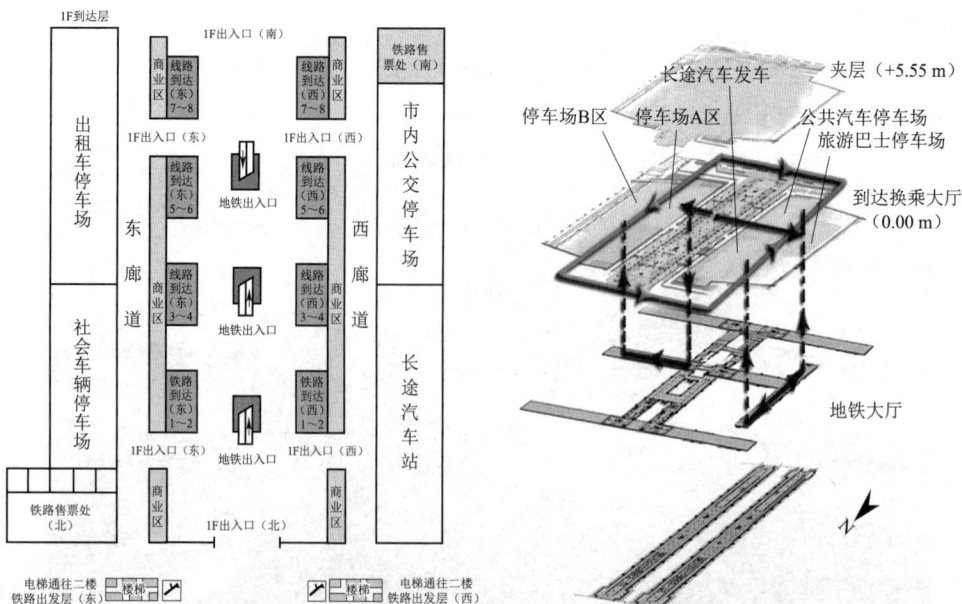

图 3-30　某高铁车站枢纽立体空间布局图 2

（3）公交、长途客车、社会车辆、出租车停车场分层全地下布局

图 3-31 为某铁路枢纽立体空间布局，公交、长途客车、社会车辆、出租车及地铁均设置在地下，其中，地下一层（集中设置整体式通廊状地下进站厅）有地铁、公交、出租车换乘，地下出租车停靠区，2 号、3 号、9 号线和城际铁路的公共站厅；地下二层：地铁 2 号、3 号、9 号线的公共站厅；地下三层：地铁 2 号、9 号线的站台层，3 号线的设备层，3 号线到 2 号、9 号线换乘的转换厅；地下四层：地铁 3 号线的站台层。该方式较好地解决了流线冲突的问题，存在的问题是某些流线换乘距离或时间较长，如在时间方面，旅客从火车站候车大厅到公交汽车站候车地的平均时间长达 6 min；在距离方面，旅客从火车站候车大厅到公交汽车站候车地的平均距离约为 350 m，距离较长给旅客换乘带来了较大的不便。此外，车站枢纽范围东西向全长 5 km 且横贯市区，对城市造成的分隔不可避免，相应的市政工程在跨越铁路时困难较大。连接车站前后广场的通道目前仅有车站西端的人行天桥，当非铁路旅客跨越车站时，行走距离较长，车站前、后广场人行交流不便。

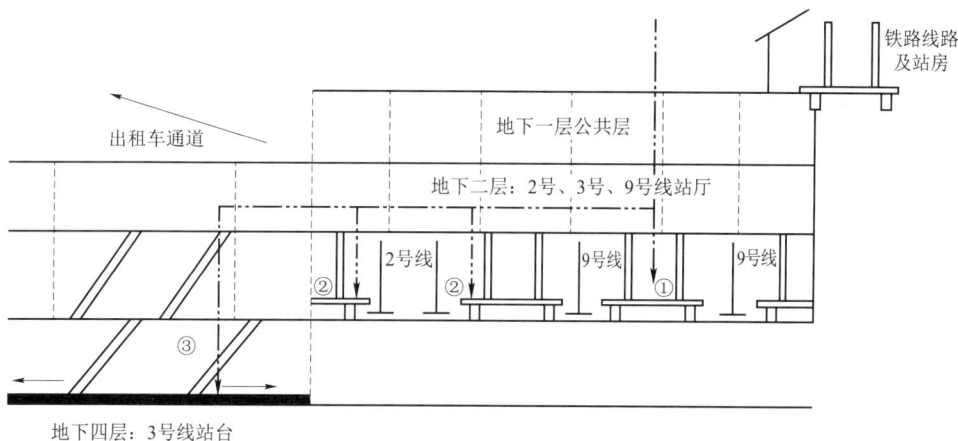

图 3-31　某铁路枢纽立体空间布局图 3

3.2.5　综合客运枢纽交通流线疏解的常用方法

综合客运枢纽在实际设计过程中，首先研究枢纽所在地区、所在场地等方面的具体条件对枢纽中各种运输方式布设的特殊要求，初步确定各种运输方式基本排布、基本走向，在此基础上，大体布设各个功能空间，同时结合流线分析，推敲每一条交通流线。如果某块区域内交通流线特别复杂、交叉严重，可以采用多种方式疏解交通流线，达到对原设计方案的调整、优化。

枢纽设计中常用的交通流线疏解方法主要有空间疏解法和时间疏解法等。

1. 空间疏解法

对于特别复杂、交叉严重的流线，空间疏解可以采取的方法包括：功能布局调整、源头控制和物理分隔等方法。

（1）功能布局调整

通过调整服务设施布局达到减少流线长度和冲突强度的目的，如可以将流线划分为区域内部流线（各种对内运输方式间换乘的流线）、区域外部流线（对外运输方式与对内运输方式间的换乘）两种，尽量将区域内部流线布设在枢纽的一个相对集中的位置，使得对内交通方式可以在一个小区域进行内部流通、循环。同时考虑对外运输方式与区域内部流线空间合理连接，即枢纽内的流线构成分块循环、块块高效连接的模式。

如图 3-32 所示，某站枢纽铁路功能空间位于地下一层，在广场的北侧，地下一层为轨道交通层，地面层为公交交通功能空间，对内运输方式的轨道交通与公交层布置在枢纽的同一块区域内，使得对内运输方式单独循环，自成系统，而铁路通过换乘大厅与这一个内部换乘系统先衔接，构成分块设计模式。

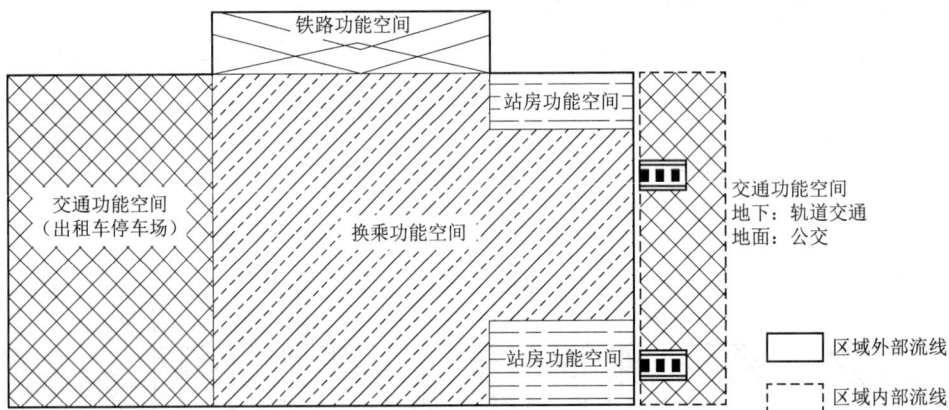

图 3-32 交通流线分块设计实例

（2）源头控制

综合客运枢纽中牵涉运输方式众多，交通流线也极为复杂，如果同时考虑所有流线，就很难做到统筹兼顾，可以通过对不同流线进行源头调整，如航空主导型综合客运枢纽中往往按照航空目的地的不同，划分为国际、国内两部分，并将两部分的流线分别考虑；或将两部分流线设计为两个方向，或将两部分流线设计为不同的层面，并灵活运用交汇型、平面放射型、立体放射型 3 种交通流线布局形式，实现交通流线的分离；或设置多个同类型的车站，实现不同交通方式就近换乘，减少超长距离流线及其相应的流线冲突问题，如图 3-33 所示的某综合交通枢纽，靠近高铁和机场分别设置公交车站。

（3）物理分隔

物理分隔包括平面和立体分隔，立体分隔主要采用天桥、地道，多层站房（图 3-34）等形式；平面分隔通过设置实墙、栏杆、玻璃、柱列、绿化带等方式（图 3-35），但要注意其对行人视线的影响，以及考虑靠近分隔带的人行道能力的折减。

在图 3-34 中，对到达和出发客流分别采用 1.5 层甚至 2 层物理分隔方式，改善了原 1 层平面布局方案流线冲突/交叉严重的现象。

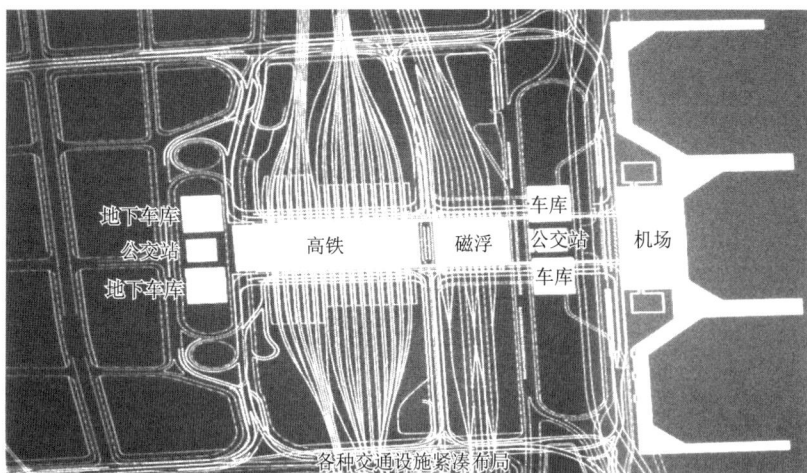

各种交通设施紧凑布局

图 3-33 源头控制设计实例

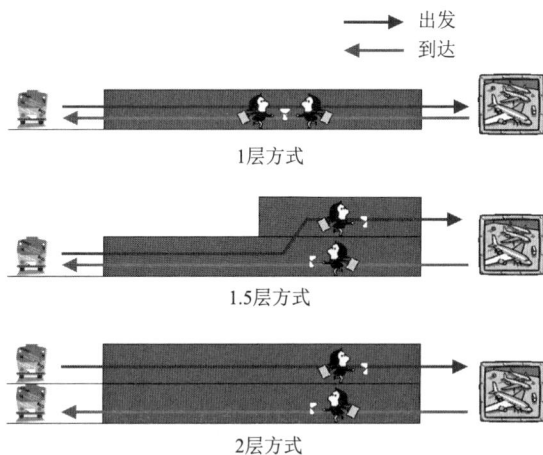

图 3-34 立体物理分隔设计示意图

2. 时间疏解法

时间疏解法，对各流线占用交通设施的时间进行综合计划和控制，避免不同流线对交叉点的同时占用。通过有计划地分配各流线通过冲突点的时段，保证不同冲突流线在时间上的分离。如枢纽进出站闸机在进站高峰时间关闭部分出站闸机，在出站高峰时间关闭部分进站闸机；禁止高峰时段某些通道的双向通行等，如图 3-36 所示。

图 3-36 是大型客运枢纽根据工作早晚高峰期间大客流情况下，为避免换乘通道处客流严重冲突而采取的一种限时段的流线组织方式，在 7:30—9:30 和 16:30—18:30 的高峰时段，将原来南北两条双向换乘通道改为单向通道，形成"顺时针"单向换乘的流线形式，减少不同方向的客流冲突。

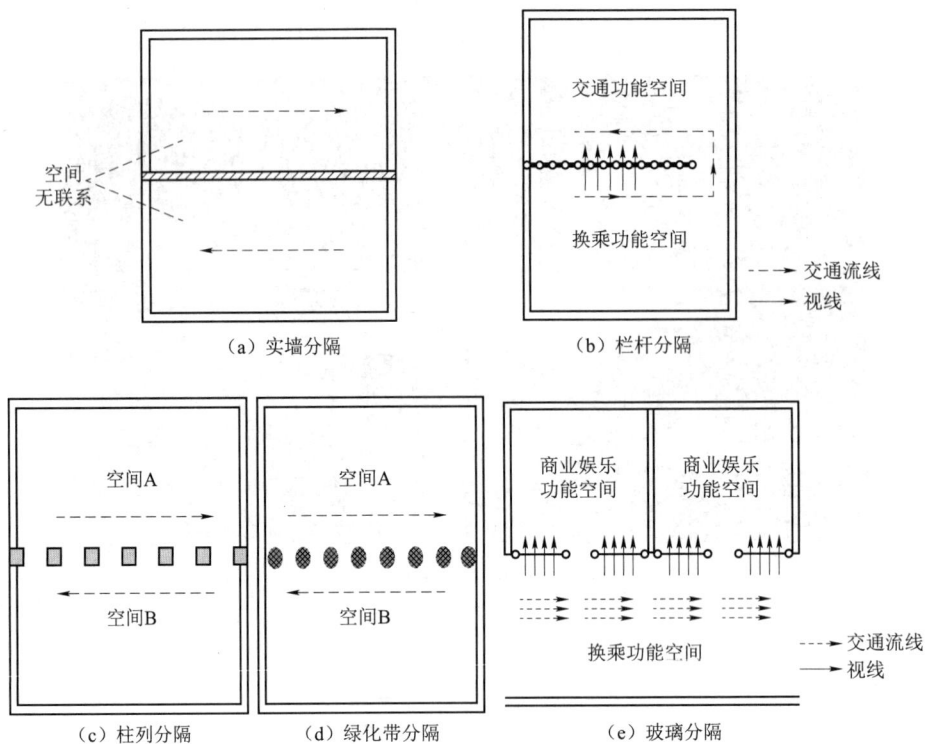

图 3-35 平面物理分隔设计示意图

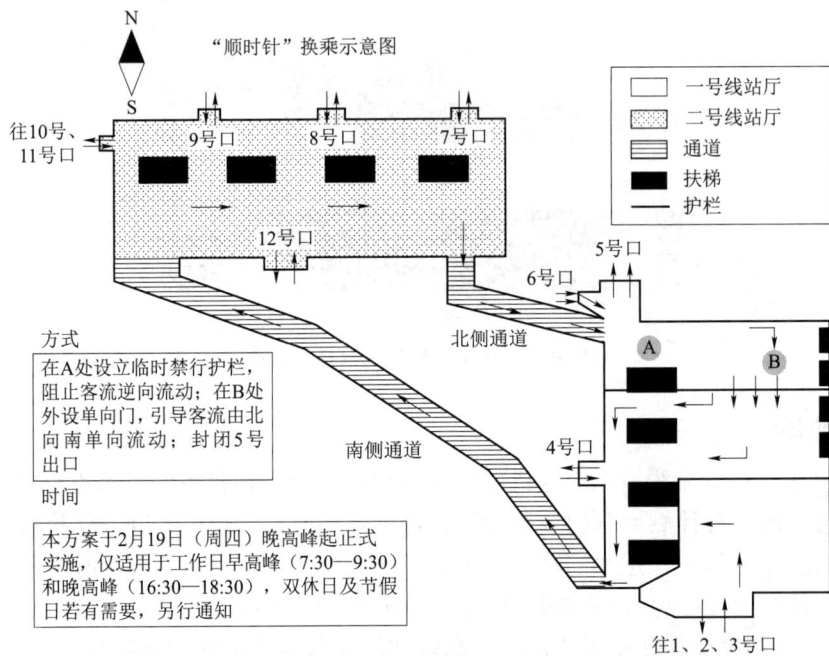

图 3-36 时间疏解法示例

复习思考题

1. 枢纽内行人交通流模型有哪些形式？结合实际案例说明枢纽内行人交通特性。
2. 什么是行人服务水平？如何划分？请结合实际案例说明。
3. 交通流线设计的原则是什么？
4. 枢纽站内行人流线有哪些典型布局形式？
5. 分别举例说明枢纽站前广场平面和立体式布局对应的行人流线情况。
6. 简要说明枢纽设计中常用的交通流线疏解方法。

第4章

铁路主导型枢纽

4.1 铁路客运枢纽

4.1.1 铁路客运枢纽概述

1. 铁路客运枢纽的分类

铁路客运枢纽站是指具有交通枢纽作用的铁路客运站，旅客在枢纽站可以实现铁路与铁路、铁路与城市交通，以及与其他交通方式中转换乘。铁路客运枢纽站一般旅客集散量大，往往也成为城市的副商业中心。

铁路客运枢纽站是一座城市的地标，作为城市文明形象的展示窗口，如图 4-1 所示。在建筑形式上应推陈出新，以现代建筑技术展示传统元素，从而打造成为城市的标志性建筑铁路车站、展示城市形象的名片和窗口。

图 4-1 铁路客运枢纽站示例

我国铁路客运站目前常见的分类有：按基本用途分为长途客运站、短途和市郊旅客客运站；按客运量和技术作业量大小分为特等站、一等站、二等站和三等站；按线路布置图分为尽头式、通过式和混合式等。随着铁路建设的发展，铁路客运站呈现出新的特点，铁路客运枢纽站属于铁路客运站，同样也有一些新的特点。铁路客运枢纽站常见的分类如下。

（1）按办理旅客列车的种类分

① 普速车站：普速车站是指仅办理普速列车的接发作业的车站。普速车站不引入客运专线，不办理高速列车接发作业。

② 高速车站：高速车站是指仅办理高速列车的接发作业的车站，该类车站是为高速铁路、客运专线建设而新建的车站，也有部分车站是现有车站经过改造而成的。

③ 综合型车站：既办理普速列车作业，又办理高速列车作业的车站，该类型车站一般是既有客运站经过改造，连接高速铁路、客运专线。车站既有高速车场，也有普速车场。

（2）按布置形式划分

① 立体式枢纽站：如图4-2所示，这类枢纽站分为地下、地面、地上多层。多设在大厦之中，可以换乘地铁、道路公交、出租车和社会车辆等。铁路与城市交通之间客流大多通过换乘大厅来组织，这类车站的主要特点是旅客行走距离短，旅客在不同楼层之间的行走借助电梯等辅助设施来完成。

图4-2 立体式枢纽站示例

② 平面式枢纽站：如图4-3所示，铁路枢纽站在同一地面，其规模由客流大小来决定。这种类型的车站投资小，较立体式枢纽站更为经济，在新中国成立后到20世纪90年代初期一直采用该种布局，这也符合当时的国情。如今随着经济的发展，人们出行的增加，平面式枢纽站的各种弊端在一些大的枢纽站已经成为车站发展的重要制约因素。

此外，客运枢纽按站型可分为通过式站型、尽端式站型、跨线式站型、混合式站型等。

2. 铁路客运枢纽的设施

铁路客运站根据旅客运输作业的需要，一般分为站房、站场、站前广场等，具体组成如下。

① 站房。站房是客运站的主体，是旅客办理购票及托、取行包的场所，是站前广场与站场相连接的中枢。

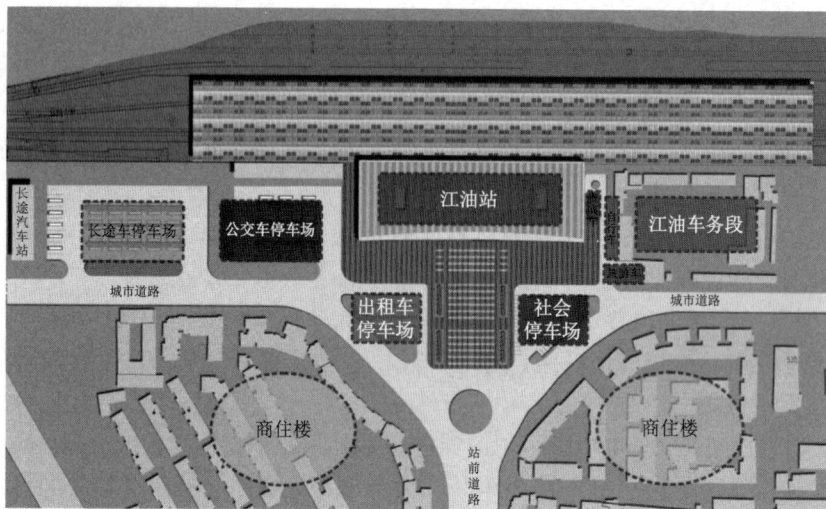

图 4-3 平面式枢纽站示例

② 站场。站场是进行客运技术作业的场所，是列车通过和停靠的场地，也是旅客和行包的集散地点。

③ 站前广场。站前广场是铁路客运车站与城市交通的结合部，是铁路与城市交通联系的纽带，也是客流、车流和行包流的集散点。

4.1.2 铁路客运场站在枢纽的布局

铁路客站周边的交通，正在向铁路、城市道路公交、城市轨道交通、公路长途客运等各种运输方式，多层次的综合交通运输体系发展。承担着大城市的内外联系，是城市整体的一部分，对城市的形成和发展起着重要的作用。

铁路枢纽客运站原多布置在城市的边缘，随着城市的发展，这些客运站逐渐被城市包围，从站位来看，这些客运站往往已地处城市的中心区，如宾夕法尼亚铁路和长岛铁路引入纽约的宾夕法尼亚—斯切兴站就地处曼哈顿中心33—34街区，纽约中央铁路的格伦特中央客运站也设置在曼哈顿中心区，巴黎铁路枢纽位于中心城区有巴黎北、巴黎东等10个主要客运站，柏林枢纽有4个主要客运站在市中心，日本东京铁路枢纽位于城市中心的大型客运站有东京、新宿、池袋等16个。从车站的布置形式来看，有尽端式（如北京枢纽的北京北站、重庆枢纽的重庆站等）和通过式两种，欧洲很多城市由于历史原因，往往采用尽端式，如伦敦市中心的主要客运站有15个，东部5个、南部5个、西部2个、北部3个，13个采用尽端式布置。莫斯科铁路枢纽的9个主要客运站，全部位于市中心区范围，其中，东部4个、南部1个、西部2个、北部2个，7个采用尽端式布置。在圣彼得堡铁路枢纽的主要客运站中，有6处为尽端式布置。由于引入线路较多，欧洲大型客运站的平行线路和到发线股道较多，如巴黎铁路枢纽引入巴黎北站有3条4线和3条双线，共18条进出站线路，33条设有站台的到发线；引入巴黎东站有8条正线，32条到发线；引入里昂站有10条正线，28条到发线；引入森纳扎尔站有5条双线，10条进出站线路，28条到发线。伦敦铁路枢纽大多数进站线路是4线、6线、8线、10线，甚至10线以上，如伦敦桥站，引入6条双线共12条平行线路；此外，不少其他欧洲国家铁路客运站也均有较多的股道数。

当枢纽衔接线路较多时，往往修建有一层或多层环线/半环线，把不同功能的客运站连接起来，更好地为衔接方向旅客服务，也可避免各衔接线路引入线集中于少数汇合点而引起枢纽内线路通过能力紧张，如北京铁路枢纽有 3 层环线，内环为客运、中环为客货运、外环为货运；巴黎枢纽环线将主要的客站联系在一起；柏林铁路枢纽用两重铁路环线将各衔接线路与车站连接成一个铁路运输综合体，内环线长 37 km，外环线长 180 km；莫斯科铁路采用双层环线，其中内环长 54 km、外环长 552 km，连接了 12 条铁路线路。此外，伦敦、罗马、维也纳、芝加哥、纽约、东京、里斯本等大型铁路枢纽，都修建有环线或半环线。

在铁路枢纽中，客运站间还通过地下直径线及高架铁路联络线互相连通。如我国北京铁路枢纽北京站与北京西站间修建地下直径线，莫斯科铁路枢纽里加和库尔斯克有高架铁路直径线，巴黎铁路环线上的重要客站之间修建了多条地下直径线，如从奥施特里茨经过奥尔赛到安瓦利德的东西直径线，由巴黎到森纳扎尔的东西高铁地下直径线，从留克西姆堡到巴黎北站和巴黎东站的地下直径线等，柏林枢纽分别有东西直径线和南北直径线，连接城市两端车站，其中东西直径线是 4 线，以路堤或高架方式由地面通过城市中心，南北直径线以隧道方式由地下通过城市中心，并将原来尽端式车站改建成通过式车站。比利时布鲁塞尔铁路枢纽的南北地下直径线由 6 线构成。此外，德国的汉堡、慕尼黑、斯图加特、法兰克福，英国的曼彻斯特，波兰的华沙，丹麦的哥本哈根等铁路枢纽，也都修建了枢纽直径线。

铁路客运站不但承担长途旅客运输任务，还承担了绝大部分市郊旅客运输。如伦敦市中心的主要客运站以办理市郊客运为主，兼办长途旅客运输，铁路枢纽承担了伦敦市 95% 的客运任务，铁路与城市轨道交通、公路交通衔接紧密，构成了方便快捷的城市交通网；莫斯科铁路枢纽 9 个主要客运站，承担了 80% 以上的市郊运输，东京、纽约、巴黎等铁路枢纽中的铁路客运站，也承担了都市圈内大量的市郊运输。此外，铁路客运站同城市其他交通方式衔接紧密，旅客换乘方便，如铁路枢纽的大型客运站（如东京、柏林、北京南等）往往有一条甚至多条城市轨道交通线路衔接，而部分铁路客运站还实现与机场的衔接，旅客可以很方便地在不同交通方式间换乘。

随着城市的发展，铁路客运站周边往往成为城市重要的商业区或副中心，如图 4–4 所示，在郑州枢纽的郑州火车站建成后的 14 年时间里，城市建成区面积增长 1 倍、在老城和火车站之间形成了我国中部地区最重要的商业区——二七广场商圈。

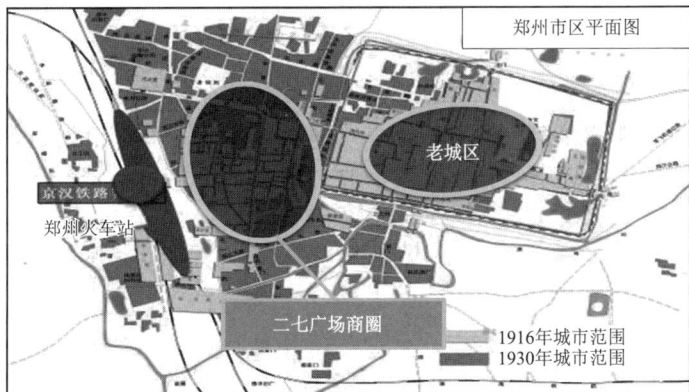

图 4–4　郑州火车站周边形成的商圈

如图 4-5 所示,徐州火车站的建设拉开了城市建设的骨架,千年形成的南北向历史轴线被以火车站为起点的东西向交通轴线所取代。

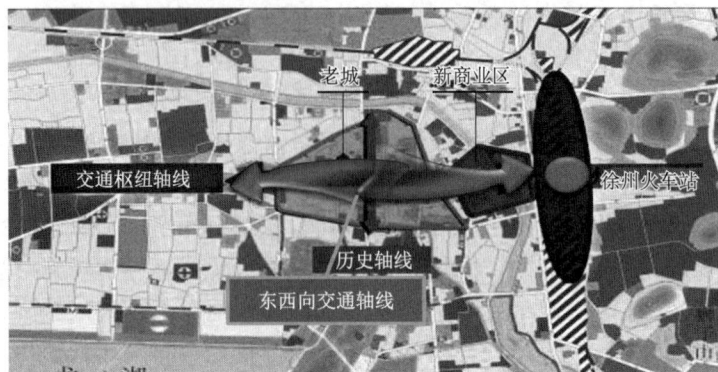

图 4-5　徐州火车站对城市塑形的影响

铁路客运站对城市用地和城市发展的这种拉动特性,在新建高铁车站方面也有清晰呈现,如图 4-6 所示,日本横滨新建高铁车站距市中心 7 km。大阪的新大阪站距市中心 11 km,日本横滨和大阪,在高铁车站建成后,也形成了各自城市的副中心。

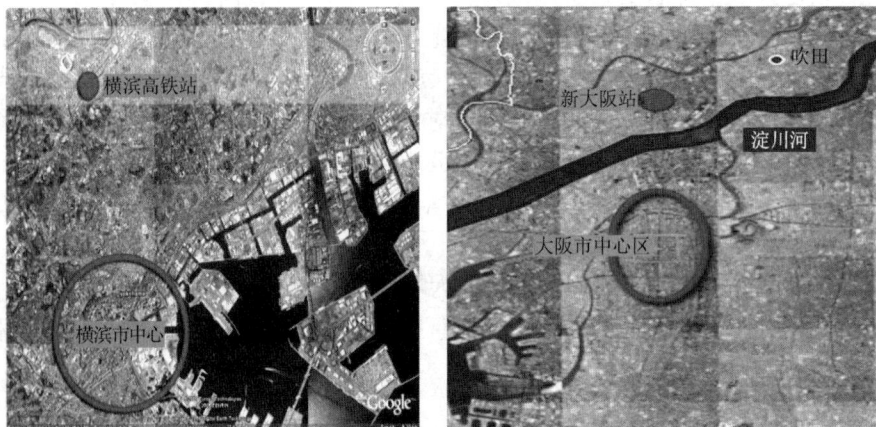

图 4-6　日本横滨和新大阪高铁火车站位

由于铁路客运站的这种特性,在客运站布局时,往往采用对老站进行改造,使其成为城市中心区一体化商业与客流集散中心,如图 4-7 所示,日本京都站的改造,在其火车站片区规划设计了酒店、百货、购物中心、电影院、博物馆、展览厅、地区政府办事处、停车场等。它像一个代表国际城市的主题公园,兼收了各种设计因素:美国购物中心式的中庭、西方城市的传统公共空间及日本的交通中心。这种旧铁路客运站改造模式在日本东京、大阪站等车站改造中也得到较多的应用。

新建客运站往往与城市新区规划进行结合,在用地上形成 3 个圈层的布局,引导城市用地的发展。一般而言,铁路站对周边地区的辐射影响作用随着距离的增加而呈现衰减的趋势。因此,通常铁路站地区的空间结构呈现明显的"圈层"特征。

图 4-7　日本京都站火车站片区

第一圈层（图 4-8）：距离铁路站 5～10 min（以步行方式决定），即 400～800 m 半径。

① 交通服务区域，包括站场、站房、广场、车站管理用房、公交场站、城市轨道交通线路等综合交通设施。

② 现代服务功能，主要是发展高等级的商务办公，大型商业贸易、会展中心、旅游集散等，并有配套的住宿、餐饮服务等。

第一圈层是车站发挥作用的最基本的功能组织区域，建筑密度和建筑高度都非常高。

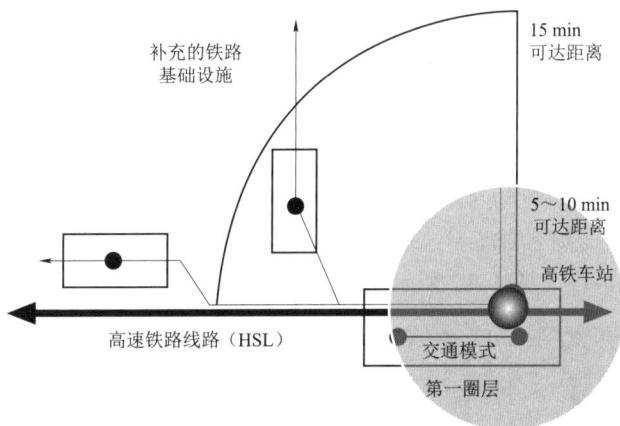

图 4-8　第一圈层示意图

第二圈层（图 4-9）：距离铁路站 10～15 min（以步行方式决定），即 1 000～1 200 m 半径，是对第一圈层各种功能的拓展和补充。在商务办公、商业零售为主、住宿餐饮配套的基础上，出现居住、行政办公、文化娱乐等。建筑密度和建筑高度相对较高。

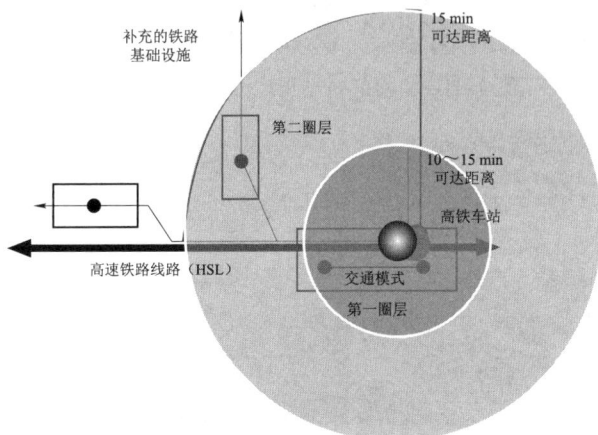

图 4-9　第二圈层示意图

第三圈层（图 4-10）：距离铁路站 15 min 以上，1 200 m 之外的地区，为非直接关联区域。此时城市的各项功能组织与车站已经没有直接的关联，而取决于城市整体布局控制。

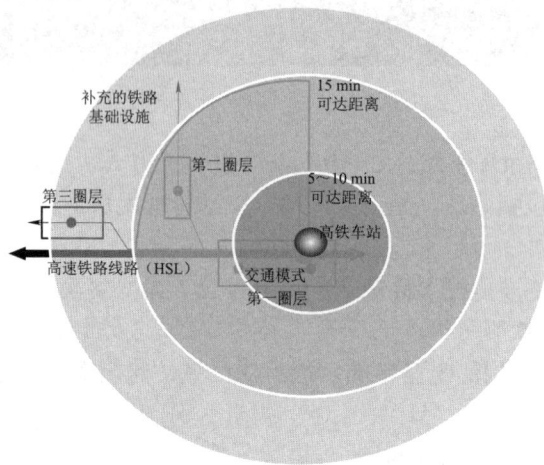

图 4-10　第三圈层示意图

目前，从促进新型城镇化发展需求出发，我国客运站特别是新建高铁车站，正积极探索多圈层模式和综合一体化商业与客流集散中心紧凑用地模式的结合，使铁路客运枢纽交通功能与城市服务功能实现更好的结合，如我国上海虹桥站和广州东站在建设时对周边用地均进行了综合开发，如图 4-11、图 4-12 所示。

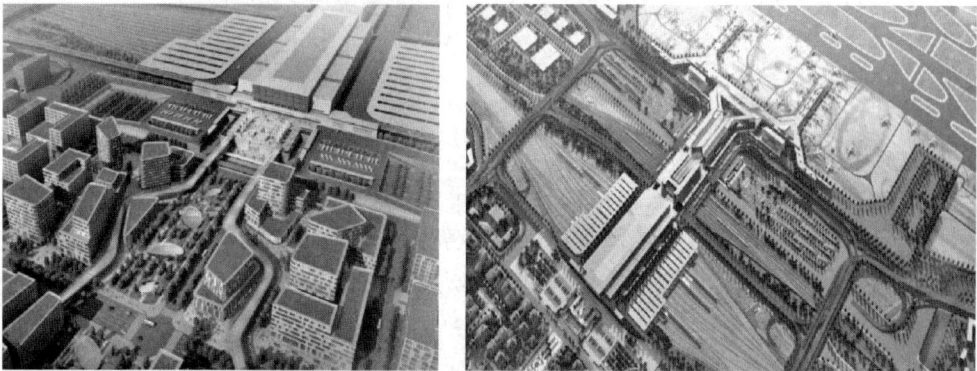

图 4-11　上海虹桥站周边综合开发案例

图 4-12　广州东站周边综合开发案例

4.1.3 客运枢纽站的功能与流线特征

1. 铁路客运枢纽站的功能

铁路客运枢纽站的功能可分为交通功能和商业功能，客运站是多种交通功能建筑或是集交通功能和商业开发功能于一身的建筑综合体，在对铁路客运枢纽站的功能定位时，首先应确保交通功能的实现。铁路客运枢纽站由于自身交通功能势必带来周边区域交通状况的改善，便捷的交通与大量的客流使客运站及其周边区域具有巨大的商业价值，随着铁路客运枢纽站的建设，其周边区域内必然形成高密度的商业区、办公区等，这也是城市发展的一个必然规律。

尽管商业功能在枢纽站的设计中占重要地位，但是仍属于交通枢纽的从属功能。其重点仍是交通功能，即对枢纽站的到、发客流，按不同的目的和方向，实现"换乘、停车、集散、引导"4项基本功能及其他功能，基本情况如下。

（1）换乘

对来自不同方向、路线、不同交通方式的乘客，需要转乘其他交通方式而发生的行为称为换乘。大多数旅客需要在枢纽站经过换乘才能到达最终目的地。

（2）停车

对于来自不同方向、路线、不同的车辆，提供固定的停车位置和上下客位置，并以不同性质的车辆分区停放，配置合理的道路和场地。

（3）集散

对于到达或出发的乘客和车辆，实现聚集和疏散分流，提供客流和车流组织的相关措施，保证畅通、安全。

（4）引导

引导市内交通与铁路接驳换乘，向多层次、一体化发展。依托枢纽的作用，可实现各交通方式在城市客运交通中的合理分工，有目的地引导个体交通向公共交通的转移。

（5）信息服务

通过计算机和通信技术，依托互联网，使客运枢纽站与上级主管和各种不同方式的运输枢纽有机联系起来，并为枢纽站的组织运营、内部管理、内外联络、旅客出行提供先进的手段和及时、准确的信息，满足旅客出行和中转换乘的要求。

（6）城市功能

拥有一定的城市功能，提供各种方便的服务，站场与周边用地融为整体，可以是地区发展的核心，城市副中心。

2. 铁路客运枢纽站要素功能布局

时代的进步、经济社会的发展，以及铁路客运站从单一功能型向城市综合型方向的发展，对铁路客运站功能方面提出了不断发展完善的新需求，其中包括：便捷的换乘距离、舒适的换乘条件；充分的空间容量和舒适的空间环境；一目了然的引导标志系统，完善的服务设施和人性化的细节设计；智能化管理；安全保障性强；等等。这反映出人们在时空概念方面的更新，以及对方便、快捷、舒适和安全性等方面的更高追求。铁路客站的功能系统涉及客站广场、站房和站场等客运设施，下面分别探讨这3部分的功能布局问题。

1）客站广场的功能组织与布局

客站广场是联结客站与城市的"纽带"，是铁路与城市公共交通体系换乘的主要场所。它是客站的三大组成部分之一，与站房、站场在使用上有密切的关系，是铁路客站建筑设计的一个重要环节。客站广场的主要功能有 3 种：交通功能、环境功能和城市节点功能。交通功能是指组织旅客和各种车辆在广场上安全、迅速地集散，完成铁路与其他交通方式的换乘；环境功能是指客站广场能营造良好的城市环境空间，为旅客提供舒适、便捷的换乘环境；城市节点功能是指广场联系周边、吸引周边客流的功能，是站前广场发展成为功能复杂的城市节点后所具有的主要功能。其中，客站广场最重要的交通功能设计具体包括：广场交通和城市交通衔接；广场上各种场地规划和布局，如车型通道、停车场和乘降站点、步行活动场地和布置、人行通道的布置等；广场建筑的规划布局等。

（1）客站广场功能布局的发展过程

我国几代铁路客站都扮演了"城市门户"的角色，宏大的站前广场是体现客站形象的重要条件，客站广场往往兼具城市形象功能，是城市重要的景观节点。传统铁路客站的站前广场一般由站房平台、客站专用地、服务性建筑、公交停靠和非机动车停车场、绿化景观用地等组成，其功能定位主要是发挥广场的交通功能，功能布局主要在平面上解决，与城市交通的衔接方式以平面衔接为主。站前广场承担了应急疏散的需要。中国人口众多，客流有季节性出行不均衡和大部分旅客出行经验不足的特点，为了满足出行高峰期的应急疏散和临时候车、排队购票等需要，广场的面积相对较大，这是目前由我国的国情决定的。例如，坐落于我国四川省成都市的成都北站，在春运客流高峰期间，数十万民工在站前广场一般要滞留数天才会离开。而作为南方打工人流集散地的广州站，在春运期间会有几十万人滞留，站前广场和候车室的面积应对这种情况显得相当被动。因此，在分析我国铁路客站的时候，一定要结合客站的使用人群及他们各自的需求特征来分析。

随着我国铁路的全面提速，尤其以高速客运专线、城际快铁为主要客流的铁路客站，由于购票程序的多样化，铁路行车组织的"公交化"及综合换乘的高效性，客站流线模式逐渐由"等候式"向"通过式"转变，旅客在站的滞留时间将大大降低，广场的功能定位和布局模式也将相应变化。

在新型客站设计中，广场与站房、站场等相互融合，交通广场上的步行区与城市轨道交通、公交停车区、出租车停车区、社会车停车区等联系紧密，注重不同交通方式之间"零换乘"的要求，这样可以更好地利用空间、节约土地、缩短旅客步行距离，提高铁路客站的运营效率。广场的布局模式随之由平面向立体转化，广场与城市道路的衔接方式也逐渐由平面向立体衔接方式过渡，这是当代客站广场的发展趋势，我国近年来不少新建铁路客站（如北京南站、上海虹桥站等）就未设置超大的广场。

（2）客站广场功能布局原则

客站广场最重要的功能是其交通功能。我国大多数站前广场主要是交通功能性广场。交通功能性广场一般划分为步行区和车行区。广场的换乘方式包括铁路与公共汽车、市内轨道交通、社会车辆及出租车的换乘。客站广场综合功能布局的基本要求是：满足广场最主要的功能，提高换乘效率，解决人流、车流的优化组织；经济合理，有发展余地；注重空间环境效果和地域特色；因地制宜，灵活布置等，客站广场功能布局通常应遵循以下原则。

① 公交优先。公共交通是旅客集散的主要交通工具，因此广场处旅客的换乘也应该以大

容量的公共交通为主，公交枢纽应紧靠出站口；社会停车场的设置宜相对远离枢纽进出口的位置，以确保公交优先。出租车停靠点应临靠公交枢纽设置，以方便与公交之间的换乘。

② 人车分流，流停分离。首先是人、车行走的路线和空间要分开，其次是人、车行走与等待的空间要分离。尽量缩短站房出入口与广场停车位置之间、站房出入口与广场停车场位置之间，以及站房与各站台之间的旅客行程；步行系统应保证不同公共交通方式间换乘的连续性、便捷性，力求缩短旅客的流程距离。

③ 流线互不交叉。不同类型交通方式之间避免相互交叉、干扰和迂回，做到流线简捷、通顺。在广场周边商业附属设施进出的交通，不能影响换乘通道的畅通。

2）站房的功能组织与布局

站房是客站建筑的主体，在站房中设有为旅客使用的公共区和客运管理工作所需要的非公共区，如售票室、行包房等。在站房内可供旅客使用的房间及设备分为已检票区（如绿色通道）和进站通廊；非付费区，如进站厅、售票厅、行包托取厅、旅客服务设施、车站厅等。候车空间则可根据客流情况确定。非公共区的各类房间和设备也应根据客站的规模、性质等具体要求配置。

站房的功能布局具有以下发展趋势。

① 随着大规模铁路客运专线的建设，以及既有线提速改造工程的实施，旅客列车运行速度和列车的接发频率都将大大提高，铁路旅客运输能力和运输质量都将大幅提升，铁路客运正逐步向高速化、公交化发展。铁路客运的客流集散状况将会随之发生巨大的变化，这些变化表现为旅客在客站内滞留时间大大缩短，站房空间将逐步由以往等候式的静态空间向通过式的动态空间转变。

② 随着城市交通体系的快速发展、城市交通容量的不断扩大，旅客能更迅速地集散和换乘，在站停留时间也将会大大缩短，候车空间容量、形式和内容也应有相应的变化。

③ 网上订票系统、电话订票系统、自动售票系统、自动检验票系统、客站电子显示查询系统及客站指示系统等现代科技和信息手段的运用，不但使传统的售票空间得以减少，也使旅客通过客站的速度加快，候车空间逐渐由"等候式"向"通过式"转变。

④ 随着社会经济的发展，人民生活水平的提高，社会活动节奏的加快，将进一步增强旅客的时间价值观，出行需要、方式和出行习惯也在逐渐发生变化，这些都将极大地促进铁路站房的功能布局模式的发展与变化。

3）站场的功能组织与布局

铁路站场是铁路客站的设计基础，包括列车到发线路、供旅客乘降和行包装卸使用的站台、站台雨棚及各种跨线设施（如天桥、地道和平过道）等，其主要功能是完成旅客的乘降、换乘及列车的停靠和驶离。

从站场功能来看，其发展具有如下趋势：铁路站场的布置形式与站房建筑形式密切相关。在我国以往的铁路客站设计中，站场与广场和站房虽相互关联但界限明显；而在当代大型、特大型铁路客站设计中，由于站台、到发线数量较过去成倍增加，为满足旅客便捷的乘降和换乘，站房、站场及客站广场这 3 部分的设置在平面位置和空间关系上逐步趋于重叠和融合，形成综合交通枢纽。因此也可以说，正是站场布置形式的创新带来了铁路客站的根本性变化。

3. 不同类型站的功能差异性

铁路客运枢纽站按铁路的类型可分为普铁客站、客运专线（高速）铁路客站、城际铁路客站、综合铁路客站等类型。我国普速铁路设计速度为 200 km/h 及以下，一般采用客货共线的运输模式，主要特点是长编组，中长运距，方向多，列车到发间隔长、密度小，旅客在站停留时间较长，站内办理行包托运、存取（简称托取）等业务。高速铁路客运设计时速为 300 km/h 及以上，其特点是高密度、短编组、短运距、"公交化"。旅客在站停留时间短，目前只办理客运业务，不办理行包托取业务和邮件业务。由此可见，高速铁路客运站的功能和流线与普速铁路客站相比更加简捷，没有行包房和行包流线，候车空间主要以通过式为主。

4. 与功能变化相适应的流线特征

新型铁路枢纽客站是一个规模宏大、功能复杂的交通体系，涉及客站内外的车流、人流及物流的组织安排，合理、高效的流线组织是设计的关键。铁路客站历来把交通流线作为其设计构思的重点。交通组织的对象是与客站有关的人流、车流及货流，交通组织的目标是流线便捷，交通组织的内容是包括客站各种功能的使用者如何到达或者离开客站、如何便捷地在其内部各功能空间之间流动。交通组织就是要区分各种流线的性质和流动的特点，根据交通流量的各种影响因素，将交通建筑的总体功能和空间布局统一进行规划和设计。

（1）功能空间平面布局阶段的流线特征

在以往铁路枢纽客站布局中，铁路客站设计功能分区明确，站前广场、站房和站场这三大功能组成部分，往往在平面上一次排开，这是我国铁路客站传统的建筑空间组合模式。与之对应的流线组织也相对简单，站前广场是主要的换乘场所，车流和人流的组织一般在平面上采用前后分流和左右分流来组织；进站旅客经站前广场进入站房候车，然后经站台层候车室和通道到达基本站台，经跨线设备到达中间站台乘车。出站旅客经过天桥或者地下通道到达出站口，进入站前广场疏解。线平式站房一般在平面上组织流线，出入口一般都设在地面层，隔开适当的距离，左右分流；线上式站房一般采用天桥跨线；线下式站房一般采用地道跨线，如北京站、成都站、武昌站（图4-13）、长沙站等。

图4-13　武昌站示意图

（2）功能空间立体布局阶段的流线特征

随着铁路客运量和城市交通流量的迅速上升，我国铁路客站的功能空间从原来的平面布局发展到了站前广场、站房、站场趋于融合的立体布局阶段，与之对应的流线组织也从二维变为多维。首先是站前广场交通组织立体化，进、出站流线分层设置，且有多向进口和多向出口，避免了出与入的干扰。站房内部的流线组织与复合功能空间相适应，围绕着换乘节点变得立体而紧凑。为了组织复杂的流线，满足功能的要求，常常同时利用平面和立体的分流。由此可见，流线组织对建筑内、外空间形态的影响。

例如，杭州铁路新客站，将站房、站前广场、站场作为一个有机整体，从方便旅客换乘出发，模糊甚至化解这 3 部分（站房、站前广场、站场）的界限，利用地下、地面、高架 3 个层面来组织流线；力求各类车辆包括公交车辆的停车站（场）尽可能地与进出口靠近，以缩短旅客步行距离。再如，南通站的流线设计特点是上进下出，天桥进站，地道出站，到发分离。进站流线是乘市内公交车来的旅客在广场上公交车停车场下车，下楼梯经通道至站前平台，通过车站大厅进站；乘小汽车来的旅客可通过广场两侧的汽车坡道上至站前平台，通过车站大厅进站。出站旅客则通过地道到达出站厅，分别通过广场东西两侧的公交车、出租车和社会车辆离站。

在北京南站的流线组织中（图 4-14），地铁 4 号线南北走向穿过站区，车站位于站房中心地下二层；地铁 14 号线东西走向穿过站区，车站位于站房中心地下三层；市郊铁路利用铁路普速车场做远期引入的预留。来自公交、小汽车和出租车的旅客由高架候车厅进站，来自地铁的旅客由地下换乘大厅进站；所有的旅客由地下出站。车站的客流活动中心为高架进站厅和地下一层换乘大厅，各种交通设施紧密围绕这个中心布置。小汽车和出租车流线为上进下出的组织方式，进站小汽车、出租车的落客区位于高架平台进站大厅两侧，出站小汽车和出租车的载客区位于地下一层两端的专用停车场，公交车站紧邻站房南北两侧，分别布在南北广场的地面层和地下层，地面层为落客区、地下层为载客区。位于地下一层的换乘大厅为各种旅客提供了快速换乘场所，地铁乘客和铁路旅客可以方便地双向换乘，铁路出站旅客也可以直接进入东西两侧的小汽车、出租车载客区和南北两侧的公交载客区。

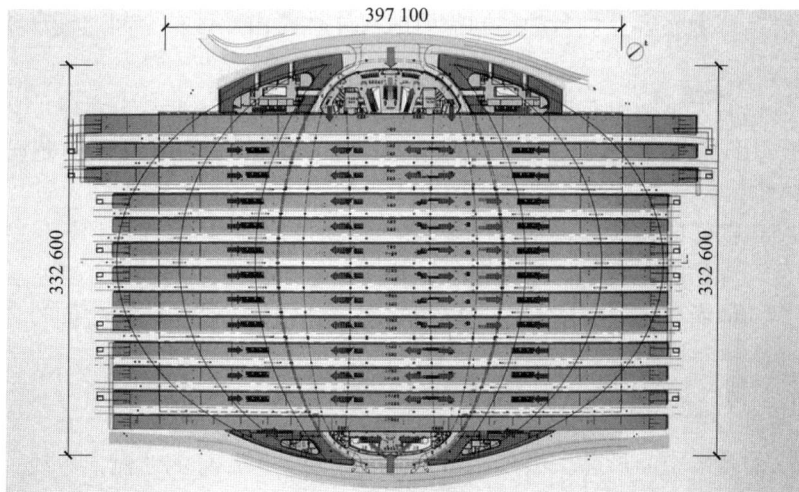

图 4-14　北京南站示意图

4.1.4 枢纽站的空间形态设计

1. 站房设计模式

1）铁路客站室内空间特征

铁路客站作为大量旅客汇集的一个场所，其交通功能是建筑设计的第一要素。客站内部空间设计必须将旅客的行为模式和心理状态作为设计的重要因素，体现"以人为本"的设计思想。

在老一代铁路客站中，客流拥挤的现象贯穿在旅客进出站流线的始终，从环境心理学角度分析，旅客在旅行中的"拥挤"是一种消极的、不愉快的状态，容易使人产生焦虑或紧张情绪。避免旅客在站房内的拥挤现象，使站内旅客能迅速聚集和疏散，站房内部空间明确的方位感和易识别性是必需的。环境的易识别性主要是指人对所处环境形成认知地图或心理表征的容易程度，在站房内部空间中，主要体现在进站厅、出站厅和候车厅。

室内空间环境的易识别性要求客站内部空间简捷高效，各空间有较强的特征性但又有很强的穿透性，使旅客能随时把握整体空间，在大空间中以玻璃或低矮灵活的隔断划分不同的区域，尽可能减少物体对视线的障碍，使旅客获得清晰的方位感。进站厅是站房内部空间的重要部分，大量旅客进入大厅后必须尽快疏解。除了依赖于旅客引导系统外，室内空间本身的明确可读是设计的关键。

2）空间的多样性

（1）商业服务空间

新一代的铁路客站，与城市其他交通服务设施的关系密切。车站作为一个大规模的城市资源被充分利用，而不仅仅是旅客暂时出行的场所。除了需要更安静、舒适的候车环境外，车站向服务经营主体方向转化，从对旅客进行行为管理转成为旅客提供多元服务，站房内的商业空间可提供餐饮、金融、商务、娱乐、购物等综合服务。

现阶段，我国强调以旅客为主体的室内空间设计，站房作为社会资源共享的程度不高。但随着我国经济的快速发展和站房管理模式的变化，火车站内部的功能会朝着多样化的方向发展，要求站房具有为旅客提供多种不同需要的可能性，由此候车空间的设计将变得多样化和人性化。

如何在一体化的大空间中布置商业空间，是大型站房设计中要充分考虑的问题。为方便旅客使用，多采用线侧夹层空间作为商业服务场所，也可在高架候车厅层两侧设置。

（2）换乘空间

作为大型交通枢纽的铁路客运站房，旅客的换乘要求能在站房内部便捷地进行。来自地铁、公交及长途汽车的旅客数量，从理论上计算，超过旅客总数的一半。对于大型高架站房来说，从出站层、地面层到站台层和高架层的交通换乘空间，成为室内空间设计的重要组成部分。

2. 铁路客运站的基本空间形态

铁路客运站的基本空间形态按候车厅与铁轨之间的关系，分为线侧式、线上式和线端式3种，如图4-15～图4-17所示。

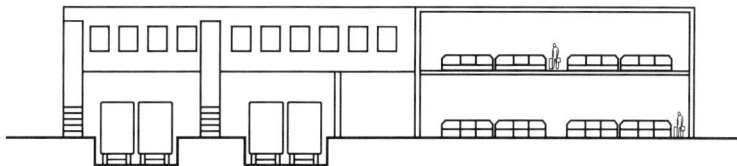

图 4-15 线侧式布局铁路客运站剖面

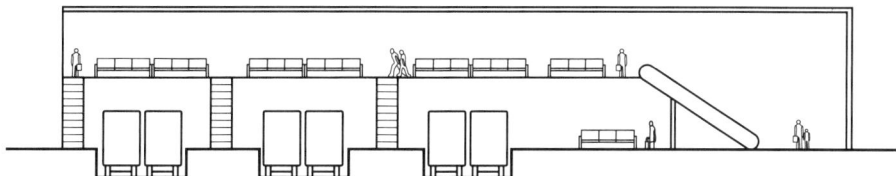

图 4-16 线上式布局铁路客运站剖面

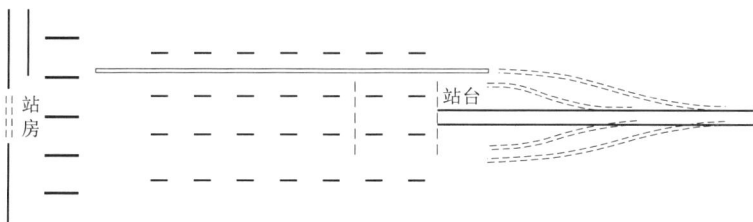

图 4-17 线端式布局铁路客运站平面

旅客站房是旅客办理购票、托取行包及候车的场所，是站前广场与站场相联结的中枢。站房按其地面与站台面间的高度差关系，可以分为以下 3 种形式。

- 线平式站房。车站广场地面标高与站场线路的标高相平或相差很小。
- 线上式站房。车站广场地面标高高于站场线路的标高，站房首层地面高于站台面，且高差较大。
- 线下式站房。与线上式站房相反。

线下式或线上式站房一般是由于地形、城市规划等条件的限制，为减少填挖方数量，节省工程造价，或使旅客进出站行走的升降高度最小而建造的。

根据站场线路与站房的相互位置不同，还可以把站房分为线侧式站房或线端式站房。

站场与站房的空间关系表现为平面关系与高程关系。平面关系决定了站房是线侧式或线端式，或者是站房与站场在平面上叠合的形式。高程关系则决定了站房是线下式、线平式或线上式。

一般来讲，按照旅客主要候车空间相对于铁路站台的关系，可分为线上式、线侧式、线端式及线下式等，每类均有自己的特点。

（1）线上式站房

线上式站房位于站台及线路上方。这种站房形式的最大特点是，可以以旅客的出行需要和列车的行驶线路，对候车空间进行与之对应的平面划分。充分利用垂直空间，有效缩小旅客乘降步行距离，减少人流的交叉，方便车站工作人员的管理和后勤服务的开展，并且这种布局形式往往是横跨站场两侧的，可以将站场两侧的城市空间紧密联系起来，有效节约建筑用地，使整个客站真正成为城市肌理的一部分，为城市空间的发展留下余地。

此外，线上式站房形式比较完整，不会被铁路线的存在所打破，站房的整体性更强，能够较好地实现功能划分与建筑形式的统一。但是，线上式站房在实际运营中也存在很多问题，比如造价较高、结构跨度大等。在国内现有大型新型铁路站房设计中，大多采用了这种形式，如广州南站、上海虹桥站、武汉站、南京南站等。

广州南站采用了线上式站房的模式，上进下出，所有旅客两端进站，高架候车、站台上车、轨下出站。该种站房较传统车站更为灵活，空间的识别性很强，并串联起站房两侧的城市空间，是当前应用最为广泛的一种站房形式。

（2）线侧式站房

线侧式站房位于站场一侧，站房与站场相对独立，由于站场与站前广场的地形高差关系，线侧式站房还可细分为线侧平式、线侧下式和线侧上式等几种形式。

线侧式站房是旅客行为的主要场所，旅客进出车站需要经过高架桥或者地下通道到达中间站台。这类站房是沿铁道线路的一侧展开的，因此建筑平面横向大于纵向。此种站房内部空间紧凑，乘坐不同出行线路的旅客需要集中在同一候车室候车，并按照车站指示依次检票上车，由于线侧式站房的乘客均通过高架桥到达各趟列车的到发线，当多列火车同时进出站时，进站口流量会迅速增加，影响旅客的快速疏解。

由于进出站人流集中在站房一侧，站前广场成为人流集散的主要场所，也是城市公共交通的主要瓶颈，因此在线侧式站房设计中，往往需要保留充裕的广场或地下空间，以缓解高峰时刻的人流压力。

虽然线侧式站房给高峰时刻的铁路运输带来很多问题，但是其有造价低廉、施工简便、改扩建方便的优点，对于站台数量较少、车站规模较小同时旅客及车次偏少的中小型车站，是一种非常实用的客站形式。目前这种车站广泛应用于城际及高铁中间车站的设计中。

（3）线端式站房

线端式站房位于站场顶端，按照站场与城市广场的地形高差关系，也可细分为线端平式、线端下式和线端上式等几种形式。线端式站房进出站均为终点车次和始发车次，转乘列车的旅客较少，功能组织比较简单。另外，由于线端式站房位于铁路到发线端侧，站内候车区可按照对应的铁道线路进行划分，无须架设高架等辅助通行设施，有效减少人流的交叉和建设成本。

（4）线下式站房

线下式站房位于站台及线路下方。线下式站房充分利用了站场地下空间，不仅大大节约了城市土地，也为旅客的出行提供了便利。但是，线下式站房的建造成本高，且往往会遇到与城市规划和市政工程相冲突的问题，需要进行充分论证后方可实施。新广州站前期方案投标阶段也采用了线下式站房的方案。铁路站场被抬到18.0 m标高，高架站场下方的夹层和地面层安排站房候车室和各类通道，以及各种车辆的停车场；相应的地下空间设置地铁车站。整体方案以车站为中心，设计了外环逆时针、内环顺时针的双环交通模式，以解决与城市道路的顺畅连接和转换。同时减少旅客在站内的步行距离，以便捷的流程实现换乘。

3. 铁路客站站房功能布局模式

随着铁路运输与客站建设的发展，我国铁路站房的功能组织在不同阶段形成了具有不同特点的布局模式。相对于国外铁路客站功能布局模式所经历的单一的站台空间阶段、完备的等候式空间阶段、简捷的通过式空间和高效的综合空间阶段，我国铁路客站站房功能布局模式可分为以下几个阶段。

（1）分散等候式空间模式

以候车大厅为核心的分散式是我国传统的站房布局模式，其特征是客站的站房、站场、站前广场及外围服务设施，均在同一个平面上分散展开的构成方式。这种方式以候车大厅为核心，将候车区和进站通路组织为一个大空间，构成站房的主体；将售票厅、行包房、出站口、邮政、餐饮、购物等内容，按与候车厅的相关程度分散布置。对外交通主要依靠站前广场来组织，站前广场成为各部分之间的纽带和集散枢纽。这种布局方式适合旅客在站停留时间较长的客站。

（2）集中等候式空间模式

以分配大厅为主的集中等候式空间布局主要是指大型和特大型客站，为了有序组织不同车次与方向的旅客，避免人流过分集中和相互干扰，多采用以分配大厅为中心，围绕它布置几个候车室和营业服务部分的平面布局。其中分配大厅又可以分为横向分配大厅和纵向分配大厅。这种布局方式的优点是空间划分明确，可以按分线方式划分候车区，便于组织管理和客运服务，结构构造简单，通风采光易于处理。但这种类型的客站，交通面积所占比例较大，空间使用率低下，旅客进站流线冗长迂回，流线交叉干扰大，客流疏解不畅，候车环境普遍比较差，服务效率低下。空间流线若处理不当，横向候车室易形成"袋形候车室"，尤其是二层的"袋口"处易造成旅客聚集堵塞，所以无法适应客运交通的高速度、高效率和高质量的需求，并多见于铁路客运不够发达、旅客在站停留时间较长的客站。典型的例子是北京西客站、上海站、成都站、重庆站等。

（3）高架候车空间的组织模式

高架候车空间的组织模式有以下特点：当旅客进站时，能从所在候车室的检票口快捷地进入相应的站台，加快了旅客进站速度，从候车室进入站台的距离大大缩短，有效地减少了拥挤混乱的现象；传统的线侧式站房往往只能选址在城市的边缘，以免割裂和影响城市空间的发展。高架候车室使轨道两侧双向进站成为可能，也就将客站建筑引入市区，更方便旅客换乘，站房主体进深减小，交通面积也有效减小，节约了用地。

（4）快速通过式空间模式

快速通过式空间模式主要有以平面综合厅为核心的集中式和以高效立体化综合空间为核心的通过式。以平面综合厅为核心的集中式布局方式，是将客站中旅客使用频率最高的候车部分简化，并与售票、行包、问讯等部分与公共交通部分合并组织在一个统一的空间内，形成一个综合性多功能的活动大厅。这种布局的优点是：旅客在厅内往往只做短暂停留，大厅内的空间组织流线顺畅，进入大厅一目了然，易找到各不相同的功能部分；可灵活划分不同空间，候车、服务、检票等活动空间可调节使用；大厅开阔完整，采光通风好，结构简单。其缺点是：仍然是平面展开式的布局，只适宜旅客在站内停留时间短的客站，如果客站规模较大、旅客停留时间较长、旅客组织复杂，这种布局就会造成各种流线的相互干扰，无法适应多模式的换乘要求，也无法使用多功能要求的轨道站上方空间的开发。一般大型客站不宜采用这种形式。这种模式多见于国外的中小型客站，较典型的是加拿大渥太华火车站、荷兰鹿特丹总站和西班牙萨拉门卡火车站，这种模式对我国新建的中小型客站有一定的借鉴作用，辽宁盘锦南站、葫芦岛北站就采用了这种布局模式。

以高效立体化综合空间为核心的通过式布局则成为大型铁路客站的主流模式。这种方式多采用高架式和线下式等多种组织形式，力求使旅客进站的流线简单而便捷。归纳这种模式的特点：一是站台具有临时候车功能，候车大厅多与售票厅合并，形成综合性、通过式大厅，交通流线组织以疏导为主，便捷高效。二是以综合厅为核心立体化组织旅客的各种活动，合理安排多层的客运线路和不同的功能内容，使候车、商业服务、进出站等各种活动结合得更为简便自如，为枢纽的基本空间与商业及其他服务设施紧密结合提供可能性。三是将以往集中、单向检票入站模式改为分散、双向直接出入站模式。自动售票机和自动检票机的广泛应用，使单一的进出站分离方式转变为多个分散、出入兼容的进出站方式，各个服务区与站台之间的关系更为通畅，方便了来自各个方向的乘客。四是交通工具立体衔接，旅客多向分流集散，出入快捷，建筑空间集约开放，节省城市用地，站前广场摆脱了人车混杂的局面。国内较为典型的例子有北京南站、上海南站，国外有德国柏林火车站、日本大阪天王寺车站、西班牙阿班多转运站等。

4. 站前广场布局模式

站前广场的功能布局模式跟客站的规模、类型和性质有紧密联系。随着站前广场功能的发展，其主要有以下两种模式。

（1）平面布局模式

我国传统的铁路客站广场均采用平面布局模式。这一布局模式在当代的部分车站特别是中小型铁路客站中仍然沿用。这种类型广场的主要功能是组织交通的集散，力求各种交通分流，将广场上的人流与车流、客流与货流、进站交通流与出站交通流、机动车辆与非机动车辆、广场交通流与城市过境交通流，以及公交、出租、专用等各种不同的机动车辆分开，使它们各有独立的行走路线和活动、停放场所，并将它们之间的交叉减少到最低程度。例如，成都北站广场、上海站广场、淮安站广场等。

（2）立体布局模式

随着铁路客运流量和城市交通容量的迅速扩展，如仍采用分割广场平面来组织站前广场交通，必然会导致人车混杂、交通混乱的局面，广场交通组织采用立交方式势在必行。20世纪90年代以来，许多新建、改建的铁路客站（如深圳站、广州东站、苏州站和杭州站等）站前广场都成功地采用了立交方式组织交通，站前广场的空间组合模式已经由平面转向立体。

站前广场立体布局模式适用于旅客集散量较大的大、中城市铁路客站。站前广场建有多层步行系统或立体车行系统，是各种交通方式间的换乘枢纽。

5. 站前广场设计模式

铁路客运站客流的衔接换乘一般通过两种方式实现：一种是通道，即通过各种通道设施、线路、人行天桥等连接设施来实现衔接换乘；另一种就是通过场站来实现，在换乘站内实现转换。而要使衔接、换乘的合理性和有效性从多方面得到保证，对于站前广场的综合布局必须充分考虑。

站前广场设施布置存在以下几种模式。

（1）垂直型模式

垂直型模式是最基本的形式，适用于将来可能发展为大站的小站，如图4-18所示。此布局模式便于广场内机动车掉头，广场土地设施能充分利用，且将来改建的余地较大。其缺点是所有的机动车都通过站前广场，人、车冲突严重，尤其是当公交车站布设于广场边缘时。

（2）平行型模式

平行型模式适用于广场内交通量较小的车站，广场形式纵向较长，如图4-19所示。此布局模式易于体现不同类型车辆的优先性，方便公交车进出广场内部，广场面积也可有效利用，但是乘客较难穿越广场。

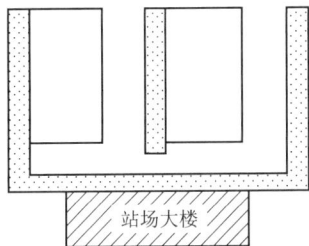

图4-18　垂直型站前广场示意图　　　图4-19　平行型站前广场示意图

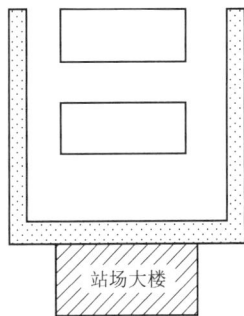

（3）突出型模式

突出型模式适用于大、中型车站，小型车站一般不采用，如图4-20所示。广场的横向应长一些，行人在广场内无须绕行，人、车行驶可以安全分离，车种也可明确区分，机动车在站前也无冲突。其缺点就是由于两区之间有分割而缺乏连贯性，通行区域利用不是很有效。

（4）T型模式

T型模式适于机动车交通量较小的小型车站，如图4-21所示。其优点是机动车易于掉头，车种可明确区分，行人穿越时无须绕行。其缺点是行人步行空间与车辆行驶路线有冲突，危险性较大，且行人易斜穿广场而行。

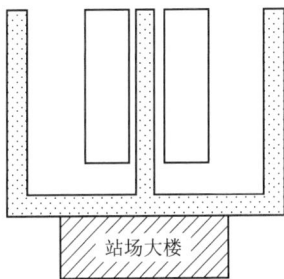

图4-20　突出型站前广场示意图　　　图4-21　T型站前广场示意图

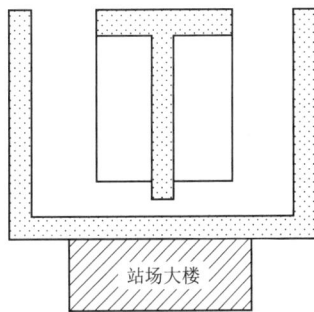

站前广场是城市门户空间之一，由于地处特殊区域，诸多条件影响了站前广场的形态。首先在选址上，由于历史原因或城市总体规划的因素，铁路客运站的位置被确定。其次，一定的地理位置决定了站前广场周围的交通环境。最后，站前广场的空间尺度由站房的规模决定。站前广场有两种最基本的空间形态，即三维式与二维式。

三维式站前广场的特点主要体现在交通流线的立体组织上，通过设置地下层、下沉广场、地下通道、架空层、高架桥等方式完成进出站的过程，并使交通流线间的干扰较少。如武昌站站前广场分为三层：首层架空层，联系步行广场及进站入口，并通过高架组织车辆交通，地上一层为出站口，旅客可以通过地下通道到达各个出入口及地下商场和地下车库。地下一层组织出租车换乘和布置停车库。此外，如深圳站前广场、南京站前广场、杭州站前广场（图 4-22）等都给人强烈的层次感。

　　二维式站前广场的特点主要表现在广场的平面形态上，根据平面形态的不同，可以分为纵条型（广州东站前广场等）、横条型（如长沙火车站前广场，图 4-23）及混合型，很多铁路客运站的站前广场集多种平面形式于一体，如南宁火车站前广场。二维式站前广场的平面形态受周边建筑、路网的制约及自然环境等多种因素的影响。总之，二维式站前广场形态简单，交通组织集中在同一平面上，各种交通流难免有交叉与妨碍，在我国人口众多、经济发展快速的背景下，二维式站前广场将越来越不适用。

图 4-22　杭州站前广场　　　　　　　　　　图 4-23　长沙火车站前广场

6. 站场设计模式

　　铁路客运专线车站站场设计在一般情况下，大站站场设计相对注重车站两端咽喉进路的灵活运用和股道到发能力的充分利用，但小站站场设计比较随意。为使铁路特别是高速客运专线发挥最大运输能力，必须把两个中间站之间的一个区间作为一个站场单元来考虑。4 种车站站场类型设置如下。

　　假定小站上行方向（左端）衔接大站，且该大站两端咽喉进路运用灵活、两个小站之间区间正常而不反向行车的情况下，分析两小站一区间一端单方向正反接发列车情况。两小站连正线，共有 8 股道（股道数以 G 代表）可接发列车。

　　（1）两个小站两端渡线均采用反"八"类型

　　由图 4-24 可见，两个小站此类型站场在正常情况下，下行方向可有 8G 正接正发，上行方向只有 4G 正接正发，在非常情况下，下行方向只有 4G 反接反发（取反接反发最小值），上行方向可有 6G 反接反发。说明两个小站此类型站场在正常情况下，上下行接发列车能力严重不均衡；在非常情况下，上下行接发列车能力比较不均衡。

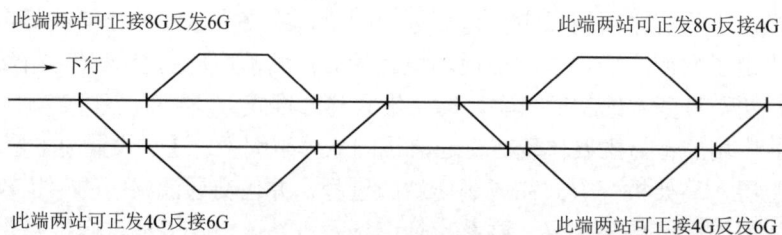

图 4-24　两个小站两端渡线均采用反"八"类型

（2）两个小站两端渡线均采用正"八"类型

由图 4-25 可见，两个小站此类型站场在正常情况下，下行方向只有 4G 正接正发，上行方向可有 8G 正接正发；在非常情况下，下行方向可有 6G 反接反发，上行方向只有 4G 反接反发（取反接反发最小值）。说明两个小站此类型站场在正常情况下，上下行接发列车能力严重不均衡；在非常情况下，上下行接发列车能力比较不均衡。

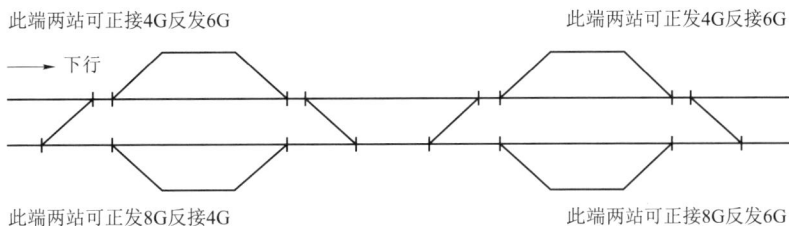

此端两站可正接4G反发6G　　　　　　　　此端两站可正发4G接6G

—→ 下行

此端两站可正发8G反接4G　　　　　　　　此端两站可正接8G反发6G

图 4-25　两个小站两端渡线均采用正"八"类型

（3）两个小站两端渡线第一个站采用反"八"，第二个站采用正"八"类型

由图 4-26 可见，两个小站此类型站场在正常情况下，下行方向可有 6G 正接正发，上行方向可有 6G 正接正发；在非常情况下，下行方向只有 4G 反接反发（取反接反发最小值），上行方向只有 4G 反接反发（取反接反发最小值）。说明两个小站此类型站场在正常情况下，上下行接发列车能力既均衡又充足；在非常情况下，上下行接发列车的能力都均衡。

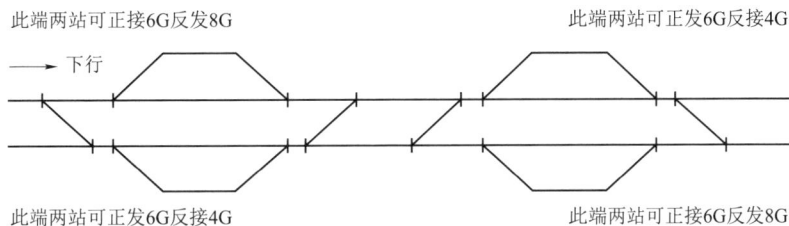

此端两站可正接6G反发8G　　　　　　　　此端两站可正发6G接4G

—→ 下行

此端两站可正发6G反接4G　　　　　　　　此端两站可正接6G反发8G

图 4-26　一站采用反"八"，另一站采用正"八"类型

（4）两个小站两端渡线第一个站采用正"八"、第二个站采用反"八"类型

由图 4-27 可见，两个小站此类型站场在正常情况下，下行方向可有 6G 正接正发，上行方向可有 6G 正接正发；在非常情况下，下行方向只有 4G 反接反发（取反接反发最小值），上行方向只有 4G 反接反发（取反接反发最小值）。说明两个小站此类型站场在正常情况下，

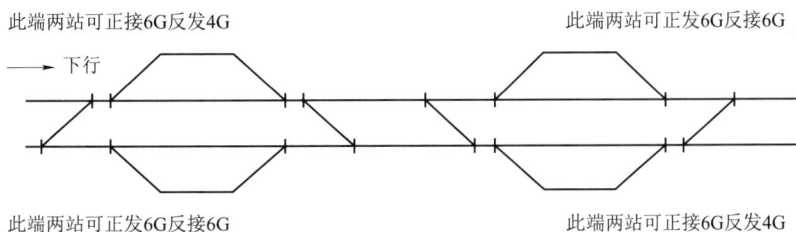

此端两站可正接6G反发4G　　　　　　　　此端两站可正发6G反接6G

—→ 下行

此端两站可正发6G反接6G　　　　　　　　此端两站可正接6G反发4G

图 4-27　一站采用正"八"，另一站采用反"八"类型

上下行接发列车能力均衡且充足；在非常情况下，上下行接发列车能力均衡。

铁路站场的布置形式与站房建筑形式密切相关。在我国以往铁路客站设计中，站场与站前广场和站房虽相互关联但界限明显；而在当代大型、特大型铁路客站设计中，由于站台、到发线数量较过去成倍增加，为满足旅客便捷的乘降和换乘，站场、站房及站前广场这 3 部分的设置在平面位置和空间关系上逐步趋于重叠和融合，形成综合交通枢纽。

（1）站台功能发展趋势与布局特点

我国以往铁路客站的流线模式是"等候式"，候车室是站房最大、最重要的空间，站台只是提供旅客乘降及货物装卸的基础平台。而许多铁路系统发达国家的铁路客流流线大多为"通过式"，站房空间是提供短暂候车、信息、购票、换乘、购物、休憩等复合功能场所，站台和雨棚构成的空间才是最主要的旅客集散空间，也是铁路客站最重要的、最富有感染力的空间。站台类型的选择要依据铁路客站的性质、规模和站房与线路的关系来确定。低型站台一般适用于中小型客站，高型站台用于旅客较多的大型客站。

（2）雨棚功能发展趋势与布局特点

我国传统铁路客站的站台雨棚与站房相对独立，其建筑形式分为单柱式、双柱式和跨线式，主体结构材料多为钢筋混凝土，雨棚柱子立于站台之上，结构形式简单，跨度较小。当代铁路客站已趋向"站棚合一"，"无站台柱雨棚"成为我国大中型客站站台雨棚的主要模式。这种新型雨棚将柱子设置在线路中间，采用大跨钢结构形式，将各站台雨棚连为整体，雨棚覆盖整个车场，站台一览无余。

采用"站棚合一""无站台柱雨棚"，体现了客站设计观念上的巨大转变，符合以人为本的原则。站台上除了上下天桥地道的楼扶梯之外，不设一根雨棚立柱，最大限度地给站台上候车的旅客留下活动空间，为他们带来宽敞、通透的视觉感受，更有利于旅客的心理识别与接受，解决了风雨对旅客、机车和站台的侵扰问题，同时为未来"通过式"铁路客站将站台转变为候车空间创造了有利的条件。漂亮的无柱雨棚空间是首次到达的旅客对城市的第一印象，也是即将离开的旅客对城市的最后记忆，因此站台雨棚空间设计和车站建筑外观同样重要。

7. 换乘空间及通道设计模式

1）换乘空间

铁路枢纽布局，从总体发展来说，正由平面式的布局站前广场换乘，向立体式的客运枢纽布局形式方向发展。一般来说，根据枢纽内基础设施布局形式，铁路客运枢纽可分为平面式、立体式和混合式 3 种布局类型。

（1）平面式布局

通常铁路客运站站前广场布局，相对功能分散，占地面积大，换乘距离和换乘时间都相对较大；但有利于交通功能的布局和工程的实施，方便各个不同交通部门的各自管理。由于人流和车流在同一层面内进行，因此相互之间的干扰较大，适合客流量较小的枢纽采用。为了解决枢纽的人车混乱，需要把各种人流和车流的结合点和结合面分块设置。根据铁路客运站和周边道路的衔接关系，客运枢纽可以分为垂直型枢纽、平行型枢纽、斜交型枢纽和复杂性枢纽，具体布设如图4-28所示。

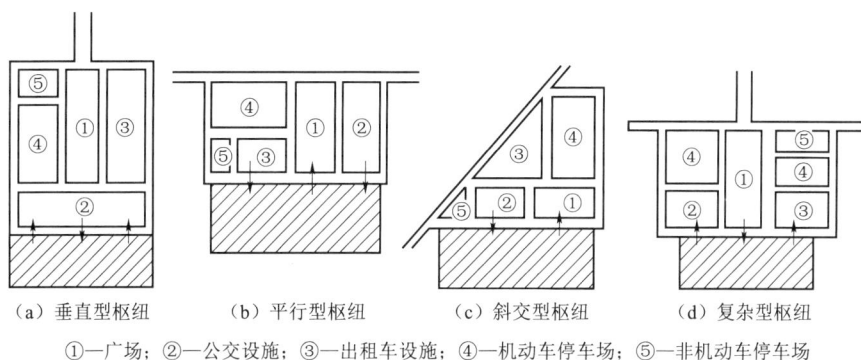

（a）垂直型枢纽　　（b）平行型枢纽　　（c）斜交型枢纽　　（d）复杂型枢纽

①—广场；②—公交设施；③—出租车设施；④—机动车停车场；⑤—非机动车停车场

图4-28　客运枢纽的布设

（2）立体式布局

立体式布局是通过空间的利用布置多个不同的交通功能层，实现垂直换乘的目标，换乘时间和换乘距离短，土地利用率高，往往结合商业和居住；但工程难度较大，一次性造价高，交通压力大，可能需要各种高架匝道和地下隧道。

该种布局建立了高效率的综合空间换乘体系，多元换乘方式合理组织，形成了便捷、安全、通畅的立体化交通枢纽；各种换乘交通方式紧密衔接，换乘距离短，并优先提供以地铁为主的市内公共交通；建立了以联检广场为核心的人行系统，利用空间上下不同层次面和平面分区的原理，实现人车分离及出入境人流的合理导向。

（3）混合式布局

混合式布局是枢纽内平面式与立体式相结合的布局模式。该布局是建立在联系化、集约化的基础上，根据城市各功能空间的特性和要求，结合具体环境条件进行设计的开发形式。最早的铁路客运枢纽大多采用平面布局模式，占地面积大，步行距离长，换乘效率低。近几年建设规划的铁路客运枢纽多采用立体布局、混合式布局，既可以提高枢纽内的换乘效率，减少换乘时间和换乘距离，又可以很好地遵循土地利用的集约化原则，同时有利于城市经济发展的新增长。

2）换乘衔接模式分析

铁路客运枢纽与城市交通的换乘衔接体系，以城市内外连通的铁路客运枢纽为主体，城市以城市轨道交通（地铁、轻轨）、常规公交、出租车（含社会车辆）、自行车、步行等城市内部交通方式为其衔接接驳体系。

在铁路客运枢纽换乘系统中，追求的目标是综合换乘距离最短，因此要求每一个换乘系统都为"零换乘"既不现实也不切合实际。但是，每一种换乘系统都具有自己的特有功能，根据客运站换乘客流量的大小，系统设计为"渐零换乘"。以下是铁路客运站枢纽换乘模式的几种不同形式。

（1）与城市轨道交通换乘衔接

城市轨道交通是城市内部交通一种重要的衔接方式，由于它运行速度较高、运输能力大，对解决城市交通拥堵起了相当大的作用，因此世界各国大中城市都在大力发展城市轨道交通。我国也不例外，许多大中城市掀起了城市轨道交通热，许多城市都在规划与申请建设城市轨道交通。截至目前，我国已经开通地铁的城市有北京、上海、广州、天津、深圳、南京等。

城市轨道交通是铁路客运枢纽重要的换乘衔接方式。在大城市中，城市轨道交通不仅是市民市内出行的首选交通工具，而且也是市民市外出行的首选交通工具。城市轨道交通由于运营本身的特点，车站规模比铁路客运站小很多，通常在城市内的轨道交通车站设计为高架、地下两种形式，依据与铁路站相对布局的位置关系，主要有站外换乘、通道换乘、站厅换乘、站台换乘、混合换乘5种。

① 站外换乘。铁路客运站与城市轨道交通车站建设在不同时期，前期设计和建设的车站没有预留条件，后期建设的车站受客观原因限制，无法实现近距离换乘。在这种情况下，两站换乘步行距离较长，旅客流线为出站后进站，这是一种低效率的换乘形式。

② 通道换乘。在铁路客运站与城市轨道交通车站建设的不同时期，如果先期设计和建设的车站没有给出预留条件，后期建设的车站应尽可能靠近既有铁路客运站，并在两站之间设置专门换乘通道。在这种情况下，合理选择、修建换乘通道方案成为关键问题，如成都地铁1号线的火车北站与铁路车站成都站的换乘通道出口设计在成都站出站检票口处。旅客流线仍为出站后进站，但由于有专用通道换乘，干扰相对较小，便于识别。其换乘流线为：旅客—地铁1号线—地下通道—自动扶梯—火车北站—候车厅—站台。

③ 站厅换乘。站厅换乘是指旅客由一个车站的站台通过楼梯或电梯到达另外一个车站的站厅，或两站共用一个站厅，再由这一站厅通到另一个车站的站台的换乘方式。这是目前符合我国国情的常用形式，这种形式换乘距离较短，引导标志明确。其换乘流线为：旅客—某车站—自动扶梯—另一车站—站厅。

④ 站台换乘。站台换乘有两种方式：两种交通方式在站台的不同空间平行布置，由自动扶梯直接换乘，这一高效的换乘形式是我国未来铁路客运枢纽换乘的发展趋势，但由于铁路客运站和城市轨道交通分属不同的管理机构，在售票系统没有解决前，这种换乘方式很难协调；地铁车站和客运站在同一平面上，利用中间站台换乘，这种换乘十分有限，只在一台两线间可用。

⑤ 混合换乘。由两条及以上轨道交通（地铁、轻轨）在客运站衔接，形成多方向换乘，其换乘方式采用上述的两种或多种形式，以达到方便旅客快速疏散的目的。以北京南站为例，该站共设5层，地下一层为地铁站站厅层，地下二层为地铁4号线，地下三层为地铁14号线，地面为铁路客运站车场及站台，地面二层为铁路客运站站厅。乘坐地铁换乘铁路的旅客由下至上进入铁路站台，铁路换乘地铁的旅客由上至下进入地铁站台，中间通过站厅层购票，实现最短距离的垂直换乘。

铁路客运站与城市轨道交通车站之间的换乘模式如表4-1所示。

表4-1　铁路客运站与城市轨道交通之间的换乘模式

换乘衔接方案			特点及适用条件	换乘方式
地面铁路车站	地面轨道交通		车站站前广场空间换乘；占地大，换乘距离长，交叉干扰严重	站外换乘
	地下轨道交通	分开	通道换乘，便于分期建设；施工难度大，施工期间需分散客流，换乘距离较长	通道换乘
		集中	有条件实现同台换乘，换乘距离小；适用于两站同步建设	站厅换乘、站台换乘

续表

换乘衔接方案			特点及适用条件	换乘方式
地面铁路车站	高架轨道交通	分开	自成体系，便于分期建设；换乘距离较长	通道换乘
		集中	有条件实现同台换乘，换乘距离小；适用于两站同步建设	站台换乘
高架铁路车站	地面轨道交通	分开	换乘距离长，综合造价高；适用于分期建设	通道换乘
		集中	同台换乘方便；综合造价高	站台换乘
	高架轨道交通		候车厅设于地面，车场高架高度高，设计施工难度大，换乘交叉干扰程度最小	站台换乘
	地下轨道交通		换乘较方便，消除对城市的分隔；投资大，结构复杂	站厅换乘、混合换乘
地下铁路车站			投资大，施工难度大	

（2）与常规公交换乘衔接

常规公交是铁路客运站内外交通衔接的主要运输方式之一。城市公交系统是大多城市居民出行依靠的主要交通方式，其灵活的特点将城市区域内各点的客流运送到铁路客运站。地面公交线路包括首末站线路和过境站线路。为减少市内交通对对外交通的干扰，不能过多地将城市的公交线路引入铁路客运站并设置公交终点站。根据铁路客流的到发量，适当安排以铁路客运站为终点站的公交线路，部分线路设置为过境线路。由于常规公交这种交通方式费用小、网络辐射面较广，因而这种换乘方式在铁路客流与铁路交通中转换乘中占有较大的比重。因此，铁路客运站与常规公交及长途车站的衔接方式有两种类型：一种是在站前广场或铁路站附近集中（紧靠）客运站设置公交到发停车场和长途汽车站，公交枢纽站一般设在铁路客运站客流出口一侧；另一种是在铁路客运站站前广场衔接的主干道，为过境线路设置公交停靠站，尽量设置在铁路站一侧，入口和铁路客运站衔接紧密，实现一体化换乘。

（3）与出租车换乘衔接

铁路客运站与出租车是内外交通换乘的另一种重要的换乘方式。与常规公交和城市轨道交通（地铁、轻轨）不同，出租车属于个体交通工具，具有快速直达的优势，集中性比以上两种方式要好，适合于经济收入较高、对快速性要求高的旅客。铁路客运站应设置出租车下客区和候客区，下客区靠近进站口，候客区靠近出站口，由于铁路旅客一般是通过站台下方的地道离站，因此在设计铁路客运枢纽站时，可将地下出入口处设置租车候车区，出租车进出站流线应以通过型比较适合，这种方式更便于旅客换乘。

（4）与社会车辆换乘衔接

铁路客运站应设置社会车辆停车场。进入铁路客运站的社会车辆一般需要在车站滞留，如接送旅客的社会车辆，因此应设置社会车辆停车场。为减少社会车辆停放占用站前广场，一般设置停车场。停车场可以为平面类型，也可以通过修建地下停车场或立体停车场，减少对城市土地的占用，而后两者应是最佳的选择。为减少公交车与社会车辆、出租车的相互干扰，产生交通堵塞问题，由出租车与私家车产生的人流、车流的走行线路需要和城市公交系统产生的客流、车流统一规划布局，避免不同流线间发生交叉冲突，必要时甚至可通过修建专用通道，使不同的流线在平面上或空间上得到分离或分流，实现人车分流。

（5）与自行车及行人换乘衔接

人行交通在站前广场应有设计规划和指示，铁路客运站内也应修建相应的自行车停放场所，包括立体化的停放设施，为采用环保交通方式的出行者提供服务。特别是经常一天往返的城市居民，早上乘坐高速（城际）列车出门办事，下午返程，自行车停放场所的设置能够引导和促进更多的出行者选择环保的交通方式。

铁路与城市其他交通方式之间换乘布局衔接汇总如表4-2所示。

表4-2　铁路与城市其他交通方式之间换乘布局衔接汇总

衔接方案		优　点	缺　点
铁路客运站	公交车站（分设）	公交站便于管理，进站出站客流互不干扰	不同路线公汽换乘不方便，易于堵塞公交站出口
	公交车站（合设）	不同路线公共汽车换乘方便，换乘距离最短	反向客流产生交叉干扰，在干道上设置，不便管理，安全性差
铁路客运站	出租车站	布置形式采用停车场与接送站台相结合的方式，出租车站点应设在尽量靠近出站口的位置	
	社会车辆停车场	社会车辆停车场考虑用垂直式，用地最紧凑且较为整齐，边角地带若无法采用垂直式，可考虑采用平行式和斜放式	
	人行交通	在候车大楼或广场上为行人设立步行区域；采用地下通道作为站前广场行人走空间；采用高架人行平台的方式布置站前广场，作为站前广场的行人行走的空间；在适合的地点设在步梯与地面的公共汽车站、出租车站等	

3）通道设计

跨线设备是指站房和中间站台间或站台与站台之间的来往通道，按与站内线路交叉方式不同，跨线设备有地道、天桥、平过道3种形式。线侧下式客运站，站房低于站台，多采用地道；线侧上式或线侧平式客运站，旅客在楼层候车的，多采用天桥；小站可采用平过道。跨线设备的宽度根据进出人数确定。按用途之不同，跨线设备分为供旅客使用和供搬运行包、邮件使用的跨线设备。

（1）平过道

在客运量较小的通过式客运站上，供旅客使用的平过道布置在站台的中部接近进、出站检票口处。供搬运行包使用的平过道设在站台的两端。平过道的宽度不应小于2.5 m。

（2）天桥和地道

在旅客上下车人数较多且旅客出入站的通路经常被通过列车、停站列车或调车作业阻断的通过式客运站上，以及站房设于线路一侧、旅客列车较多的尽端式客运站上，应设置天桥或地道。

天桥或地道的数量应根据同时上、下车的客流量和行包、邮件量确定。中小型客运站可设置1～2处天桥或地道；大型、特大型客运站可设置2～3处天桥或地道；设有高架候车室时，出站天桥或地道不应少于1处；当客流和行包、邮件数量很大时，可设置行包、邮件地道1～2处。

天桥或地道的宽度亦应根据同时上、下车的客流量来确定。客运站天桥或地道的宽度为6～8 m，行包、邮件地道的宽度不小于5.2 m。旅客地道的净高不应小于2.5 m，行包、邮件地道的净高不应小于3 m。

天桥或地道的出入口阶梯或斜道宽度一般与天桥或地道的宽度相同。通向各站台的天桥、地道宜设双出、入口。出入口宽度为3.5～4.0 m。

（3）行包地道

对线侧式站房，当到达与发送行包集中于一处时，可在站台一端设置专用的行包地道，另一端采用平交道；当到达与发送行包房分设两处时，应在站台两端各设一条行包地道。为了便于行包的中转作业，可设置纵向地道，将到达与发送行包房连接起来。为了便于邮件运送，可将行包地道与邮政大楼连接起来。

对于线侧式站房，因运送行包经由一端的分配站台，故一般不设行包地道。但在咽喉区的站台端部设平过道。

4.1.5 铁路客运枢纽站案例分析

1. 案例车站概况

北京南站的总平面如图 4-29 所示，位于南二环以南，南三环西路以北，原永定门火车站旧址西侧。基地呈椭圆形，长轴与地球子午线夹角 42°。周边有永定门长途汽车站、陶然亭公园、南护城河、永定门桥。

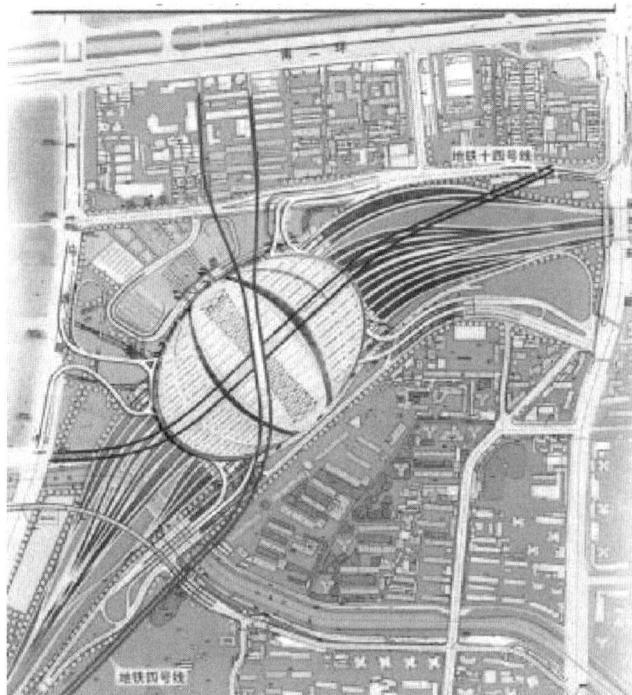

图 4-29 北京南站的总平面

周边路网：站前街、永定门车站路、马家堡路北段、凉水河南侧路、四路通路、万芳亭公园东侧路、开阳路等。通过立交桥，北面可连接南二环的开阳桥、陶然桥，南面可连接南三环的万芳桥、洋桥。

2. 设计概念与指标

北京南站设计的最高聚集人数为 10 500 人，站房在目标年 2030 年日发送量将达到 28.7 万人次。

北京南站站型设计以"通过式"和"零换乘"为目标,但考虑到我国特有的季节性高峰和"春运潮"等高峰客流量,也应安排一定容量的候车空间;形成以铁路客站为中心的大型综合交通枢纽,与城市道路高效、顺畅衔接,达到各种交通工具在交通枢纽中合理整合,使旅客的使用更加便捷;北京南站的建筑形态与城市规划紧密结合,解决了北京市方格网状的城市布局与铁路站场基地纵轴斜向的矛盾,为北京南站地区带来全新的城市景观,并带动周边地区经济、社会的发展。

3. 总平面布局

北京南站深入市区,地处北京南城核心部位。减少占用城市土地,节约社会资源是总体平面布局设计的关键。

采用椭圆形平面形态,既可以消除铁路车场与北京市城市布局的矛盾,弱化大体量站房与周围环境的冲突,使站房柔和地融入城市地块中,同时通过整体造型的把握及细节的刻画,使站房各个方向均具有良好和相似的视觉感受。此外,采用椭圆形的平面形态还可以使车站在城市各个方向均具有良好的衔接界面。

综合交通枢纽要求旅客在站内的乘降或换乘流线应达到最短,还要节省土地占用量,因此,采用"立体叠合"的综合式立体布局模式成为必然的选择。

北京南站是按照世界一流标准设计和建设的现代化大型客运站,设计使用年限为100年,由地上两层、地下三层组成。建成后的北京南站占地面积为49.92万m^2,主站房建筑面积为31万m^2,是目前北京市单体最大,也是亚洲最大的火车站之一。

北京南站的地上二层为高架候车层,是旅客进站层,建筑面积为47 654 m^2,其中央为独立的候车室,东西两侧是进站大厅,自北向南依次为普速列车候车区、京沪高速列车候车区和京津城际高速列车候车区。地面层为国铁站台层,共设13个岛式站台,24股道,由北向南依次为:普速、市郊车场3台5线,京沪高速车场6台12线,京津城际车场4台7线,最多聚集旅客15 000人次,高峰运量为50万人次。地下一层为整个车站的换乘空间,设上下两层停车泊位909个,面积为119 940 m^2,其东西边缘地带为旅客出站大厅。地下二层为京港地铁4号线站台。地下三层为北京地铁14号线站台。北京南站北侧将建成下沉式广场,设有公交车始发站和出租车停靠站,南广场设有公交车停靠站,开通公交车线路20余条。北京南站建有内外环高架立交桥,全长为2.8 km,从4个方向分8个出入口与市政交通实现无缝连接,如图4-30所示。

4. 旅客流线设计

北京南站采用了上进下出、下进下出,通过式与等候式相结合的旅客流线设计。

乘坐出租车与小汽车到达北京南站的旅客可以通过高架环形桥至高架层落客平台,下车后直接进入高架大厅;乘公交车的旅客可以从站房地面层南北入口处的公交车落客平台下车进入站房,乘扶梯到达高架大厅;来自地铁和地下汽车库的旅客可以通过地下一层的快速进站厅直接进站,需要候车的旅客可以通过南北两侧进站集散厅的电扶梯行至高架候车厅。

出站大厅设置在地下一层,旅客从站台下至地下一层,换乘地铁的旅客可以直接进入大厅中央的地铁付费区;换乘公交车的旅客可以自南北两端的地下公交车场出站;换乘出租汽车的旅客可以到地下一层两侧汽车库的出租汽车载客区乘车出站;换乘私家车的旅客则可以直接到地下汽车库出站。

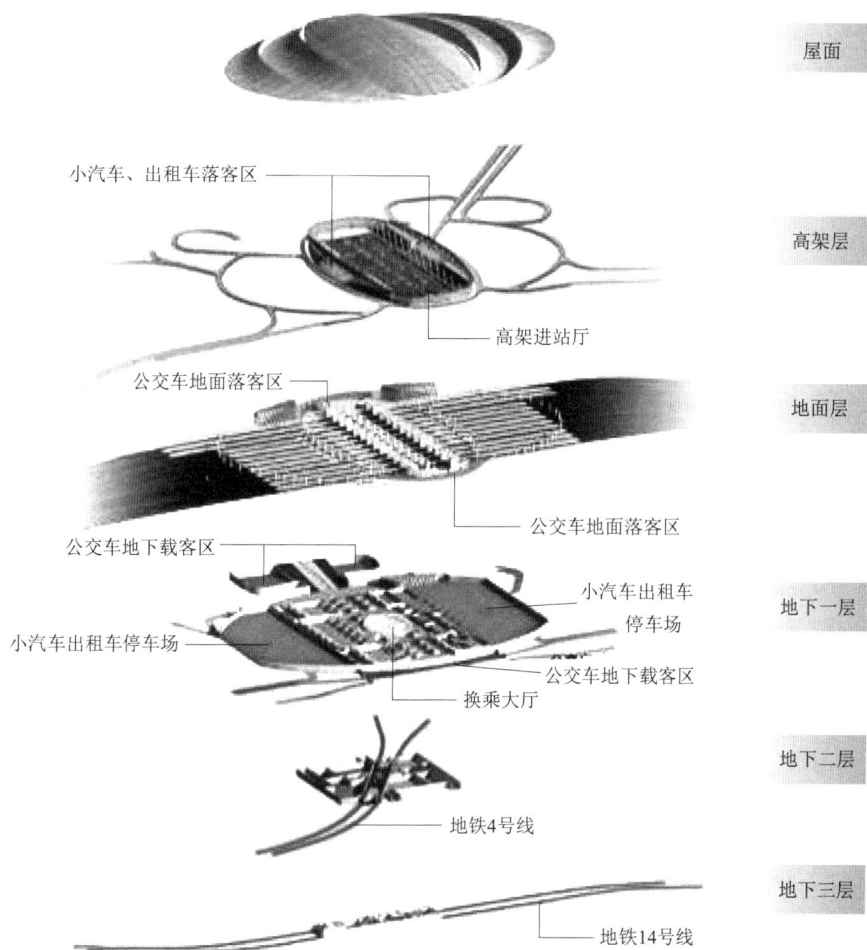

图4-30　北京南站功能分区图

5. 室内空间设计

北京南站的室内空间设计始终以连贯性、流畅性为原则，使各种室内空间与区域形成视觉联通，从而使空间产生层次感和联通感。

（1）高架候车厅的空间设计

9 m高架候车厅为高大通透的椭圆形空间，在其南北方向中轴线上设置中央玻璃采光带，使室内空间获得大量的自然光。整个空间给人感觉通透、明朗，充分体现现代建筑简洁、开阔、宽敞的特点。顶棚主要以白色调为主，以产生反射光，通过长条形铝板、金属圆管、格栅等不同材料的运用对空间进行细节刻画，丰富视觉感受。通过调整屋面、雨棚采光带等手段及幕墙采光遮阳设计创建舒适的光环境，在符合空间照度的同时，满足旅客的视觉及心理需求，还可节约一定的照明电能。

（2）北侧进站厅的空间设计

南、北地面进站厅为贯通站房地上、地下的垂直交通空间，是乘公交车旅客主要的进站空间。为了让地下和地面层的旅客都能感受到站房的高大通透，结合扶梯的设置在北侧进站厅设置了共享空间，方便旅客了解站房各层面及寻找进站方向的信息。

（3）售票及商业功能的设置

面对巨大面积的站房，单纯把售票处集中在某一处设置会造成旅客走行路线过长，并可能与站内其他流线形成交叉，因此北京南站在售票功能设置时，结合旅客进出站流线，在高架进站层及地下一层共设置8处人工售票点及76处自动售票机，从站房各个层面来的旅客都可以非常方便、快捷地购买到车票。

北京南站的商业功能主要是结合旅客进出站流线，在高架进站厅及地下一层换乘大厅设置相对集中的商业空间，同时在候车区域设置咖啡座、茶座等。

（4）地下出站空间设计

地下换乘大厅东西两侧为地下出站厅，结合实体墙面的设计采用红色墙面予以强化，红色是中国传统建筑中多采用的颜色，与南站现代化车站的定位相吻合。地下出站厅一侧为红墙，另一侧为商业、售票等用房，设计采用白色铝板墙面、玻璃隔断塑造互相呼应、虚实对比的效果。

6. 站房建筑的形体塑造

（1）站房空间形态设计

北京南站站房设计如图4-31所示，整体构思起源于对椭圆形基地的充分利用和对天坛建站形态的引申。天坛采用圆形平面、三重檐的建筑形式，是古代建筑的最高形制。把圆形平面的三重檐运用到椭圆的平面上，最高的屋檐变形成弧形屋盖，与高架进站厅功能对应；车站雨翼的雨棚恰好可以通过两重屋檐的变化形成；采用轻巧的悬垂梁结构，实现建筑师追求的原始重量感；此外，天坛的某些建筑符号也被抽象运用到车站建筑中，北广场进站厅两侧的办公建筑，其表面及入口处理充分采用了天坛窗的图形。通过这些造型手段，表达了北京南站特有的地域文化内涵。

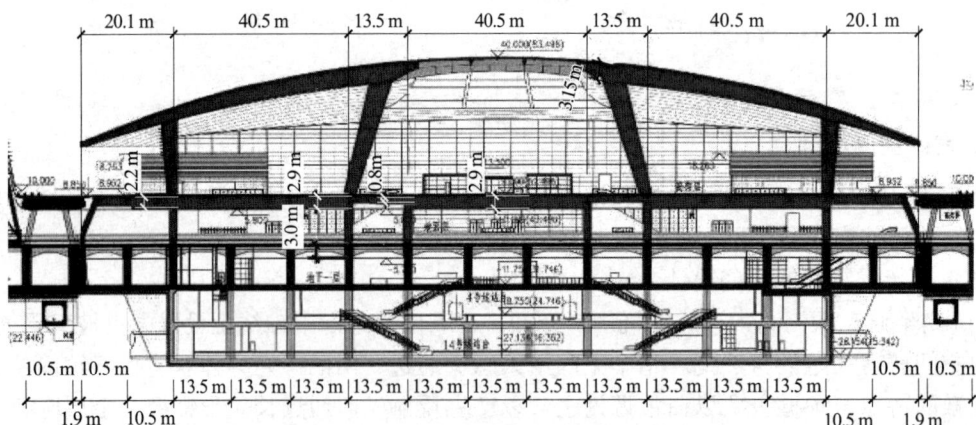

图4-31　北京南站站房设计

（2）雨棚空间的设计

外部造型层层跌落的特点为雨棚内部空间的塑造创造了良好的条件，优美舒缓的双曲屋面，轻巧挺拔的A形结构立柱——结构设计的细致精巧为建筑添色不少。在站台上方设置的白色吊顶好像一帘帘悬吊着的帷布，使空间感觉更加流畅，屋面设置采光窗，使站台获得大量自然光。旅客在站台上会因为空间的生动丰富而不感到乏味，同时可以缓解进出站时的紧张感。

（3）站前广场的布局模式

北京南站广场采用的是典型的立体功能布局模式，拥有 24 条铁路到发线，13 座客运站台，是国内规模较大的铁路客运站之一。减少占用城市土地、节约社会资源是北京南站外部功能空间设计的关键。椭圆形站房高架在铁路车场正上方，周边环绕高架环形车道。南北两侧邻接基本站台处设置了简单轻巧的进站厅，担负联系地上与地下的交通功能。环绕高架站房的行车道通过不同方向上的匝道与南北广场相连。为满足功能的需求，应充分开发利用站前广场的地下空间。北广场为主要广场，采用三层立体布局，地面层为人行景观广场和公交下客站，地下夹层为公交车上客站，地下一层为出站广场。南广场为辅助广场，地面层为公交下客站，地下层为旅客出站广场。

4.2 铁路货运枢纽

4.2.1 概述

1. 铁路货运枢纽的分类

根据铁路货运枢纽按枢纽范围内的专业车站和铁路线路在总图结构上的特点，可分为一站枢纽、三角形枢纽、十字型枢纽、顺列式枢纽、并列式枢纽、环形枢纽、尽端式枢纽和组合式枢纽等。

2. 铁路货运枢纽的设备

在铁路货运枢纽中，一般包含以下设备：

① 铁路线路，包括引入正线、支线、联络线、环线、直径线等；

② 专业车站，包括中间站、区段站、客运站、货运站、编组站、工业站、港湾站等；

③ 疏解设备，包括铁路线路与铁路线路的平面和立交疏解、铁路线路与城市道路的跨线桥和平交道口及线路所等；

④ 其他设备，包括机务段、车辆段、整备所等。

4.2.2 铁路货运场站在枢纽的布局

在传统铁路枢纽货运系统中，主要承担车流中转作业的技术站（编组站或区段站）一般布置在城市的外围，而铁路货运站、工业站等的布局与城市的工业生产系统、物流系统密切关联，往往延伸到城市内部发生大量生产、生活货运需求的地点。近年来，伴随各国城市去工业化进程，以及城市生产生活布局的重新调整，一些工厂迁出了城市中心城区，铁路货运站需要重新考虑与城市新工业区、新物流园区布局规划的结合。

城市演化引发的城市物流活动变化对铁路枢纽的布局调整产生了较大的影响，以法国巴黎为例，巴黎被称为"欧洲的物流平台"（logistical platform of Europe），一方面有力印证了大城市成为物流规划的中心的观点；另一方面，巴黎与物流活动关联的物流设施布局演变为 3 种类型：第一类是包裹服务站（parcel service terminal），第二类是分拨中心（distribution center），第三类为内陆港（inland port）。包裹服务站和分拨中心布局依赖于城市道路的可达性，以及其服务的货运市场和地价，而内陆港还依赖于城市产业布局及其政策。图 4-32 为巴黎的包裹服务站布局情况，图 4-33 为巴黎仓库、物流园区的布局情况，显然，包裹服务站需要考虑运到期限等因素，多布设在贴近客户市场的中心市区，而分拨中心、内陆港由于占地面积大，需要考虑房地产成本等因素。另外，由于生产企业外移郊区，多分布在城市的外围，而铁路货运站一般靠近货运分拨中心和内陆港，或通过铁路专用线与其相连，为其提供铁路运输服务。我国铁路货运站布局也在不断变化，一方面，主要服务工业企业的铁路货运站伴随城市内企业的搬迁而调整；另一方面，为城市包裹运输提供服务的铁路车站，因受到包裹用地面积限制等影响，往往在城市内部设立集配站（如图 4-34 所示，为中铁快运城市内部的配送中心），以加速城市快捷包裹的收集与到达配送。

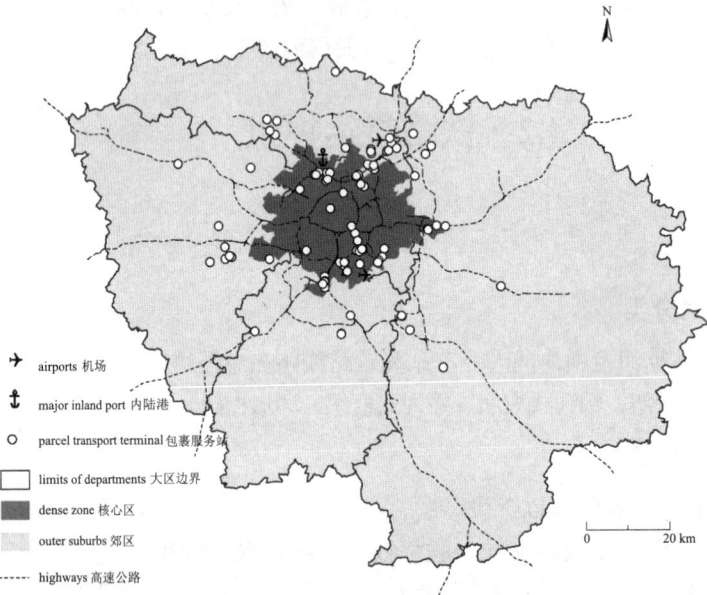

图 4-32　巴黎的包裹服务站布局情况

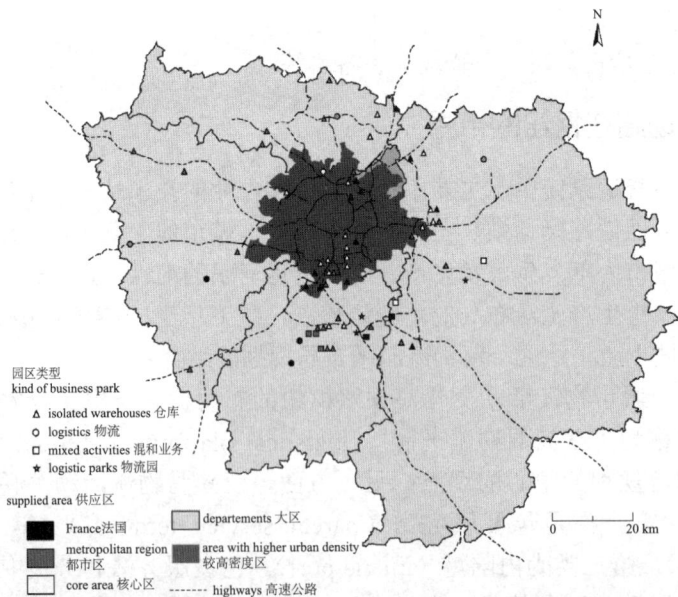

图 4-33　巴黎仓库、物流园区的布局情况

图 4-34　中铁快运城市内部的配送中心

　　其他欧洲国家城市与此类似，如建立于 1985 年位于德国不来梅市的不来梅物流园区，是在不来梅市政府和所在州政府的支持下建立的德国第一个真正意义上的"物流园区"，占地总面积为 200 万 m²。不来梅物流园区距不来梅内河港口约 20 km，靠近不来梅铁路编组站，园区内有公铁联运装卸站，周围高速公路网发达，紧临联邦 27 号高速公路，距不来梅市 5 km，位于不来梅市水路与陆路运输交汇点，火车、卡车从这里可将货物在 24 h 之内送到德国境内任何一个重要的经济中心。再如德国柏林市，当地政府共规划建设柏林南、柏林西和柏林东 3 个物流园区，如图 4-35、图 4-36 所示。

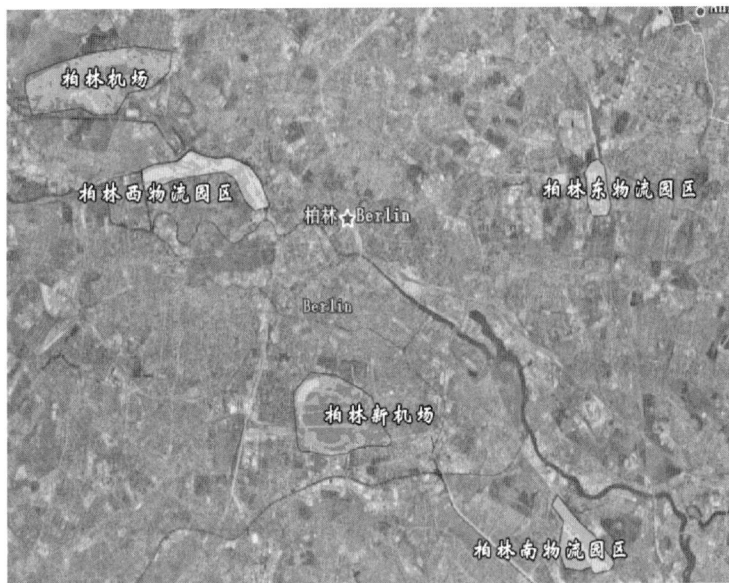

图 4-35　柏林物流园区

图 4-36　柏林西物流园区设施布局示意图

柏林市内的 3 个物流园区都拥有良好的交通条件，园区内设有公铁联运装卸站，周边高速公路网、铁路网发达。以柏林西物流园区为例，该园区紧临联邦 100 号高速公路，距离柏林机场 3 km，园内设有集装箱装卸码头和公铁联运装卸站。来自西欧的集装箱货物通过船舶运输至柏林西物流园区进行装卸转运，依靠柏林市每周 3 列的集装箱班列，可运输至莫斯科、乌克兰等。

铁路货运枢纽场站布局另一类变化是技术站（编组站或区段站），传统编组站一般布置在城市的外围，但随着城市规模的扩大，很多原处于城市外围的编组站所在区域逐渐成为城市中心区，为减少列车解编中转作业对城市的影响，适应编组站作业量发展的需要，不少编组站进行了外迁和重建，以我国为例，先后在西安、成都、重庆、兰州等城市的外围修建了新丰镇、成都北、新隆场、兰州北等编组站，取代已位于城市中心区域的原西安东、成都东、重庆西、兰州西编组站。原来的编组站站址有的被改造成高速铁路客运站（如原石家庄编组站）、高铁动车所（如原杭州枢纽的艮山门编组站）等客运场站，或者通过与城市的土地置换，变成城市其他用地。

随着城市的发展，引入城市的铁路枢纽线路也发生了很大的变化，需要修建环线或半环线，以减少通过枢纽的客货列车对城市的直接干扰，以及解决高铁开通后其平行既有铁路干线运能释放后存在的枢纽线路能力瓶颈问题，如原十字型的郑州铁路枢纽，先后规划了南北铁路环线，以减少京广、陇海铁路通过车流对郑州城区的影响（图 4-37）；天津先后规划建设北环线和东南环线，以减少京沪通过车流对天津城区的影响，以及东北地区和沿海车流接入京沪既有铁路干线的能力瓶颈问题；再如济南铁路枢纽环线，解决通过车流对济南城市的影响，以及胶济与京沪两大干线车流通过济南枢纽的原能力瓶颈问题。

另外，也需要修建相应的联络线或疏解线，以连接调整位置后新建的铁路货运场站（如郑州枢纽在圃田至郑州东之间陇海铁路南侧修建第三线，以解决原枢纽陇海东段能力不足问题，如图 4-38 所示），尽管这些新建货运场站不少位于新建的铁路环线上，如兰州北编组站在新建的兰州铁路北环线上（图 4–39）。而在一些特大城市，如北京市，甚至出现了多环线的铁路枢纽，第一环线为客运专用，第二环线为客货混用，第三环线为货运专用（图 4–40）。

图 4–37 郑州铁路枢纽的南北环线

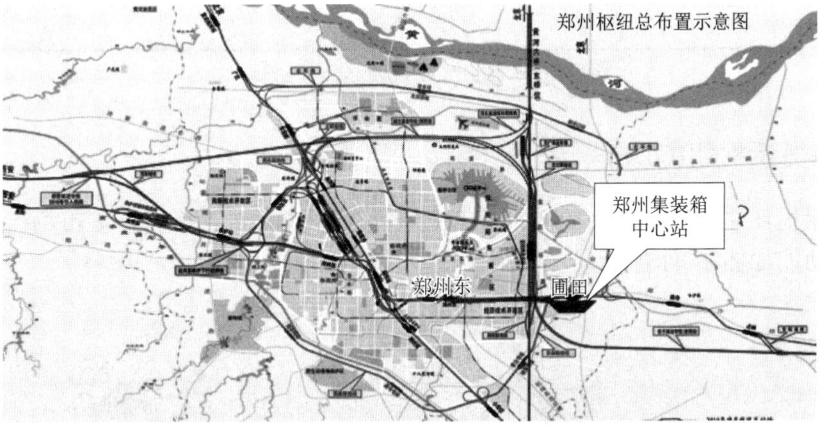

图 4–38 圃田至郑州东之间陇海铁路南侧修建第三线

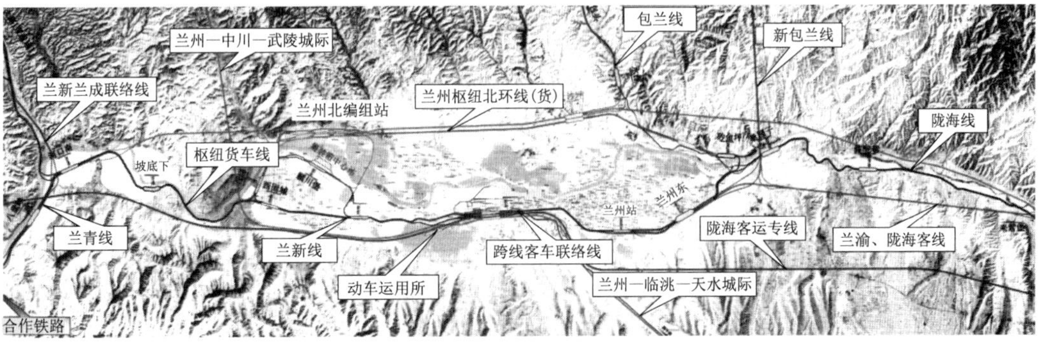

图 4–39 建设在兰州枢纽北环线上的兰州北编组站

图 4-40　北京铁路枢纽的三环线规划

4.2.3　铁路货运枢纽的功能

铁路货运枢纽主要承担城市物流的集疏运及中转作业，一般而言，城市物流（货运）枢纽物流服务功能如图 4-41 所示。

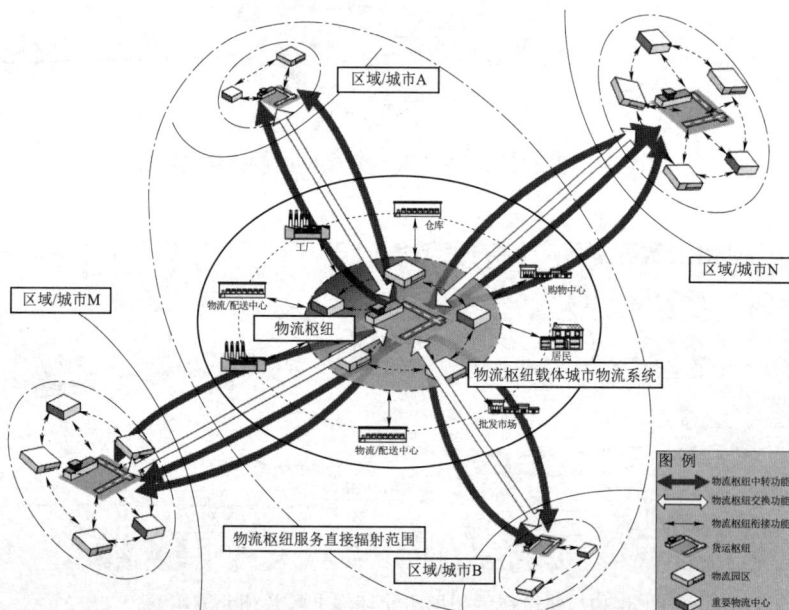

图 4-41　城市物流（货运）枢纽物流服务功能示意图

铁路货运枢纽是城市物流（货运）枢纽的重要组成部分，铁路货运枢纽中的货运站主要承担与城市内部企业/货主相关的货物集疏运作业，枢纽产生的车流，由货运站通过小运转列车等方式运送到枢纽技术站，技术站主要承担枢纽小运转车流和进入枢纽中转车流的解体以及重新编组出枢纽的大运转列车的作业，枢纽到达的车流，则按与此相反的顺序送到枢纽内各货运站，此过程如图 4-42 所示。

图 4-42 铁路货运枢纽技术站、货运站、企业/货主关系图

传统的铁路枢纽货运车流的集散及中转过程，往往存在运输环节多、运到期限难以控制、车流重复改编效率低等问题，为提升铁路服务于城市及区域物流的能力，各国铁路均采取措施，通过改造传统铁路货运站为现代货运中心或物流中心等方式，对原有铁路货运枢纽作业流程及设施功能进行调整，基本情况如下。

1. 货运中心站的主要功能

铁路货运中心站一般是由传统铁路货运站或货场改造升级而来，虽然其主要还是承担铁路货物运输的托运、受理、收费、进货、保管、装卸车、制票、票据收送、交付、出货等传统职能，但在铁路货运量规模、服务货主的软硬件设施水平上有较大的改善。以我国上海铁路枢纽闵行货运中心站为例，其主要功能及特点是：贴近物流集中区的铁路货运集散地；配备可整列到发的货物线，适应集约化发展需要；扁平化管理（货运车间与运转车间合并、货调与劳调合并），建立货运生产指挥中心，货调与站调合署办公；开发昆明、广州、乌鲁木齐、成都等方向班列产品；实现"窗口服务综合化、生产指挥信息化、货位管理动态化、货运站监控实时化、进出门票电子化、台账记录无纸化"，统一标志标识，塑造形象。

2. 铁路物流中心（或货运村）的主要功能

铁路物流中心除开展铁路传统货运服务功能外，还有采购、生产、检验、包装、仓储、配送、维修保养、综合服务、物流金融、商务会展等其他更全面的物流服务功能。

以欧洲物流发展水平较高的德国为例，该国从 20 世纪 80 年代开始在全国规划建设了 40 个物流中心（在德国称为"货运中心"或"货运村"），目前大部分已建成并投入使用。在功能方面，除采购、生产、检验、包装、仓储、配送、运输等基本物流服务外，还根据需求提供如综合服务中心、维修保养厂、加油站、清洗站、餐厅、驾驶员培训中心等其他尽可能全面的服务。美国的铁路综合物流中心发展也很快，已经在一些主要的多式联运枢纽出现，除传统铁路货运服务外，其在为客户提供现代仓储、汽车物流等完善的专业物流服务方面也有特色。

近年来，我国开始重视铁路物流中心的建设，规划建设了一批铁路物流中心，在功能方面，以那曲铁路物流中心为例，其拥有 5 个功能区：散堆装物流区、综合物流区、生产加工区、成品油装卸区、危险品装卸区；可开展列车整列到发、普通及特种货物到发、加工、存储、贸易及配送物流服务；以及物流电子商务及信息服务等功能。由铁路集装箱中心站发展而来的铁路物流中心，在集装箱物流服务的基础上，近年来还拓展了汽车物流服务、行邮包裹快捷物流服务等其他铁路专业物流服务的功能。

3. 多式联运站的主要功能

铁路枢纽内部的多式联运站主要提供铁路与其他交通方式的联合运输服务，包括货物在不同载运工具间的换装、货物存储等服务。

欧美各国非常重视铁路与其他方式开展的联运运输，美国铁路开展多式联运的收入在全部铁路货运收入中的占比很高，2004年甚至超过煤炭运输收入，位居第一，在欧洲80%的联合运输量是由11%的联合运输站完成的，因此这些国家都非常重视多式联运站的建设。多式联运站的功能，除传统的港口与铁路的集装箱直接或间接换装服务、公路集卡与铁路的集装箱直接或间接换装服务、集装箱堆存服务、掏箱与拼箱服务、箱车维修服务等外，美国还开展平车拖车（trailer on flatcar，TOFC）、RoadRailer无铁路车辆联运技术的多式联运服务、现代仓储服务等功能。

我国目前铁路多式联运站主要有港口城市铁水联运站、铁路集装箱中心站等，铁水联运站在开展铁路与港口散堆装货物（如煤炭联运）方面有特色，铁路集装箱中心站主要开展铁路与区域到发集装箱的公铁联运作业。近年来，由于拓展了物流综合服务方面的功能，呈现出与铁路物流中心站融合发展的趋势。

4. 技术站的主要功能

铁路技术站（编组站或区段站）主要承担枢纽集散和中转货流的改编及列车重组的功能。

为了提高技术站的解编能力，国内外对于技术站特别是解编作业量较大的编组站，往往配置了驼峰等强大的调车设备，并使用多台解体和编组调车机车进行作业。为减少重复解体和编组的调车钩数，调车场往往配置较多的分类线（股道），以利于分别集结不同去向的车流，如北美铁路编组站，分类线数量多达72条。我国位于北京、郑州、武汉、重庆等特大城市的大型铁路枢纽编组站，上下行调车场的分类线数量也多达70条以上，这些分类线，不仅集结到站较远的车流，也帮助铁路枢纽内解编能力较弱的货运站解编车流，如帮助这些货运站按其东、西、南、北不同去向的货场或专用线，分小组号成组集结车流，以减少枢纽内部货运站平面调车的钩数和走行距离，提高枢纽作业效率和减少调车费用。此外，近年来，铁路枢纽编组站也新增了编组铁路快运货运班列、铁路快运班列的快速甩挂作业等新功能。

4.2.4 枢纽货运场站内部设施布局

1. 货运中心站的内部设施布局

传统货运站一般由车场及货场组成，车场内有到发线、调车线等线路设施，货场主要由配线、场库设备、装卸机械及检修设备、道路和排水设备等组成。货运站、货场和货运设备的设计应根据货运量、货物品类、作业性质、运营要求、货源及货流方向、城市规划和交通条件，并结合地形、地质和水文条件确定。

货运站按其与枢纽内铁路线的衔接位置不同，可分为尽端式货运站和通过式货运站。这两种基本类型货运站的车场与货场的位置又可分为横列式和纵列式两种。

（1）尽端式货运站

图4-43为车场与货场横列的尽端式货运站布置。其中图4-43（a）为车场与货场横列布置，由于运量不大，调车场与到发场合并为一个车场，货场在进口一端的咽喉衔接。这种布置图的接发与调车作业集中在车站一端咽喉，部分线路调车转线与发车进路有交叉，因而车站的通过能力及作业能力均较低。为了克服上述缺点，将货场及牵出线设在车站尽端咽喉的一端，如图4-43（b）所示，这样可以使接、发车与调车作业分别在车站两端咽喉进行，从而使通过能力及作业能力有所提高。但在图4-43（a）及图4-43（b）中，由于调车线与货场横列，且长度较长，在进行分组调车及调车线与货场装卸线之间往返取送车时，有较长的折返调车行程。为了克服这个缺点，可将调车线设计为尽头短线，并布置在货场入口处，如图4-43（c）所示。这样，牵出线调车及取送车作业的调车行程均将缩短，从而减少车辆在站的停留时间。

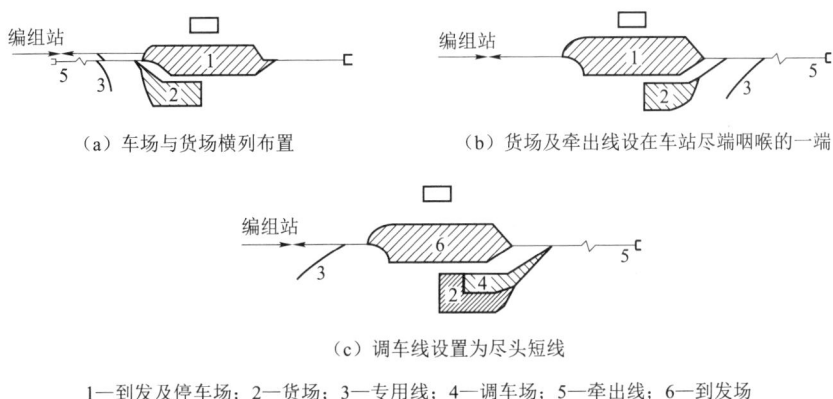

（a）车场与货场横列布置　　　　　　　　　　（b）货场及牵出线设在车站尽端咽喉的一端

（c）调车线设置为尽头短线

1—到发及停车场；2—货场；3—专用线；4—调车场；5—牵出线；6—到发场

图4-43　车场与货场横列的尽端式货运站布置

尽端横列式货运站布置图的优点是：站坪长度短，用地经济，搬运机具的走行、跨越铁路线较少。其缺点是：转线、调车与取送车作业都有折返行程，将增加车辆的走行距离，对车站横向发展不利。

图4-44为车场与货场纵列的尽端式货运站布置。它的特点是车场与货场纵向排列。其优点是：保证向货场取送车作业的流水性，缩短车辆的转线时间，货场与城市联系方便，发展条件好。其缺点是：当有两台调机作业时，货场取送车与列车解编作业互相干扰，调机的走行距离长，进口咽喉区作业干扰严重，占用时间较长。

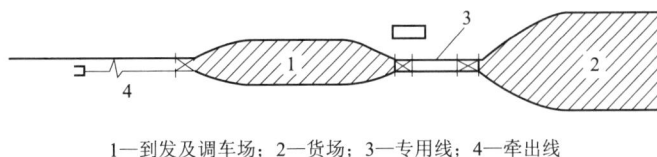

1—到发及调车场；2—货场；3—专用线；4—牵出线

图4-44　车场与货场纵列的尽端式货运站布置

（2）通过式货运站

图4-45是作业量较大的通过式货运站布置，正线是贯通的，货场和车场设在正线一侧，这样可减少站内作业对正线的干扰，保证通过货物列车顺利通行。为了完成较多的改编作业，可设置能力较大的调车设备——驼峰。当有旅客列车停靠时，尚需设置必要的客运设备。其

中图 4–45（a）的主要车场为横列式，图 4–45（b）的主要车场为纵列式，两者的货场均设在调车场一旁，以方便货场作业车的取送。

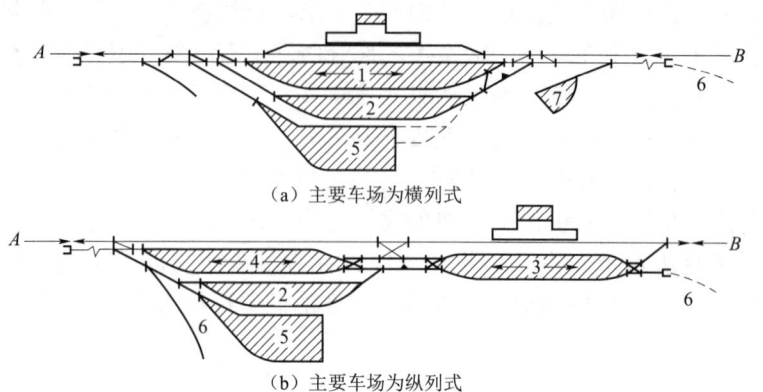

（a）主要车场为横列式

（b）主要车场为纵列式

1—到发场；2—调车场；3—到达场；4—编发场；5—货场；6—专用场；7—车辆检修设备

图 4–45　作业量较大的通过式货运站布置

通过式货运站与尽端式货运站相比，其优点是：车站作业分别在两端咽喉进行，作业能力较大。其缺点是：与城市干道交叉干扰大，因此不易深入城市中心。

通过式货运站一般都是和枢纽内的中间站、区段站合并设置，并有许多专用线与之接轨，因此这种车站在设计中应满足以下要求：

① 干线列车运行或小运转列车往返专用线的取送进路应与调车作业进路隔开；

② 临近的专用线应先分别集中，然后再与车站接轨（图 4–45 的 A 端），或者修建地区车场，将专用线集中到地区车场，然后再与车站接轨（图 4–45 的 B 端）；

③ 尽量减少机车的折角迂回行驶；

④ 作业量大的专用线要保证有独立的通路与到发场衔接。

货场是铁路车站的组成部分，是铁路组织货物运输的基层生产单位。在货运量较大的车站，都设有专门办理货运作业的货场，其主要任务是办理货物的承运、保管、装卸和交付等作业。货场按办理货物的种类，可分为综合性货场和专业性货场。铁路货场的配置图包括尽头式、通过式和混合式 3 种。

（1）尽头式货场

尽头式货场是指由尽头式装卸线构成的货场，即其装卸线仅一端连接车站站线，另一端是设置车挡的终端，如图 4–46 和图 4–47 所示。

尽头式货场的优点是：占地少，线路和汽车道路比较短，因而工程投资省；易于结合地形；货场内道路与装卸线交叉少，因而场内搬运与取送车干扰少，安全性好；在运量增加时，货场扩建比较方便。其缺点是：车辆取送作业只能在一端进行，该端咽喉区的负担较重；取送车作业与装卸作业干扰。

在尽头式货场的两种布置图中，图 4–46 的装卸线分布在走行线的一侧，图 4–47 的装卸线分布在走行线的两侧。图 4–46 与图 4–47 相比，其主要优点是占地较少，能充分利用货场的有效面积，且货场扩建比较方便；其缺点是在取送车作业时视线被货场内的建筑物和货物阻挡，安全性较差。而图 4–47 因货物装卸线布置在走行线的两侧，具有取送车作业时视线较好的优点。

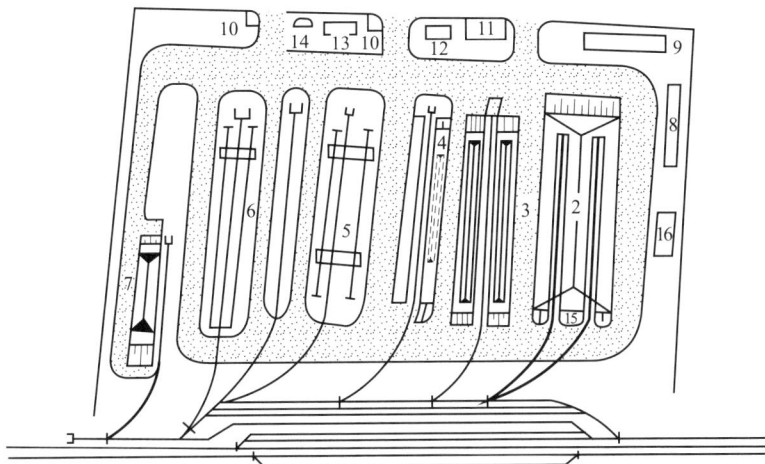

1—货物线；2—零担中转站台及跨线货棚；3—整站台及仓库；4—露天站台及预留仓库；

5—门式起重机及长大笨重货物堆放；6—散堆装货物堆放；7—危险货物站台及仓库；

8—装卸机械维修组；9—叉车库及充电间；10—门卫室；11—货运室；12—装卸工人休息室；

13—食堂；14—浴室；15—零担中转计划室；16—集装箱修理间

图4-46　尽头式货场布置图之一

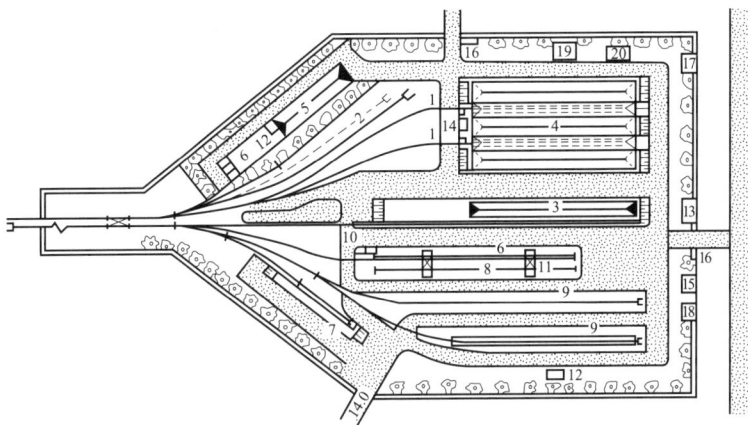

1—货物线；2—存车线；3—仓库；4—货棚；5—危险货物仓库；6—侧式站台；7—端式货物站台；

8—集装箱及笨重货物堆放场地；9—散堆装货物堆放；10—集装箱修理间；11—门式起重机；12—货运员办公室；

13—货运室；14—零担中转计划室；15—装卸工人休息室；16—门卫室；17—食堂；18—浴室；

19—装卸机械维修组；20—装卸机械停放场

图4-47　尽头式货场布置图之二

（2）通过式货场

通过式货场是指由通过式装卸线构成的货场，其装卸线两端均连接车站站线，如图4-48所示。

通过式货场的优点是：取送车作业可在两端进行，取送车作业与装卸作业干扰少；可以办理整列或成组装卸作业；有可能利用装卸线接发列车；在没有配备调机的中间站，由本务机向货场取送车时，对两个方向的列车作业都比较方便。其缺点是：占地和铺轨都比尽头式货场多，因而工程投资相应增大；因装卸线一般都较长，增加了零星车辆的取送行程；货场道路与装卸线交叉多，取送车作业与搬运作业相互干扰；货场改建和扩建比较困难。通过式货场布置图形适用于货运量大、品种单纯、城市规划和地形条件允许的专业性货场，或者货运量不大、由本务机担当调车作业的中间站货场。

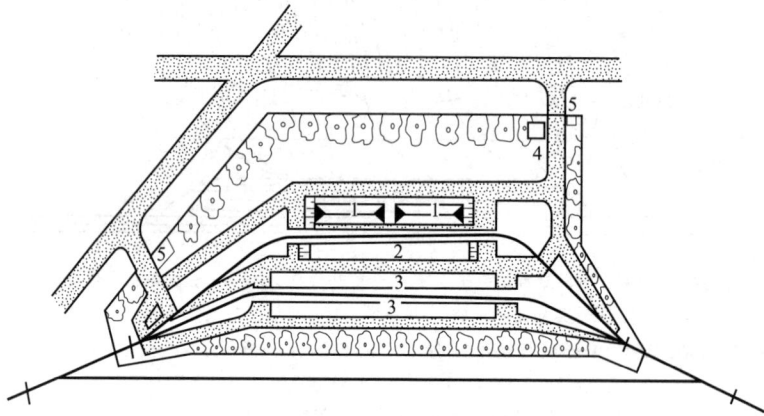

1—仓库；2—货物站台；3—堆货场；4—货运室；5—门卫室

图4-48 通过式货场布置

（3）混合式货场

混合式货场是指由尽头式装卸线和通过式装卸线共同构成的货场，如图4-49所示。混合式货场分别具有尽头式货场与通过式货场的优点和缺点。其采用条件是：当成件包装货物与长大笨重货物运量较小时，采用尽头式线路，布置在靠近城镇公路的一侧；当散装货物运量较大，且有条件组织直达或成组取送车作业时，可采用通过式线路，布置在靠近车场的一侧。这种布置图一般被中间站货场采用。

总之，货场布置图应根据货物种类、车流特点、作业量、取送车方式、货运站在枢纽内的位置、货场与车场的相互配置方式和地形条件等因素进行选择。

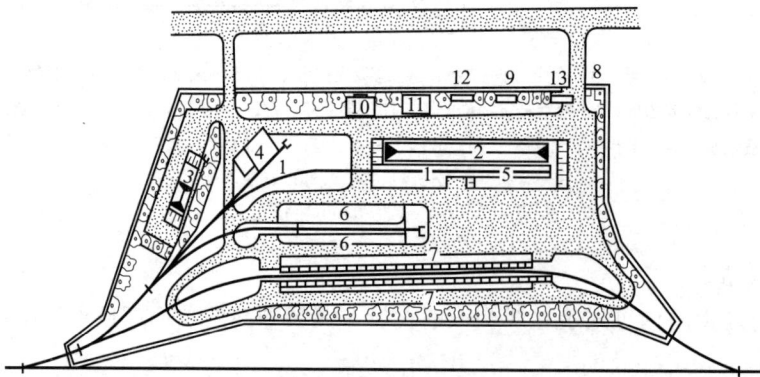

1—货物线；2—仓库；3—危险货物站台及仓库；4—牲畜圈；5—站台；6—长大笨重货物堆放场；

7—低货位；8—门卫室；9—装卸工人休息室；10—装卸机械维修组；

11—叉车库及充电间；12—浴室、食堂；13—货运室

图4-49 混合式货场布置

货运中心站作为传统货运站的升级，应结合城市规划，考虑货运集中化的要求，集成运输、仓储、配送、信息化服务等多项功能，通常配备可整列到发的货物线，为实现铁路货运集中化、基地直达化运输提供保障。货运中心站一般货运量较大，通常设有货场，货场内各货区的位置应根据货场的具体情况确定，一般应考虑以下原则。

① 成件包装货区应远离散堆装货区，以避免被散堆装货物灰尘所污染，并最好设在上风方向和靠近城市一侧。

② 集装箱货区应靠近长大笨重货区，以便集中管理和共用装卸机械，提高装卸机械的使用效率。集装箱及长大笨重货区可布置在成件包装货区与散堆装货区之间，起隔离作用。

③ 散堆装货区最好布置在货场的下风方向及远离市区的一侧，应和成件包装货区保持一定的间隔距离，以保证货场内的整洁。

④ 危险品货区和牲畜装卸货区应根据消防安全规则及卫生防疫规定，布置在远离其他货区的地方。在货场内设有危险货物专用仓库时，最好设置单独的出入口。

⑤ 当货场与车站车场横列布置时，为了避免将来车场发展而引起拆迁仓库、站台等建筑物，应将成件包装货区布置在远离车场的外侧，而将散堆装货区布置在靠近车场的一侧。

此外，为适应铁路提升服务市场能力及货运组织改革的需要，我国新规划或改建的货运中心站还配置了较大的仓储及货运装卸能力。

我国上海铁路枢纽闵行铁路货运中心站示意图如图4-50所示。

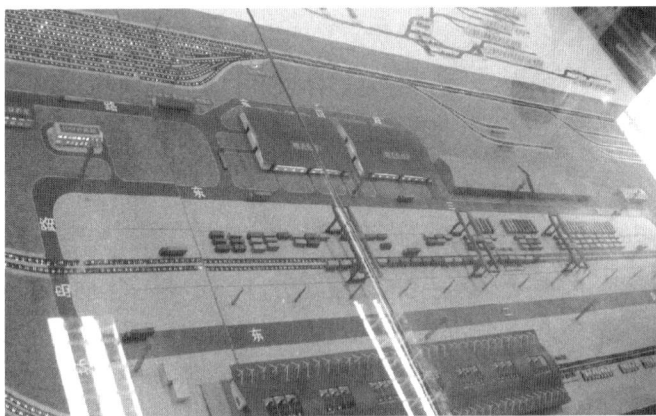

图4-50 我国上海铁路枢纽闵行铁路货运中心站示意图

2. 物流中心（货运村）内部设施布局

为适应物流中心（货运村）开展物流等更多类型服务的需要，物流中心（货运村）占地更大，内部设施布局更加复杂。

以意大利 Quadrante Europa 货运村为例（图4-51），该货运村位于维罗纳（南北向）和威尼斯瑟瑞尼斯玛（Serenissima）（东西向）收费公路与相互连通的铁路的交汇处，占地250万 m^2，货运村直接连 Verona-Villafranca 机场。Quadrante Europa 货运村是意大利国内外公路、铁路、航空运输货物的重要中转地，主要经营通过勃伦纳山口的中北欧的国际货物，以及西班牙、法国及其他东欧国家之间相互流通的货物运输。

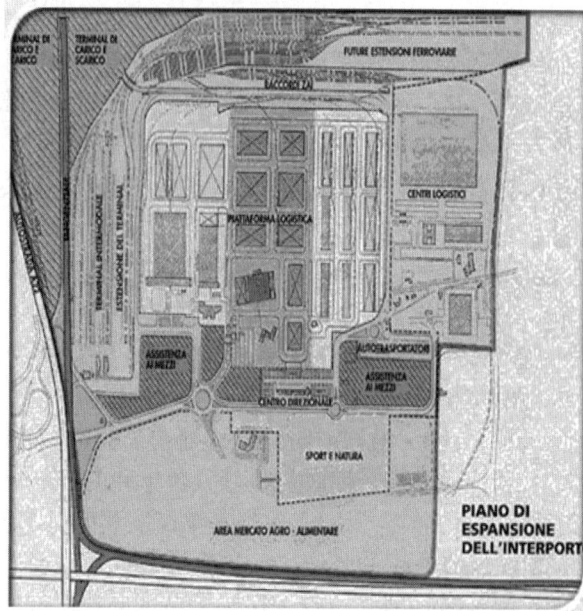

图 4-51　意大利 Quadrante Europa 货运村示意图

　　Quadrante Europa 货运村被划分为 10 个基础的"服务区域"（service groups），分别是办公区、人员接待区、铁路园区、海关区、承运代理区、公路托运承包代理区、物流中心、机车服务区、普通仓储区、休闲娱乐区。在货运村的南部还规划将大约 60 万 m² 的"农产品和食品中心"，这项设施将成为意大利境内最大的国际农产品的集货、发货和批发中心。

　　铁路园区作为 Quadrante Europa 货运村的重要功能区域之一，占地 31 万 m²，其铁路设施的延伸总面积可达 80 万 m²。整个铁路园区由以下 3 部分组成。

　　（1）联合运输站场

　　由 CEMAT 公司管理，并由其向托运人提供全部必需的公路、铁路联合运输的操作服务。它全天 24 小时不间断营业，占地大约 13.6 万 m²，包括 12 条约为 650 m 的轨道，4 个大型跨越轨道的桥式起重机及两幢办公建筑。同时站场以一个占地 15 万 m²、拥有 18 条轨道的备用车站作为支持，目前年铁路货物发送量达 23 万 t，站场拥有 6 个 40 t 轮胎式起重机，它们和桥式起重机可以使公路和铁路之间的联合运输服务得到极大的拓展，这些拓展业务包括集装箱业务（50%）、大宗挂车业务（45%）和全尺寸集装箱业务（5%）。

　　（2）站场衔接部分

　　由用来接收、发送货物的 15 条 600 m 长的轨道组成，它位于站场的周边区域。这些轨道连接货运村的所有设施。目前，这个衔接部分每年处理大约 30 000 t 的铁路货物。

　　（3）未来扩展区域

　　这部分区域占地 49 万 m²，使得联合运输站场及其延伸部分的总面积加倍，并且可以对货运村内的维罗纳德主要铁路货物堆场进行向外扩展。另外，在这片区域中连接勃伦纳的轨道已经投入使用。

　　Quadrante Europa 货运村采用了一套完整的物流服务系统，这套服务系统在作业效率、经济性和联合运输服务（挂车、集装箱）等方面都具有一流的水平。目前，在 Quadrante Europa

货运村大约有 100 家公司入驻，总员工数达 4 000 名。货运村内的货流有大约 30%属意大利境内，50%以上的是国际货流，货运村内部铺设了一套远程通信网络，提供诸如数字、音频和图像传送及协助登录国际数据库的服务，也提供高质量的物流服务，同时货运村的数据信息系统与意大利其他货运村都实现了对接，可以进行信息共享。

再比如德国不来梅物流园区，物流园区内的公铁联运装卸站占地 20 万 m^2，有 9 条铁路线，每条长 750 m，园区内铁路线长 8 km。仓库存储能力为 33 万 m^2，其中铁路仓储为 20 万 m^2，冷藏库面积为 3 万 m^2，危险品货物仓储面积为 1 100 m^2，其仓储外观如图 4–52 所示。

图 4–52　不来梅物流园区的仓储外观

在物流园区总面积中，15%的土地用于环保，20%的土地预留，65%的土地用于生产性用途及出租、出售。从物流园区的用地布局和经营结果来看，整个物流园区范围内大约有 59%的面积用来商业出售和出租，交通基础设施面积占到了 10%，集装箱中转服务面积占到了 7%，生态绿化补偿面积达到了 21%，其他管理办公室面积占到了 3%。在商业出售和出租面积中，主要由为国际物流企业服务，本地生产企业租用物流服务设施，以及仅由物流园区提供场地、完全由企业来建设这 3 种基本服务方式组成，分别占用地比例的 10%～20%，50%～70%和10%～20%。

3. 多式联运站的内部设施布局

多式联运站的内部设施布局需要考虑：装卸铁路车辆、集装箱场 （长期或临时）、储（停）车场（列车车辆/拖车/起落架）、集卡车辆的出入检查控制、车辆和箱的修理服务、安全和信号、办公室和管理机构、信息系统和车辆规模等因素。

图 4–53 是美国的 Deltaport 铁公水联运站，该联运车站在一个人工岛上，占地约 85 万 m^2，3 个泊位，8 条铁路线路，集装箱卡车数 1 800 辆/d，集装箱吞吐量为 900 000 TEU/年，集装箱堆存能力为 41 250 TEU。

图 4–54 是我国某城市铁路枢纽集装箱中心站（多式联运站）站场布局示意图，该中心站包括国际箱区、专用箱区、冷藏箱区、综合服务区、办公区、安全检查区和门吊作业区

等。其中，门吊作业区，目前设 2 个线束装卸线，1 个线束存车线，每线束设线路 2 条，有效长为 850 m；设悬臂式龙门吊 6 台，起重量为 40 t，跨度为 35 m。远期预留 3 个线束装卸区。每个作业区可设 5 台龙门吊。如果全部按设计规模配齐，每束线可安装 5 台龙门吊，共可布置 25 台龙门吊。

图 4-53　美国的 Deltaport 铁公水联运站

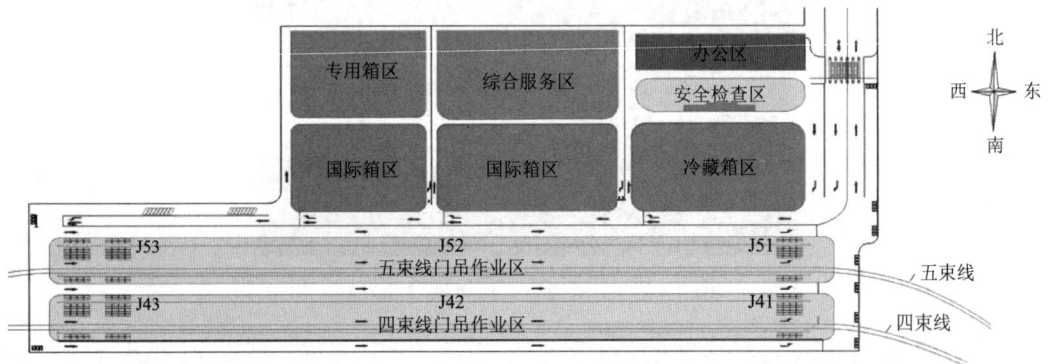

图 4-54　我国某城市铁路枢纽集装箱中心站（多式联运站）站场布局示意图

该中心站主要设备包括悬臂式龙门吊 [图 4-55（a）]，额定起重能力为 40 t，跨度为 35 m。采用智能大门 [图 4-55（b）]，自动化程度高，钢结构衍架高 12.4 m、宽 38.1 m、长 42.5 m，建筑面积为 1 634 m²，设车道 7 个（4 进 3 出），采用自动栏杆机。采用 PB6000 大型安检仪 [图 4-55（c）]。此外，中心站还设有集装箱物流中心综合管理信息系统，由集装箱管理信息系统、箱号自动识别系统、集卡管理信息系统、办公管理信息系统、EDI 系统、视频监控及周界防范系统和门禁系统组成，并新建数据网构成信息共享平台，完成各级部门的信息交互。

（a）悬臂式龙门吊　　　　　　　（b）智能大门　　　　　　　（c）大型安检仪

图 4-55　铁路集装箱中心站部分主要设施

4. 技术站的内部布局

铁路技术站包括区段站和编组站，由于区段站和编组站拥有较多的技术设备，并办理货物列车和车辆的技术作业，因此统称为技术站。

技术站主要的设备有以下几种。

（1）运转设备

编组站为完成上述各项技术作业，设置到达线（场）、出发线（场）、或到达和出发作业共用的到发线（场）、解体和编组作业共用的调车线（场）、驼峰和编尾牵出线、机待线、机走线等。

（2）机务设备

在编组站有的设有基本段，有的设有折返段，有的既设有一个方向的基本段，又设有另一个方向的折返段。在基本段内设有机车检修、整备及转向等设备，担负检修和整备作业。折返段一般不配属机车（调车机车除外），只担任整备作业。

（3）车辆设备

车辆设备包括站修线、列检所、车辆段，主要担负车辆的检修任务。除了上述设备之外，还有通信、信号、给水、排水、电力供应及技术办公房等。这些设备构成了编组站的实际布置，使得经过编组站的一切车辆（列车）作业，都在这些设备的控制下顺利进行。

区段站的主要任务是为邻接的铁路区段供应及整备机车或更换机车乘务组，并为无改变中转货物列车办理规定的技术作业。此外，还办理一定数量的列车解编作业及客、货运业务。在设备条件具备时，还进行机车、车辆的检修业务。区段站在铁路网上的分布主要取决于牵引区段的长度、路网上技术作业的要求，以及地区及城镇发展规划等因素。此外，在分布区段站时，亦应适当考虑我国铁路运营的特点及车流集散的规律。

有两条或两条以上的铁路线会合或交叉的区段站称为枢纽区段站。目前，我国的枢纽区段站大部分是由支线引入后会合而形成的，一般有3～4个衔接方向。

在设计枢纽区段站时，除考虑一般区段站的基本要求外，还应满足以下要求：

① 各主要方向的无改编中转货物列车通过车站时，应尽量不变更运行方向；

② 各方向进出站线路均应有独立进路通向到发场，保证能同时接入各方向的列车；

③ 当列车密度较大、进路交叉较多、对列车正常运行有较大影响而平面疏解又有困难时，应在有关的进出站线路上修建跨线桥。

从枢纽区段站布置图的布局及各项设备的配置方案来看，与一般区段站大同小异。但在设计或运营中，还应注意以下问题。

① 从设备数量来看，衔接的方向越多，则列车密度到达的可能性越大。故其到发线数量可酌情增加。

② 从咽喉构造来看，为保证各方向同时到达，势必要随着衔接方向数目的增多而相应增加平行作业的数量，同时也要配合到发场内线路的分组，相应地加辅必要的道岔、渡线及梯线，保证车站咽喉构造的灵活性。

③ 从车场分工方案来看，应根据车流性质、数量、衔接方向及地形条件，结合进出站线路的疏解布置进行整体考虑，确定是按线路使用为主，还是按行车方向使用为主，以减少交叉干扰，充分发挥咽喉通过能力。

编组站是在铁路网上办理货物列车解体、编组作业，并为此设有比较完善的调车设备的车站。编组站以处理改编中转货物列车为主，负责路网上和枢纽中车流的组织，同时还供给列车动力，对机车进行整备和检修，并对车辆进行日常维修和定期检修，作业数量和设备规模均较大。

编组站和区段站在作业的数量和性质，以及设备的种类和规模上均有明显区别。区段站以处理无改编中转列车为主，并办理少量区段、摘挂列车的改编作业。而编组站以处理改编中转货物列车为主，解编包括小运转列车在内的各种货物列车，负责路网上和枢纽中车流的组织，同时还供应列车动力，对机车进行整备和检修，使其性能良好地投入运营，并对车辆进行日常维修和定期检修。与区段站相比，编组站的作业数量和设备规模均较大。

对编组站的称呼通常为"几级几场编组站"，级是指编组站中轴线上纵向排列的车场数，场则是指全站主要车场的总数。现今的编组站通常都配置 3 种功用的车场，分别是到达场、调车场和出发场，分别承担列车到达、编组和出发作业，而编组站也可以依据这些车场的布置形式进行分类：包括到发场和调车场并列布置的横列式；到达场、调车场和出发场顺序布置的纵列式；到达场与调车场顺序布置，调车场与出发场并列布置的混合式。典型的编组站图型包括：单向一级三场横列式编组站、单向二级四场混合式编组站、单向三级三场纵列式编组站、双向三级六场纵列式编组站、双向混合式编组站等。

编组站布置图选择的主要依据有：在路网和枢纽中的地位和作用；衔接线路的方向数；按路网规划编组站分工所承担的作业量和作业性质；工程地质条件；所在城市的经济地位和发展规划；编组站的作业特点及原有设备可以利用的程度。

（1）单向一级三场横列式编组站图型（图 4-56）

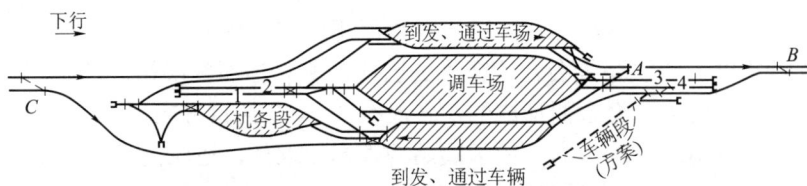

图 4-56　单向一级三场横列式编组站图型

设备布置特点：① 两到发场分设在调车场两侧，三场横列；② 两到发场与调车场之间通过 4 条联络线连接，正线外包；③ 机务段设在接发列车较多的到发场出口咽喉处；④ 车辆段设在调车场尾部正线外侧，站修所一般设在调车场外侧的线路上；⑤ 调车场头尾各设两条牵出线，驼峰的位置应根据主要改编车流方向、地形、风向及进一步发展条件确定；⑥ 上、下行通过车场设在到发场外侧。

优点：站坪长度短，投资省；车场较少，布置紧凑，作业灵活，集中管理方便；无上、下行客货列车进路交叉及列车到发与车列转线交叉等。

缺点：改编列车解体转线困难；改编车流在站内折返走行距离长；当上、下行改编车流不均衡时，能力不能充分发挥；改编车流在站内往返走行停留、有调中转时间长，作业效率低。

适用范围：一般适用于上、下行双方向改编车流较均衡，解编作业量在 3 200～4 700 辆/d，站坪长度受到限制或远期无大发展，牵引定数小的中、小编组站，也可作为远期大型编组站的初期过渡图型。

（2）单向二级四场混合式编组站图型（图4-57）

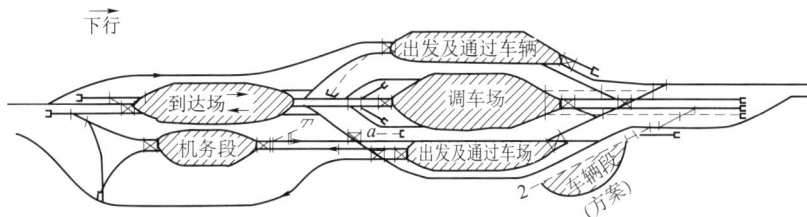

图4-57 单向二级四场混合式编组站图型

设备布置特点：① 共用到达场与调车场纵列配置；② 上、下行通过车场分别设在两个出发场的外侧；③ 机务段一般设在到达场旁边、反驼峰方向一侧；④ 车辆段设在调车场尾部适当地点；⑤ 在到达场与调车场之间，设有中小能力驼峰，一般实行双推单溜作业方式；⑥ 调车场尾部设2条牵出线，通常配备2台调机。

优点：① 由于到达场与调车场纵列配置，上、下行方向改编列车接入到达场，从而消除了"一级三场"整列转线困难的问题。② 改编车辆和调车作业行程较短，顺驼峰方向改编车流的作业是"半流水"式的，即到达和解体作业是"流水式"进行，而编组和出发作业是"折返式"进行。反向改编车流的作业流程，则是逆向"半流水式"的。③ 车列解体时间短，驼峰解体能力较大。④ 车站长度较纵列式布置图短，可减少工程量，节约用地。

缺点：① 尾部能力较低。二级式编组站的驼峰解体能力较大。由于上、下行出发场与调车场并列配置，因此自编列车都经牵出线转线，产生多余的折返行程，从而造成调车场头部和尾部能力不相适应，影响全站设备能力的发挥。② 反向改编列车到达与自编列车出发产生交叉。

适用范围：适用于解编作业量（4 500～5 200辆/d）较大，或解编作业量大而地形困难的大、中型编组站。当顺向改编车流较大或顺、反向改编车流较均衡而顺向车流为重车流时，在运营上是有利的。

（3）单向三级三场纵列式编组站图型（图4-58）

设备布置特点：① 各衔接方向共用的到达场、调车场、出发场依次纵列配置；② 通过车场一般设在出发场外侧；③ 机务段设在出发场附近反向通过车场的外侧，设置峰下跨线桥，顺向到达机车可通过峰下机走线入段；④ 车辆段布置在调车场旁侧，方便取送；⑤ 正线外包，到发进路立交疏解。

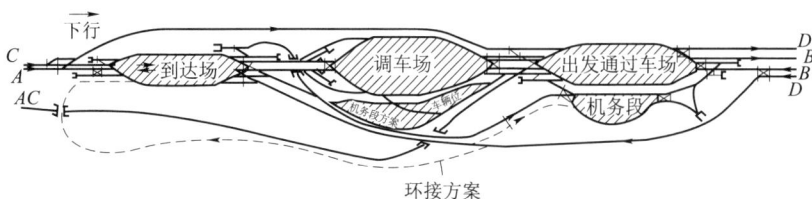

图4-58 单向三级三场纵列式编组站图型

优点：① 为车站各方向改编列车的改编作业创造了良好的作业条件，到达、解体、编组和出发作业完全是"流水式"。② 各方向改编车辆在站内行程短，无多余的走行，缩短了车辆的在站停留时间，所以改编能力大。③ 站内交叉较横列式或混合式都少，通过能力较大。
④ 同类车场集中布置，线路使用的灵活性大。同时，也可使全站作业自动化方案大大简化，
为实现编组站综合自动化创造了条件。

缺点：反驼峰方向的改编列车走行距离长；占地较大，投资费用也大。

适用范围：顺驼峰方向改编车流较强，解编作业量大（6 500～8 000 辆/d），衔接方向较
多，要求车站具有较大的机动灵活性，而且地形条件允许采用 6～8 km 站坪或近期运量虽然
不大，但远期又有较大发展的大型编组站。

（4）双向三级六场纵列式编组站图型（图 4-59）

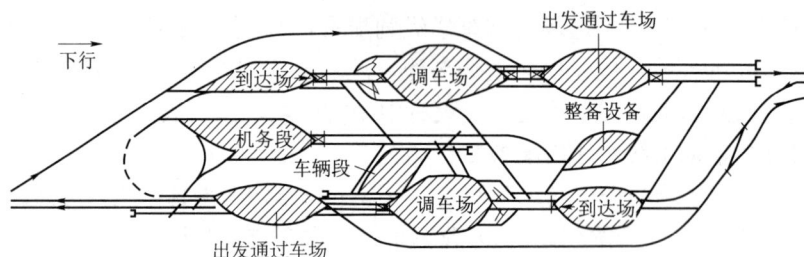

图 4-59　双向三级六场纵列式编组站图型

设备布置特点：① 上、下行各有一套独立的调车作业系统，驼峰方向相对，车场配置均
按到达场、调车场、出发场顺序排列；② 两套调车系统间设置场间联络线处理交换车流；
③ 上、下行通过车场分别设置在相应系统出发场外侧；④ 机务段设在两套调车系统之间；
⑤ 车辆段设在两系统之间靠近空车方向的调车场尾部。

优点：① 反向改编车流作业条件大大改善，保证上、下行改编列车都按照到、调、发顺
序流水作业，除折角车流外，不需要牵出转场，无多余的折返行程，且两改编系统平行作业，
互不干扰；上、下行两方向改编列车作业条件完全相同。② 通过能力和改编能力都很大，由
于有两套调车设备，车场又都是纵向排列，进路交叉少，因而能力大。③ 三级六场图型由于
车场多、线路容量大，对运量的波动有较大的适应性和机动性，有利于调整列车运行秩序，
加速机车车辆周转。

缺点：① 折角改编车流产生重复解体作业。在有 3 个及其以上方向衔接的双向编组站，
必然会产生两系统间折角车流。② 占地长，站坪为 8～10 km。由于两系统方向相反，要求
地形最好是两端高、中间低，往往不易找到合适的场地。③ 因为有两套系统，必然占地面积
大，工程投资多，车站定员增加。

适用范围：适用于担负解编作业量很大，且上、下行改编车流比较平衡，折角车流在总
改编车流中所占的比重较小（不大于 15%），地形条件又不受到限制的路网性编组站。

（5）双向混合式编组站图型（图 4-60）

优点：① 与单向纵列式图型相比，改编能力较大，改善了反驼峰方向改编列车的作业条
件；② 成组甩挂比较方便，与单向横列式图型相比，列车推峰解体可以"流水式"地进行，驼峰作业效率比较高。

缺点：对折角车流作业不利，会产生重复解体作业；由于设两套调车系统，增加设备投
资及占地面积较大。

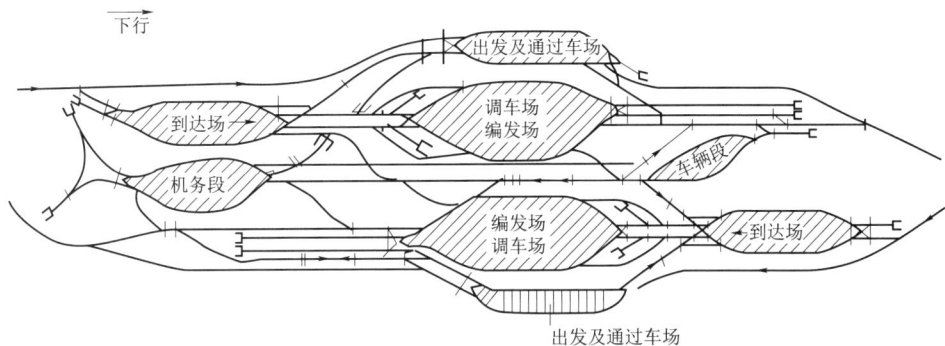

图 4-60　双向混合式编组站图型

适用范围：一般适用于双方向解编作业量均较大或解编量较大而地形条件受限制，且折角车流较少的大型编组站。

随着社会经济的发展，运量急剧增长，各种交通运输方式蓬勃发展，为了提高铁路运输的竞争力和吸引力，各国对编组站的发展设计进行优化研究，采取了一系列改造措施，并注重了新技术、新设备的引进和使用，形成了现代化的大型编组站。这些编组站建设与发展的共性主要体现在以下几个方面。

① 承担路网车流改编功能的路网性编组站一般采用双向三级布置图型，车场数量为 6 个以上，并根据衔接方向及交换车流情况，设置交换场，以提高编组能力。

② 车场设置较多的股道，以提高编组站的作业效率。到达场和出发场股道数量一般在 8～10 股及以上，调车场股道数量一般在 32 股以上，40～60 股的调车场股道占较大比重。调车线有效长一般较短。如美国编组站的调车线长度多为到发线有效长的二分之一或三分之一，满足车流去向多、分组数多的需要。

③ 提高改编能力的主要措施是：实现驼峰自动化，采用驼峰双溜放；增加调车场、到发场股道数量；实现调车场尾部编组列车现代化和自动化。目前主要编组站已基本实现自动化作业。改编作业量较大的编组站（一般每昼夜改编作业在 6 000～8 000 辆）都设有机械化或自动化驼峰。

④ 电子学、控制理论和电子计算技术新成果已越来越多地应用在编组站的日常管理工作中，编组站的作业效率、作业安全质量和作业条件得到进一步的综合提高和改善。

4.2.5　铁路货运枢纽案例分析

成都铁路枢纽是我国的重要铁路枢纽之一，地处西南地区中部，衔接成渝、宝成、成昆和达成 4 条铁路主要干线，以及成灌支线和枢纽西环线、北环线和东环线，是我国西南地区乃至整个西部地区最重要的交通枢纽之一。成都枢纽整体上呈现以成都站、成都东站为中轴，宝成线、北环线和达成线组成北环，成渝线、成昆线和西环线组成南环，组合呈"8"字形状枢纽，如图 4-61 所示。

成都枢纽承担着西南地区与华北地区、华东地区、华南地区及西北地区的客货交流及枢纽地方客货运输，并担负着客货流集散及中转的重要任务，在整个路网中起着不可替代的核心作用。鉴于枢纽内原成都东编组站不能满足枢纽集疏运及中转作业需要，在位于四川省成都市新都区木兰、泰兴镇境内，距离成都市区约 25 km 地点修建了新的成都北编组站，占地约 267 万 m²，站中心为达成线 K336+850 处，两端进站信号机间距离为 8 650 m。

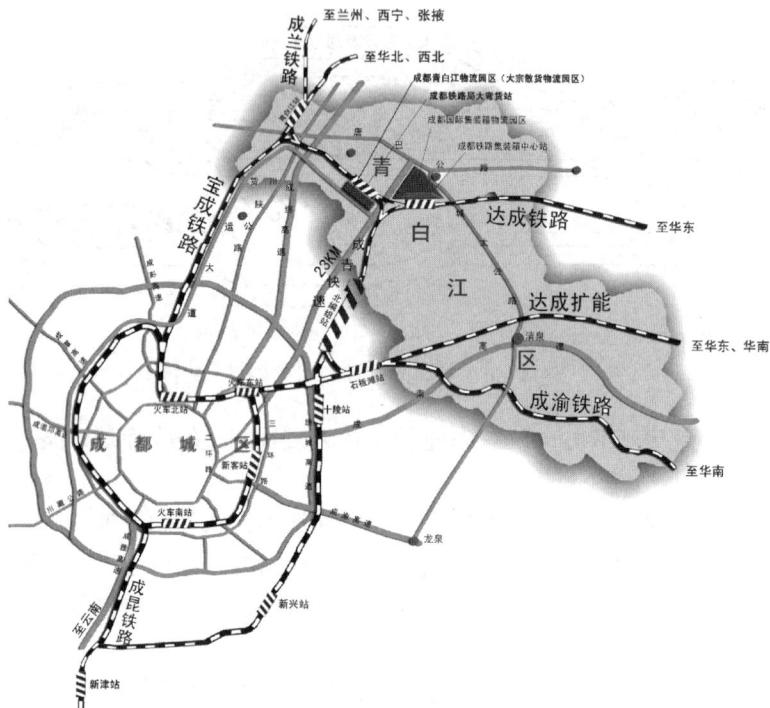

图 4-61　成都铁路枢纽平面示意图

成都北编组站是宝成、成渝、成昆及达成线 4 条干线的连接点，是我国铁路目前技术含量较高的编组站，采用了目前全路技术领先的编组站综合自动化系统，设计改编能力为 17 108 辆/d，站型为双向纵列式三级六场。其中上、下行系统到达场线路为 12 条，出发场线路为 14 条；车站上、下行驼峰均为自动化驼峰，下行峰高 3.3 m，上行峰高 3.5 m，驼峰平面按 4 个线束、32 条调车线布置，驼峰作业采用双推单溜，点连式调速系统，尾部设停车器。现有调车机 8 台，担负着全站的解体与编组作业。成都北编组站核定等级为特等站，其站场布置如图 4-62 所示。

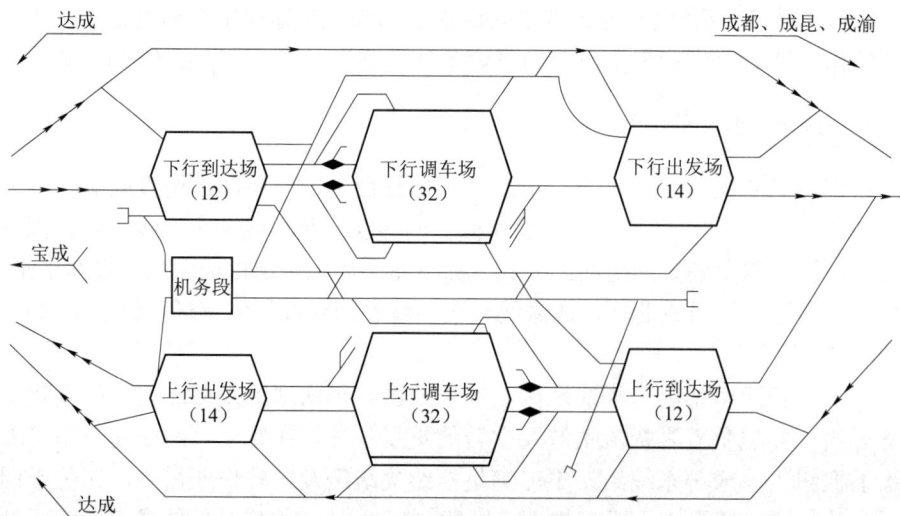

图 4-62　成都北编组站站场布置

货运场站布局方面（图 4-63），在成都铁路集装箱中心站建设前，成都有 6 个集装箱办理站，分别为成都南、成都东、双流、大湾镇、新都、龙潭寺车站。在这 6 个车站中，只有成都南、成都东和大湾镇站作业量较大，其他的几个车站只是一般中间站，由于作业条件、地形条件的限制，集装箱到发量很少。成都铁路集装箱的运输仍然存在一定的问题。根据全路集装箱中心站规划方案，有必要在成都构筑具有大型化、专业化、现代化特征的全国和区域性铁路集装箱运输中心，增强成都枢纽集装箱办理能力。同时适应成都青白江物流园区的建设需要，带动成都经济的发展，把成都打造为中国西部铁路物流中心。

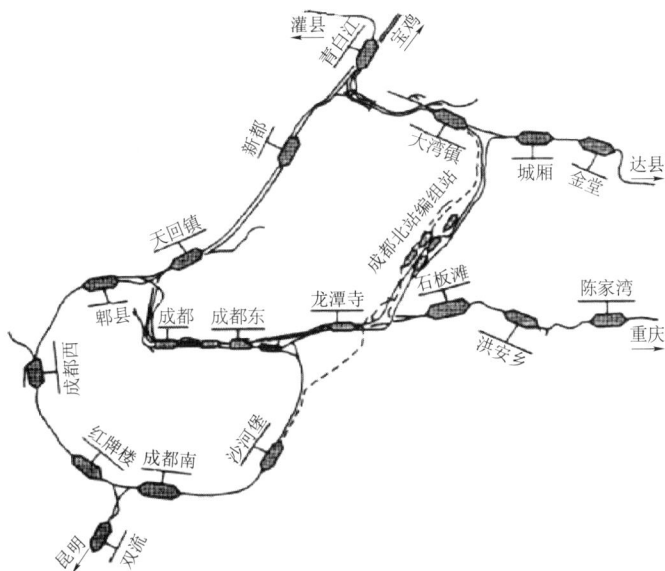

图 4-63 成都枢纽原货运场站布局示意图

成都铁路集装箱中心站建设地点位于成都市东北角青白江区内，距市区 23 km，位于宝成、成渝、成昆、达成 4 条铁路干线交汇处，东与达成线相连，西与成都北相连，北与宝成线相连。成都铁路集装箱中心站占地 200 万 m^2，批准用地约 143 万 m^2，总投资 11.73 亿元，规模亚洲第一。成都铁路集装箱中心站的平面布置采用横列贯通式，其主要硬件设施有装卸线、装卸机械、水平运输机械、集装箱作业箱区、到发线、调车线、生活办公区、海关检验检疫、机械检修、集装箱清洗区等，年处理能力近期可达到 100 万标箱、1 367 万 t 以上；远期（2025 年左右完成），年货物吞吐量将达到 250 万标箱，形成 2 626 万 t 运力，如图 4-64 所示。

图 4-64 成都铁路集装箱中心站效果图

■ 复习思考题

1. 简述客运枢纽的定义及组成。
2. 客运枢纽站的空间形态设计需要注意哪些地方?
3. 货运枢纽中的技术站和货运站的区别和联系有哪些?
4. 客运枢纽和货运枢纽的联系有哪些?

第 5 章

公路主导型枢纽

5.1 公路枢纽概况

5.1.1 公路枢纽的定义

公路枢纽是具有运输组织管理、中转换装（乘）、装卸储运、多式联运、通信信息和生产生活辅助服务 6 项基本功能的公路运输新型的站场服务系统，是交通运输部提出的公路主骨架、水运主通道、港站主枢纽和支持保障系统（"三主一支持"）的长远规划设想中的重要组成部分。公路枢纽分为客运枢纽和货运枢纽两大系统。

公路枢纽的运作设备，主要包括以下几个部分。

① 站场生产服务系统设备：枢纽的基础，包括站房、停车场站等，货运枢纽还有货场、仓库及必要的装卸设备和车辆等，使其能够适应中转换装的基本需要。

② 通信信息系统设备：负责旅客和货源信息、站场联络、车辆调度指挥、运输经济信息的收集与传输，具有方便的通信手段，并与其他系统融为一体。

③ 生产生活辅助服务系统设备：主枢纽优质服务的后勤保障，需要具备适当的维修设备和生活服务设施。

④ 组织管理系统及设备：主枢纽的组织管理中心，肩负着行业管理、宏观调控的任务，拥有运输市场管理、组织多种方式联运、开展运输代理、主枢纽内场站的调度指挥，以及与其他主枢纽的协调配合的职能。

公路枢纽一般依托城市（或城市群）而设立。在城市郊区与对外公路或区域连接的地带，公路运输网络较为发达，是客运站和货运站发挥其功能的最佳场所。

5.1.2 公路枢纽的分类

公路枢纽按其所在地的行政级别可划分为国家级公路枢纽、省级公路枢纽、市级公路枢纽等。

公路枢纽按其业务跨越范围可划分为国际性枢纽、国家级枢纽、区域性（省级）枢纽和地域性（地、县级）枢纽。

公路枢纽按其布局方式，可分为一站枢纽和多站枢纽。一站枢纽仅有一个运输场站服务设施；多站枢纽是由公路客、货运中心（或客货运总站）和若干客货总站（或分站）组成的公路运输服务系统。

公路枢纽站按照提供服务对象不同，可以划分为两类，即汽车客运枢纽站系统和公路货运枢纽站系统。无论是客运枢纽站，还是货运枢纽站，系统内部各个服务功能并非完全独立的子功能，割裂其中的有机联系而单独分解、分析其属性是不可取的。因此，从系统观考虑，应该将客运枢纽站或货运枢纽站作为系统，分析它们的整体属性。

不同类型的枢纽划分方便更好地理解公路枢纽。按行政概念划分枢纽级别，其建设主体比较明确，但有时与区域经济发展不协调。例如，我国西部地区的某些交通枢纽，按其所在地的行政级别，应属于国家级交通枢纽，但由于大环境影响，其运输活动并不十分活跃；相反在沿海某些城市，虽然所在行政级别低，但运输活动十分活跃，因此按行政概念划分，在某种环境背景影响下，其规模的确定有可能偏高或偏低，对投资、管理将造成一些不利和不便。

5.2 汽车客运枢纽站的功能与流线特征

5.2.1 汽车客运枢纽站设计理念

随着城市及客运交通系统的发展，目前城市汽车客运枢纽站设计具有以下特点。

（1）角色多元化

首先，汽车客运枢纽站应注重其交通功能的实现，充分考虑其在城市交通系统中的位置与作用。其次，明确其在城市中担任的角色，使得汽车客运枢纽站功能需求与城市功能相协调，发挥交通枢纽的媒介作用，担负整合周边地段环境的使命，成为商业文化生活的聚点，从单纯的交通中心转变成城市副中心。

（2）交通衔接立体化

现代城市交通已向多层次、多功能、多元化的立体交通发展，由地面的道路、地上的高架桥、地下的轨道等组成。汽车客运枢纽站成为城市内部交通与外部交通的连接节点，需要综合考虑与火车、地铁、公交车、社会车辆等之间的关系，考虑不同层面的人流的换乘，这将是个垂直的换乘体系。同时汽车客运枢纽站自身的车流设计，也应结合城市的立体交通网络考虑。

（3）换乘方式便捷化

在城市交通网络一体化的大环境下，旅客出行对交通方式的选择更加多样化，作为交通枢纽站，跟城市同一方式及其他交通方式的接驳是必要的，这迫使站房转变为多种交通方式有机结合的综合换乘中心。汽车客运枢纽站需要与航空港、火车站、城市内部公共交通等有着便利的联系。乘客下车后，在车站建筑内可以方便地换乘其他城市交通工具，实现"零距离换乘"。

以深圳福田汽车客运枢纽站为例，该站集地铁、公交、长途、出租车和社会车辆换乘为一体，具有中转与换乘、多式联运、旅游交通、口岸旅客集散、零担货运服务及"车港"功能。乘坐长途客车下车后，旅客能够直接进入枢纽站换乘出租车、公交或地铁，每种交通工具的换乘，直线距离均不超过 150 m，做到便捷换乘。同时站内还设有航空服务厅，实现与空中交通的无缝对接。

（4）停车场需求变化

近年来，公路客运结构发生了较大的变化。从以前班车密度低、候车需求大的状况，转变成运力出现结构性过剩、班车密度大的情况，有的线路甚至已经接近公交化的密度，导致乘客长时间候车的现象减少，候车室空间相对可以变得小巧精致，以舒适为目的，不再追求大的尺度；而停车场的面积需求变大，汽车流线的疏导变得更加重要。

（5）与周边商业协调

随着经济的发展，商业功能在汽车站中的地位逐步上升，成为必要的服务设施。商业是汽车客运枢纽站衍生出的重要功能，在汽车客运枢纽站中，有人流密集、人员流动性大的特点。对于一般零售商业，乘客在自己相对不熟悉的环境中消费，可以选择一些大众熟悉的品牌进驻其中；另外，商业空间的布置，应该充分考虑无购物需求的旅客通行顺畅。而商业设置要协调周边规划，带动整个区域的商业发展，实现以点带面的发展模式。

（6）站务信息智能化

随着现代技术的发展，购票途径出现多样化，必然对功能空间产生影响。例如，24 h 对外自助查询售票需增设对外窗口；乘客持有能够在城市中乘坐地铁、公交车、出租车的电子票或一卡通票，可直接进站上车，并提供直接进站的通道。

我国一些综合客运交通枢纽建成后，也改变了传统车站的购票方式。除设有专门的售票中心外，在站内的咖啡厅、快餐店、休闲广场等处均设有自动售票点，乘客在站内可便捷购票。除了站内购票这一方式外，乘客还可通过手机、互联网、电话等方式购买车票。

5.2.2　汽车客运枢纽站的功能分析

汽车客运大致分为 4 种形式：一般公路中短途客运、长途跨省公路客运、依托高等级公路的快速公路客运、旅游专线客运等。

城市汽车客运枢纽站作为城市汽车客运的始点和终点，基本功能如下。

（1）流通——为不同目的地的旅客提供乘车服务

公路运输是面向全社会服务的基础设施，公路客运能够沟通众多城镇、乡村、厂矿及人们各类生活、生产活动场所。其作为一种独立的运输方式，不仅承担着自身交通方式的流通功能，也对其他几种运输方式有辅助作用，可作为各交通方式之间的连接体。所以，应该把方便旅客到站、离站放在首要位置，并且应当与城市内部公共交通汽车站、火车站、轮船等客运站紧密联系，采用多种交通方式联运模式，方便旅客集散、换乘，使得旅客的流动更加顺畅。其流通功能分为以下两个方面。

① 中转换乘功能。凭借良好的交通地理位置和完善的设施及管理，为旅客提供各种线路和交通方式之间的换乘服务，实现"零距离换乘"。

② 运输生产组织功能。包括客运站跟运营有关的管理活动，例如，客运市场管理、客流组织、各交通工具之间的衔接，以及各枢纽站之间的协调管理。

（2）运营——为旅客购票、候车等提供基本服务和其他服务

为旅客提供问讯、购票、候车、检票及行包托运和提取等基本服务；对各种客运车辆进行组织调度、接发、行包装卸和有关运输手续的交接、费用结算等生产服务。其主要负责的

内容有以下两个方面。

①　办理跟出行有关的一切手续，如出售车票、办理行包托运、保管、装卸、发送、交付。

②　有效安排旅客舒适候车，有序乘车，并做好检票、验票、安全疏散等工作。为暂时滞留的旅客提供必要的生活需求，如就餐、住宿、购物、娱乐等。

（3）城市标志——车站参与城市社会活动的标志

车站作为城市节点，是城市空间结构体系中重要的组成部分，城市特色营造要求车站具有强烈的标志性。一方面可以从发掘历史文化内涵出发，建造有城市地域性的建筑形式。如苏州新火车站（图5-1），虽然是个现代大跨度建造物，但是其中运用多种传统元素符号，让人们印象深刻。另一方面也可以采用新颖独特的建筑造型吸引人们的眼球，如长沙市大河西综合交通枢纽（图5-2），从现代化的建筑造型和综合功能出发，试图建造一座集地铁、长短途、快速公交等换乘功能于一体的现代化综合交通枢纽，成为大河西的经济中心和城市标志。

图5-1　苏州新火车站
（源自苏州园林规划设计院）

图5-2　长沙市大河西综合交通枢纽
（源自长沙规划设计院）

（4）商业——车站除运输之外所获取的商业利润

车站经营者的经济效益来源有两个方面：其一直接效益为车站经营客运事业、停车场及车站周边辅助商业带来的，直接效益是客运交通站本身的收入；其二为间接效益，指的是汽车站集聚的人流引来的商机。从发展的眼光来看，现代车站在城市中所扮演的角色，绝不仅仅只是传统意义上的汽车站，它的城市职能逐步扩大，与城市周边地块产生的联系日益紧密，车站中建筑功能性的商业模块，使得车站投资者获得大量的商业利润。

5.2.3　不同类型站的功能差异性

早期的城市汽车客运站，功能主要是为汽车客运服务，且多采用平层式的布局形式，如图5-3所示。旅客使用空间基本构成主要包括票务、候车、行包服务、站台及相关附属功能等，同时也是构成整个建筑空间有机整体的重要组成部分。

站务空间有旅客服务部分，行政办公、安全保卫、服务性单位等各项辅助及内部管理部分和车队与保修等技术服务部分。这种空间布局流线一般比较清晰，使用者能够便捷地到达所需功能点。但是，这种方式对基地面积需求大，通常情况下无法建设大规模的客运站。

随着城市及综合交通系统的发展，城市汽车客运站的功能往往从单一的为城市汽车客运服务，发展成为城市交通枢纽，并带动周边房地产、办公商务等发展，演化成集交通、商务、购物、娱乐、信息获取等为一体的大型交通综合体建筑群。在布局上从平层向立体布局改变，主要功能空间垂直布置，以实现乘客方便快捷换乘、行人与交通工具的无障碍移动和土地空间资源的高效集约化利用。

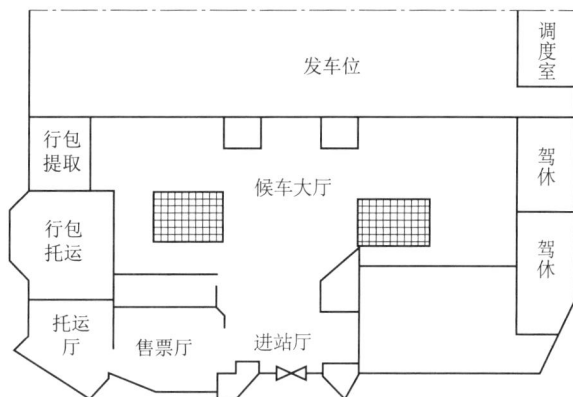

图 5-3 某汽车客运站示意图

例如，福田汽车客运枢纽站建筑共有 6 层，其客运功能垂直分布，各楼层功能如下：5F 为停车区，4F 为综合办公区、会议室、停车区，3F 为运营调度室、停车区，2F 为长途候车区、便利店、餐厅，1F 为长途候车区、往深圳机场候车区、往香港候车区、长途汽车售票厅、深圳机场值机厅，–1F 为地铁站口、出入口、长途下客区、出租车乘车区、公交车上下客区、洗手间、金湾酒店、客货中心等。

再如长沙新建的大河西综合交通枢纽，整个枢纽由长途客运换乘中心、公共汽车换乘保养站、地铁 2 号线换乘中心、快速公交始发站、大河西创新创业中心等组成，集交通、商务、购物、娱乐、信息获取等于一体。该枢纽综合楼部分共分 5 层：–2F 是大型公共停车场；–1F 是地铁 2 号线换乘大厅、短途巴士到发厅、公交换乘中转区；1F 是电动公交、快速公交、出租车等公共交通到发中心和主售票中心，通过天井与–1F 直通，布局有东北、西北、西南、北向 4 个大型开放式广场；2F 是长途巴士到站平台、主候车大厅，东南部设时光塔、美食店，长途巴士发车与备班平台；3F 设有智能交通控制中心和国际影城、书吧。它还将接驳城际、轻轨（light rapid transit，LRT）和规划中的湘渝高铁，实现省际、省内快速出行。

5.2.4 与功能变化相适应的流线特征

在设计客运站流线时，原则上应避免人流、车流和货流交叉混杂，力求做到路线短捷、顺畅，保证旅客能迅速、方便、安全地集散。

1. 流线分析

按流线方向，客运站流线可以分为进站流线和出站流线，其中包括人流的进出站流线、车流的进出站流线和货流的进出站流线。

按流线的性质，客运站流线又可以分为客流线、行包流线、车辆流线与内部工作人员流线等。其流线特点分述如下。

（1）普通旅客流线

普通旅客人数最多，其出入过程比较复杂，随身携带的物品也比较多，候车时间较长，在出站时人流集中、密度大、速度快。

（2）特殊旅客流线

特殊旅客指的是需要特别照顾的旅客，如妇婴及老弱病残旅客等。这部分旅客数量少，行动不便，在设计时首先要考虑其行动的安全性和便捷性。通常单独设置候车室，也可以与贵宾流线统一设置，条件允许时设有专用厕所和专用检票口，优先上车。

（3）贵宾流线

贵宾主要指在国内旅行的外国人、侨胞、港澳同胞及各级主要领导等。通常为了保证贵宾候车的方便与安全，单独设置贵宾室与检票口。由于安全保卫工作的需要，来去有车接送，其流线应与一般旅客流线分开。

（4）行包流线

行包流线一般分为发送行包流线、到达行包流线与中转行包流线。行包需要各种搬运设备输送，如电瓶车、输送皮带等，堆放面积较大，搬移不便，故应尽量避免与旅客流线交叉干扰，以保证人和物的安全。

（5）工作人员流线

工作人员的办公房间包括值班室、广播室、调度室、票据室等，在设计时应有其内部的交通联系空间，不宜与候车厅旅客人流混杂。特别是大型的汽车客运站，站务办公房多，功能齐全，宜设于客运用房和停车场之间，方便管理和观察、调度车辆。

2. 流线组织策略

（1）换乘立体化

"换乘立体化"是大规模、大体量综合客运枢纽设计的重要特征。由于枢纽客站接入的交通方式较多，换乘体系较为复杂。为满足"零换乘""无缝衔接"的要求，大型的客运枢纽多采用立体化换乘模式。

立体化换乘是指将不同交通方式布置在不同立体层面上，利用竖向空间分布站厅，通过换乘大厅或大厅内的垂直换乘系统实现上下连接与换乘，减少乘客的水平行走距离，达到最短的换乘路线。与平面换乘相比，立体换乘占用的面积较小，更为经济。在交通组织方面，立体化换乘将不同的交通方式在不同的层面分开，通过交通分流消除了不同交通方式间的相互干扰，尤其是行人活动空间与车辆的干扰，增加了安全性并提高了换乘效率，如图5-4所示。

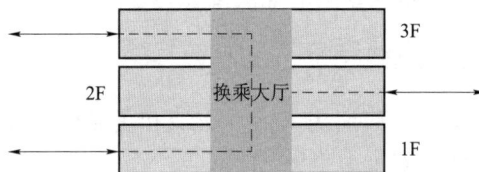

图5-4　立体化换乘

在图5-5所示的汽车客运站设计方案中，将接入汽车客运站最主要的4种交通方式分为3层布置，做到了各种交通方式互不交叉且均与换乘大厅距离紧密相接。具体布置是：将出租车与社会车辆布置在建筑1层；将始发公交出发与长途到达布置于2层；将始发公交到达与长途售票布置在2层，轨道交通则通过换乘通道与枢纽主体衔接于2层；将长途出发布置于3层。

在通常情况下，乘客实现立体方向上的运动之后需要重新适应新的空间环境，会造成换乘行为的延缓或打断。因此，通常在-1F及1F、2F组织交通较为适宜，使乘客在垂直方向的运动一般不超过3层。

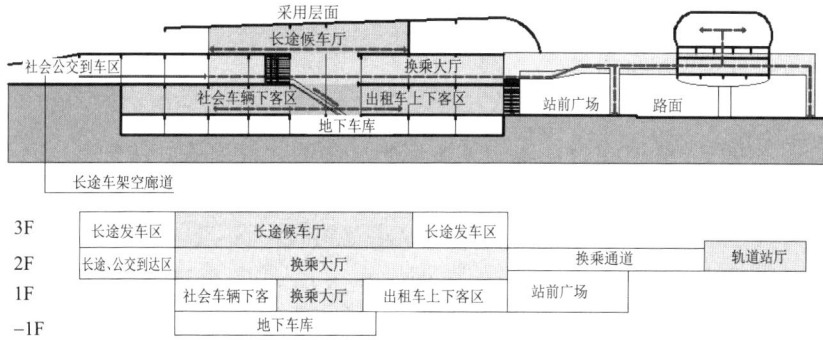

图 5-5 立体化换乘实例

（2）人车分流

"人车分流"是合理组织交通流线、保证乘客换乘安全的重要手段。可分为立体分流和平面分流两类：立体"人车分流"是指将人流与车辆上下客流线组织在不同立体层面上，如图 5-6 所示。例如，可将人行流线布置于枢纽二层，通过天桥、廊道等进入客运枢纽，而将公交车、出租车、长途车的上下客组织于一层。

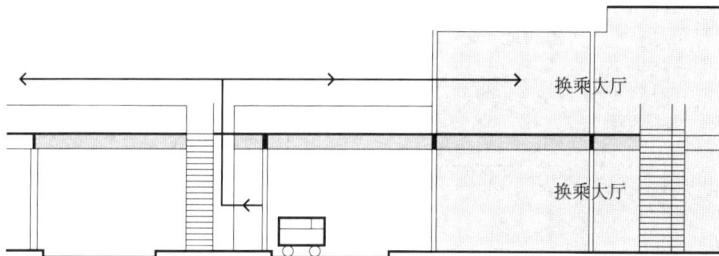

图 5-6 立体"人车分流"

平面"人车分流"是利用我国车辆右侧上下客的运行方式组织车辆流线，如图 5-7 所示，将不同交通方式的上下客平台布置于车流流线右侧，上下客平台再与换乘大厅衔接，形成换

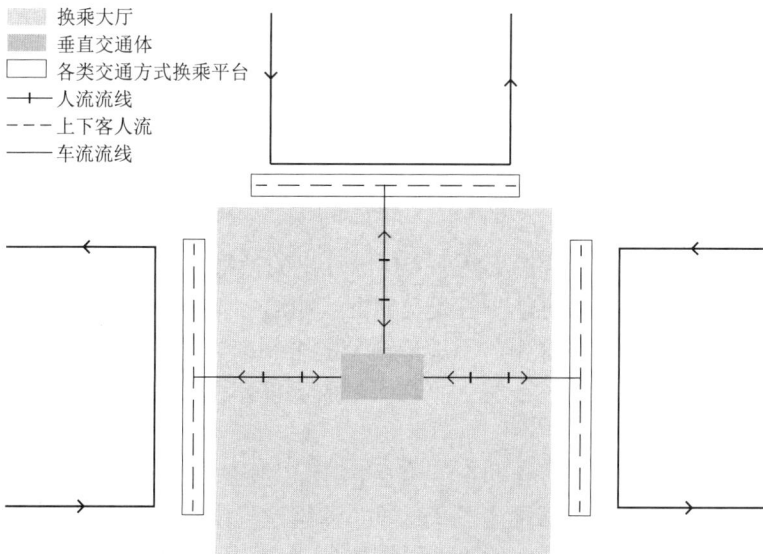

图 5-7 平面"人车分流"

乘大厅、换乘平台、车行道的内、中、外 3 个层次,乘客在换乘大厅与换乘平台之间转换,无须穿越车道,即可实现平面分流。

(3)无缝衔接

"无缝衔接"是对各类交通方式之间紧密联系状态的一种描述。两种交通方式的"无缝衔接"并非简单指乘客从一种交通方式下车之后无须步行马上换乘另一种交通方式,因为要保证任意两种交通方式之间均无须步行换乘是很难做到的。

换乘大厅对相关流线组织的"无缝衔接"是指各类交通方式的换乘空间,即上下客平台均与换乘大厅直接联系,换乘大厅与各类交通方式的换乘平台实现"零距离"换乘。因此,当任意一种交通方式所带来的人流进入换乘大厅之后,无论其选择换乘何种交通方式,通过换乘大厅这个环节,均可视为实现了某种程度的"无缝衔接",如图 5-8 所示。

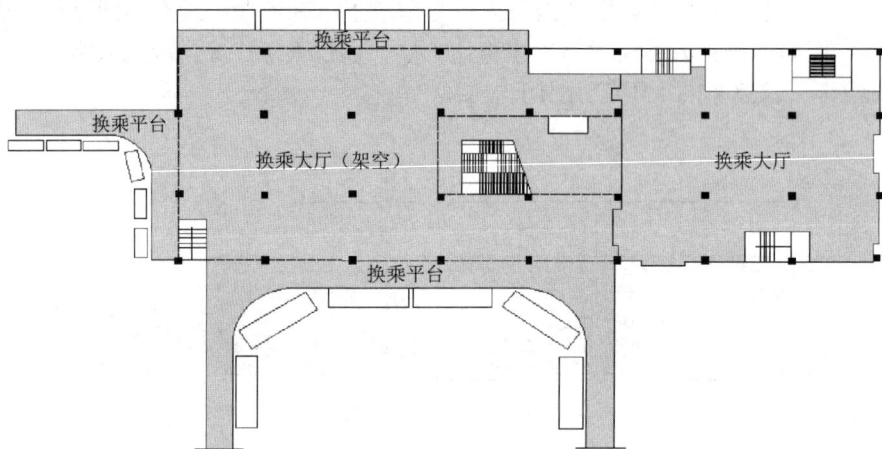

图 5-8 "无缝衔接"实例

在管理条件允许的情况下,有时还可以采用半开敞式或全开敞式的换乘大厅,即各类交通的换乘平台与换乘大厅融为一体,实现在换乘大厅内直接上下客。

(4)有限"无缝衔接"

有限"无缝衔接"是指当由于场地条件、红线设置、交通组织等方面的限制,要实现所有交通方式的换乘平台均与换乘大厅紧密衔接有困难的时候,可以通过"扩大意义的换乘大厅"来实现"无缝衔接"。

"扩大意义的换乘大厅"通常指从换乘大厅延伸出的换乘平台、换乘廊、换乘通道等设施,类似于换乘大厅的触手,尽可能与各类交通方式相连。

例如,在某一客运枢纽的设计中,因地形高差的限制,无法在靠近换乘大厅左侧的位置组织车行流线,于是设计师将始发公交上下客区域脱离枢纽主体建筑设置,通过一条换乘廊联系换乘大厅,如图 5-9 所示。

在同一个客运枢纽的设计中,出租车下客区由于场地限制及交通组织方式的影响,无法与换乘大厅有效衔接,于是设计师设计了从建筑主体修建一条 6 m 宽的廊道,直接联系换乘大厅与出租车上下客区,实现了有限的"无缝衔接",如图 5-10 所示。

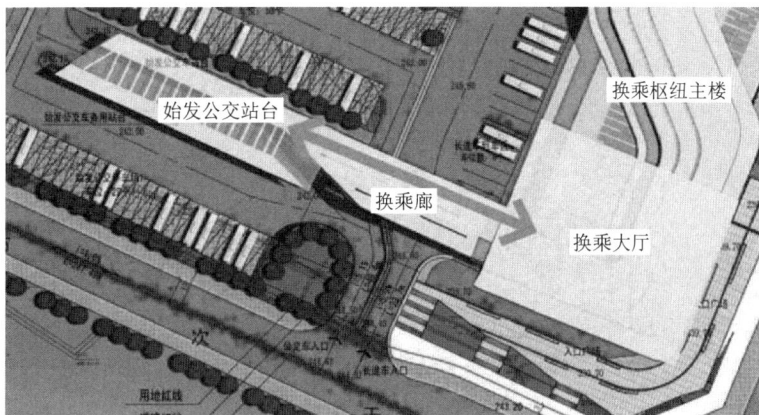

图 5-9 有限"无缝衔接"实例 1

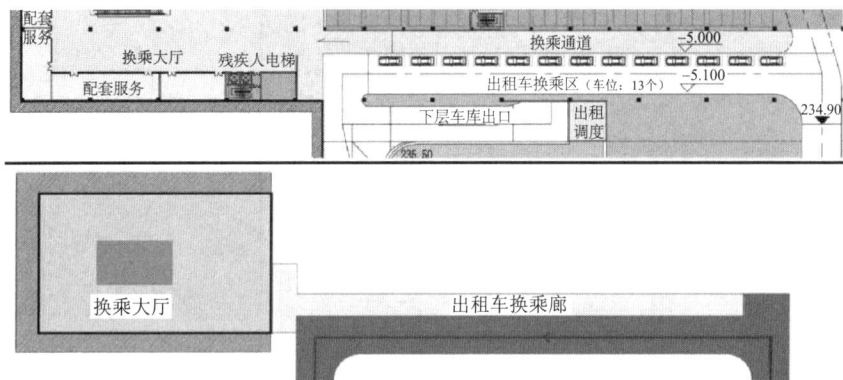

图 5-10 有限"无缝衔接"实例 2

3. 流线组织原则

汽车客运站的流线组织应遵循下述原则。

① 各种人流要分开。例如，工作人流和旅客人流分开，形成各自相对独立又有内部紧密交通联系的空间；贵宾、妇幼残障人流与普通旅客适当分开，特别是在大型的汽车客运站，应单独设置贵宾室。贵宾室的候车和上车路线单独设置，防止拥挤，保证其候车环境的安静和上车路线的安全。

② 流线组织主要应符合旅客的要求。例如，南京中央门汽车客运站就将豪华大巴和贵宾室设于二楼，用自动扶梯联系两层候车室，大大节约了候车室的占地面积。在组织时力求流线简捷，指向明确，尽量缩短旅客流程距离，并使各种流线自成系统，大型客运站可考虑分层组织旅客流线。

③ 减少各种车辆互相交叉。按照靠右行驶的规则，站前广场上的车辆应逆时针单向行驶（为方便旅客右侧下车），避免双向行驶，人流、车流交叉处应设人行横道线。

④ 对于行包量大的客运站而言，考虑设置行包地道，以避免行包流线与旅客流线交叉。

图 5-11 为某城市开发区汽车站的布局及流线组织，图 5-12 为某客运枢纽站的车辆流线组织。

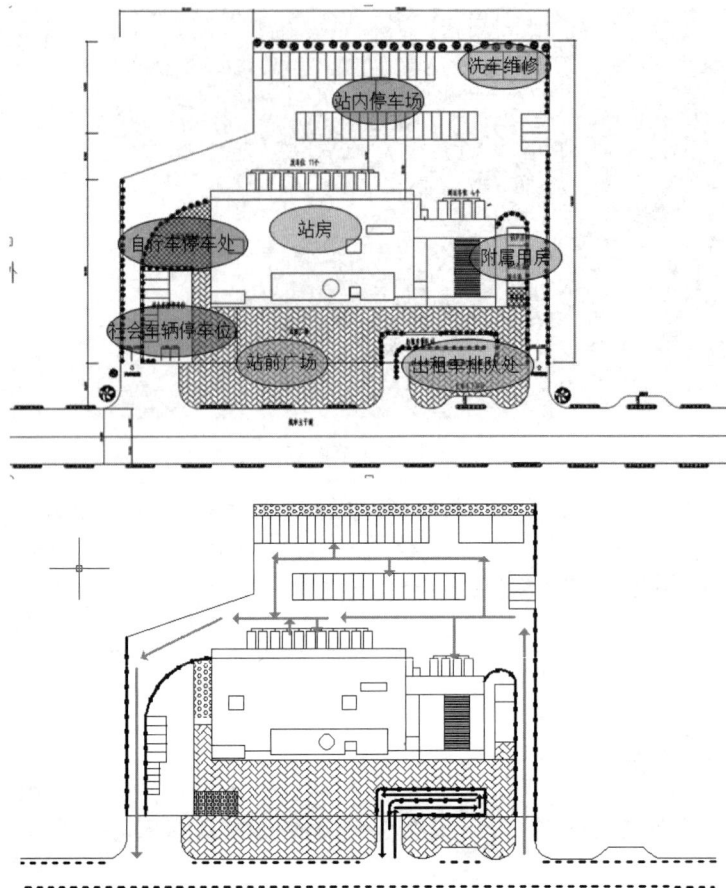

图 5-11　某城市开发区汽车站的布局及流线组织

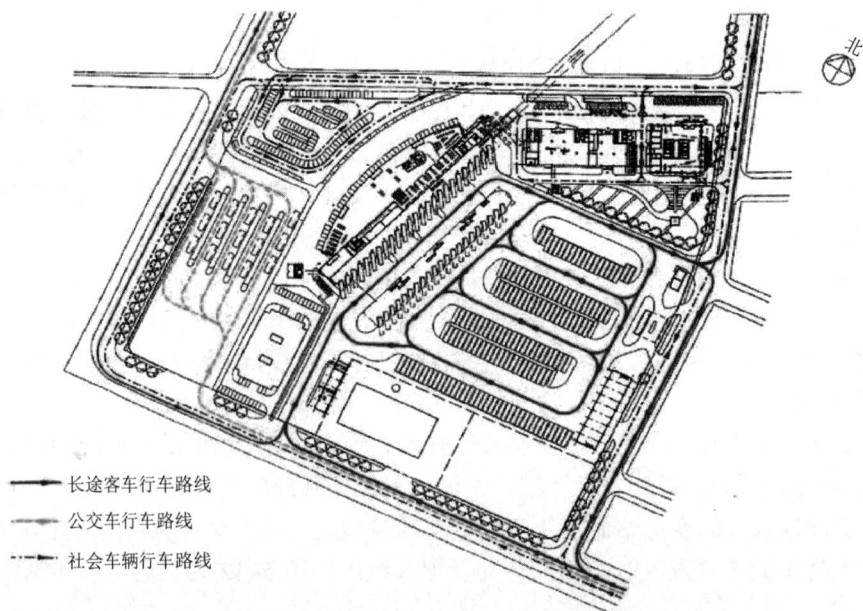

图 5-12　某客运枢纽站的车辆流线组织

5.3 汽车客运枢纽站的空间形态设计

5.3.1 站房设计

1. 售票处

不同等级的售票处的组成部分也不尽相同,按照客运站的等级划分,主要由售票厅、售票室、票据库及办公室 4 部分组成,下面重点对售票厅做一介绍。

（1）售票厅

根据级别,1～3 级站售票厅需要单独设置,而 4～5 级站因为旅客较少,可以将售票厅与候车厅合用较为经济,如图 5-13 所示。

售票厅的面积是由售票窗口的数量决定的,售票窗口个数的多少以客源站候车最高聚集的人数为依据。一般其使用面积应按每个售票口不应小于 15 m^2 计算。

根据《交通客运站建筑设计规范》（JGJ/T 60—2012）和《汽车客运站级别划分和建设要求》（JT/T 200—2020）的规定,一般按每 120 人设置一个售票窗口（120 人为每小时每个窗口可售票数）,且 1～2 级站应按 30%折减。

① 售票窗口数应取旅客最高聚集人数/120;

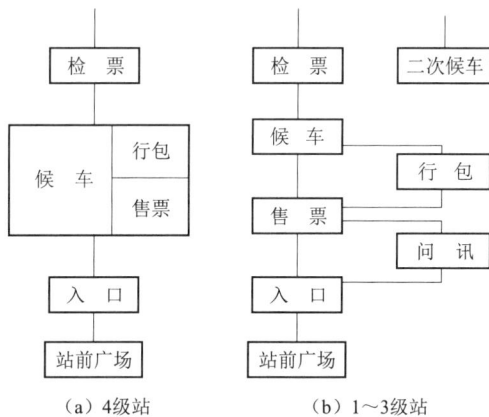

图 5-13 不同等级车站的售票厅设置

（a）4级站 （b）1～3级站

② 售票窗口数=旅客最高聚集人数/每窗口每小时售票张数;

③ 售票厅面积=20.0 m^2/窗口×售票窗口数;

④ 售票室面积=6.0 m^2/窗口×（售票窗口数–自助售票机取票机数量）+15.0 m^2,采用微机售票时应增设 20.0 m^2 的总控室。

图 5-14 为某市长途汽车客运站平面简图,这个客运站属于 4 级站,面积很小,而且平时旅客流量不大,所以将售票厅与候车厅结合到一起布置,节省空间,利用合理。

（2）售票厅的空间尺度

售票厅应该包含一个长 12～13 m 的袋形排队空间,以及一个提供穿行的 3～4 m 的通道区。售票厅不能兼作过厅,就是为了保证人们在售票厅内能够正常购票,图 5-15 为售票厅空间尺度示意图。

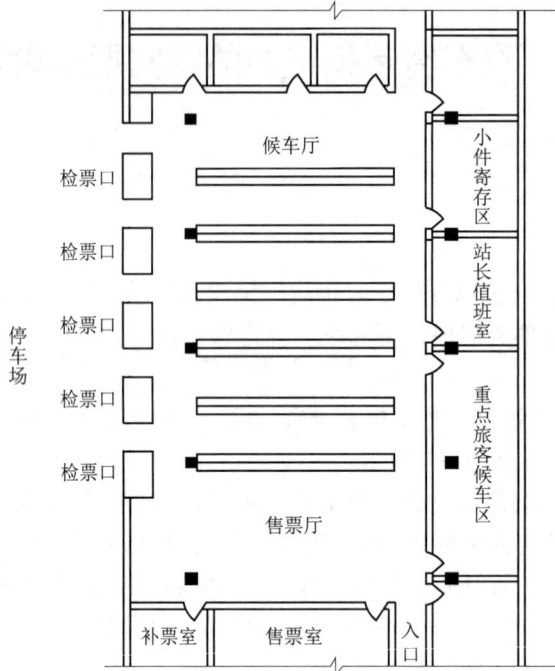

图 5-14　某市长途汽车客运站平面简图

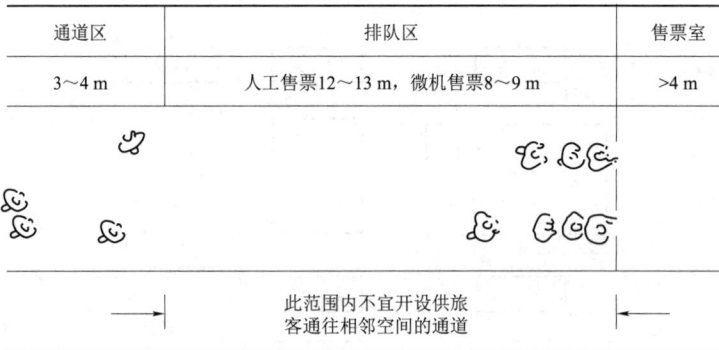

通道区	排队区	售票室
3～4 m	人工售票12～13 m，微机售票8～9 m	>4 m

此范围内不宜开设供旅客通往相邻空间的通道

注：排队长度按每人0.45 m计，队列按25人左右考虑。

图 5-15　售票厅空间尺度示意图

值得注意的是，近年来，随着互联网售票的普及，越来越多的长途汽车站增设了自动售票、取票机，因此，人工售票窗口的数量可适当减少。

2. 候车厅

1～3级车站多有大面积候车空间，多通道检票，适应多班次客车同时检票进站台的操作程序，4～5级车站旅客少，汽车班次少，其候车形式及空间构成多简单集中，候车厅应按规范要求设置足够的检票口，每3个发车位不得少于1个，如图5-16所示。

按照实际流向安排检票口的不同方向，可形成单向、双向、三向检票区域，车站检票区域如图5-17所示。候车厅应设置座椅，其排列方向应有利于旅客通向检票口，每排座椅不应大于20座，两端应设不小于1.50 m的通道。候车厅内除了检票口外，应安设必备的问讯、公用通信、传播营运动态、饮水、厕所和盥洗等设施，还可设置总服务台、小卖部、餐厅、娱乐、银行等社会

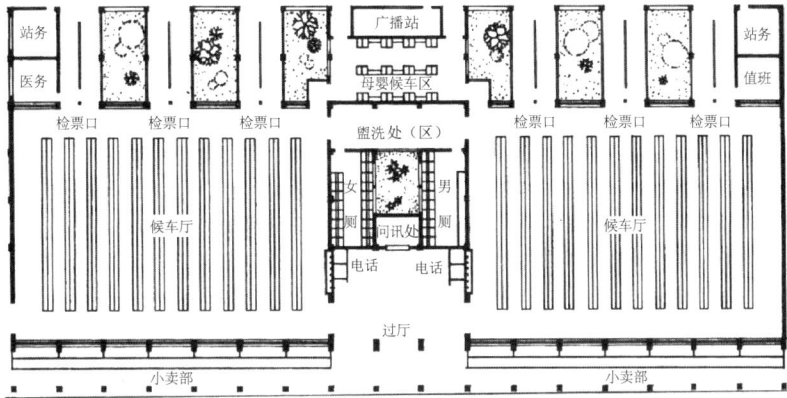

图 5-16　候车厅

（a）4级站检票区域示意图

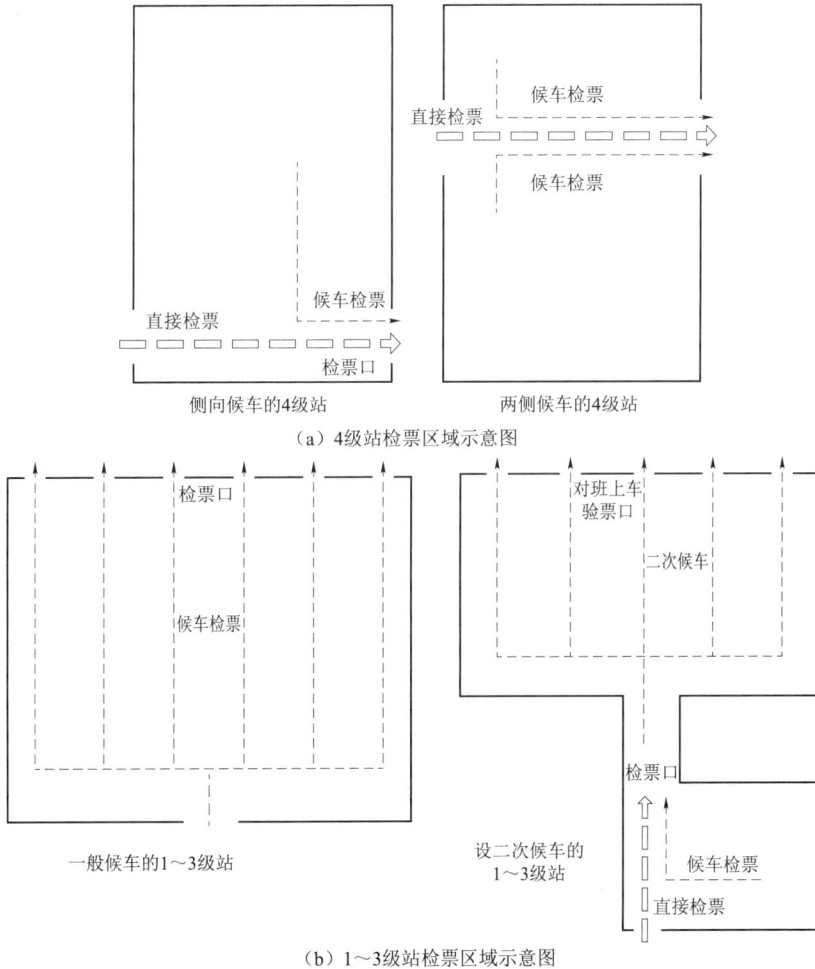

（b）1～3级站检票区域示意图

图 5-17　车站检票区域示意图

服务功能，以方便旅客使用。周围应方便与站务、医务、公安等辅助功能房间形成紧密的联系。

3. 行包托运

行包托运流程如图 5–18 所示。行包业务应由托运厅、托运行包房、库房、行包装卸廊、提取行包房及提取厅等部分组成，按站级规模可全设，也可部分设置。

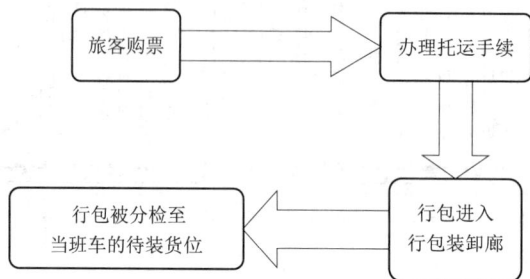

图 5–18 行包托运流程

根据《汽车客运站级别划分和建设要求》（JT/T 200—2020）的规定如下：

小件（行包）服务处面积应满足车站小件快运业务时设置托运厅、受理作业室、小件库房、提取处等的需要。

4. 站台与发车位

站台及有效发车位的设置必须满足以下 3 条要求。

① 有效发车位与候车厅检票口间必须设置站台，用以组织旅客进站上车。

② 对于有行包装卸廊的客运站，有效发车位可与行包装卸廊一同设置。

③ 为保证站台和有效发车位安全、卫生，有效发车位上方局部必须设置雨棚，雨棚伸入有效发车位的长度视情况而定。此外，有效发车位与站台相连，要求与站台的高差不应小于 0.15 m。并且为了满足场地排水及进车时减速、方便发车等要求，发车位的地坪应设不小于 5‰坡度的调车道。

图 5–19、图 5–20 分别为客运站 A、B 的站房及发车位设计。

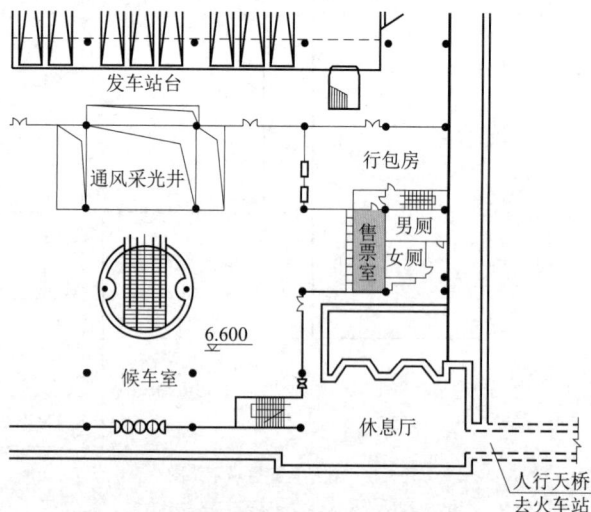

图 5–19 客运站 A 站房及发车位设计

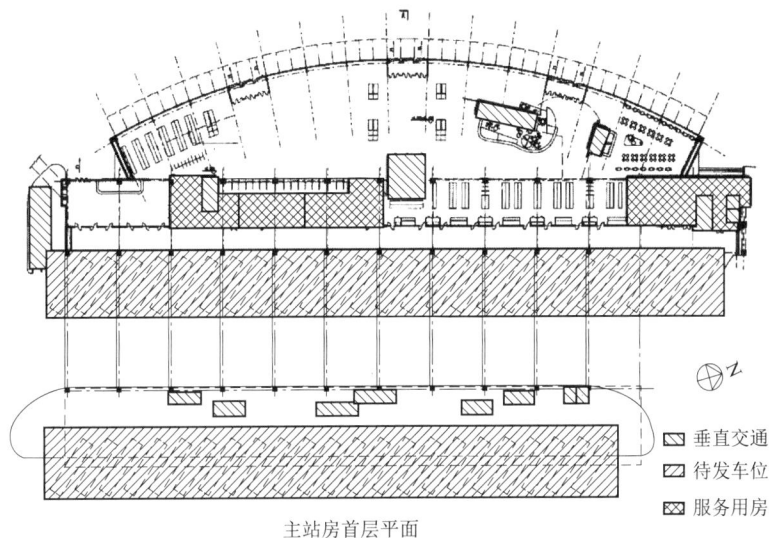

图 5–20 客运站 B 站房及发车位设计

主站房首层平面

垂直交通
待发车位
服务用房

5.3.2 站前广场设计

客运站属于人流集中建筑，站房与城市道路间需要设置站前广场作为过渡空间，主要起到人流和车流集散的作用。站前广场一般可以分为旅客活动区、停车区、服务区和疏散通道、绿化小品等几个大的区域，分区必须明确，并应注意节约用地。其中旅客活动区应接近站房的主入口；停车区应设于站前广场的一侧，包括出租车停车区或停靠站及公交系统停车区，以免干扰其他活动区；与停车区对应一侧可布置商业服务区。有些汽车客运站是与铁路客运站结合起来的，二者共用一个广场，这时更应注意协调两个站的人流关系。站前广场还应布置一定的绿化，满足城市绿化的要求。站前广场面积较小，设计布置必须紧凑合理，发挥每平方米的作用，为日后的管理工作创造良好的条件。

站前广场周围城市干道的位置、性质、流向和流量对广场的流线组织有一定的影响，故应根据站前广场的地形特点与站房的具体情况，处理好站前广场中各种流线与城市交通流线的衔接问题。

一、二级车站站前广场的面积指标可以按旅客最高聚集人数每人所需面积 $1.0\sim1.5\ \mathrm{m}^2$ 计算，其他站级车站站前广场的规模，可根据当地要求和实际情况确定。

站前广场应明确划分车流和客流路线，避免交叉。客流组成可分为旅客、接送旅客的人及过路客 3 类，其中旅客为主要客流。旅客人流活动应位于核心区域，方便到达每一个停车区，并与站前广场的车辆区域合理组织，有利于人流的迅速疏散。车流主要包括自驾车辆、出租车辆和城市公交车辆流线。对于接送旅客、购买预售票、托取行包而进入车站站前广场的机动车及非机动车，应指定停放场地，统一管理；出租车也应该在站前广场上设停车区和临时停靠站；城市公共汽车终点站或停靠站应设于方便旅客疏散的客流量大的主干道方向。此外，工作人员流线应尽量与旅客流线分开，并设置单独工作人员出入口。各区域之间的车行和人行流线应尽量避免交叉，汽车客运站的站前广场有时结合城市公交换乘站统一使用或邻接使用，这些做法都大大方便了旅客的出行和换乘。

站前广场上的流线组织一般分为两种分流方式。一种是前后分流，把人流、车流分别组织在站前广场前后两部分，前部行驶、停靠车辆、上下旅客，后部为旅客活动区域，旅客可安全进出站房，前后互不干扰，其缺点是车辆不能紧靠出入站口，增加了旅客步行距离。另外一种方式是左右分流，是将车流、人流沿站前广场横向分布，人流右边进站，左边出站；车流按流向、流量分别组织在不同的场地，从而使人车分流，互不干扰，这种方式是比较常用的分流方式。图5-21、图5-22为站前广场流线组织示例。

图 5-21　站前广场流线组织示例 1

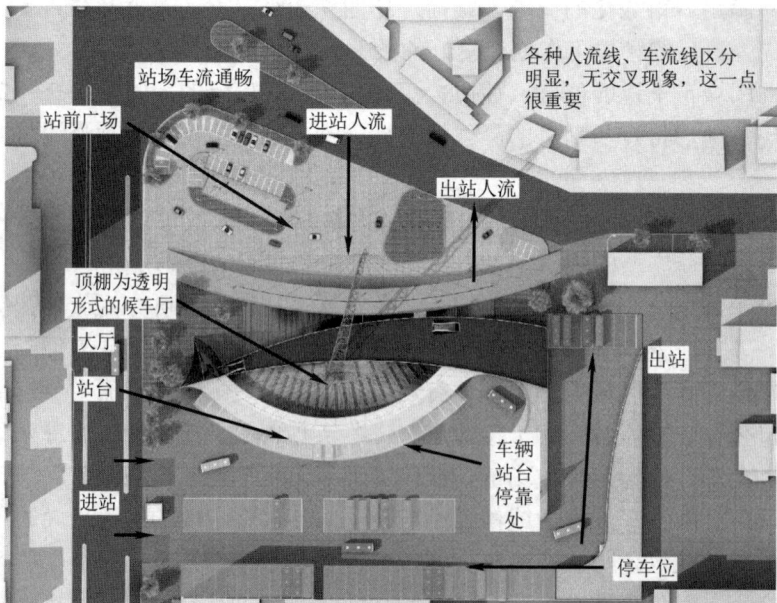

图 5-22　站前广场流线组织示例 2

5.3.3　站场设计

由于客运站功能的改变，站场的设计也要随之变化。首先，空间安排要求尽量清晰、紧凑，充分利用空间，满足日益复合性的空间功能要求；其次，分区应明确、合理，流线简捷、便利，避免站内主要功能流线的混杂交叉；最后，由于客运站空间构成的复杂性、开放性及部分功能分区限定的模糊性，应复合、立体地利用可挖掘的有效建筑空间。

总体来说，站场的空间主要分为旅客使用空间和站务空间，功能关系紧密且相互交错，往往以不同特征的流线加以组织和联系。旅客使用空间是构成整个建筑空间有机整体的重要组成部分，基本构成主要包括票务、候车、行包服务、站台及相关附属功能等部分。站务空间通常细分为旅客服务部分，行政、安全保卫、服务性单位等辅助及内部管理部分与保修等技术部分。其余站场附属建筑空间，应视站级及环境条件灵活斟酌布置，如确实需要设置，还应按站级规模和标准来定。

5.3.4　换乘空间及通道的设计

所谓换乘，是指乘客从一种交通工具转换到另一种交通工具，或从一条线路转换到另一条线路。城市交通的换乘方式主要有停车场换乘和乘车换乘两种。停车场换乘也称为存车换乘，就是将私家车存放后，改乘公共交通工具而达到目的地的交通方式；乘车换乘则是从一种交通工具或一条线路，转换到另一种交通工具或另一条线路上的换乘方式，这是一种前后衔接的连续转乘方式。

大规模的公路枢纽建筑通常采用站厅式换乘方式，即设置两种或多种交通方式的共用站厅，相互连通形成统一的换乘大厅。乘客下车后，无论是出站还是换乘，都可先经过换乘大厅，再根据导向标志出站或进入另一个站台继续乘车。因此，换乘大厅是公路枢纽中换乘组织的核心，是公路枢纽建筑中组织内部空间流线的关键。

由于换乘大厅在枢纽内部的作用主要在于人流的聚集与转换，因此，换乘大厅是一个快速通过式的大厅，其主要功能空间是指一些与换乘行为密切相关的空间，如供换乘使用的大厅、通道，垂直交通体。次要功能空间则包括卫生间、附属商业、休息区等。

换乘大厅的作用主要体现在对流线的汇集及转换。按传统意义上"单对单"的交通组织方式，公路枢纽内部流线比较混乱。而通过换乘大厅的分层设置，在不同标高各种交通方式均可与换乘大厅接驳，实现立体化的换乘。各种人流进入客运枢纽之后，均可先汇聚到换乘大厅，然后再换乘其他交通方式，人流组织清晰、简洁，换乘组织系统也更加顺畅。

通过换乘大厅完成流动过程的流线，按其与换乘大厅空间的关系，可以分为外部流线和内部流线两类，如图5-23所示。

1）按空间组织方式的换乘方式

换乘方式的选择是枢纽空间衔接组织的主要内容，换乘组织首先必须深入了解换乘方式的细节。空间组织方式取决于各类交通方式的走向和相互交织关系。一般常见的有垂直交叉、斜交、平行交织等多种形式，但归纳到换乘空间组织方式，一般分为同站台换乘、阶梯换乘、站厅换乘、通道换乘、组合式换乘等基本形式。

（1）同站台换乘

同站台换乘一般适用于两种交通方式平行交织，而且采用岛式站台的车站形式。乘客在换乘时，由岛式站台的一侧下车，跨过站台在另一侧上车，即完成了转线换乘，换乘极为方便，如图 5-24 所示。

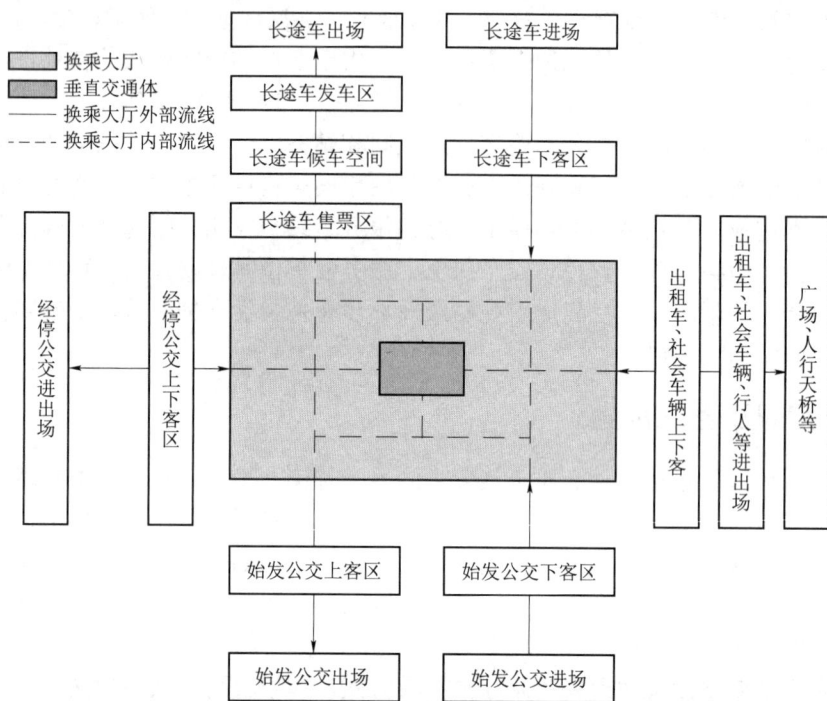

图 5-23　换乘大厅相关流线

（2）阶梯换乘

当客运枢纽采用立体化换乘组织时，两种交通方式在不同立体层面上布置，采用垂直交通体将两种交通方式上下客站台直接连通，乘客通过自动扶梯或升降机及步行楼梯进行换乘，换乘高差一般为 5～6 m，如图 5-25 所示。需要注意上下阶梯的客流组织，要根据换乘客流量进行阶梯通行能力分析，满足客流高峰时段顺利通过的需要。

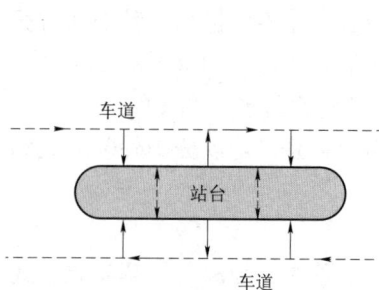

图 5-24　同站台换乘

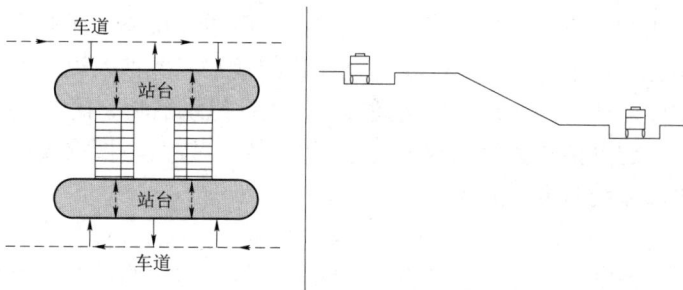

图 5-25　阶梯换乘

阶梯换乘方式根据不同交通方式换乘平台的交叉方式，分为"＝""＋""T""L"等几种布置形式。阶梯换乘方式的关键在于阶梯宽度往往因受岛式站台总宽度的限制，通过能力受到限制，这导致阶梯换乘方式的适用范围受到局限。

（3）站厅换乘

设置两种或多种交通方式共用站厅，相互连通形成统一的换乘大厅，如图 5-26 所示。乘客下车后，无论是出站还是换乘，都可经过站厅，再根据导向标志出站或进入另一个站台继续乘车。由于下车客流到站厅分流，减少了站台上人流交织，乘客行进速度快，在站台上的滞留时间减少，可避免站台因行车延误造成拥挤，同时又可减少阶梯等升降设备的总数量，增加站台有效使用面积，有利于控制站台宽度规模。站厅换乘方式适合于换乘规模大的综合性枢纽站。

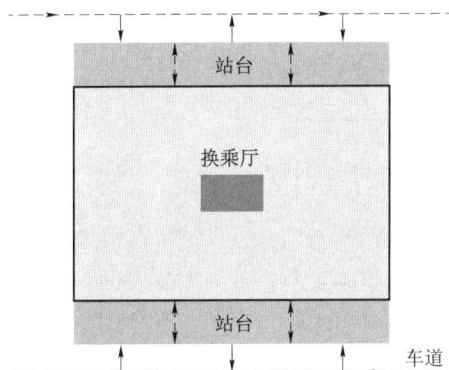

图 5-26　站厅换乘

（4）通道换乘

当两种交通方式上下客平台相距较远时，通常用通道将其连接起来，供乘客换乘，如图 5-27 所示。连接通道一般设于两站站厅之间，也可直接设置在站台上。通道换乘方式布置较为灵活，换乘条件取决于通道长度，一般不宜超过 100 m，通道宽度可按换乘客流量的需要设计。

图 5-27　通道换乘

（5）组合式换乘

在汽车客运站空间组织的实际应用中，往往采用两种或几种空间方式组合，以达到改善换乘条件、方便乘客使用、降低工程造价的目的。例如，同站台换乘方式辅以站厅或通道换乘方式，使所有的换乘方向都能换乘；阶梯换乘方式在岛式站台中，必须辅以站厅换乘或通道换乘方式，才能满足换乘能力；站厅换乘方式辅以通道换乘方式，可以减少预留工程量等。上述组合的目的，都是从功能上考虑，枢纽的换乘空间设计不但要满足换乘客流的通过能力，而且还要有较大的灵活性，在方便乘客换乘的同时，方便工程实施。

汽车客运站内接入的交通方式众多，各类交通方式的特性（例如，车辆尺度，发车模式，上下客的方式、频率，客流量大小，下客之后空车的处理方式等）都有较大的不同。这些不同就会带来各种交通方式换乘空间的差异性，只有透彻分析不同交通方式的特性，在组织客运枢纽换乘大厅流线时，才能做到最优化处理，如图 5-28 所示。

（a）单换乘大厅平面换乘

（b）多换乘大厅平面换乘　　　　（c）复合式立体换乘

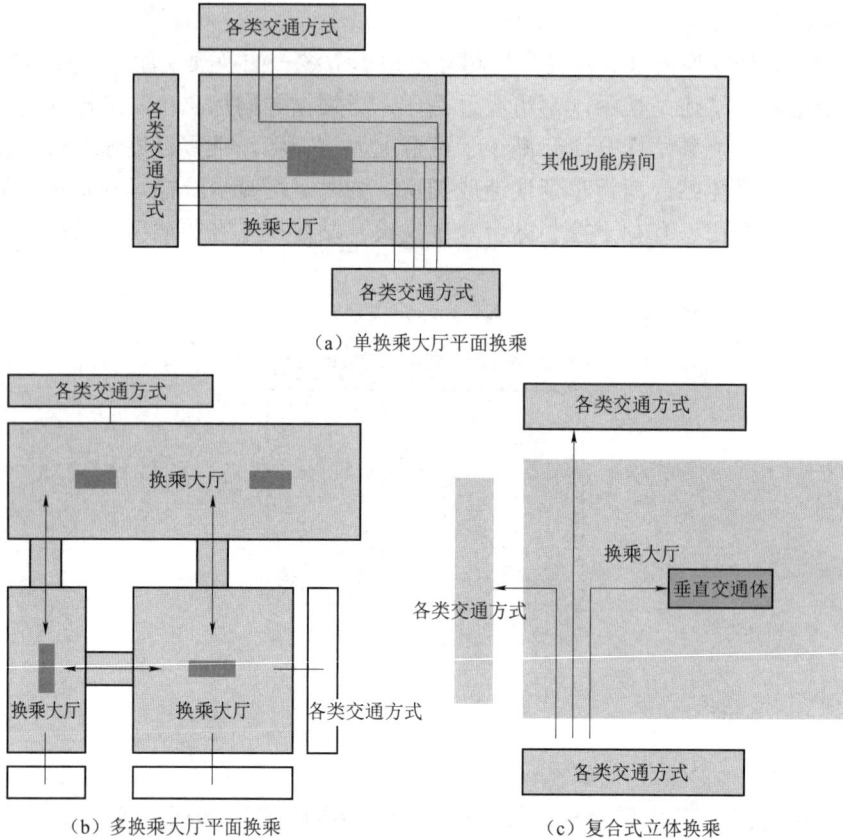

图 5-28　组合式换乘

2）按换乘工具的换乘方式

汽车客运枢纽站的换乘，按照不同换乘交通工具来划分，可以分为汽车客运与城市地铁、铁路、城市公交、小汽车、出租车等几种换乘方式。

（1）汽车客运与城市地铁的换乘

地铁车站功能构成包括公共区域、售票检票设备及地铁运营所需要的设备用房和管理用房。车站一般都在地下，在设计时通常采用多个入口和多种方式进入的形式，如多数车站可以采用下沉广场作为入口，同时也有地面上敞开的通道以及跟地上建筑共用门厅的出入口形式。另外，地铁运能较大，地铁站人流高峰期和低谷期对比差异相当明显，高峰期出现人流大量涌入的概率很高。这个要素影响着地铁客运与汽车客运之间的换乘。汽车客运交通空间与地铁交通空间的相似之处在于，从原理上可以水平垂直相交结合，还可以利用公共空间作为联系的桥梁，高效率地利用空间。但是值得注意的是，地铁客流有时间分布不均匀性，所以在汽车客运安排客运时间时，要尽量使两种交通工具的客运高峰期协调。

在进行汽车客运与地铁客运换乘设计时，需要考虑的因素复杂，原因是在考虑地铁和公路本身的通行特质外，还要考虑汽车与地铁之间不同的客流情况。衔接两种交通工具的换乘通道，为了减少步行距离，提高行走速度，减少步行时间，自动步道和自动扶梯得到广泛运用。采用换乘大厅换乘也能使人流集中，导向性也较明显。使用地下式的换乘能够避免地下人流与地面人流的交叉，使人流相对单纯，流线也更便捷。我国的城市地铁与汽车客运站的换乘，主要采用了通道换乘和建筑内部换乘大厅的两种形式。

在修建地铁车站和汽车客运站时，若缺乏统一的设计，往往采用通道式的换乘方式。换乘分布于各自独立的功能标高上，通道只是不同空间的联系纽带，但因在设计时没有对两者之间的换乘给予充分考虑，难以发挥换乘枢纽最有利的功能特征，相对于综合立体的换乘大厅来说，在舒适性、方便性上显得不足。

以北京六里桥长途客运主枢纽站为例，该站考虑了与地铁的换乘衔接，把东西走向的地铁线路的出入口，设置在基地北部城市绿化带下。在主站房旅客进出站之间留出地铁出入口，以适应未来地铁产生的大量换乘客流需要。并且在主要站房与城市绿地之间设置人行过街天桥，以加强地铁出入口与客运站之间的联系，方便旅客。

（2）汽车客运与铁路的换乘

铁路交通与长途汽车客运之间的换乘，客流量占换乘客流总量的比重较大，由于铁路客运站一般数量较少，铁路客运站直接辐射的客流范围较小，所以大多数的非铁路直接吸引范围内的旅客，到达铁路客运站都采用了其他的交通方式，然后才换乘铁路交通。同时，从铁路下车的旅客，受到铁路站点的制约，往往并不能直接到达旅途的目的地，需要在下车后转乘长途汽车到达目的城镇，最后通过市内公共交通到达最终目的地。

如果长途汽车客运站与铁路客运站相隔较远，需要通过第三种交通方式（城市公共交通）来实现铁路与长途汽车之间的换乘。如果铁路客运站与城市汽车客运站的选址能结合考虑，将有利于两种交通方式之间的换乘。目前，我国相邻铁路客运站与长途汽车客运站的换乘，主要采用了通道换乘、共用广场换乘和建筑内部换乘大厅等形式。如郑州综合交通枢纽公路客运中心，在规划时临火车站而设，两者之间的换乘是通过通道连接实现的。

（3）汽车客运与城市公交的换乘

城市乘坐长途汽车出行的旅客，很多是乘坐城市公交车到达客运站，再由客运站站前广场进入客运站内部。传统的长途客运站，不少城市公交车站都离长途客运站站房较远，这使得旅客进站线路长，并且一路上日晒雨淋，舒适度较低。而在设计中也要尽量把人流和各种车流分开，减少车和人之间的干扰，提高安全性，设置不同的通行线路并利用空间将其隔开。

随着客运站设计的发展，现在城市公交车站地点离长途客运站站房的距离越来越近，从靠近站房到利用站前广场，或融入下沉式的站前广场，再到进入站房与站房统一设计，车站进入站房架空层，成为站房的一部分。

专门的公交换乘广场较之传统的站前广场面积大大缩小，它具有专门的换乘功能，因此流线更加泾渭分明、顺捷流畅。由于公交换乘人流量大、车辆多、线路复杂，目前还不能完全采用站房内换乘的形式，但是可以看到，在立体换乘、综合换乘的现代交通形式中，公交换乘效率也得到了明显的提高。

（4）汽车客运与小汽车、出租车的换乘

出租车类似于个体运输工具，具有灵活的可达性，车行速度快，上下客简便等诸多优点，是汽车客运站内重要的交通流线。虽然出租车整体人流量不大，但在枢纽站场内部仍需设置较多的上下客车位，以满足出租车的停靠需求，故出租车站台常设计为L形、U形或折线形，以增加车位和增大与换乘大厅的接触面。

出租车站台按照车行流线分为下客站台、出租车排队区、上客站台3部分。在设计时可充分利用U形、L形等形式站台的特点，结合换乘大厅设计，使上客区和下客区靠近换乘大厅，排队等候区远离换乘大厅，减小换乘距离，方便乘客换乘。同时，因出租车车身小，轻便灵活，机动性强，在地面层场地限制较大、不易布置的情况下，还可设置于地下或地上二层位置，实现立体换乘。

5.4　公路货运枢纽站功能与设计

公路货运枢纽站是公路货物运输的集散点，泛指货物集结、暂存、待装运和转运的场所，规模可大可小，是物流环节的连接点，是实现货物"门到门"运输和直接为车主和货主提供多种服务的场所，具有接单、分拣、装卸搬运、倒装、配送的综合功能。现代货物运输以集装箱运输和零担货物运输为主要研究对象，作为多式联运中的重要节点，公路货运枢纽站将货物运输线路连接成为相互贯通、连续不断的网络系统，利用站场内部的设施设备实现货物的中转、暂存等换装作业，保证货物安全、及时地送达最终目的地。

公路货运工作和公路客运工作一样，是一项经济性很强的活动，是物流的重要组成部分，其工作的重点是保证运送的货物完整无损及按时到达。公路货运枢纽站的基本任务如下。

① 满足社会对公路货运的要求。它为营运区内货物的合理运输创造良好条件，并组织好城市间、城乡间的公路货运工作。

② 组织好各种运输方式间的衔接。组织好物流系统中各种运输方式，主要是公路、铁路、水上及空中运输之间的衔接工作，开展联合运输。

③ 为货主或用户服务。按货主和用户的要求，完成货物的进货、储存、送货等工作；除了传统的"运""送"之外，还开展分拣、配货、分放、配装等工作。

④ 安全、及时地完成任务。提高公路运输的实载率，保证货物安全、及时、方便、经济地到达指定地点。

5.4.1　公路货运枢纽站的基本功能

货运枢纽站主要具有运输组织、中转换装、装卸仓储、多式联运和运输代理、通信信息和综合服务六大功能。由于货运站场类型和规模有所区别，各项功能具体的实现程度要根据该区域的实际情况进行设置。

① 承运货物的发送、中转、到达等作业，及时掌握货源分布信息和货物流量、流向等特点，进行运力的调配、组织货运配载，制订货物运输计划，协助物资单位选择合理的行驶线路和运行方式，减少车辆空驶，节约成本，提高公路货物运输的效率和社会效益。

② 建立通信信息中心，通过计算机及通信设备，把本地区及周边省市的货主、货运经营者和公路运输管理部门有机联系起来，获取相关信息，进行货物跟踪、运输付款通知、运费结算和发货事务处理等服务，充分满足货主和货运经营者的需求，快速准确地传递各种营运信息，促使分散的社会车辆和物流组织化，使货运与仓储、配送各个环节协调灵活地运转。

③ 面向社会开放，提供物流服务，进行货物的集散、中转、短期保管、包装等服务，代理货主销售、运输储存的货物，为货主和车主提供货源、运力、货流和配载信息等双向服务，并在货运站场内进行各种装卸搬运作业，以利于货物的集、疏、运。

④ 为货主、司机等人员提供休息场所和餐饮服务，为车辆提供停放、加油、清洗维修、事故救援等服务。

⑤ 依赖信息网络技术，延伸开展流通加工、实时配送、车辆保险、物流咨询设计及提供商情信息等一系列综合物流服务，逐步成为发展形势下新的物流中心。

5.4.2 公路货运枢纽站的设置形式

公路货运枢纽站为货物集散、车辆停放提供场所。对于较大规模的公路货运站，除具备以上基本功能外，还应具备运输生产组织管理、中转换装、通信信息、多式联运、运输代理和综合服务等功能。当前，我国汽车运输企业的货运枢纽站，大致可分为零担货运站、整车货运站和集装箱货运站 3 类。

（1）零担货运站

一批货物托运的重量在 3 t 以下或不满一整车装运时，并且单件货物质量不超过 200 kg，单件体积不超过 1.5 m³，货物长度不超过 3.5 m，宽度不超过 1.5 m，高度不超过 1.3 m，此批货物就称为零担货物。

零担货运站就是专门从事零担货物运输的汽车站，简称零担站。其主要特点如下。

① 站务作业计划性不强。零担货物可由托运单位或个人自行运抵货运站点，也可由车站指派业务人员上门代理托运手续。因此，难以采用合同运输等方式将其纳入计划运输的轨道。

② 站务工作量大且复杂。作业主要程序是：受理托运、退运与变更、检货司磅、验收入库、开票收费、装车与卸车、货物交接、货物中转、到达与交付等环节。

③ 建站条件要求较高。车站必须满足零担货运的工艺要求，合理地设置零担货运站房、仓库、货棚、装卸场、停车场以及相关生产辅助设施，且各组成部分的相互位置应符合方便货主、便于作业、适应需要、优质服务的要求。

④ 设备条件要求较高。车站多选择厢型车作为专用运输车辆，同时还应配置较高生产效率的站内运输机械和装卸设备。

（2）整车货运站

整车货运站是调查并组织货源，办理货运商务作业的场所。商务作业包括托运、承运、受理业务、结算运费等工作。有的整车货运站也兼营零担货运。整车货运站的主要特点是：

① 整车货运站是公路运输企业调查、组织货源，办理货运等商务作业的代表机构；

② 承担汽车货运车辆的停放和保管；

③ 一般不提供仓储设施，只提供运力，从发货单位的仓库装车，负责运输过程的货物保管，直接运送到收货单位的仓库卸车；

④ 因运量大、地点较固定，所以适于采用大吨位载货车和较高生产效率的装卸机械。

（3）集装箱货运站

集装箱货运站是以承担集装箱中转运输任务为主的货运站，又称为集装箱公路中转站，其主要业务功能是：

① 港口、车站与货主间的集装箱"门到门"运输与中转运输；

② 集装箱货物的拆（掏）箱、装（拼）箱、仓储和接取、送达；

③ 空、重集装箱的装卸、堆存和集装箱的检查、清洗、消毒、维修；

④ 运输车辆、装卸机械与设备的检查、清洗、维修和保管；

⑤ 货主代办报关、报检等货运代理业务。

5.4.3 公路货运枢纽站的建站原则与功能

1. 建站的基本原则

随着国民经济的高速发展，社会物流量不断增加，这就要求在进行货运枢纽站选址时应与整体网点相适应。在建站时除遵守适应性、协调性、经济性、战略性的基本原则外，还应考虑自然环境、经营环境、基础设施等因素的影响。因此，站址的选择是一项复杂的工作，需要认真地研究和论证。在建立货运枢纽站时，可具体考虑以下几项原则。

（1）符合城市总体规划和建设的需要

建站地址必须符合所在城市的总体规划和建设的需要，建设规模应以科学运量预测与选址计算为依据，要明确货运业务功能范围，保证工艺布置符合物流的规律性，要满足城市环保与交通运输的要求。

（2）考虑货源的分布与货物性质

站址的选择与货源分布及货物性质密切相关。若货物的性质关系到供应城市人民的日常生活用品，则站址宜布置在市中心的边缘，与市内仓库有较为方便的联系；若货物的性质对城市居民有影响或以中转货物为主，则站址应布置在仓库区、工业区等货物较为集中的地区，亦可设在铁路货运站及货运码头附近，以便组织联运。

（3）尽量避免重复运输和空驶里程

在选择站址时，力求节约投资，并重视提高投资的经济效益，因此，应尽量避免产生大量的重复运输和空驶里程。站址与城市交通干道要方便联系，保证货主到站办理各种货运业务的方便性。零担货运站要便于货物的集散和换装；车辆出入方便，避免车流、货流交叉并具有足够的场地。

（4）满足交通运输方便的要求

货运枢纽站尤其是集装箱货运站的站址选择，宜接近港口码头、铁路货站，或靠近交通枢纽、货流量大的地区；同时，还应接近生产和消费地区，满足交通运输方便及开展综合运输的要求。

（5）为以后的发展留有余地

汽车货运枢纽站的建设同其他经济工作一样，绝不能脱离我国的现实情况。既要从当前的实际出发，又要为以后的发展留有余地。要充分利用现有的条件和设施，调动各方面的积极性，促进我国运输结构向合理的方向发展。建站设计不要贪大求洋，也不要保守落后，力求其科学性、先进性和可行性。

2. 货运枢纽站的组成与功能

零担货运站及集装箱货运站的功能各有特色，因此其组成和主要作业流线也不尽相同。下面分别加以介绍。

1）零担货运站

（1）零担货运站的组成

零担货运站应由站房、仓库、货棚、装卸场、停车场及生产辅助设施等组成。站房包括托运处、提货处及工作间等。其中托运处由受理货物人员工作间和托运人办理托运手续的场所组成。站房内还设置调度、开票、收款、台账统计等业务管理人员的工作间。同样，提货处由办理提货手续人员的工作间和提货人办理提货手续的场所组成。零担货运站的仓库与货棚由货位、操作通道、进出仓门、装卸站台等组成。零担货运站的装卸场及停车场分别为车辆装卸货物和停放车辆时所必需的场地。生产辅助设施包括行车人员的宿舍、食堂、装卸工作人员休息室、行政及后勤管理人员工作室、业务资料室等。

（2）零担货运站的主要作业流线

零担货运站同样有人流、货流和车流，但以货流为主线，车流、人流相对处于次要地位，并且往往伴随着部分货流的流线一起移动。零担货运站的车流与客运站的车流十分相似，只是运输对象不同。

按照零担货物在站内的流动方向，货物流线又可分为发送流线和到达流线。其中发送流线是指零担货物受理托运、检货司磅、验收入库、仓库保管、分线装配、交接装车、零担车出站，同时包括中转零担货物的换装转运。到达流线是指零担车进站、卸货、验收入库，仓库保管及货主凭票提货，同时包括中转零担货的保管和组织中转。

为了避免零担站的各种流线发生相互干扰和交叉，必须注意解决以下问题。

① 分设托运处和提货处，把货物托运及提取两股流分开，组织站内货物的单向流动。

② 将车流和货流分开，由于发送车辆多数集中在上午，到达车辆多数集中在下午，所以除一级零担货运站车辆应单独设置进出站口外，其他级站车辆可共用一个进出站口。仓库附近是车流与货流的汇集处，容易发生发送货物与到达货物、发送车辆与到达车辆相互间的干扰和交叉。所以，大型零担货运站的仓库，通常在其两侧均设置装卸场，使到达车辆和发送车辆分开停靠，保证出入仓库的货流单向流动，同时也避免了车流间的相互干扰和交叉。对于有条件的零担站，亦可将发送货物仓库与到达货物仓库分开设置，以合理组织站内的货流和车流。由于零担站负责托运货物的入库与提取货物的出库运输一般是分开的，因此，站内很少发生人流与车流或货流的相互干扰。

（3）零担货运站各作业单元的主要功能

零担货运站的各作业单元，既有各自的工作内容，分工明确，又有其作业和程序的连续性，相互联系和协助。各作业单元的主要功能如下。

① 托运处、提货处及工作间。零担货运站的托运处、提货处及工作间，应设置在车站站房内。为了便于货主运送货物，必须与主干道有较方便的道路衔接。

托运处是货主办理托运、货物临时堆放及站务人员办理验货、司磅的场所。由于办理托运的高峰时间比较集中，人流和货流容易发生交叉和干扰，因此，必须组织好托运作业流程，并提供足够的用地面积，受理托运的工作间应按作业流程设置，便于货主办理托运手续。

受理托运作业包括检查货物的包装、检验货物的性质、确定质量和办理单据等工作。因此，必须认真核对货物名称、件数、质量、包装、到达（中转）站及托运人姓名、地点；查验货物包装标准，严禁夹带危险品，必要时应拆包检查。零担货物的质量应过磅后确定，零担轻浮货物的计费质量，按货物体积折算确定。上述货物质量均包括包装质量。托运与仓库间的距离应短，便于受理托运后的货物入库保管存放。对于货流较大的零担货运站，可采用货物传送装置。

提货处是供货主办理提货手续的场所。根据站级不同，货物可由货主到仓库处凭证提取，也可由装卸工将货物从库中搬出后由货主运走。在有条件的零担货运站，可由货运站送货上门。所以，提货处的面积不必太大，但应靠近仓库到达货物的货位。

② 仓库与货棚。仓库是保管、存放与受理托运货物、到站交付货物及中转货物的场所。

仓库作业是零担站务作业的关键环节。仓库位置应便于货物的入库和提取。为了有利于仓储生产的正常进行，并适应零担货物仓储的生产工艺要求，库内的发送货物、中转货物及交付货物应分区存放，并分线设置货位，防止发生商务事故；应尽可能使货物在库内按一个方向流动，避免作业中发生货流的相互干扰和混乱；尽量减少货物在库内的搬运距离，避免任何迂回运输；要最大限度地利用空间，有利于货物的合理存放和充分地利用库容量。

合理设置仓库的装卸门数十分重要，既要考虑车辆在比较集中到达时有可能进行同时装卸作业，又要考虑尽量减少因增设装卸门数造成仓库有效堆入面积的损失。

货棚是为了适应少数笨重货物需要而设置的场所。由于货物较重（质量在 250 kg 以上），不便于仓库存放，若在露天停放又容易造成生锈或蚀损。因此，必须选择合适的位置单独设置货棚。

③ 装卸站台。在靠近装卸场的仓库一侧设置装卸站台，其主要要求是：满足同时有较多车辆进行作业的装卸方便性，并有利于采用装卸机械（如叉车）作业，以减轻装卸工人的劳动强度。对于规模较小的零担货运站，也可利用装卸站台放置少量笨重货物，或作为货物进出仓库的临时堆放场地，便于在仓库管理上做到货主不直接进入仓库。装卸站台上方应设置防雨棚，以免装卸货物时遭受雨淋或造成湿损。

装卸站台一般分为直线型和阶梯型 2 种。根据车辆进行作业时与站台的相互位置，直线型又可分为平行式［图 5-29（a）］和垂直式［图 5-29（b）］，在设计时应根据装卸场地大小、车辆装卸门的位置等情况进行选择。当装卸场地条件受限制，又要保证足够的装卸作业点时，可采用阶梯型装卸站台，如图 5-30 所示。

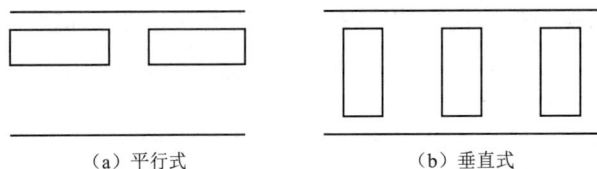

（a）平行式　　　　　　（b）垂直式

图 5-29　直线型装卸站台

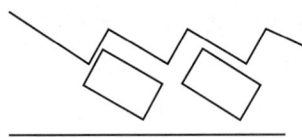

图 5-30　阶梯型装卸站台

④ 装卸场与停车场。零担货运站的装卸场是为装卸车辆行驶、调车和装卸货物的场所，应与站内的车辆进出通道合理地衔接，避免车流在站内发生交叉相互干扰。场地的大小及宽度与所采用的车型相适应，保证车辆行驶、停车和装卸作业的方便，避免车辆在场内行驶时采用不合理的辅助调车。

零担货运站的停车场是停放、保管驻站车辆的场所，其面积与营运车辆的车型及驻站车辆数目有关，并且要适当考虑驻站车辆的维护、小修作业场地，以保持车辆技术状况的良好。

2）集装箱货运站

（1）集装箱货运站的组成

集装箱货运站应由站房、拆装箱库和拆装箱作业区、集装箱堆场、停车场及生产辅助设施等组成。站房内主要布置业务办公用房，包括商务作业、生产调度、海关、检疫、理货、商检等部门。业务办公用房包括商务作业人员工作间和收、发货人办理托运、提货手续的场所等。拆装箱库和拆装箱作业区包括仓库、作业平台和作业区等，其中仓库应由货位、操作通道和作业仓门组成。集装箱货运站的停车场及辅助生产设施，与零担货运站大致相同。

（2）集装箱货运站的作业流线

集装箱货运站的主要作业流线是货流和车流，其中货流必须通过专用运输机械才能进行。

图 5-31 为集装箱货运站的工艺流程框图。根据集装箱型号，发、收货人及物流的特点，可把集装箱分为整装箱和拼装箱两类，且它们在站内的作业工艺也有很大区别。整装箱的接取、送达作业是以"箱"为单位的，它在站内只作临时停放，应及时组织中转。其装箱与拆箱作业由货主自理。拼装箱的接取、送达作业是以普通货物形态完成的，其作业方式与零担货运站相仿。拼装箱的装箱与拆箱作业，均由集装箱站负责在站内作业区完成。

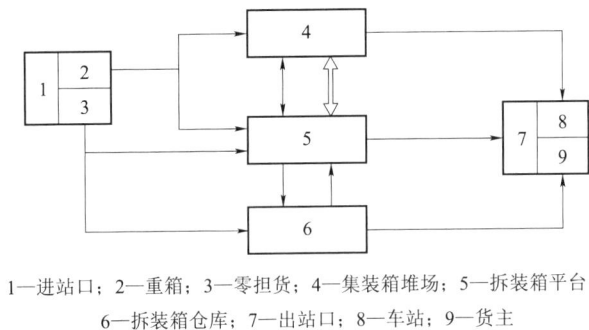

1—进站口；2—重箱；3—零担货；4—集装箱堆场；5—拆装箱平台；
6—拆装箱仓库；7—出站口；8—车站；9—货主

图 5-31　集装箱货运站的工艺流程框图

集装箱货运站内的主要流线是车流，它是由运送集装箱的专用车辆和站内集装箱的运输机械所组成的流线。为避免相互干扰和交叉，站内道路及操作通道，一般应采用无交叉的环形行驶路线，并选用较大的转弯半径和扫空距离。

（3）集装箱货运站组成部分的功能

由于集装箱货运站的主要组成部分及其功能要求，与零担货运站大致相同，所以这里不重复叙述。与零担货运站相比，集装箱货运站不同的组成单元是集装箱堆场、拆装箱库和拆装箱作业区。

① 集装箱堆场。是堆放集装箱的专用场地，它满足中转箱、拼装箱、周转和维修箱等分区堆放的不同功能要求，并能缩短运距，避免作业交叉，能准确、便捷地运送所需集装箱，便于管理。

② 拆装箱库和拆装箱作业区。是对拼装箱进行拆箱及装箱的场所，也是拼装箱零担货物的集散地。其作业内容主要是把适箱零担货物装入集装箱，或从集装箱中取出，按类保管、存放和发放。

拆装箱平台通常设置在拆装箱库的两侧或四周，所需场地应保证车辆进出与人员操作互不干扰。拆装箱平台的工位数应满足进行拆装箱作业的需要。

集装箱运输是以集装箱作为基本工具实现成组运输的一种形式，同时也为适箱零担货物提高运输质量提供了新的运输方式。所以，零担运输与集装箱运输关系密切，相互促进。因此，目前有不少汽车运输企业的货运站，同时经营零担运输和集装箱运输，以适应社会发展的需要。

5.4.4　公路货运枢纽站的平面布置

1. 平面布置的基本原则

总平面图的布置和设计，是货运枢纽站设计的一个重要组成部分。其主要任务是根据工艺计算的要求、选定的站址和地形特点、生产工艺流程等，对建筑物、构筑物、运输道路及站区绿化等方面进行相关研究，进行合理布置，使其在工艺上先进、经济上合理，具体应遵循以下原则。

（1）合理划分区域

在进行零担货运站和集装箱货运站布置时，一般可分为生产区、生产辅助区、站前办公区和生活区4部分。为了满足生产工艺要求和加强生产联系，区域划分应合理，平面布置要紧凑。

零担货运站的生产区主要包括托运处、提货处、仓库、货棚、装卸场等；生产辅助区包括车辆的清洗、加油及维修车间等；站前办公区包括办公楼、出入大门及传达室等；生活区包括职工食堂、浴室、锅炉房、单身宿舍及司助人员宿舍等。集装箱货运站的生产区还应包括堆场及拆装箱作业区；有条件的货运站生产辅助区还应设置集装箱的清洗、消毒、熏蒸和维修作业的专用场地。

根据货运站的特点，仓库是货运生产作业的中心和关键环节，所以必须很好地规划仓库的位置以及它与各作业区的相互配合，使之满足生产工艺要求，并取得良好的生产相互联系。

（2）避免站内行驶线路的交叉

力求车辆及货物在站内行驶路线短捷，避免发生相互交叉和拥挤，保证正常的秩序和运输安全。对于一、二级站，车辆的进出大门宜分开设置，并应远离托运处和提货处；为了避免货流与人流的交叉，托运处和提货处位置应尽可能分开设置。站内道路应采用无交叉的环形行驶路线，组织车辆单向流动。

（3）为货主提供方便

场区的办公室（楼），一般宜临主干道布置，以满足城市建设的基本要求。托运处和提货处应设置在交通方便的进站口附近，通常在办公楼底层营业，很少单独建造，既方便了货主，又避免了人流进入站内发生与车流的交叉。

（4）不同方案的比较

在进行平面布置时，要因地制宜，重视对不同方案进行比较和技术论证，既要考虑节省占地面积、经济，又要为以后的发展留有余地。

采用单层仓库和单层堆码集装箱，将会给生产作业提供方便和有利条件，但占地面积大；如果采用立体仓库或多层仓库，占地面积小，但生产作业却增加了难度，造价也明显增加。目前，货运站仓库仍以单层居多，近几年逐渐向双层或立体仓库发展。在采用双层或立体仓库时，要注意装卸设备的选择，很好地解决货物的垂直运输问题和集装箱的堆码方法。现在，货运站多建为双层仓库，堆场以钢筋混凝土浇制，要注意重箱堆场基础应加固。

零担站仓库的作业平台，可以在仓库的一侧设置或两侧设置。当仓库作业平台为一侧设置时，货物装卸在同一侧进行，容易发生车流与货流的干扰和拥挤；当仓库两侧均设置作业平台时，可以把货物的装卸作业按入库和出库方向分区进行，这样可以避免货流与车流间的相互干扰。但由于两侧均设置作业平台和装卸场，必然增加占地面积。

根据不同的站级、运输量及其分布特征、站址条件等因素，制订多种布置方案，进行技术经济论证和比较，选出最佳方案，以使最后确定的方案在工艺上合理、经济上可行、技术上先进。

2. 平面布置的基本类型

场区的办公楼，通常与仓库分开建造并布置在临主干道一侧。由于仓库的位置对零担站和集装箱站的总体布置有重要影响，所以这里将以仓库为主，说明场区的平面布置类型。

（1）按仓库外形分类

按仓库外形，场区平面布置可分为一字形、L形及T形。在生产实践中，一字形仓库对货物的装卸作业比较有利，所以零担站仓库较为广泛采用。由于集装箱的拆装箱作业库房一般分设装箱库房和拆箱库房，采用 L 形及 T 形仓库，可以保证分区明确和联系方便，是供选择的基本类型。

（2）按仓库的高度分类

按仓库的高度可分为平地式仓库和高台式仓库两种。平地式仓库地面与路面相平；高台式仓库地面一般高出路面 1.20～1.30 m，与运输车辆车厢底板相平。

当集装箱仓库为平地式时，其周围可不设置拆装平台，拆装箱作业可在库内和拆装箱作业区内进行；当其仓库为高台式时，仓库的拆装箱作业区侧面应设置作业平台，为拆装箱作业提供方便。

新建的零担货运站宜采用高台式仓库，并设置相应的作业平台，便于货物装卸和采用叉车作业；可在仓库附近的位置，设置专门装卸的站台。

（3）按仓库建造层数分类

按仓库建造层数的不同，可分为单层仓库和多层（大于双层）仓库两种。其中高层货架仓库，建筑结构是单层的，但内部设置层数很多，有高度较高的货架，总高度甚至高于一般的楼库（多层仓库），是仓库中的一种自动化程度高，存货能力强的立体仓库，很有发展前景。在建造多层或立体仓库时，要考虑停电或发生设备故障时，货物竖向移动的措施，以免对正常生产造成严重影响。

（4）按仓库存放货物的类型分类

按仓库存放货物的类型，可分为综合仓库和专用仓库两种。零担货运站货物按其流向可分为发送货物和到达货物两类，其中到达货物又分为中转货物和交付货物两种。目前多数零担站采用综合仓库保管方法，即将上述各类货物在同一仓库内分区、分线保管存放。对于日均货物吞吐量较大的零担站，也可按发送、中转、交付等不同货物类型分别设置专用仓库，以免发生货运差错。对于承运危险品的零担站，必须单独设置危险品仓库。

集装箱站的拆装箱库，多数采用综合仓库。由于集装箱堆场也可为露天仓库，一般应按中转箱、拆装箱、周转箱和维修箱分区堆放。各种箱子的堆码层数应与选用的起重设备相适应。根据设计经验，重箱堆码最多不得超过 6 层。

3. 货运枢纽站的平面布置

图 5-32 为某汽车零担货运站的平面布置示意图。该站承担零担、联运、中转等运输业务。货运吞吐量较大，设施年度货物的吞吐量为 10 万 t，属于一级站。其占地面积为 21 550 m²，其中房屋建筑面积 13 550 m²，露天堆货场地（包括车辆停放）及车道面积共约 8 000 m²。

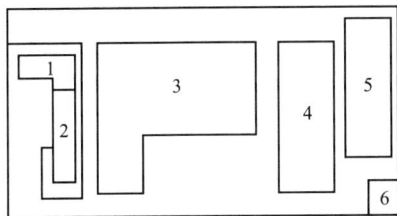

1—食堂；2—办公楼；3—发货仓库；4—露天堆场；5—到达仓库；6—危险品库

图 5-32　某汽车零担货运站的平面布置示意图

发货仓库及到达仓库分开设置，且采用双层建筑，其底层建筑为高台式。发货仓库呈 L 形布置，两层仓库的净空高度均为 4.50 m，层间共设升降机 5 台，以解决货物的竖向移动。沿 L 形仓库的内侧设置装卸站台，为货物装卸作业提供方便，且托运处也设在仓库内一侧，避免了货物的中间运输过程。装卸站台上面设有高出 5 m 的雨棚。该站设有危险品仓库，并在站内西南角单独建造，以满足消防安全要求。综合办公楼内设有业务、行政、医疗等部门的工作间和业务场所，与仓库只一路之隔，比较方便。楼高层部分作为宿舍，为驻站车辆的司机和进货人员提供方便。办公楼与食堂毗邻，同时备有锅炉、浴室等设施，为站内职工创造良好的生活条件。

站内车辆的进出口分开设置，有利于车辆的单向运动。露天堆场及停车处占地面积较大，为今后发展留有一定的余地。

图 5-33 为某集装箱中转站平面布置示意图。该站位于铁路货场附近，交通方便，但站址周边地形复杂，给平面布置增加了难度。其主要任务是承担铁路集装箱的中转工作，同时兼营零担运输业务，开展拼装箱、集零箱形式的零担运输，属二级集装箱中转站。

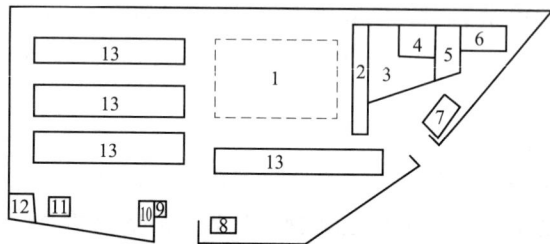

1—仓库房；2—综合办公楼；3—停车库；4—维修间；5—配合车间；6—餐厅水房；
7—传达室；8—配电室；9—地中衡；10—门卫；11—厕所；12—地下油库；13—集装箱堆场

图 5-33　某集装箱中转站平面布置示意图

该站年度设计货物吞吐量为 30 万 t，其中承担铁路集装箱中转任务 15 万 t，零担货物改为适箱货物 8 万 t，公路集零为整集装箱运输 7 万 t。集装箱堆场日均堆存箱数为 654 箱。

该站址占地面积为 20 667 m²，总建筑面积为 10 255 m²。根据站址特点，站内划分为生产区和生产辅助区两部分。其中，生产区布置在西侧的矩形场地，生产辅助区布置在东侧三角形场地。

生产区主要包括仓库和集装箱堆场。双层库布置在站内中部，长为 84 m，宽为 30 m，建筑面积为 5 155 m²，底层及二层的层高分别为 6 m 和 5 m，层间有 1 部楼梯及 2 部载货电梯。仓库房四周均有 1 部楼梯及 2 部载货电梯。仓库房四周设有拆装箱作业平台，台高 1.20 m，与高台式库房相配合，四周还布置 10 个拆装箱工位，并与道路相通，便于作业。

集装箱采用露天堆放，背靠背、门朝外、双层码垛式。箱位采用斜置单元成行式，分区布置，便于管理和作业。场区内集装箱分 8 行堆放，按中转箱、拆装箱、拼装箱、周转箱等性质分为 3 个堆放区。道路以环形为主，减少交叉作业，便于装运；道路转弯半径小于 15 m，扫空距离较大。集装箱堆场有效面积为 3 383 m²，辅助面积为 9 718 m²。堆场实际可存放箱位总数 204 箱，为今后的发展留有余地。

集装箱场内的起重运输机械，采用汽车吊车与叉车相结合，拼装箱库内侧以 2 t、1 t 叉车与载货电梯配合进行货物的升降、装卸和运输作业。

生产辅助区以综合楼为主体，并另设有停车、维修及其他生活和生产辅助设施。6 层办公楼通过单层车库、维修车间与二层职工食堂、会议室、开水房等构成了中转站生产辅助区总体。综合楼与库房之间用墙隔开，使库房与办公、辅助生产等设施分开，便于管理和安全。一层停车场内可适当配置花卉盆景，以美化环境，并在四周种植高大的阔叶树，使建筑物处在绿树环绕之中，为人们创造良好的工作、生活环境。

4. 货运物流化发展对货运枢纽站平面布置的影响

货运枢纽站是物流活动的重要节点，涉及运输、货代、仓储、配送乃至流通加工等物流活动的众多环节。不过，上述各种物流活动在货运枢纽站的业务中所占的份额是有差别的，货运枢纽站开展的物流活动最根本的内容仍然在运输方面，货运枢纽站的物流活动实践也充分证明了这一点。但货运物流化的快速发展，已极大地拓展了货运枢纽站的业务范围，并对货运枢纽站布局设计产生了重要的影响。

（1）具有物流配送中心职能的货运枢纽站布局

所谓物流配送中心，是指从供应商手中接收多种、大量货物，进行收货验货、储存保管、流通加工、信息处理等作业，并按各客户的需求配齐货物，以客户满意的服务，迅速、及时、准确、安全、低成本地进行配送的物流设施。物流配送中心作业流程、功能及配置作业区域如表 5-1 所示。

表 5-1　物流配送中心作业流程、功能及配置作业区域

作业流程	作业功能	应设计配置作业区域
1. 车辆进货	运输车辆停靠在卸货区域	进货口或进发货口
2. 进货卸载	物品由运输车辆卸下	卸货平台或装卸货平台
3. 进货点收	进货物品清点数量或品检	进货暂存区或理货区
4. 理货	进货物品拆柜、拆箱或堆栈，以便入库	进货暂存区或理货区
5. 入库	物品搬运送入仓储区域储存	库存区或拣货区
6. 调拨补充	配合拣货将物品移到拣货区或调整存储位置	库存区或补货区
7. 订单拣取	依据订单内容与数量拣取发货物品	库存区、拣货区或散装拣货区
8. 分类	在批次拣货时，按集合或按客户将货物分类输送	分类区或拣货区
9. 集货	按订单分割拣货后集中配送货物	分类区、集货区或发货暂存区
10. 流通加工	根据客户需求处理的流通加工作业	分类区、集货区或流通加工区
11. 品检	检查发货物品的品质及数量	集货区、发货暂存区或流通加工区
12. 发货点收	确认发货物品的品项数量	集货区或发货暂存区
13. 发货装载	发货物品装到运输配送车辆上	装货平台或装卸货平台
14. 货物运送	车辆离开物流中心进行配送	发货口或进发货口

由表 5-1 可知，具有物流配送中心职能的货运枢纽站，由于承担了收货验货、储存保管、

流通加工、信息处理、配送货物的职能，往往需要增设相应的库存区、分类区、集货区、拣货区等功能空间。特别是一些涉及快运业务的货运站，在分类区、集货区、拣货区往往配置了自动分拣和仓储系统（图 5-34），以加快货运的中转配送速度。

图 5-34　自动分拣和仓储系统示例

（2）物流园区中的货运枢纽站布局

物流园区一般占地规模较大，根据物流作业流程和物流作业量，确定物流中心功能分区、各功能分区的面积和各功能分区之间的相对位置，设计建筑的不同形式和标准。物流园区中的货运枢纽站，除需开展传统运输业务外，往往还承担与园区生产、仓储、包装、配送等相关的其他物流业务，图 5-35 为物流园区中货运枢纽站可能开展的物流业务实例，显然，物流园区中的货运枢纽站设施布局，还需要增加对存储、拣货、出入货等功能空间的设计。

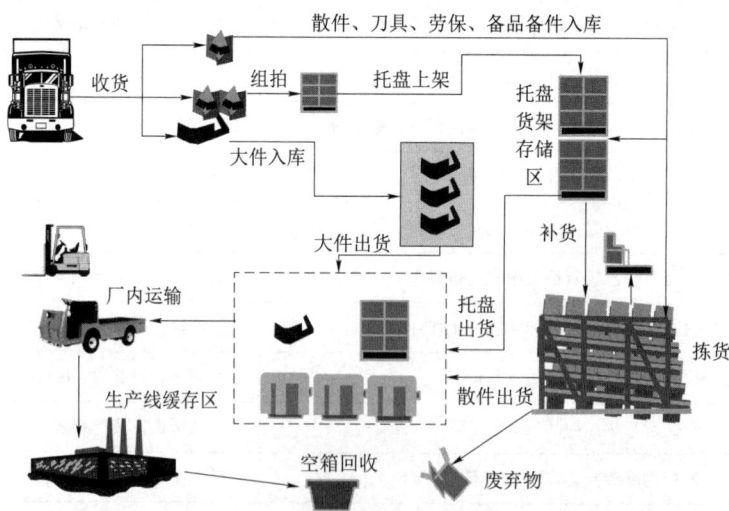

图 5-35　物流园区中货运枢纽站可能开展的物流业务实例

复习思考题

1. 城市汽车客运枢纽站设计具有哪些特点？
2. 汽车客运站的流线组织应遵循哪些原则？
3. 举例说明汽车客运站的设计如何更好地实现"无缝衔接"。
4. 请简要说明零担货运站及集装箱货运站功能及布局有何异同。
5. 简述货运物流化发展对货运枢纽站平面布置的影响。

第6章

水运主导型枢纽

6.1　水运港口枢纽概述

6.1.1　港口枢纽定义

港口是位于江、河、湖、海或水库沿岸具有水陆联运设备和条件，供船舶安全进出和停泊的运输枢纽。它是水陆交通的衔接点，工农业产品和外贸进出口物资的集散地，船舶停泊、装卸货物、上下旅客、补充给养的场所。

6.1.2　港口枢纽的组成

港口枢纽由港界内的所有的设施构成，如表 6-1 所示。港界即构成港口的水、陆域与其外围区域的分界，是对港口进行有效管理所必须明确的管辖范围。通常在港口总体规划中确定港界的范围，港界以内由港口经营者进行统一管理。

表 6-1　港口枢纽的组成

港口组成		功　　能
水域	锚地	专供船舶等待靠泊码头、接受检疫、进行水上装卸作业及避风的指定水域，可分为港外锚地和港内锚地
	航道	为船舶进出港口提供特定的安全航行通道
	回旋水域	船舶靠离码头、进出港口、掉头或改换航向时使用的水域，其大小与船舶尺度、掉头方式、水流和风速、风向有关
	港池	供船舶靠离码头和装卸货物用的毗邻码头的水域
港口岸线		是港口水域和陆域的交接线，是港口生产活动的中心
陆域	装卸作业地带	有堆场、仓库、铁路、道路、站场、通道等
	辅助作业地带	有车库、工具房、变电站、修理厂、作业区办公室、消防站、通信设施、给排水设施等
	预留发展用地	用于扩建及新建设施预留的用地

6.1.3 港口枢纽在城市中的规划布局特点

港口规划是指根据港口远景获得吞吐量的规模来确定港口水域、陆域及营运条件等的规划。一般需要在流域航运或海运规划的基础上进行。

（1）港口在城市中的位置

港址选择应从港口和城市两方面考虑。从港口角度必须考虑的因素有以下3个方面。

① 自然条件：包括水深、冲淤、风浪、潮汐、地质、地貌等。

② 技术条件：按港口规模、性质的要求，分析设计与施工技术上的可行性。

③ 经济性分析：比较投资，运营费用的经济合理性，近、远期的效益如何结合等。

（2）港址选择的指导思想

港址选择的指导思想是从城市的全局出发，合理地安排港、城关系：

① 港址与其他岸线使用单位的关系协调，如港口、工业、生活等岸线的全面安排；

② 港口与城市位置关系的协调，如与港口工业等地区的关系；

③ 集疏运组织条件，如港口出入航道的距离；

④ 有关城市总体布局的其他因素，如环境影响和保护。

（3）港口作业区的布置原则

① 客运码头要接近城市中心地区，使游客有方便的交通条件；

② 件杂货作业区一般应设在离城市较近，具有深水和中等水的岸线段，以适于件杂货船舶停泊及有关业务部门联系；

③ 集装箱码头宜邻近件杂货区，要求有较大水深和较大的陆域面积；

④ 为当地服务的作业区应尽量接近城市仓库区，与生产加工、生活消费地点保持便捷的运输距离；

⑤ 散货作业区应布置在城市常年主导风向的下风位置，防止对城市生活居住区污染；

⑥ 油码头对水深要求高，设独立的储存系统，有严格的防火和防止油污染水域的要求；

⑦ 木材作业区要有宽广水域；

⑧ 在国际贸易港口城市中，涉外区是一个重要的组成部分。

（4）港口的用地功能布局

① 保证临水生产用地、港区、生活居住用地等；

② 对外交通用地与各组成部分联系方便；

③ 生活居住用地与生产用地长边相邻；

④ 城市交通组织按照生活性与交通性，分别组成各自的网络；

⑤ 仓库用地按其类型分别接近其服务对象。

6.2 功能及流线特征

6.2.1 港口枢纽的功能分析

1. 港口枢纽的功能

港口枢纽的功能可以归纳为以下4个方面。

（1）货物装卸及客货转运功能

这是港口最基本的功能，即货物或旅客通过各种运输工具转运到船舶或从船舶转运到其他各种运输工具，实现货物、旅客在空间位置的有效转移，开始或完成水路运输的全过程。

（2）商业功能

即在商品流通过程中，货物的集散、转运和一部分储存都发生在港口。港口介于远洋航运业与本港腹地客货的运输机构之间，便利客货的运送和交接。港口的存在既是商品交流和内外贸易存在的前提，又促进了它们的发展。

（3）工业功能

随着港口的发展，临江工业、临海工业越来越发展。通过港口，由船舶运入供应工业的原料，再由船舶输出加工制造的产品，前者使工业生产得以进行，后者使工业产品的价值得以实现。港口的存在是工业存在和发展的前提，在许多地方，港口和工业已融为一体。

（4）其他功能

例如，城市功能、旅游功能、信息功能、交通及休闲等服务功能。

2. 现代港口枢纽的主要发展趋势

随着经济全球化和区域化进程的加速，世界主要现代港口，总体上已开始向更高、更新层次过渡。具体而言，现代港口枢纽的主要发展趋势如下。

① 港口的规划、建设及布局与城市逐渐一体化。以临港产业为城市产业主体的发展新模式，使整个港、城效益融合在一起。

② 经济腹地围绕港口协调发展。港口日益成为其所辐射区域外向型经济的决策、组织与运行基地。

③ 港口间既有合作又有竞争。

④ 港口进一步向深水化、大型化和专门化方向发展。

⑤ 在地理布局上，港口向网络化方向发展。以全球性或区域性国际航运中心的港口为主、以地区性枢纽港和支线港为辅的港口网络，已经或正在形成。

6.2.2 港口枢纽各要素的功能及布局

1. 港口水域设施的功能及布局

（1）进港航道

进港航道是海、河主航道和港池间供船舶进出港口的水道。进港航道的定线，要充分考虑风、波浪、潮流（水流）、沿岸泥沙流等自然条件对船舶安全进出港的影响。对进港航道有两个基本要求：① 保证船舶安全、方便地进出港口；② 疏浚费用少。因此，进港航道要保证必须有足够的水深、宽度、适当的位置、方向和弯道曲率半径，避免强烈的横风、横流和严重淤积，同时，尽量降低航道的开辟和维护费用。

（2）锚泊地

锚泊地是指有天然掩护或人工掩护条件且能抵御强风浪的水域，船舶可在此安全停泊，接受海关、边防部门的检查和检疫，等候泊位、引航，进行过驳作业或编解船队等。海港中的锚地分港内锚地和港外锚地。港内锚地设在港池内，其面积根据到港船舶密度和过驳作业情况确定。港外锚地设在港池外，可靠近进港航道，但不能占用进港航道。

在河港中，一般设置到港锚地和离港锚地，供驳船队进行解队和编队作业。如自然条件允许，到港锚地应布置在专业码头的下游侧，离港锚地布置在专业码头的上游侧，以利驳船队运转。危险品船舶的锚地应布置在港区和城镇的下游，并保持一定的安全距离。

锚地应有适当的水深，但不能占用主航道或影响船舶的装卸作业和调度。如果港口缺乏深水码头泊位，也可在此进行船转船的水上装卸作业。内河驳船船队还可在此进行编、解队和换拖作业。锚地同桥梁、闸坝、水底过江管线等都要保持一定的距离。天然河流在枯水期、中水期和洪水期水位不同，水流情况也有变化，所以锚地的位置往往按不同水期分别布置。锚地底质以沙质黏土和密实沙土为佳。砾石、岩石底质容易走锚，松散粉细沙底质容易陷锚，均不宜选作锚地。

（3）港池

港池是指直接和港口陆域毗连，供船舶靠离码头、临时停泊和掉头，进行装卸作业、水上过驳作业的水域。港池按构造形式分，有开敞式港池、封闭式港池和挖入式港池，有天然形成的，有人工建筑掩护而成的，还有人工开挖成的。

港池尺度应根据船舶尺度、船舶靠离码头方式、水流和风向的影响及掉头水域布置等确定。港池要有足够长的岸线，以便布置码头，同时要有足够的面积和水深。港池包括码头前沿水域、船舶转头水域和港内锚地等部分。在有防波堤掩护的海港，口门是船舶进出港口的大门，其宽度和方位根据设计船舶的尺度、港区范围内的风浪、潮流等资料确定。开敞式港池内不设闸门或船闸，水面随水位变化而升降。封闭式港池内设有闸门或船闸，用以控制水位，适用于潮差较大的地区。挖入式港池是在岸地上开挖而成的，多用于岸线长度不足，地形条件适宜的地方。

（4）防波堤

防波堤用于围护港池、防御波浪，保持水面平稳，以便船舶停泊和作业的水工建筑物。防波堤由块石、混凝土块体等材料构成。

按平面布置，防波堤可由港池两侧岸边向外伸出的双堤组成，或者是一条从港池岸边一侧向外伸出的曲线形单堤，或者是一条与岸线大致平行的离岸单堤，或者由双堤和离岸单堤组成。按断面形状，防波堤有斜坡式、直立式和混合式。防波堤的平面布置和断面形状，取决于地形地势、水深、波浪要素、海底地质情况、建筑材料供应情况及施工设备、施工期限等。

2. 港口陆域设施的功能及布局

（1）码头

码头是完成水陆货客转换机能设施组合的总称。码头可以按照功能和平面布置型式进行分类。按运输对象，可分为客运码头和货运码头，客运码头与货运码头要分开设置，避免干扰。货运码头按货物种类和包装型式，又分为件杂货码头、集装箱码头、通用码头等；从贸易和商务的角度，可分为外贸码头和内贸码头；按隶属关系，可分为业主码头和公用码头；按平面布置型式，可分为顺岸式布置、突堤式布置（图6-1）、挖入式布置、沿防波堤内侧布置、岛式及栈桥式布置。

码头由主体结构和码头附属设施两部分组成。主体结构又包括上部结构、下部结构和基础（图6-2、表6-2）。

上部结构的作用是：① 将下部结构的构件连成整体；② 直接承受船舶荷载和地面使用荷载，并将这些荷载传给下部结构；③ 作为设置防冲设施、系船设施、工艺设施和安全设施的基础。它位于水位变动区，又直接承受波浪、冰凌、船舶的撞击磨损作用，要求有足够的整体性和耐久性。

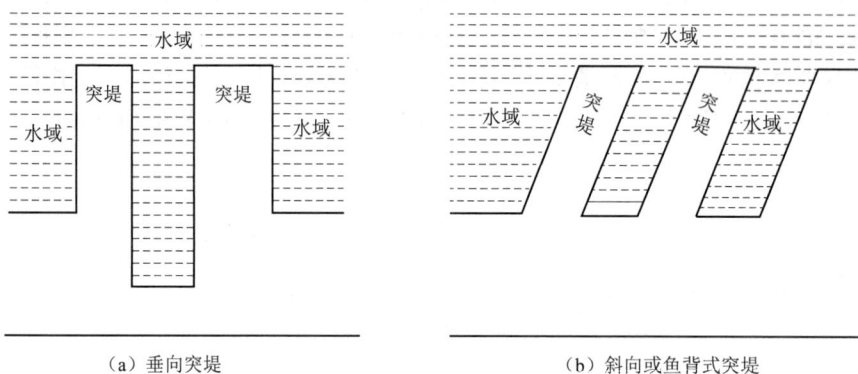

（a）垂向突堤   （b）斜向或鱼背式突堤

图 6-1 突堤式码头平面布置型式

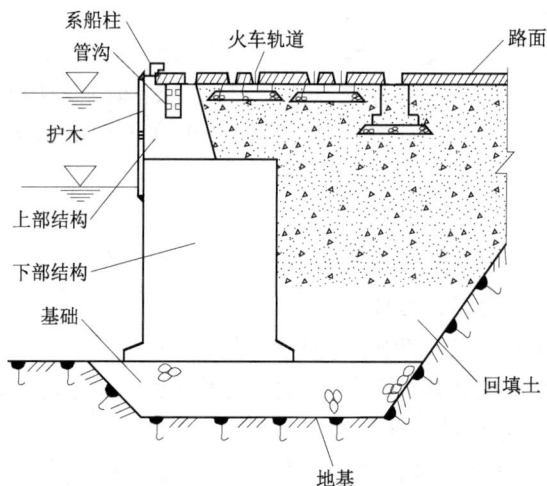

图 6-2 码头结构示意图

表 6-2 码头的组成

组成部分		结构形式		
		重力式码头	板桩码头	高桩码头
主体结构	上部结构	胸墙	帽梁或胸墙	承台或梁板及靠船构件
	下部结构	墙身	板桩墙	桩
	基础	抛石基床		
	其他	墙后回填料	拉杆、锚碇结构	挡土结构
码头附属设施		系船设施、防冲设施、工艺设施、安全设施、路面		

下部结构和基础的作用是：① 支承上部结构，形成直立岸壁；② 将作用在上部结构和本身上的荷载传给地基。高桩码头设置独立的挡土结构，板桩码头设置拉杆、锚碇结构，其作用分别是为了挡土或保证结构的稳定。

码头附属设施用于船舶系靠和装卸作业。

（2）港口库场

港口库场是供货物在装船前和卸船后短期存放的仓库和堆场。库场按所处位置分为前方库场和后方库场。前方库场位于码头前沿近旁，供进港货物暂时存放和出港货物在装船前临时集中用；后方库场离码头较远，供货物集中和疏运的周转之用。

（3）港区铁路

大型港口的港区铁路包括港前车站、分区车场和货物装卸线等，如图 6-3 所示。小型港口可只设港前车站和货物装卸线。货物装卸线布置在码头前方仓库和堆场的前后侧，以便车船直取联运；分区车场靠近码头和前方库场。来港货运列车在港前车站进行解体和编组，把车辆送往有关分区车场。在分区车场可根据需要对车辆重行编组，以备发往码头和前方库场的装卸线。装卸完毕的车辆拉回分区车场，再送往港前车站编组。港区铁路布置应贯彻以下原则：线路短捷，布置紧凑，少占农田，土石方量小，线路的运输能力同港口各装卸环节相适应，并适当留有发展余地。

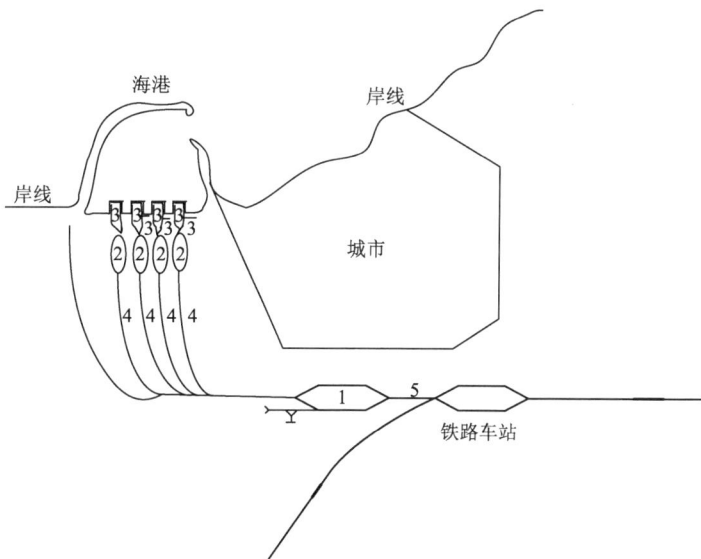

1—港口车站；2—分区车场；3—码头库场装卸线；4—联络线；5—港口铁路区间正线

图 6-3　港区铁路的组成

港口铁路主要由港口铁路区间正线、港口车站、分区车场、码头库场装卸线、联络线和连接线组成。各部分具体功能如下。

① 港口铁路区间正线：是路网接轨站与港口车站之间的连接线路。

② 港口车站：承担港口列车的到发、交接、编组、集结等作业。

③ 分区车场：承担分管范围内码头、库场的车组到发、编组及取送作业，由到达线、编组线、集回线、行走线。

④ 码头库场装卸线：按工艺要求布置在码头上、库场内的铁路线，承担货物的装卸车作业。

⑤ 联络线：分区车场与港口车站之间的连接线路。

⑥ 连接线：分区车场与装卸线之间的连接线路。

适用于单元列车的港口铁路，采用环线卸车线和翻车机布局，结构更为简洁，且效率更高，如图 6-4 所示。

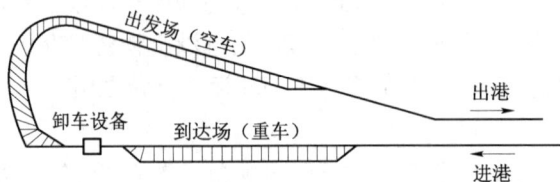

图 6-4　适用于单元列车的港口铁路

（4）港区道路

港区道路分为港内道路和港外道路。港区与全国公路网、城市或其他企业相连接的对外道路称为港外道路。港区内部的道路系统称为港内道路。港内道路的布置同各码头的装卸工艺相适应，构成环形，以利汽车运输和兼顾消防车的运行。在港区适当处布置汽车停车场，其容量可根据需要确定。

① 港外道路的主要技术指标，如表 6-3 所示。

表 6-3　港外道路的主要技术指标

指标名称		单位	Ⅰ 类港外道路	Ⅱ 类港外道路
计算行车速度		km/h	80	60
路面宽度		m	2×7.5	7.0~9.0
路肩宽度		m	0.75~1.50	0.75~1.50
极限最小圆曲线半径		m	250	125
不设超高最小圆曲线半径		m	2 500	1 500
停车视距		m	110	75
会车视距		m	220	150
最大纵坡		%	5	5
极限最小竖曲线半径	凸形	m	3 000	1 400
	凹形	m	2 000	1 000

注：1. Ⅰ、Ⅱ 类港外道路其他技术指标可分别按现行《厂矿道路设计规范》（GBJ 22—1987）中平原、微丘的二、三级厂外道路的技术标准设计；2. 临近港区主要出入口道路的宽度，应与港内主干道宽度相适应，其长度应根据具体情况确定；3. 以公路疏运为主的集装箱码头，港外道路的宽度由进出港口通道数和有关行车形式确定。

② 港内道路的主要技术指标，如表 6-4 所示。

表 6–4　港内道路的主要技术指标

指标名称		单位	主干路	次干路	支路
计算行车速度		km/h	15	15	15
路面宽度	一般港区	m	7.0～15.0	7.0～9.0	3.5～4.5
	集装箱港区	m	7.0～20.0		3.5～4.5
最小圆曲线半径	形式单辆汽车	m	15	15	15
	形式拖挂车	m	20	20	20
交叉口路面内缘最小转弯半径	载重 4～8 t 单辆汽车	m	9	9	9
	载重 10～15 t 单辆汽车	m	12	12	12
	载重 4～8 t 单辆汽车带挂车	m	12	12	12
	集装箱拖挂车，载重 15～20 t 平板挂车	m	15	15	15
	载重 40～60 t 平板挂车	m	18	18	18
停车视距		m	15	15	15
会车视距		m	30	30	30
交叉口停车视距		m	20	20	20
最大纵坡		%	5	5	5
竖曲线最小半径		m	100	100	100

注：1. 路面宽度取值应根据工艺要求、通行车辆和流动机械类型等因素确定；2. 有长大件运输的道路和突堤码头至后方库场区的道路，其路面宽度应按工艺要求确定；3. 仓库引道宽度应与库门宽度相适应；4. 电瓶车道、非机动车道的纵坡宜放缓，电瓶车道纵坡不宜大于 3%，非机动车道坡不宜大于 2%；5. 港内道路平面转弯处，不宜设超高和加宽；6. 括号中的数值为运载集装箱车辆的行车速度。

6.2.3　不同类型码头的功能差异性

1. 客运码头

客运码头主要是让乘客上落船，小型的客运码头可能只可以供渡轮、快艇等小型船只泊岸，而大型的客运码头，如邮轮码头，可供大型邮轮泊岸。

客运码头可分作公众码头、渡轮码头和邮轮码头。公众码头开放给所有船使用（需视水深，吃水比码头附近海面的水位深的船不能进入码头）；渡轮码头通常由固定的航线专用，多条航线亦可共用同一渡轮码头。某些连接不同国家或地区的渡轮码头，会附设出入境设施，如香港港澳码头。

邮轮码头通常用作邮轮泊岸，多数会附有完善的配套设施，例如海关，出入境柜位及卫生检疫办事处，行李处理区，票务处，旅游车停泊区及上落客区等。由于邮轮体积和排水量大，邮轮码头需要建在水深港阔的地方。大多数邮轮码头没有指定由哪个公司使用。

有些公众客运码头，会用作装卸小量货物，如黄石码头。

2. 货运码头

货运码头主要用作装卸货物，以用途和使用权分类，可分作公众货运码头、货柜码头、油品码头、矿产码头、内河货运码头和普通货运码头等。

3. 汽车码头

汽车码头主要供一些特别的船泊岸（多为大型特制船舶），让在陆上的汽车上船，在船上的汽车下船。

4. 集装箱码头

它是专供集装箱装卸的码头，一般要有专门的装卸、运输设备，要有集运、储存集装箱的宽阔堆场，有供货物分类和拆装集装箱用的集装箱货运站。由于集装箱可以把各种繁杂的件货和包装杂货组成规格化的统一体，因此可以采用大型专门设备进行装卸、运输，保证货物装卸、运输质量，提高码头装卸效率。所以，目前世界各国对件杂货的成组化、集装箱化的运输都很重视。

5. 石油码头

石油码头是装卸原油及成品油的专业性码头。它距普通货（客）码头和其他固定建筑物要有一定的防火安全距离。这类码头的特点一般是货物载荷小，装卸设备比较简单，在油船不大时（如内河系统），一般轻便型式的码头都可适应。由于近代海上油轮巨型化，根据油轮抗御风浪能力大、吃水深的特点，对码头泊稳条件要求不高。目前有 4 种装卸原油的深水码头（或设施），即单点系泊、多点系泊、岛式码头和栈桥式码头。前 3 种一般没有防风浪建筑物，最后一种是否设防风浪建筑物，要视布置形式和当地条件而定。

6. 游艇码头

游艇码头是供游艇泊岸的码头，多数由某一游艇会所拥有。主要由堤岸，固定斜坡，活动梯，主通道浮码头，支通道浮码头，定位桩，供水，供电系统，船舶，上下水斜道和吊升装置等组成。

7. 海军码头

海军码头又称军用码头，是海军的军舰停泊、补给的地方，多数守备森严。

6.2.4 与功能变化相适应的流线特征

1. 客运码头交通流线组织与设计

港口尤其是大型客运码头是一个规模宏大、功能复杂的交通体系，涉及客站内外的车流、人流及物流的组织安排，合理高效的流线组织是设计的关键。

1）港口客站流线组成与设计

港口客站的基本流线有 3 种，即行人（旅客）交通流线、车辆交通流线、其他流线（邮包行包流线、消防车流线、内部客货运输等）。其中，进站交通流的特点是：分散的各种人流、车流从城市道路陆续到达广场，逐渐进入站房，进程相对缓慢，流量比较均匀，持续时间较长；而出站交通流的特点是：人流密集，时间集中，要求短时间内快速疏散，但出站交通流具有间隔性。

流线设计指通过建筑空间的布局组合和其他设计手法，对特定范围的人流、车流加以分类、组织、引导，形成有秩序、有目的的流动线路的过程。流线设计的基本原则是互不交叉、便捷合理、明确清晰，避免相互交叉、干扰和迂回，力求缩短旅客的流程距离。

2）流线与空间组合模式的关系

港口客站设计的首要任务是研究简捷、合理的流线，选择恰当的建筑空间组合模式。港口客站交通流线的组织与站房的功能布局、空间组合有十分密切的联系。

客站的流线组织和空间布局是由客站的基本功能和运行模式决定的，客站建筑空间的组合模式，则是实现相应流线设计的基本空间条件。随着港口客站运行模式的不断丰富和变化，其流线设计对应着功能空间布局模式的发展，也经历了不同的发展阶段。以上海港国际客运中心为例分析客运码头流线设计，如图6-5、图6-6所示。

图6-5 上海港国际客运中心区位图

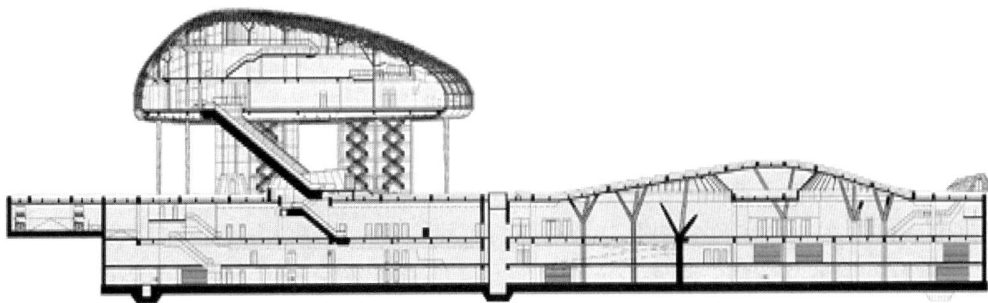

图6-6 上海港国际客运中心剖面图

（1）交通与流线设计

大型交通建筑的交通流线设计既要解决好与城市道路的连接，又要组织好地下空间的交通流线。地块内道路交通系统布局以加强内部功能组织和便利内外交通联系为原则。上海港国际客运中心采用人车分流的方式，通过上下分层的方式组织车行交通，以避免机动车行对地面环境的影响。主要车流安排在地下二层和三层，严格划分步行与车行的区域，通过干线连接整个基地，并设有多个出入口与地面相连，同时通过地下立交来组织内部交通系统并布置停车和连接各个建筑物。地面的干道在平时作为步行道提供了每幢建筑的出入方便，在紧急状态下可保障消防车的通行能力，在观光候船楼的四周设置了环形的消防车道，并在其北侧按规定设置了消防登高场地，从而创造了安全、安静、舒适的公共空间环境。地面后排建筑北侧设有环道连接大名路，以利人们出行，同时提供地面的停车场地。

（2）交通流的分析与组织

客运中心交通流量主要由社会车辆、旅游车辆及货车组成，其次就是自行车与行人，由于大名路是由西向东的单行道，车辆需经过大名路与高阳路的交叉口进入城市交通网，因此，该路口必须使用信号灯控制交通的流量。设计方案在基础设计中设置了 7 m 宽的主车道，贯穿客运中心的建筑群。车道东连高阳路，西通海运大楼，在主车道的中段，设有立体的道路系统，分别有支路连接北面的东大名路及南面货车和旅游车道。连接东大名路的支路，起着分流的作用，减轻对城市主干路的交通压力，如图 6-7 所示。

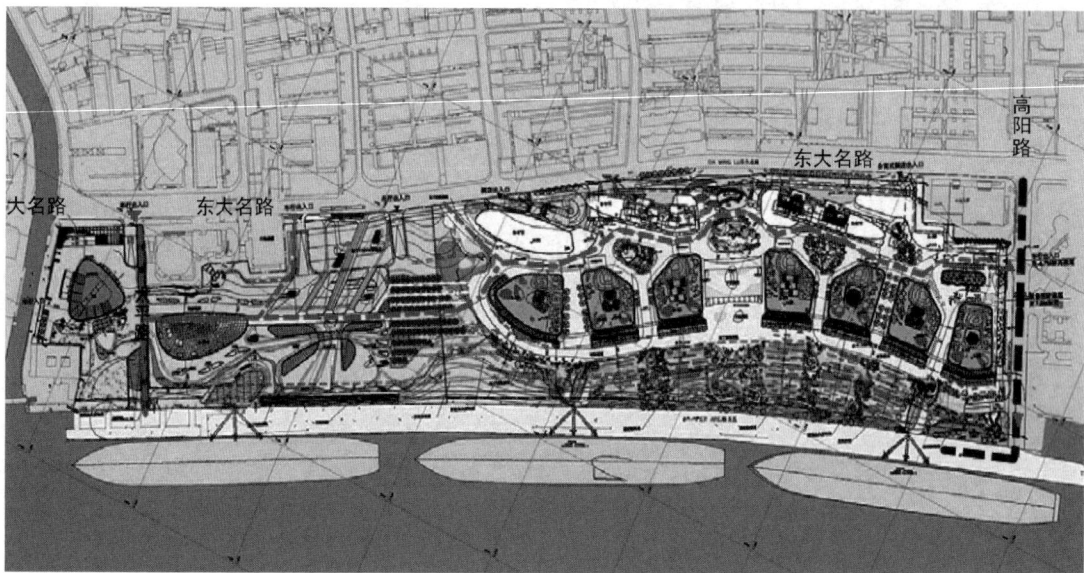

图 6-7　上海港国际客运中心总平面图

在车辆组织和出入口设置方面，主要通过 4 个出入口进出客运中心：太平路设 2 个出入口，分别连接码头和地下室；东大名路设 2 个出入口，连接上下客区域。客运中心主车道车速定在 30 km/h。各主要车流分别有自身明确的流线，具体如下。① 社会车辆：大名路西侧入口主要服务于港务办公楼、海关及配套项目使用，因此是车辆进入客运中心商务区的主要路口，其余道路起辅助作用。② 旅游车辆：可直接进入地下一层上下客区，采取一定的管理措施后，也可允许直接进入码头区域。③ 货运车辆：主要是对客轮提供服务与补给，车辆只允许在非高峰时使用太平路进出，其余连接码头的支路仅作紧急状态使用。④ 行人和自行车：行人沿东大名路上的地面出入口进出客运中心，也可以通过自动扶梯和电梯进入候船大厅，十分方便快捷。自行车停车设在沿大名路上的自行车地面停车场，停车可通过人行坡道前往客运地下中心。员工自行车停车设置在码头区域。

（3）地下交通和空间设计

地下空间的道路交通密切联系地面出入口的位置，西区地下室在太平路和东大名路分别设置独立的出入口与城市干道相连通，同时在地下室的东端设计了连通车道并与东区地下室相连。进入客运中心的车辆主要由东大名路的出口进出地下室，道路宽 10 m，净高 4 m，可通过豪华的大型客车，并在地下一层设置回转区域可供其回车，如图 6-8 所示；从太平路出入口进出的主要是小型车辆，可供出租车通行连接到入境大厅的门口，设有专门的出租车等候区；另有两条 6 m 宽的坡道直接通向地下二层的出境大厅门口，也设有专门的出租车等候区，如图 6-9 所示。

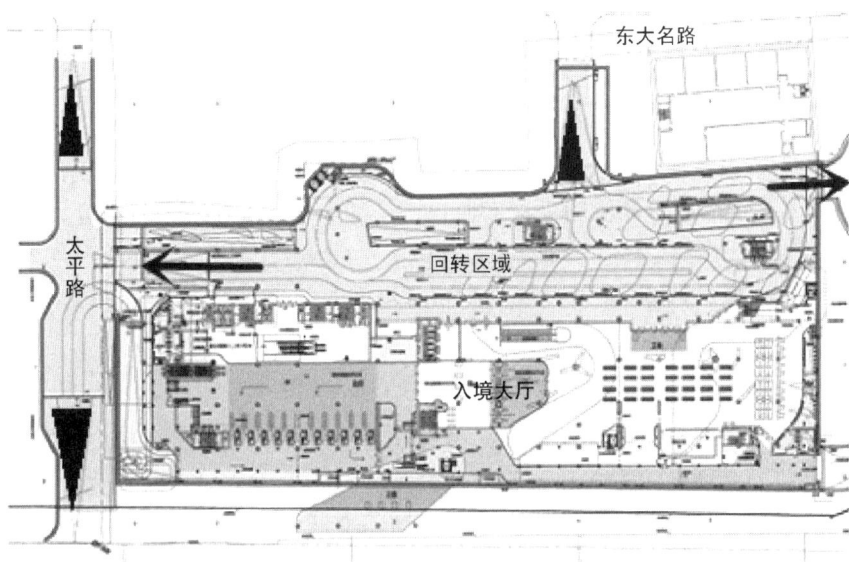

图 6-8　上海港国际客运中心地下一层平面图

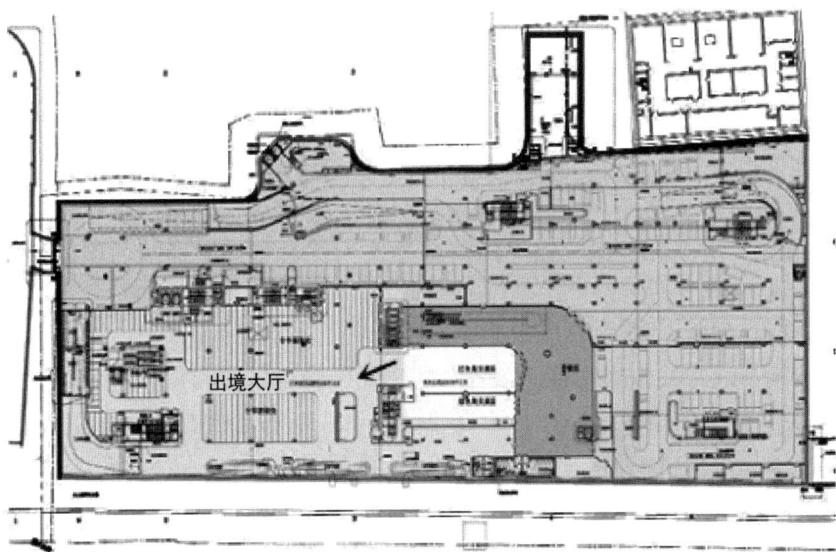

图 6-9　上海港国际客运中心地下二层平面图

由于基地在长度上达 850 m，地面建筑分区段规划，因此，地下室也是分段设计、分区实施的。为保障地下交通的连续与畅通，各分块的地下室之间采用地下通道进行连接，不仅设置了相互连通的汽车道，而且设计了地下步行通道来连接检区和出入境大厅，以及连接东大名路地块的地下通道，在较大范围内连成整体性的地下空间。

（4）进出关流线设计

客运中心的地下一层为换票等候大厅，同时又是多功能的空间，最大设计容量可接纳同时停靠的 3 艘母港邮轮的客流量。它连接公共通廊与出境卫检大厅，在船运间歇期可用作展览或其他商业用途。换票区通过中庭与空中的桥梁，经 X 光检区、安保区、金属测试区，通向边检大厅，边检大厅由等候区及 21 条出境通道组成，它与登船平台有通道相连，入境游客可通过 21 条入境边检通道，经卫检区乘自动扶梯到达位于地下二层的行李大厅。

旅客入境流线设计：由登船桥进入登船平台（地面一层，21 m^2）—经卫检至边检区（地下一层，1 200 m^2）—经自动扶梯通往行李区（地下二层，2 000 m^2）—经海关区检查（地下二层，720 m^2 红色或绿色通道）—出关接客区（地下二层，1 000 m^2）—入境。

旅客出境流线设计：旅客在候船大厅（地下一层，2 500 m^2）票检—经联检大厅入口处（地下一层，80 m^2）卫检—经安检厅（地下一层，160 m^2）安检—经海关厅（地下一层，300 m^2）—经边检大厅（地下一层，1 200 m^2）—登船平台（地面）或登船通道经登船桥—离境。

2. 港区货运交通流线组织与设计

1）现状交通设施分析

现状交通设施是港区货运交通的基础，是影响货运交通流线的重要部分。现状交通设施分析主要分析目前的交通运输方式和道路交通设施情况。关于交通运输方式，主要分析港区交通运输方式情况及各种运输方式的比例；关于道路交通设施情况，主要分析现有道路基础设施的布局、起讫点及道路宽度等内容，为分析道路设施服务水平和货物运输流线打下基础。

2）港区交通运行情况分析

港区交通运行情况分析主要包括货物交通运输流线分析、道路断面交通量预测、道路交通运行分析。

3）港区交通系统优化评价和改善方案

港区交通系统评价体系包括对交通运输存在问题分析和优化方案探讨两部分。第一，道路交通运输存在问题分析。通过道路运行水平分析，运用定量和定性相结合的手段，分析道路交通运输存在的问题。第二，路网优化方案探讨。主要从运输流线优化和路网设施优化两个角度讨论路网优化改善方案。以天津南疆港区为例对货运交通流线组织优化方案进行分析。

（1）南疆港区现状货运交通分析

南疆港区货运交通方式包括铁路运输、公路运输、管道运输和皮带机 4 种。

① 铁路运输：进港铁路南通道和北通道通过南疆铁路桥连接进港，在港区内设置 6 个铁路车场，完成港区货物铁路运输，其规划铁路总运输能力达到 2.6 亿 t / 年。

② 公路运输：南疆港区对外连接道路目前只有一条连接"陆—岛"的通道，即南疆公路一桥。南疆港区东西狭长，港内通道以南港路和南航路两条东西向布置的道路为主。

③ 管道运输：南疆港区管道运输主要集中在石化小区，包括石油、化工品等货类，沿南

疆路设有公用输油管廊一条，南疆港区与外部的管道联系有 10 条，在南疆大桥附近由海底穿越。其中，规划在南航路南侧南 32 号、南 41 号为石油化工类企业港口，将通过南航路和南港路之间的管廊带运输到客户地。

④ 皮带机：南疆港区是一个大型的煤炭中转港口，煤炭经各种运输工具到达后，从卸车到堆存、从堆存取料到装船的整个港内运输，均由电动机驱动的皮带机来完成。皮带机最大输送量为 6 700 t/h，每条皮带机由 3 条电动机通过变速装置驱动滚筒来实现运输功能。

（2）港区道路基础设施

① 对外连接通道：南疆港区的现状出入口处只有一个卡子门，通过卡子门对外连接的出口有 2 条，其中只有一条为货车通道，即通过南疆公路大桥与海滨高速相连接，为Ⅰ类进港道路（汽车双向货运量在 200 万 t 以上），双向 6 车道，宽度为 24 m，设计荷载为公路Ⅰ级，并增加特殊荷载（55 t 三轴车 10 m 车距），单向三车道，其中 2 个车道为标准车载行车道，车辆按 3 轴 30 t、4 轴 40 t、5 轴及以上 55 t 控制，一个车道为特殊荷载行车道，车辆按 75 t 控制。

② 港区内部道路：南疆港区内部道路可以分为内部主要通道和内部联系道路两类。其中：内部主要通道以南港路和南航路 2 条东西向布置的道路为主；内部联系道路主要有南港中路、南疆路，以及石化小区的南一路—南九路，如图 6-10 所示。港区道路设施详细信息如表 6-5 所示。

图 6-10　南疆港区道路系统

表 6-5　港区道路设施详细信息

道路名称	道路类别	起讫点	车道划分	道路宽度/m	道路长度/m
南疆公路大桥	Ⅰ类进港道路	港区—滨海大道	双向 6 车道	23	1 205.08
南港路-1	港内主干道	卡子门—南九路段	双向 6 车道	24	2 300
南港路-2	港内主干道	南九路段以东	双向 4 车道	16	4 400

续表

道路名称	道路类别	起讫点	车道划分	道路宽度/m	道路长度/m
南航路	港内主干道	西部立交桥—鸿发盛翰库区段	双向6车道	60	5 600
南港中路	港内主次道	南港路东界—大环堆场南侧段	双向4车道	16	1 300
南疆路	港内主次道	南一路—南九路段	双向2车道	14	2 890

（3）散货物流中心搬迁后货运交通运行分析

① 断面交通量预测。南疆港区散货物流中心搬迁后，鉴于进出港区及港区内部道路货流变化，需进行断面交通量预测分析。

② 道路断面选取。南疆港区散货物流中心搬迁后，港区内部的货物运输流线会发生相应的变化，相应的也会使道路断面交通量发生显著变化。为了分析散货物流搬迁前后港区道路运行状况，在已经选取的道路交通断面的基础上，在南航路上新增2个道路断面。

③ 货运交通量预测。按照散货物流中心搬迁后港区货运作业流程及货车运输流线，可以得到道路货运断面交通量。其中交通量基本单位为40 t标准货车。货车高峰小时系数参照《天津港公路集疏运通道规划》交通需求预测部分，结合南疆港区的交通运输现状，对系数进行相应的修正，货车集疏运高峰小时系数为0.1。其中，南疆港区货运高峰小时交通量南疆公路大桥为1 385 veh/h，南港路最高断面货运交通量为1 265 veh/h，南疆路为120 veh/h。

④ 客运交通量预测。南疆港区客运高峰小时交通量南疆公路大桥为268 veh/h，焦炭出入口以西南港路为161 veh/h，焦炭出入口以东南港路为134 veh/h，南疆路为60 veh/h。

（4）散货物流中心搬迁后交通运行分析

通过分析对比南疆港区道路断面交通量与道路的可能通行能力，可以得到散货物流中心搬迁后，2个小的环内堆场启用后南疆港区道路的运行水平，如表6-6所示。

表6-6　散货物流中心搬迁后道路V/C值

断面编号	所在道路名称	高峰小时交通量（标准车辆数）/（veh/h）	实际通行能力/（veh/h）	V/C	服务水平
A-1	南疆公路桥	1 653	2 256	0.73	C
A-2	南港路	1 426	2 256	0.63	C
A-3	南港路	882	2 256	0.39	A
A-4	南港路	854	2 256	0.38	A
A-5	南港路	902	1 504	0.60	B
A-6	南港路	950	1 504	0.63	C
A-7	南港路	669	1 504	0.44	B
A-8	南港路	297	1 504	0.20	A
B-1	南一路	227	1 504	0.15	A
B-2	南疆路	180	752	0.24	A
C-1	南航路	573	2 256	0.25	A
C-2	南航路	514	2 256	0.23	A

（5）货运运输流线优化方案——以焦炭码头为例

散货物流中心搬迁后，除南港路上的前方堆场，焦炭码头在南航路上又新建了 40 万 m² 后方堆场，承接原堆存在散货物流的货物。其中，前方堆场在南港路上设有一个出口，一个入口，后方堆场在南航路上设有一个出入口。从 2012 年开始建设的西部立交匝道，对前方堆场和后方堆场的倒运交通流线产生了重要影响。散货物流搬迁后，焦炭码头主要有 3 条运输流线：第一条是客户地到前方堆场，第二条是客户地到后方堆场，第三条是后方堆场到前方堆场。西部立交匝道的建设主要对第三条运输流线产生重要影响。以下为西部立交建设前后 3 条运输流线的优化方案。

① 客户地与前方堆场：汽运入港路线，从客户地来的货车通过卡子门进入港区，沿着南港路向东前行，在位于南港路上的磅房称重后进入南港路上的焦炭码头入口。汽运出港路线，从焦炭码头出口出，右转，在南港路北侧的磅房称重后，沿南港路原路返回，出港。

② 客户地与后方新建堆场：汽运入港路线，从客户地来的货车通过卡子门进入港区，沿着南港路向东前行，然后通过西部立交进入港区南部的南航路，从南航路上的后方堆场入口进入堆场。汽运出港路线，沿入港线路原路返回，出港。

③ 码头与后方新建堆场：码头到后方堆场运输流线，从码头出口出，右转进入南港路，向西直行，在西部立交与南港路交口前 100 m 处掉头，沿南港路向东上西部立交，通过西部立交进入南航路，进入南航路上的后方堆场出口。

后方堆场到码头运输流线，返回的运输流线走铁路小环东面，与码头到后方堆场运输流线形成环线。从后方堆场出来左转进入南航路，一直向东，通过连接路进入南港中路，沿南港中路向北，然后左转进入南港路，沿南港路向西到达焦炭码头入口。

6.3　空间形态设计

6.3.1　站房设计

① 所有客运用房、驻站单位用房以及与客运有关的房间宜集中布置在站房主体建筑内。以保证各功能联系紧密、流线短捷。

② 候船厅、售票厅、行包房宜横向并列组合，以保证三者都有单独出入口面向站前广场，并以宽大外廊将 3 个出入口连接成整体，以便为旅客提供交通和等候服务。

③ 合理组织候船厅的平面布局，将特殊旅客（母婴、团体军人等）的候船室分别设置在最接近码头的地方。所有候船厅都要合理考虑各自单独设检票口的位置。

④ 二等舱候船室要独立设置，并设置能从站前广场直达码头的通路。

⑤ 售票厅宜单设，以邻近候船厅和行李托运厅。大型售票厅入口附近宜设问讯处。售票室需面对售票厅主要出入口。

⑥ 行包房的位置应结合总体流线及旅客托取行包顺序，尽量减少与其他流线交叉和干扰，并方便旅客托取和装卸。行包仓库应结合行包流线和托取作业的位置合理布置，力求运输短捷，并与码头联系方便。

6.3.2 站前广场设计

站前广场的功能为：合理组织旅客和各种车辆在广场上安全、迅速地集散，为旅客创造一个办理手续、在站临时停留、休憩和旅行消费活动的良好环境。

1. 站前广场组成

① 站房平台：指站房迎向广场方向延伸并联系站房各部分及进出站口的室外平台。

② 旅客站专用场地：指从站房平台外缘至相邻城市道路边缘或相邻建筑，公交车辆停靠站基地边缘范围内的场地，包括旅客活动地带、人行通道、停车场。

③ 服务性建筑：指站前广场周围相邻部位的商场、旅馆、餐饮、银行、邮电等。

④ 公交停靠和非机动车停车场：公交车辆停靠站应设于专用场地外缘的城市道路的边缘上。自行车停放则应设于广场外缘或地下广场，这两种车辆不得进入旅客专用场地。

2. 广场上布置的建筑项目

① 与站房主体分散的售票房、行包房、出站口、中转签证处等。

② 为旅客服务的建筑项目：餐饮、百货等。

③ 和旅客站有业务联系的部门：邮政转运、小件寄存、银行等。

④ 和旅客站无直接联系的部分：行政经济管理机构、外地工交商贸驻本地办事处、文化娱乐设施等。

3. 广场建筑规划布局要考虑的因素

① 各建筑与旅客站之间联系的紧密程度，以及它们在旅客活动流程中的位置。

② 广场的交通组织、人流走向。

③ 地铁等其他交通出入口的位置。

④ 长途汽车站的位置。

综合布局的基本原则：满足广场的最主要的功能；经济合理，有发展的余地；空间环境效果和地域特色因地制宜、灵活布置。

6.3.3 码头设计

1. 海港码头设计模式

（1）邮轮码头

邮轮码头属于客运码头的一种，可供邮轮停泊及上落访客及行李、货物等，如图6-11所示。邮轮码头通常是跨境运输，所以设有出入境海关。

邮轮码头分为母港、停靠港及航线节点港。

邮轮码头的特点：水深、港宽，附近有旅游景点，交通方便（例如，有停车场、出租车站、公交车站、火车站、地铁站等）。

（2）件杂货码头

件杂货码头的特点是：种类繁多，装卸机械类型多。

码头生产区可设计为3部分：前方作业地带、一线库场及输运区、二线库场及输运区，如图6-12所示。

图 6-11 邮轮码头设计效果图

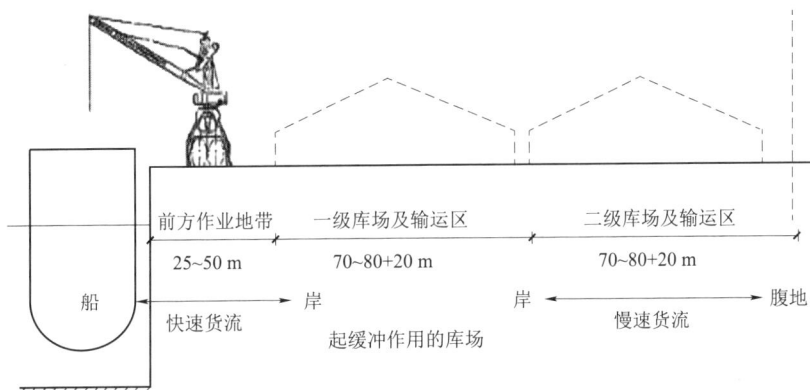

图 6-12 件杂货码头设计模式

（3）集装箱码头

集装箱码头的特点是：专业化程度高，通过能力大。

集装箱码头的设计模式如下。

① 前方作业区：宽度≥40 m。

② 堆场面积：根据堆箱量及每箱占地面积（堆放工艺）确定。

③ 拆装箱库：仓库面积由拆装箱量确定，一般每个泊位面积为 5 000～10 000 m²；仓库形状一般为矩形长条，在布置时应注意：门口足够多，进出方便；与后方（腹地）联系方便；避免与其他作业干扰，一般布置在后方角落；仓库内通风条件、照明条件要好。

④ 纵深：作业区总宽度在 350～400 m 较为理想。

（4）油码头

油码头的特点是：不需要装卸设备，船舶自带货油泵，管道输送；船舶吃水深，常为外海开敞式；安全、环保是重点。

油码头的设计模式如下。

① 船舶的系泊方式：单点系泊、固定码头系泊。

② 根据码头布局合理确定储油罐、污水处理厂等设施的位置。

2. 河港码头设计模式

河港码头的特点是：河港的陆域一般较窄，各作业区宽度比海港码头小。

（1）前方作业地带设计模式

栈桥式码头：由码头结构及装卸机械确定码头宽度。

连片式码头：根据使用要求确定。

件杂货直立式码头：20～30 m，小型吊机稍窄。

装卸重件的码头：一般可取 10～15 m。

斜坡式码头水平段宽度：10～20 m。

（2）仓库堆场模式

面积：方法同海港码头，但有关系数的取值不同。

平面尺度：长度与泊位长度适应，宽度 12～50 m 不等。

仓库层数：一般单层，陆域紧张时可考虑多层。

纵深：在条件允许情况下尽量大，以方便作业。

6.3.4 换乘空间及通道的设计

1. 港口客运码头

港口客运码头是具有交通、休闲、旅游、城市功能等多功能的综合节点。客运码头的服务主体是人，与传统的货运码头追求运输的高效率不同，这类码头的设计始终要体现"以人为本"的原则，在总体布局和流程设计上要做到安全、方便、快捷和舒适，疏港交通要实现"人车分流"和各种交通组织的"无缝衔接"，在配套设施上追求人性化，在景观布置上追求美感。

1）主要设计参数的计算方法

（1）旅客聚集量

对于港口客运站的建筑规模，港口工程行业和建筑行业已经有一致的认识，《海港工程设计手册》、《交通客运站建筑设计规范》（JGJ/T 60—2012）和《建筑设计资料集·第 7 分册：交通·物流·工业·市政》（第三版）均指出：港口客运站建筑规模应根据客运站的设计年发客量或设计旅客聚集量为主要依据。港口客运站可划分为 4 个等级，如表 6-7 所示。

表 6-7 港口客运站的站级分级

建筑规模等级	一级站	二级站	三级站	四级站
年平均日旅客发送量/（人/d）	≥3 000	2 000～2 999	1 000～1 999	≤999

注：1. 本表摘自《交通客运站建筑设计规范》（JGJ/T 60—2012）。

2. 年平均日旅客发送量是指港口客运站统计年度平均每天的旅客发送量。

虽然《海港工程设计手册》没有给出计算公式，但是《交通客运站建筑设计规范》（JGJ/T 60—2012）给出了旅客最高聚集人数的计算公式：

$$Q_{max} = \sum_{i=1}^{n}\left(\frac{h-h_i}{h}\cdot Q_i\right) \quad （当 h_1 = 0 时） \tag{6-1}$$

$$Q_i = A_i - a_i \qquad (6\text{-}2)$$

式中：

Q_{max}——旅客最高聚焦人数，人；

Q_i——第 i 船旅客有效额定人数，人；

A_i——第 i 船额定载客人数，人；

a_i——第 i 船额定不需经站房登船的人数，人；

h_i——第 i 船与首发船的检票时间间隔，h；

h——检票前旅客有效候船时间段，取 2.0 h。

设计旅客最高聚集人数是指港口客运站设计年度中旅客发送量偏高期间内，每天同时在站最多人数的平均值。

（2）客运大楼（候船大楼）面积的计算方法

建筑设计规范根据客运站的功能构成，按国内、国际航线分列出各基本房间的组成，给出各类房间使用面积定额指标参考（表 6-8），进行累加求和，并根据建筑系数最后求出客运大楼（候船大楼）的建筑面积。客运大楼（候船大楼）的建筑面积 A 的计算公式：

$$A = \sum \frac{A_i}{k} \qquad (6\text{-}3)$$

式中：

A_i——站房使用面积，m^2；

k——客运站各类房间的使用率。

表 6-8 各类房间使用面积定额指标参考

房间名称		使用面积指标 $b/(m^2/人)$	修正系数 a
候船厅	普通候船厅	1.10	0.900
	母子候船厅	2.00	0.050
	重点旅客候船厅	1.30	0.035
	无障碍候船厅	4.00	
联合检查厅	候检厅	1.60	分批，每批按 200 人计算
	卫生检验厅	1.50	
	动植物检疫厅	1.50	分批，每批按 50 人计算
	海关检查厅	2.00	
	边防检查厅	3.00	
售票处	售票厅	0.20	1
	售票室	0.05	1
	票据库	0.01	1
行包房	行包托运厅	0.02	1
	行包领取厅	0.02	1
旅客服务用房	小件寄存处	0.06	1
	问讯处	6.00	每 400 名旅客需要 1 人
	邮电服务部	8.00	

续表

房间名称		使用面积指标 b/（m²/人）	修正系数 a
旅客服务用房	文娱、阅览室	0.05	1.000
	餐厅、小吃部	0.15	1.050
	小卖部	0.15	1.050
	饮水处	8.00	3.000
	广播室	8.00	3.000
	医务室	0.01	1.000
站务用房	客运管理用房	6.00	按驻站人数计算
驻站单位	驻站单位用房	6.00	按驻站人数计算

其中，站房使用面积计算公式为：

$$A_i = a \cdot b \cdot M \tag{6-4}$$

式中：

A_i——客运站各类房间的使用面积，m²；

a——修正系数；

b——客运站各类房间使用面积指标；

M——设计旅客聚集量，人；

建筑系数=0.65～0.85。

根据设计经验，对于具有国际客运航线或是承载城市景观要求的客运大楼，建议取小值。

这种按照功能组成来计算客运大楼面积的方法，虽然计算方法相对烦琐（首先要识别其功能组成），但是从工程案例来看（表6-9），其计算结果相对合理，可以作为设计的参考。

表6-9 客运大楼建设规模工程案例

项 目	设计吞吐能力/（万人次）	设计旅客聚集量/人	计算面积/m²	实际面积/m²
广州南沙客运港	160	1 600	9 250～12 100	10 700
深圳机场配套客运码头	320	2 500	11 800～15 500	14 250

（3）站前广场的计算

站前广场主要由机动车与非机动车停车场、道路、旅客活动地带、服务设施和绿化用地组成。站前广场面积可按式（6-5）计算：

$$B = M \cdot A_1 \tag{6-5}$$

式中：

B——站前广场面积，m²；

M——设计旅客聚集量，人；

A_1——人均面积。

（4）停车场面积的计算

如果单独计算停车场的面积，建议仍按照旅客聚集量来考虑，其参考计算公式如下：

$$P = 2 \times M \cdot A_2 \cdot q \tag{6-6}$$

式中：

  P——停车场面积，m^2；

  M——设计旅客聚集量，人；

  A_2——平均每辆车的停车面积，m^2，可参考停车场设计取值；

  q——旅客中自乘车旅客的百分比。

2）客运码头与市内连接设计

港口客运码头主要通过城市道路或附近公路与城市内部连接，具备条件的大型城市还有轨道交通线路连接。

日本横滨港口码头具有与其他交通方式连接的换乘枢纽，如图 6-13 所示，这是与以东京为首的主要城市及海外便利往来不可或缺的机能。

图 6-13　日本横滨港口码头

方案介绍：日本横滨港口码头宽 100 m，长 480 m，该建筑宽 70 m，长 470 m，高 15 m。建筑设计由 FOA 建筑设计事务所完成。结构设计是日本的结构师渡边邦夫和他的结构设计集团 SDG 承担，整个工程在 2002 年 11 月完工，总建筑面积为 43 843 m^2，造价为 235 亿日元，约合 2.3 亿美元。从设计方案到最后完工将近 9 年的时间。

该项目的设计始于两个基本的想法：一是围绕一种从流线图产生组织可能性的想法，二是避免语义上"门"的想法。

横滨码头打破了传统码头按现行流程设计的惯例，而是将码头作为城市地面的延伸，用一个"循环的图式"来体现这个目的。在建筑中为来自城市和海上的不同目的的人群设计各自的路径，每个路径都没有尽端，而是和城市连接的一个环节，并能够连接和到达建筑的每个表面。在这个建筑中，没有绝对意义上的地面、屋顶、墙面，而是将这三者结合成一体，互相穿插、交汇，而且互相间没有明确的交界，如图 6-14、图 6-15 所示。

港口未来 21 地区正在建设与国内外顺畅往来的交通环境，如表 6-10、图 6-16 所示。

人们坐电车到东京车站仅需约 30 min，坐地铁到东海道新干线新横滨站仅需 11 min，乘汽车到羽田飞机场仅需 20 min，乘汽车到成田飞机场需要 90 min。

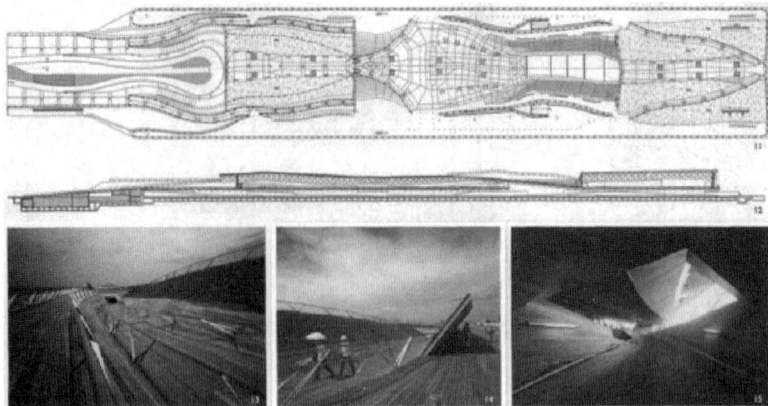

图 6-14　日本横滨港口码头的内部结构

图 6-15　日本横滨港口码头俯视图

表 6-10　港口未来 21 地区到主要终点站所需时间

港口未来 21 地区	铁路（横滨站）	26 min 东京/87 min 成田飞机场 20 min 羽田飞机场 26 min 新宿 11 min 横滨
	铁路（港口未来站）	30 min 涉谷 3 min 横滨
	公路（港口未来坡路）	30 min 东京 90 min 成田飞机场 20 min 羽田飞机场 20 min 东名横滨町田 IC

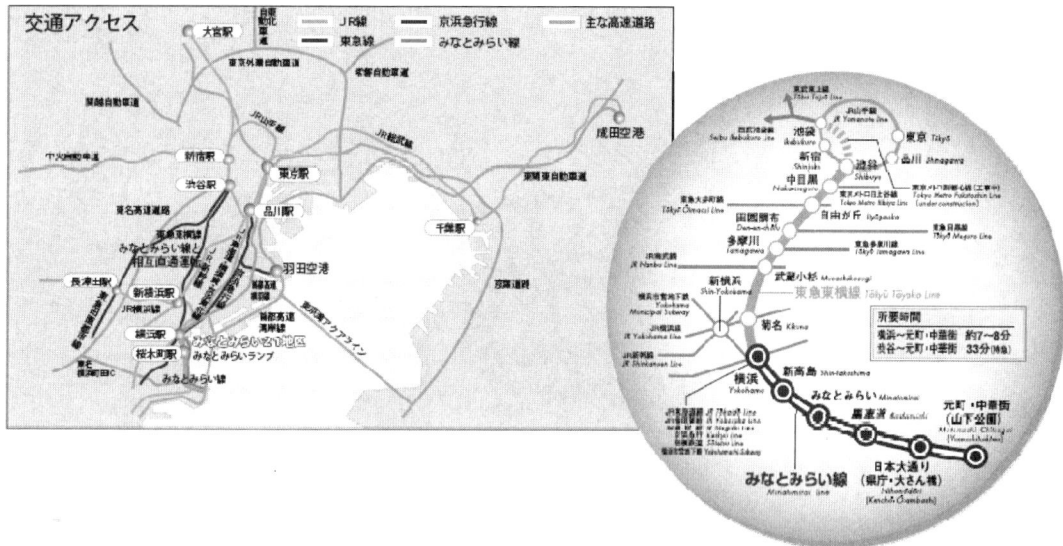

图 6-16 港口未来 21 地区与横滨港连接的交通系统

（1）轨道交通

始于横滨站经过港口未来 21 地区一直到元町·中华街的"港未来线"铁路从 2004 年 2 月 1 日开始运行，如图 6-17 所示。"港未来线"与"东急东横线"铁路直通，无须换车，从涉谷到元町·中华街只需 33 min（特快时）。将横滨站周围及元町·中华街自古就很受欢迎的地区和港口未来 21 地区一体化，从迅速连接东京中心区、商业及观光到购物等方面产生了多种效果。

图 6-17 连接东京中心地区—港口未来 21 地区—元町·中华街

（2）交通干道

港口与周边地区具有丰富的道路网连通，如图 6-18 所示。贯穿中央地区的港口未来大道是支撑港口未来 21 地区的都市生活的主要道路，通过港口未来大道与首都高速公路（横羽线）相连接。另外，港口还有主要干线国际大道把关内街和新港地区连接起来。这条路作为临港干线道路，实现了地下连接港区交通，地上分流一般交通和市中心交通。

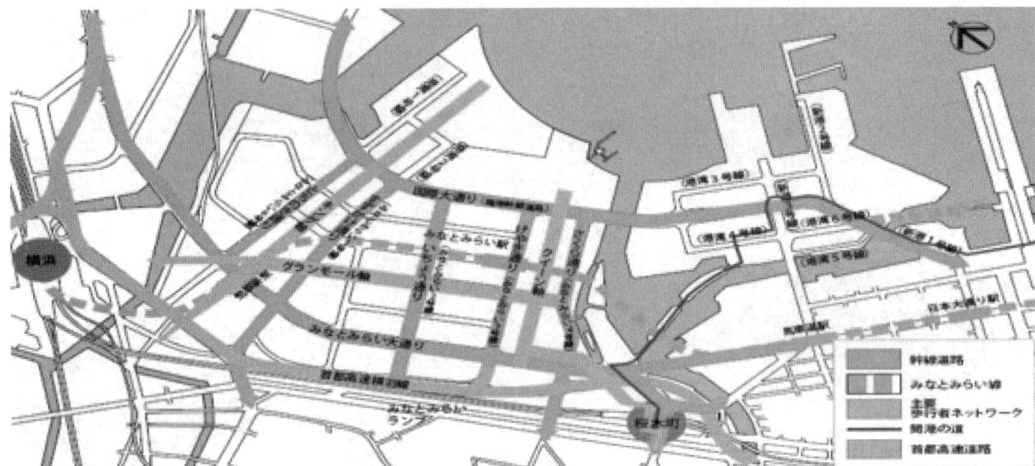

图 6-18　与港口连接的主要交通干道

（3）海上交通

它是确保从港口未来 21 地区到海边的途径。以海边 Pukari 浮码头等作为上下船的码头进行运营，如图 6-19 所示。

图 6-19　从海边到附近的途径

（4）步行系统

港口未来 21 地区以 3 个步行街商业区为框架，整个地区周围建立了安全舒适的步行街。其中一条是把连接樱木町车站和太平洋横滨的王后轴路的一部分作为步行专用的"劳动步行道"，将日本丸纪念公园和横滨陆标塔连接起来。还有一条是连接横滨站和临港公园的"国王轴"，这两条路交叉成直角相交，形成了有名的"街心轴"。此外，计划在港口未来 21 地区建设具有步行设施的步行交通网，如图 6-20 所示。

图 6-20 安全舒适的步行空间

（5）与邻近地区的一体化

横滨站东高架人行道作为横滨站东部地区和港口未来 21 地区步行专用道，成为从横滨站出来的新门户。人们可以看到开放式的甲板。作为中央地区新起点的水滨线步行区及主要的步行交通网与国王轴、街心轴联系起来，如图 6-21 所示。

图 6-21 横滨站东高架人行道

野毛近道（图 6-22）作为联系野毛地区的地下横越设施，也将日本铁道（Japan Railways，JR）及市营地铁的樱木町连接起来。

高岛二丁目桥（图 6-23）是跨越 1 号国道，连接高岛二丁目地区的步行专用桥，并联系横滨站港口大路。

2. 铁路轮渡

铁路轮渡，简单说就是火车乘船过海（江）。渡轮上修有铁道，火车可从陆地的铁道开进渡轮的铁道，然后乘船过海（江）。它可以解决海峡间的铁路运输问题，铁路轮渡同时又可以实现旅客、货物及汽车车辆的转运。如广东省和海南省之间的粤海铁路通过琼州海峡以及大连至烟台的烟大轮渡就是采用铁路轮渡的方式。

图 6-22　野毛近道

图 6-23　高岛二丁目桥

铁路轮渡由两岸的轮渡站和引线、栈桥、升降机械设备、靠船设备、渡船等建筑物和设备组成。

① 轮渡站和引线：轮渡站是供待渡运的列车停放、解体、调车和编组使用的站场。轮渡站一般设有若干股铁路线。引线是连接轮渡站和栈桥的铁路线。

② 栈桥：又称码头，是供机车车辆驶上和驶下渡船的桥梁建筑物。在宽阔的河流、海峡等水域中，栈桥都是相对应地建在两岸，渡船的航线为 S 形。在较狭窄的江河中，栈桥是错开设置于两岸的，渡船的航线为 V 形。栈桥由桥墩、桥台、钢梁、跳板梁和升降机械设备等组成。栈桥的结构形式与桥梁基本相同，不同的是桥梁的梁部结构和轨面固定不动、全部跨越河道，栈桥的梁部结构和轨面可随水位的涨落而升降，轨面坡度可随之调节。此外，栈桥只伸入水域一部分。栈桥的下部结构为混凝土或钢筋混凝土的桥墩和桥台；上部结构为钢板梁或钢桁梁。桥墩和桥台是支承桥梁上部结构和荷载的构筑物。桥台在栈桥靠岸一端，与路堤相连。跳板梁是连接栈桥和渡船的设备，它在栈桥入水的一端。

③ 升降机械设备：用来升降各孔钢梁和跳板梁，以调节栈桥轨面，使渡船在各种水位时均能停靠栈桥，以便车辆驶上和驶下。升降机械设备由钢结构和电动机械设备组成，设置在每个桥墩上。如栈桥钢梁为较小跨度（12～25 m）的钢板梁，可采用吊板式升降设备，即相邻两孔钢板梁铰接并支承于横梁上，横梁两端吊挂于吊板上，吊板用电动千斤顶升降，钢板梁即随之上下。采用这种升降设备的栈桥，通常称为吊板式栈桥。如栈桥钢梁跨度较大，可采用螺杆式升降设备。螺杆是有螺纹的圆钢杆，吊挂于桥墩上的钢塔架内，螺杆上的大螺帽和吊板悬吊钢梁，用齿轮旋转螺杆，使螺帽和吊板沿着螺杆的螺纹升降来调节钢梁和轨面的高度。采用这种升降设备的栈桥，通常称为螺杆式栈桥。

④ 靠船设备：为渡船停靠栈桥而设置的构筑物，用于吸收渡船停靠栈桥时所产生的撞击动能，以确保安全靠岸；也用于引导渡船停靠栈桥，以缩短靠岸时间，提高渡运能力。

⑤ 渡船：运载铁路机车和客货车辆的船舶（图 6-24）。渡船甲板面铺有轨道，船头设有鸡心桩，船尾设有车挡和车钩。船头和船尾都装有推进器。船头的推进器既可为渡船停靠栈桥时产生减速制动力，又可为渡船驶离栈桥时产生启动力。中国设计制造的大型渡船上铺设 3 股轨道，每股轨道有效长为 120.54 m，船长为 126.6 m，载重为 2 978 t，总排水量为 5 090 t。

中型渡船上铺设两股轨道和道岔，两股轨道有效长分别为 100 m 和 68.59 m，船长为 108 m，载重为 1 050 t，总排水量为 2 150 t。在运营中根据运量大小、两岸作业的机车台数、引线长度和每渡的载车辆数等确定参加运行的渡船数。渡船数通常是单船、双船和三船。

图 6-24 粤海铁 4 号渡船

（1）琼州海峡铁路轮渡

琼州海峡铁路轮渡是我国第一条跨海铁路轮渡线，它从雷州半岛南端的海安港至海南岛的海口市，全长为 24 km，年设计运送能力为货运 1 000 万 t，客车 8 对。使用的第一艘跨海渡轮是粤海铁 1 号，它由中国船舶工业 708 研究所设计、上海江南造船（集团）有限责任公司建造，为双柴油机推进，开敞式分层装载旅客、汽车和火车，全长为 165.4 m，宽为 22.6 m；主甲板为火车甲板，上甲板为汽车甲板，渡轮后半部设置旅客舱室。火车、汽车、旅客登离渡轮时完全分流、互不干扰。渡轮总吨位为 1.34 万 t，可装载 40 节长 14 m、重 80 t 的货车或 18 节长 26.5 m 的客车，同时可载汽车 50 辆、旅客 1 360 人，如图 6-25～图 6-28 所示。

图 6-25 轮渡过琼海

图 6-26 粤海铁 2 号船舶

（2）烟大铁路轮渡

烟大铁路轮渡北起大连市旅顺口区长岭子站，南到烟台市珠玑站，海上运输距离约 159.8 km，渡船分别与旅顺西港站和烟台北港站衔接，是大连到烟台铁路运输的最便捷通道。

图 6-27　铁路轮渡船舶内部空间

图 6-28　火车驶入渡轮

　　烟大铁路轮渡如图 6-29 所示，其候船厅如图 6-30 所示。轮渡舱底有铁轨 6 对，每对放 10 节车厢；中层，汽车沿吊桥直接开进；上层，旅客由候船厅空中专用通道进入。

图 6-29　烟大铁路轮渡

图 6-30　烟大铁路轮渡候船厅

　　目前烟大铁路轮渡共有"中铁渤海号"3 艘渡船来往于两地之间。这 3 艘渡船是我国首次采用综合全电力推进系统的滚装船，也是我国第一艘满足"两舱不沉"破舱稳性要求、第一艘采用计算机自动控制的纵倾调整系统的客运滚装船。

　　渡船可装运 50 节火车货运车辆、旅客 616 名、汽车舱有效长度达 685 m。渡船上设有舒适的客舱舱位，电影院、超市、中餐厅、快餐厅、观景厅、会议室、多功能厅、卫星电视等一应俱全。

复习思考题

1. 简述港口的定义及组成。
2. 简述港口各要素的功能及布局特点。
3. 简述港口客站流线组成及设计原则。
4. 举例说明客运码头与市内交通相连接的设计特点。

第 7 章

航空主导型枢纽

7.1 航空枢纽概述

1. 航空枢纽的概念

国际民航组织将机场定义为：供航空器起飞、降落和地面活动而划定的一块地域或水域，包括域内的各种建筑物和设备装置，主要由飞行区、航站楼、货运区、飞机服务区（机务维修设施、供油设施等）、管理区（空中交通管制设施等）、安全保卫设施、救援和消防设施、行政办公区、生活区、后勤保障设施、地面交通设施及机场空域等组成，图 7-1 为某航空港部分设施构成示例。机场可以分为军用和民用两大类，用于商业性航空运输的机场称为航空港（airport）。在我国，大型的民用机场称为航空港，小型的民用机场称为航站。本书按国际通例，将商业性航空机场一律统称为航空港。衔接多条航线，为旅客或货物提供换乘或中转服务的航空港，称为航空枢纽。

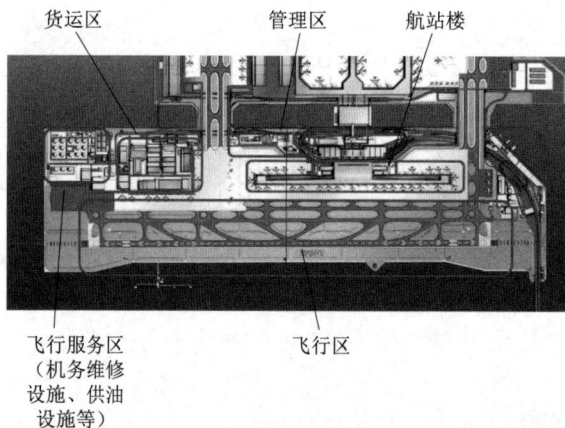

图 7-1 某航空港部分设施构成示例

世界上较大的航空港有美国亚特兰大国际航空港、英国伦敦希思罗航空港、法国巴黎戴高乐航空港、德国法兰克福航空港、日本羽田国际航空港等。中国目前最大的航空港是北京首都国际航空港。

2. 航空港的构成

如图 7-2 所示，航空港的构成可以简单地划分为供旅客和货物转入或转出的陆侧部分和供飞机活动的空侧部分。

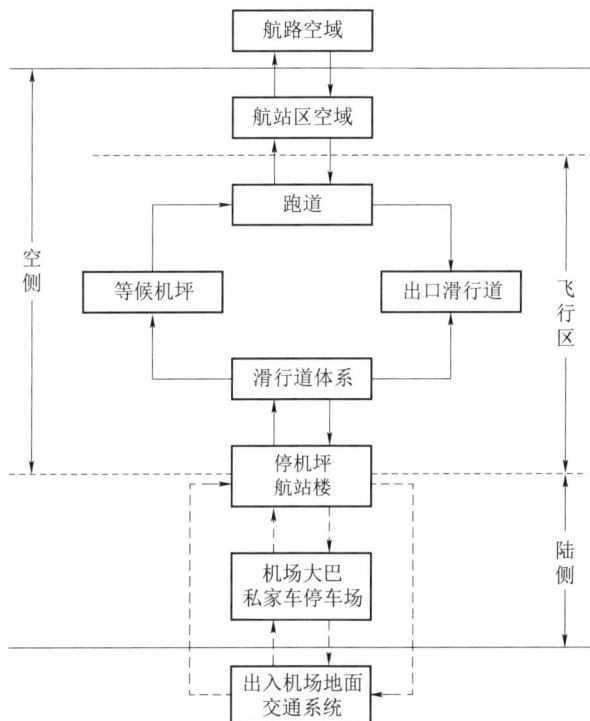

图 7-2 航空港的构成

陆侧包括出入机场地面交通设施、供旅客和货物办理手续及上下飞机的航站楼、各种附属设施 3 部分。

空侧包括供飞机起飞和降落的航站区空域及供飞机在地面上运行的区域两部分。

此外，航空港作为商业运输的基地还可以分为空域和地域两部分。

空域即为航站区空域，供进出机场的飞机起飞和降落；地域由飞行区、航站区和进出机场的地面运输区 3 部分组成。

飞行区为飞行活动的区域，主要包括跑道、滑行道和停机坪。

航站区是旅客登机的区域，是飞行区和地面运输区的结合部位，它由以下 3 个主要部分组成。

① 地面交通出入航站楼的交接面。包括公共交通的站台、停车场、供车辆和行人流动的道路等设施。

② 航站楼。用于办理旅客和行李从地面出入交接面到飞机起飞交接面之间的建筑物。

③ 飞机交接面。航站楼与停放飞机的联结部分，供旅客和行李上下飞机。

进出机场的地面运输区是车辆和旅客活动的区域，包括进出机场的各种交通方式的线路、转换空间等。

7.2 航空港的功能与流线特征

7.2.1 航空港的功能分析

航空港是航空运输的重要基础设施，其基本功能主要有：指挥飞机安全准时起飞和降落；组织旅客顺利乘降飞机；飞机货物装卸；对飞机进行补给和整备，以保证其正常运营；提供方便快捷的交通方式与市区相衔接等。航空港的功能及保障其功能实现的运营设施变化，与航空相关设备的发展及航空运输企业的经营方式，特别是航空公司航线运营模式的转变有直接的联系，如枢纽–辐射航线结构是航空公司随着航空运输业放松管制而发展起来的航线运营模式，与各城市间都直接通航的"点对点"航线结构不同，枢纽–辐射航线结构在客流量较小的城市之间不直接通航，而是通过枢纽航空港衔接航班，中转旅客，实现相互间的空中联结。枢纽航空港作为枢纽–辐射航线结构的重要节点，是随着航空公司枢纽–辐射航线网络的发展而逐步形成的。在航空运输的早期，航空运输企业普遍采用的是"点对点"（city to city）的航线结构。随着航空工业的发展，各航空公司出于航空市场竞争的需要及提高经济效益等因素的考虑，对其所采用的航线结构进行了改造与调整，如 20 世纪 60 年代末，美国的主要骨干航空公司尝试采用枢纽–辐射航线结构（hub-spoke-system，HSS）来代替传统的"点对点"航线结构。1978 年美国对航空运输业实施放松管制政策后，枢纽–辐射航线结构为美国许多航空公司所重视，并得以逐步发展和完善起来，枢纽–辐射航线结构所依托的枢纽机场也随之出现。继美国之后，欧洲从 20 世纪 80 年代中期也开始了放松管制的过程，各大型航空公司借鉴美国的经验，开始构建枢纽–辐射航线结构，并大力投资航空港建设。

航空港的功能定位是进行功能设计的前提，并随着社会的发展而变化，不同时代航空港的功能定位也有所不同。传统的航空港规划运营都是以航空运输为主要功能，主要考虑航空港管理的方便而忽略了对旅客的尊重和人文关怀。随着社会经济的持续发展、人们生活水平的不断提高，人们的出行需求和时间观念发生了根本性的变化，城市交通的便捷、多种交通方式的换乘，航空港在城市中的角色发生了巨大的变化。航空港也从单一的供飞机起飞、着陆、停驻、维护、补充给养及组织飞行保障活动的场所向综合交通枢纽转变，与整个城市、区域的交通规划融为一体。随着交通枢纽站点的性质从单一功能型向城市综合型方向发展，航空港的业务功能不仅是旅客集散场所，而且更注重于城市公共设施的协调配合，促进地区经济的繁荣发展。

航空港、航路和机队构成了民航运输网络。航空港是运输网络中的节点，是航空运输的起点、终点、经停点。从交通运输角度来看，航空港是空中运输和地面运输的转接点。它一方面要面向空中，送走起飞的飞机，迎来着陆的飞机；另一方面要面向陆地，供客、货和邮件进出。航空港的基本功能是为飞机的运行服务，为旅客、货物及邮件的运输服务。

7.2.2 航空港要素功能布局

随着时代的进步、经济社会的发展、人民物质文化生活水平的提高，以及航空港从单一功能型向城市综合型方向发展，对航空港功能方面提出了不断发展完善的新需求，其中包括：快捷的换乘、充分的空间容量与舒适的空间环境；一目了然的标识引导系统，完善的服务设施和人性化的细节设计；安全保障性强；等等。这些都反映出人们在时空概念方面的更新，以及对方便、快捷、舒适和安全性等方面的更高追求。

如前所述，航空港主要由飞行区、航站和地面运输区 3 个部分构成。飞行区是航空港内用于飞机起飞、着陆和滑行的飞机运行区域，通常还包括用于飞机起降的空域；航站是旅客登机的场所，是飞行区和地面运输区的接合部位；地面运输区是车辆和旅客活动的区域，其功能是把航空港和附近城市连接起来，将旅客和货邮及时运进和运出航站。影响机场和航站楼规模的因素主要有机场吸引的旅客规模和航空公司的航班密度等。一般来说，航站区的占地面积的选定要有一定的超前性，以便为将来吸引更大的客流和更多的航空公司入驻、开辟新航线等需要作出预留，促进航空港的良性循环而发展壮大。如果航空港被规划定位为枢纽航空港，在设计时需要预留出大面积的中转空间及辐射性道路，方便旅客转机换乘，从而提高整个航空港的运营效率。

在设计航空港的航站时，首先需要考虑的是预测小时客运量及年客运量。这些量的预测需要考察航空港的客流分布情况，此外还受航空港雇员数量及航班规模和行李量的影响。一般来说，选取普遍采用的全年第 30 位小时交通量作为设计小时交通量来设计航站的规模。第 30 位小时交通量指的是将全年小时交通量从大到小排列，排在第 30 位的小时交通量，如图 7-3 所示。虽然在一年内有 29 个小时无法满足乘客的候机需求，但是保证了航站楼建造时的经济效益，是一个较好的平衡点。

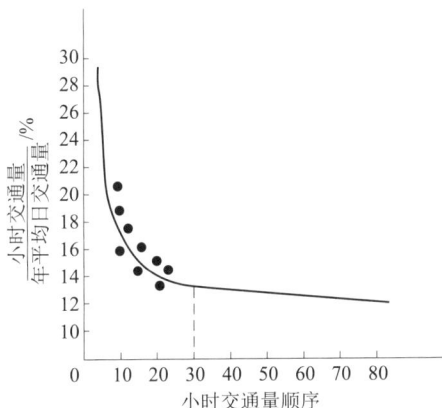

图 7-3　航空港客流小时交通量

航站区的布局有两种基本形式：一种是集中式，另一种是单元式。集中式布局意味着旅客和行李的主要处置功能都集中于一个建筑中，单元式布局则是将旅客和行李的处理功能分散到不同的相对独立的建筑中完成。

集中式布局和单元式布局的不同是针对旅客和行李的处置功能的集中程度而言的，而不是指航站的具体建筑形式。有的航站区将旅客和行李的处理部分同上下飞机的连接体部分（出发候机厅）分开，但并不是单元式布局。

以上两种布局方式的选择就是对航站区的整个发展模式的确定，它对近期工程航站概念的选择和未来航站概念的选择都会产生决定性的影响。如果确定采用单元式的布局，那么终端规模容量将会由几个相对独立的航站来满足，对近期工程航站的扩建能力的要求就相对降低，新增加的交通流量可由新建的另一个航站去完成。如果采用集中式的布局，则对近期工程航站的扩建能力的要求就相当高了，新增加的交通流量只能通过在航站原有的基础上扩建来满足，而不大可能修建一个新的航站。因为布局方式的确定，涉及整个航站区内地面交通系统、停机坪的划分使用、未来航站的建设用地等，一旦确定，就很难改变。对于一个具体的机场航站区规划方案而言，两者并不是严格区分的，有些航空港，尤其是多次改扩建的航空港，采用的航站布局是混合型的，即两种方式进行不同程度的组合。

一般而言，集中式布局有利于充分利用航站的空间、设施和提高工作人员的使用效率，有利于降低每位旅客的处置费用，建筑自身的维护和操作等经常性费用也明显低于处置同样容量的几个单元航站之和。但是，当旅客流量达到比较大的规模时，如果处理不当，很容易造成不同性质、类型的旅客流程混合，给管理和旅客都带来不便。同时，其扩建的能力及内部布局的灵活性也比较有限。

对枢纽航空港而言，由于其基本特点就是旅客流量较大，同时对扩建的要求较高，所以基本采用单元式或者混合式的基本布局。其中新建航空港多采用单元式布局，而在原有航空港基础上改扩建而成的枢纽航空港的总体布局就多采用混合式的布局。这种改扩建的枢纽航空港由于历史较长，最初规划设计时并没有枢纽航空港的概念，对航空量及旅客流量的增长速度和比例估计不足，原有航站区设计的扩建能力有限，所以只能再加建新的航站单元，以达到不断增长的航空运输量的需求，满足枢纽航空港的运营要求。

7.2.3　航空港的功能差异性

不同类型航空港的功能组成也不同。大型枢纽航空港建于经济、人口、航运、地理聚集的特大型城市，连接国际、国内主要城市，航线密集，每年客流量在 2 000 万人次以上。中型枢纽航空港建于国内大中型城市，以国内航线为主，空运量较为集中，航程可超过 1 600 km，年客流量在 200 万～2 000 万人次，一般为省会、自治区首府、重要工业、旅游和开发城市的机场。支线航空港建于有航空需求的各小城市，大多分布在各省、自治区陆侧交通不方便的地方，仅与附近的省会（首府、自治区）通航；机场规模较小，等级也比较低，为国内次要航线服务，航程不超过 1 600 km，每年客流量在 200 万人次以下。

支线航空港由于航班少而且定时定点，客流分散且客流量低，候机楼面积只需考虑一两架窄体机的客流及少量机场工作人员的需求。航站楼内部的流线组织相对简洁，不用考虑经停与中转的情况，更容易将各功能部分灵活组织在一个一目了然的空间里。因此，它的设计最为简单。中型枢纽进出港航班较为密集，考虑到可能出现的由于某些特殊原因造成的客流积压等情况，候机区需要预留一定的面积，同时需要设计出供少数经停中转旅客的换乘空间。进出港流线的组织较为容易，采用物理隔离方法一般可以疏解。

而大型枢纽航空港与中型枢纽、支线航空港，由于规模不同，其功能组成存在以下几方面的差异。

大型枢纽航空港的换乘体系相比中型枢纽航空港、支线航空港具有更综合、更复杂的特点，包括巴士、出租车、私家车、高速铁路、城市轨道交通。而中型枢纽航空港、支线航空港的换乘相对简单，以巴士、出租车、私家车为主。

大型枢纽航空港由于规模庞大、功能复杂，一站式换乘是其换乘模式的发展方向，旅客无须出港，通过换乘功能空间组织站内各功能要素和交通要素，实现各种交通方式之间的换乘。大型枢纽航空港由于流线比较复杂，其组织重点强调其通过性和导向性，尽量使流线便捷顺畅。同时，由于大型枢纽航空港换乘时会出现大量中转客流密集到达的情况，大型枢纽航空港的候机楼设计空间需要更大的面积来适应极度不均衡的客流分布。此外，行李转运设备也需要设计更强的储备能力来满足密集到达的行李流。还需要指出的是，大型枢纽航空港由于功能的复合转变，功能空间布局由平面向立体模式转变，空间组织趋于一体化，内部空间规模一般比较宏大。中型枢纽航空港及支线航空港则换乘体系简单，旅客流线相对单一。另外，由于航班起降数、客流相对较少，在空间规模上远小于大型枢纽航空港。

为满足周边地区对航空货运快速高效的运输需要，体现航空运输的中枢辐射效应，降低整个供应链的物流运作成本，部分航空港还建有航空物流园区。航空物流园区除具备普通物流园区综合运输、储存、装卸搬运、包装、流通加工、物流信息处理、结算、进口保税和出口监管等功能外，还具有如下特点：① 货物主要由航空飞行器运输；② 服务对象主要针对高附加值、时效性要求较高的产品；③ 区位选址基本限定在机场范围内；④ 基础设施要求一般高于普通物流园区；⑤ 针对贵重物品、鲜活货物等特殊仓储功能的需求较多，为方便国际航空物流，往往需要建设海关监管仓库、保税仓库等。

7.2.4 航空港的流线特征

新型航空港是一个规模宏大、功能复杂的交通体系，涉及航空港内外的人流、货流的流线组织，是设计的关键。交通组织的目标是流线便捷，交通组织的内容包括航空港各种功能的使用者如何到达或离开航空港，如何便捷地在其内部各种功能空间流动。交通组织就是要区分各种流线的性质和流动特点，根据交通流量的各种影响因素，将交通建筑的总体功能和空间布局统一进行规划和设计。

航空港的基本流线有 3 种，即行人旅客流线、载运工具交通流线、货物交通流线。行人旅客进港交通流的特点是：分散的各种行人旅客、车流从城市道路、轨道交通陆续到达航空港，进程相对缓慢，持续时间较长；行人旅客出港交通流的特点是：人流密集，时间集中，要求短时间内快速疏散。

流线设计是指通过建筑空间的布局组合和其他设计手法，对特定范围的人流、车流、物流加以分类、组织、引导，形成有秩序、有目的的流动线路的过程。流线设计的基本原则是互不交叉、便捷合理、明确清晰。

流线设计先要分清进出港顺序，以进港和出港分开为基本原则，设计中做到流线简洁合理、明确清晰，避免相互交叉、干扰和迂回，力求缩短旅客的走行距离和时间。

航空港设计的首要任务是研究简洁合理的流线，选择恰当的建筑空间组合模式。航空港交通流线的组织与航站楼的功能布局、空间组合有十分密切的联系，应把航站楼空间作为一个动态系统来规划、经营，使沿流线运动的人在活动中形成连续的空间感觉。空间设计不但要求空间的变化丰富，而且各种空间的流线组织要有可识别性。交通流线的组织要结合空间序列和空间结构的布局安排，详尽分析各功能部分的使用特征及行为模式，保证流线组织符合旅客在航站楼内的使用。

航空港的流线组织和空间布局是由航空港的基本功能和运行模式决定的，随着其不断的变化，其流线设计对应着功能空间布局模式的发展，也经历了不同的发展阶段。

在传统的航空港布局中，航空港设计功能分区明确，飞行区、航站和地面运输区这三大功能组成部分往往在平面上依次排开。与之对应的流线组织也相对简单。地面运输区是主要换乘场所，车流和人流在平面上一般采用前后分流和左右分流来组织。旅客经地面运输区进入航站楼，然后经通道到达飞行区进行登机。

随着航空客运量的迅速增长，我国航空港的功能空间从原来的平面布局向地面运输区、航站、飞行区立体布局转变，与之对应的流线组织也从二维转变为多维。首先是地面运输区交通组织的立体化，进出港的流线分层设置，且有多向进口和多向出口，避免出入流线的相互干扰。航站内部组织的流线组织与多功能空间相适应，围绕着换乘而变得立体紧凑。为了组织复杂的流线，满足功能的要求，常常同时利用平面和立体分流。

航站楼地面交通包括进出航空港交通和场内交通两部分。进出航空港交通主要是指运送出发和到达旅客，以及接送者、工作人员等来往于城市中心和机场之间的交通；而场内交通则是指航站楼出入口与登机门位之间的交通，以及多个航站楼之间的交通。

对旅客来说，旅行时间除了空中飞行时间外，还包括在航站楼内办理手续时间、候机时间和进出航空港的地面交通时间。随着喷气式飞机的使用，飞机飞行速度提高了，空中飞行时间缩短了。目前大中型旅客运输机的速度一般都在 900 km/h 左右，国内航线的飞行时间大都在 1～3 h。相对而言，地面交通时间占总的旅行时间的比例则增大了。尤其是对短途旅行，变化更为明显。旅客从出发地到航空港和从航空港到目的地的地面交通时间往往会超过乘机的时间。这样，航空运输的快速优点便会因为进出航空港地面交通的阻滞而部分抵消。因此，进出航空港交通是否顺畅、快捷，关系到航空港的服务质量，是航站楼规划设计中不可忽视的重要内容。

在航站楼内，旅客和行李的活动构成了主要流线。航站建筑具体形式的不同，以及旅客和行李性质的差异形成了不同流线。一般而言，可以把旅客和行李分为出发、到达和中转 3 种类型，同时又有国内航线、国际航线之分。世界上大多数枢纽航空港同时具有国际航线和国内航线，但是有少数小国家或地区的机场不存在国内航线，机场内的所有流线均为国际流线，如新加坡樟宜机场和香港国际机场。流线的内容和组织原则与各国的航空政策相关，因而不尽相同。其中各国的国内流线内容基本相同，出发流线为：办票—安检—候机—登机；到达流线为：下机—提取行李—到达厅。我国现行的航空港航站流线示意图如图 7-4 所示。

流线的组织原则也因此有所不同，如在美国，除了国际到达旅客需要单独隔离之外，其余旅客可以混合。而我国的相关标准规定，航空港流线组织应"避免各种流线交叉干扰，严格区分国际与国内航班，严格分隔安全区与非安全区"。表 7-1 为世界各地航空流线的相关内容。

在流线组织上，以控制走私、劫机、贩毒等非法活动为原则，对流线组织进行分隔的内容包括：进港旅客与出港旅客分隔；出港旅客在检验后（海关、护照、安检）与送行者及未被检验的旅客分隔；进港旅客未检验前（检疫、护照、海关）与迎接者分隔；国际航班与国内航班分隔。

流线组织的好坏是检验航站楼设计的一个重要指标，对旅客而言，也是最直接影响其在航站楼内的活动顺利程度的重要因素。不论是旅客流线还是行李流线，从过程上看并不很复杂，但将它们具体化到航站建筑设计中时，特别是在枢纽机场，旅客流量较大时，由于各种因素综合起来，流线组织就难以从单一平面得到解决，而必须是在三维空间内进行安排。只有平面组织和剖面组织共同作用，才能实现良好的设计效果。

剖面流线一般是根据旅客和行李流线在竖向上处理方式的不同进行划分的，现有理论中对基本剖面流线的分类，一般划分为 3 种，分别为一层式、一层半式和二层式。需要说明的是，这里的"层"并不代表航站建筑的实际层数，而是指旅客主要流程所需的层数，有可能二层式的航站，加上其他辅助楼层，实际建筑有 4 层。

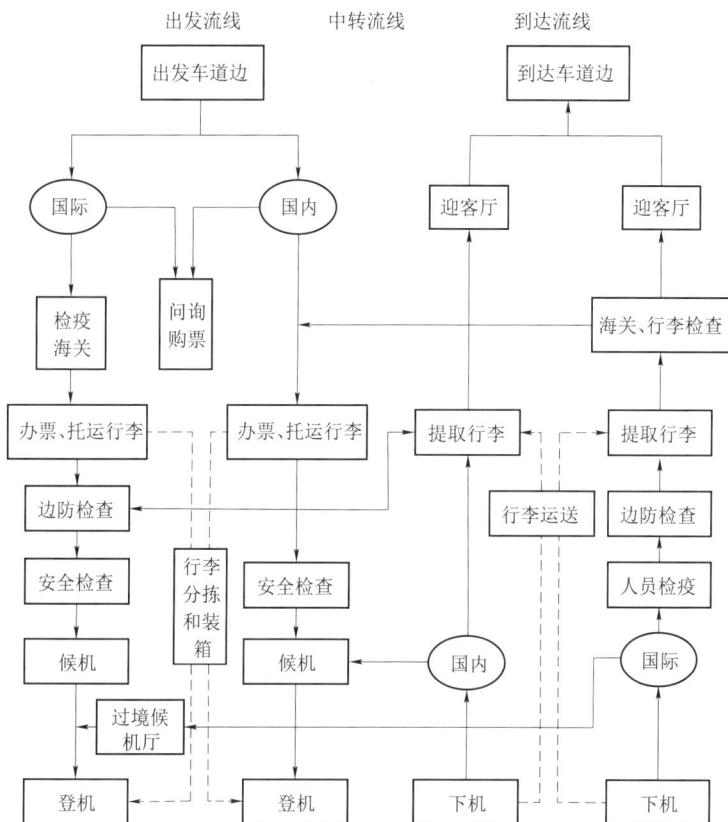

图 7-4 我国现行的航空港航站流线示意图

表 7-1 世界各地航空流线的相关内容

地区	出发流线	到达流线
欧洲	办票—出境边防—安全检查—候机—登机	下机—入境边防—行李提取—海关—到达厅
美国	办票—安全检查—检票候机—登机	
中国	检验检疫—海关—办票—出境边防—安全检查—候机—登机	下机—人员检疫—入境边防—行李提取—海关—行李检疫—到达厅

1. 一层式剖面流线

一层式剖面流线将车道、车道边、航站楼以及离港和到港旅客办理手续结合在同一层内，都在同一层处理。出发和到达流程在平面上进行分隔，如图 7-5 所示。

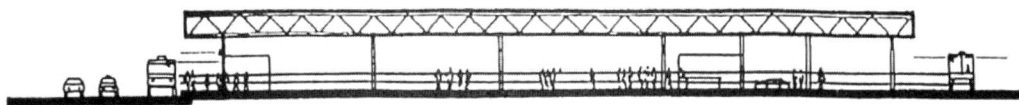

图 7-5 一层式剖面流线图

2. 一层半式剖面流线

道路和车道边是单层的。航站楼是双层的，地面层具有混合的到港和离港处理系统，二层是离港旅客的休息厅。出发旅客在一层办理手续后上二层登机，到达旅客在二层下机后到一层提取行李，出发和到达行李的处理均在一层。出发和到达流线仍需在平面上进行分隔，如图 7-6 所示。

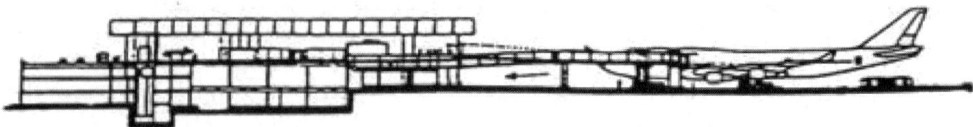

图 7-6　一层半式剖面流线图

3. 二层式剖面流线

二层式航站有两层车道边，旅客的出发和到达流线在剖面上分离，一般出发在上层，到达在下层。出发行李在二层办票柜台交运后通过行李系统传输设备送到一层或地下层处理，而到达行李流线则是在一层或地下层进行，如图 7-7 所示。

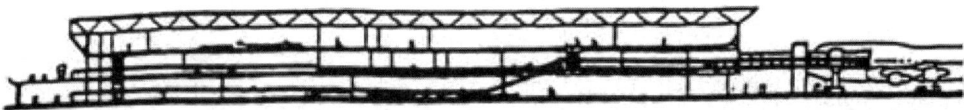

图 7-7　二层式剖面流线图

除此之外，也有部分机场采用三层式剖面流线布局的方案，旅客和行李的流程基本与二层式剖面流线方案相同，只是将行李房布置在地下室。在实际应用中，考虑到航站楼餐饮、商品售卖、金融旅游服务等因素，航站楼的布局设计要复杂得多，很多大型机场的实际设计形式都是基于以上各种方式进行的演变。

对国内流线和国际流线的分隔，则一般是在平面处理上进行分离，但也有例外，如大阪关西机场，其旅客流线有三层，上层是国际出发，下层是国际到达，中间层则是国内出发和到达，形成多层式的剖面布局。

各种剖面流线组织方式的运用范围大致如下：一层式适用于小规模航站，通常与简易航站概念结合；一层半式的出发和到达旅客分别使用同一车道边的不同区段，车道边有效长度的限制决定其适用于中小规模的航站，但如果若干个这样的航站组成一个航站综合体，也可达到较大的旅客流量；二层式的垂直分布方式基本避免了出发和到达旅客的逆向流程，也避免了车道边的拥挤，多适用于大中型规模的航站。

通过以上分析不难看出，枢纽航空港旅客航站楼由于旅客流量大等特点，比较适宜采用二层式剖面流线的旅客处理系统。通过对现有枢纽机场的调查分析，发现大部分枢纽航空港航站采用的是二层式剖面流线布局，少数采用一层式剖面流线布局、一层半式剖面流线布局或多层式剖面流线布局。

各种型号的飞机尺寸各不相同，在航空港规划设计中，每个机位都有对应的型号，以便于各种辅助和连接设备（如登机桥等）的设计。所以，特定机位上停靠的飞机舱门高度是一定的，不论是出发旅客还是到达旅客都需要从同一标高进入飞机，所以即使是同样都采用二层式剖面流线的航站楼，其航站楼空侧候机厅的剖面流线也有不同的方式。根据在空侧候机厅出发与到达流线是否分层，二层式剖面流线在空侧候机厅可以有同层、夹层、分层 3 种处理方式。

空侧同层是指在空侧候机厅出发的旅客与到达旅客共处同一层，如图 7-8 所示。根据平面处理方式，可进一步将人流细分为混流式和分流式两种。混流式对出发和到达两种人流不做实质性分隔，布局较简单，到达旅客和出发旅客使用共同通道。这种方式在美国的枢纽航空港比较常见，但由于我国航空港流程要求出发和到达流线分离，所以在我国枢纽机场设计中并不适用。针对混流式的缺点，同时出于一些国家航空政策的要求，发展了分流式。它在平面上对出发和到达旅客进行一定的隔离，通常是为出发旅客设置隔离候机室，候机室之间是登机口和到达走廊，两种流线在平面上错开，互不交叉。

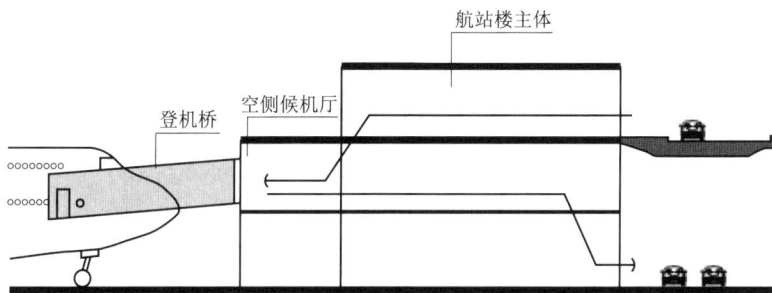

图 7-8　空侧同层示意图

在空侧夹层的二层式剖面流线的空侧候机厅，连接登机桥的仍是单个楼层，一般为出发层，在其上或其下有夹层作为到达旅客走廊，将出发与到达旅客分离，简单示意图如图 7-9 所示。在登机口处，出发与到达旅客仍是通过同一个登机口，在候机厅的临空侧有较长的走廊，走廊内有扶梯、电梯、联系上下的到达旅客夹层。

图 7-9　空侧夹层示意图

空侧分层的二层式剖面流程是指除了在航站主体内，出发流线和到达流线在剖面上分离，出发旅客和到达旅客在离开登机桥后便在不同的标高活动，而在登机桥处通过楼梯、扶梯、坡道等实现不同标高的两层与飞机舱门的连接（图7-10）。这种方式使出发流线与到达流线在剖面上彻底分离，空间更加清晰，易于管理。对大流量的机场来说，其优势更为明显。因此大部分的枢纽机场都采用这种剖面流线组织方式。

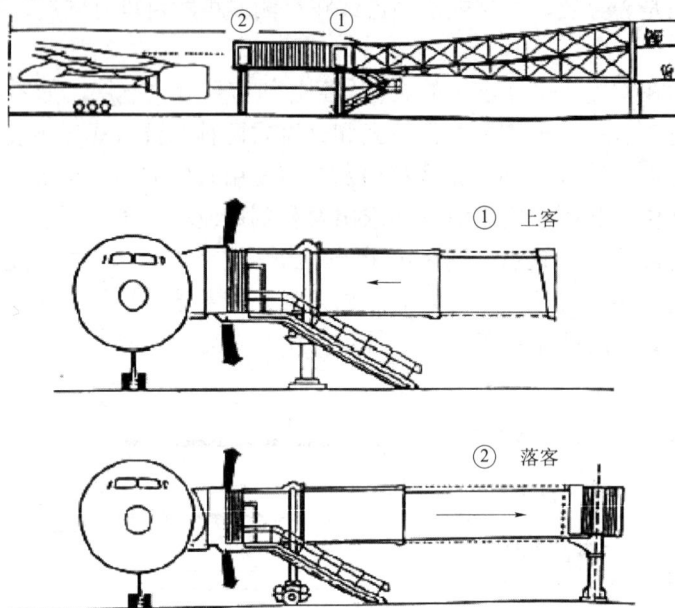

图7-10 空侧分层示意图

在一般机场，最主要的流程是出发流程和到达流程，中转流程居于较次要的地位。但中转旅客比例较高是枢纽机场的一个显著特征。综观世界各地枢纽机场，有少数枢纽机场，使用中转流程的旅客比出发流程和到达流程的旅客多，如亚特兰大机场，中转旅客有70%，出发旅客只有30%。中转流程设计得好坏，将对枢纽机场的整体运作顺利与否产生直接的影响。

中转是指旅客从一个航班转到另一个航班。旅客在中转机场下机后，一般都先进行办理转机手续，查询中转信息，以确定重新登机的登机口。而行李的中转，除了部分涉及国际航程的旅客必须提取各自行李通过海关检查外，行李一般由航空公司转运。根据中转前后的航班性质，中转流线有以下4种：国内—国内、国际—国际、国内—国际、国际—国内。表7-2为欧美国家和我国的国内航班—国际航班中转流线涉及的内容。

表7-2 欧美国家和我国的国内航班—国际航班中转流线涉及的内容

国家	流线内容
欧洲国家	下飞机—办理转机手续—出境边防检查—候机—再登机
美国	下飞机—办理转机手续—候机—再登机
中国	下飞机—提取行李—海关检查—动植物检疫—办理转机手续、再托运行李—出境边防检查—安全检查—候机—再登机

根据中转前后航班的关系，中转流程又可分为联程式和过境经停式两种。联程式中转是指旅客前后乘坐不同的航班。过境经停式中转是指旅客中转前后乘坐的是同一航班，飞机在中途机场稍作停留，补充供给、增添旅客、办理经停旅客出入境手续后就可以再度启航。

7.3 航空港的空间形态设计

7.3.1 航空港总平面布局设计

航空港位置是否适当，对未来的营运绩效影响很大，因此选择最佳的位置是航空港平面布局最重要的工作之一。近年来，由于人口增加，城市范围扩大，使得航空港的用地更为紧缺，地价飞涨也增加了建设的负担；另外，航空科技快速发展，飞机的飞行速度大幅加快，机型也越来越大，因此所需的跑道长度必须随之加长，各种相关服务设施规模也逐渐加大。在航空港位置的选择程序上，包括基本背景资料收集及分析、现场调查、比较评估3个步骤。

在选定航空港位置之后，即可着手研究总平面布局。设计大体包括必要的图文说明，以表明所选位置的现状及预计兴建的设施。其中短、中、长期发展计划图应注明各类设施的比例，而在最终设计中则需表明各设施的位置、尺寸。

航空港总平面布局设计包括跑道、滑行道、停机坪、航站楼、飞机维护棚厂、停车场、道路系统、排水系统等。在设计时，除应谨慎选择适当的航空港位置外，航空港内各设施相对位置安排也应使各种作业能顺畅进行。

由于航空港内各种设施的规划设计必须能满足未来旅客数量的需要，因此对于目标年的旅客总数、高峰日旅客数量、高峰小时旅客数量、飞机航班、机型，以及航空港所服务地区的人口增长、社会经济发展均需予以准确预测，以作为提供完善飞行服务的依据。

航空港建设所需土地广大，耗资巨大，对国家或地区发展影响深远，因此无论是增辟新的航空港，还是扩建原有航空港，均需对其必要性进行详细的分析，通常包括基本资料收集、需求预测、估计所需的设计及环境评估等。

在航空港的总平面布局中，跑道的设计不仅关系未来整个航空港的运作效率，同时也影响跑道本身容量。其设计受到航空港用地形状的影响，数量则取决于风速、风向及未来所需服务的架次。至于跑道的方位，则需依据风向资料推算。一般来说，跑道的走向要平行于季风的风向。常见的单一跑道设计形式如图7-11所示。

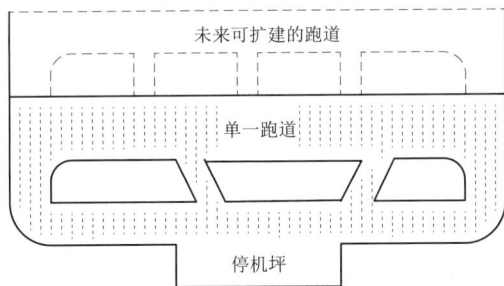

图7-11 常见的单一跑道设计形式

滑行道（图7-12、图7-13）用以连接候机楼区与跑道，以便飞机起飞及供落地后飞机在跑道上滑离。由于各机型飞机落地时所需的跑道长短不同，因此为使落地后飞机能迅速离开，以免妨碍其他飞机起降作业，可在跑道侧面适当位置铺设出口滑行道。有关滑行道的设计需考虑起降飞机的架次、跑道布设的形式、航站楼及其他地面设施的位置等因素。

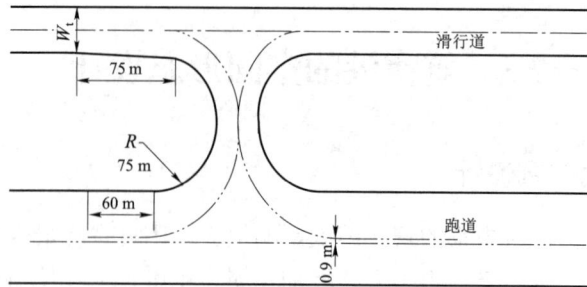

W_t—滑行道宽度；R—半径

图 7-12　垂直型出口滑行道示意图

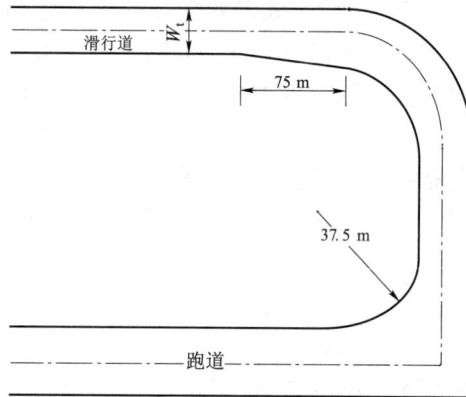

W_t—滑行道宽度

图 7-13　入口滑行道示意图

　　飞机维护棚厂是维护及修理飞机的场所，其大小依所需服务飞机的架数及机型大小而定。在一般飞行活动的航空港，常建有多个维护棚厂，以同时维护多架飞机，其棚厂的设计常采用 T 型组合，如图 7-14 所示。每个 T 型棚位可停放一架飞机。

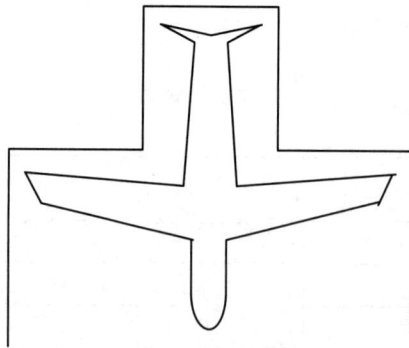

图 7-14　巢式 T 型飞机维护棚厂简图

7.3.2　航空港飞行区的设计形式

　　飞行区分空中部分和地面部分：空中部分指机场的空域，包括进场和离场的航路；地面部分包括跑道、滑行道、停机坪和登机门，以及一些为维修和空中交通管制服务的设施和厂地，如机库、地塔台、救援中心等。图 7–15 为现代运输机场飞行区地面设施的组成示意图。

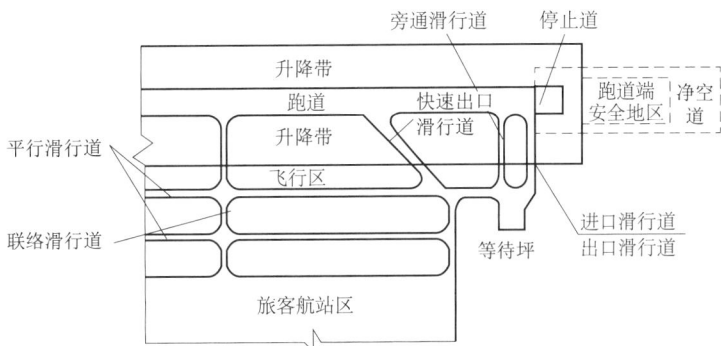

图 7–15　现代运输机场飞行区地面设施的组成示意图

1. 跑道

跑道的长度是确定机场规模最重要的因素。跑道按其作用可分为主要跑道、辅助跑道、起飞跑道 3 种。

主要跑道是指在条件许可时比其他跑道优先使用的跑道，按使用该机场最大机型的要求修建，长度较长，承载力也较高。辅助跑道也称次要跑道，是指因受侧风影响，飞机不能在主要跑道上起飞着陆时，供辅助起降用的跑道。由于飞机在辅助跑道上起降都有逆风影响，所以其长度比主要跑道短些。起飞跑道是指只供飞机起飞用的跑道。

跑道需要的基准长主要由所有运航的机型需要跑道长的最大值来确定，空客 320、波音737 等窄体机一般需要 2 000 m 的基准跑道长，而波音 777 等宽体机则需要 2 500 m 的基准跑道长。除此之外，跑道长度还要根据跑道所在地的海拔和最高气温影响来进行修正。

根据国际民用航空组织（International Civil Aviation Organization，ICAO）标准，跑道必要长度的计算修正公式如下：

$$跑道长=跑道基准长×(1+H×0.07/300)×[1+0.001×(T-15+0.006\ 5×H)] \tag{7-1}$$

式中：

H——海拔，m；

T——气温，℃。

此外，风向、风速、道面摩擦系数等也能影响跑道必要长度，引起跑道长度修正。如果以上修正因素引起的修正值过大，则需要根据实际情况专门进行研究。

跑道的宽度主要取决于运航最大型号飞机的翼展和主起落架的轮距，同时还要考虑降落时着陆点偏离中心线的情况，但一般不超过 60 m。

2. 滑行道

滑行道是机场内供飞机滑行的规定通道。滑行道的主要功能是提供从跑道到候机楼区的通道，使已着陆的飞机迅速离开跑道，不对起飞滑跑的飞机产生干扰，并尽量避免延误随即到来的飞机着陆。此外，滑行道还提供了飞机由候机楼区进入跑道的通道。滑行道可将性质不同的各功能分区（飞行区、候机楼区、飞机停放区、维修区及供应区）连接起来，使机场最大限度地发挥其容量潜力并提高运行效率。滑行道应以实际可行的最短距离连接各功能分区。

　　滑行道系统主要包括主滑行道、进出滑行道、飞机机位滑行道、机坪滑行道、辅助滑行道、滑行道道肩及滑行带。滑行道系统可以根据实际需要和可能，分阶段建设，逐步完善。避免一次建设费用过高，而利用率又过低。

　　主滑行道又称为干线滑行道，是飞机往返于跑道和机坪的主要通道，通常与跑道平行。进出滑行道又称为联络滑行道，旨在使着陆飞机尽快脱离跑道。出口滑行道大多与跑道正交，快速出口滑行道与跑道的夹角为25°～45°，一般取30°。飞机可以较高的速度由快速出口滑行道离开跑道，不必减到最低速度。出口滑行道距离跑道入口的长度取决于飞机的进场速度、接地速度、减速度，以及跑道与机坪的相对位置等因素。考虑到高峰时飞机的密度，一般在跑道两端各设置一个进口滑行道。它的设计为确定飞机起飞的顺序提供了较大的灵活性，提高了机场的运营效率。

3. 机坪

　　航站楼的空侧一边设置机坪，以供飞机停放、上下旅客，以及飞机进出门位的操作和滑行，机坪在航站楼和飞行区之间提供连接。一般来说，机坪可以分为停机坪和登机坪两种。

　　（1）停机坪

　　停机坪是指在陆地机场上划定的一块供飞机上下旅客、装卸货物和邮件、加油、停放或维修之用的场地。停机坪的面积要足够大，以保证进行上述活动的车辆和人员的行动，机坪上用漆标出运行线，使飞机按照一定线路进出滑行道。如图7-16所示。

图7-16　机场停机坪

　　停机坪包括站坪、维修机坪、隔离机坪、等候机位机坪、等待起飞机坪等。机坪上设有供飞机停放的划定位置，即机位。供飞机等待或让路，以提高飞机地面活动效率的场地则称为等待停机坪。等待起飞机坪应能容纳2～4架飞机，并有足够的地面使一架飞机绕过另一架飞机。候机楼空侧所设停机坪称作站坪（或称登机停机坪），可供飞机滑行、停驻机位、停靠门位，以便上下旅客、行李和货邮及加油。站坪包括客机坪和货机坪。停机坪（特别是客货机坪）供飞机长时间停放、满载滑进滑出，其受载条件与跑道端部相近，因此其厚度亦应与跑道端部相等。

　　（2）登机坪

　　登机坪是指旅客从候机楼上机时飞机停放的机坪，该登机坪要求能使旅客尽量减少步行上飞机的距离。

7.3.3　航空港航站的设计形式

1. 航站区位置的确定

在考虑航站区具体位置确定时，尽管有诸多影响因素，但机场的跑道条数和方位是制约航站区定位的最重要因素。航站区—跑道构型，即两者的位置关系是否合理，将直接影响机场运营的安全性、经济性和效率。在考虑航站区的位置时，应布置在从它到跑道起飞端之间的滑行距离最短的地方，并尽可能使着陆飞机的滑行距离也最短，即应尽量缩短到港飞机从跑道出口至机坪，离港飞机至跑道起飞端的滑行距离，尤其是离港飞机的滑行距离（因其载重较大），以提高机场运营效率，节约油料。在跑道条数较多、构型更为复杂时，要争取飞机在离开或驶向停机坪时避免跨越其他跑道。同时，尽可能避免飞机低空经过航站上空，以免发生事故而造成重大损失。

交通量不大的机场，大多只设一条跑道。此时，航站区宜靠近跑道中部，如图 7–17（a）所示。

如果机场有两条相互平行的跑道（包括入口平齐和相互错开）且间距较大，一般将航站区布置在两条跑道之间，如图 7–17（b）、图 7–17（c）所示。

如果机场的交通量较大，乃至必须采取 3 条或 4 条跑道时，航站区位置可以参考图 7–17（d）、图 7–17（e）。

若机场具有两条呈 V 形的跑道，为缩短飞机的离港、到港滑行距离，通常将航站区布置在两条跑道所夹的场地上，如图 7–17（f）所示。

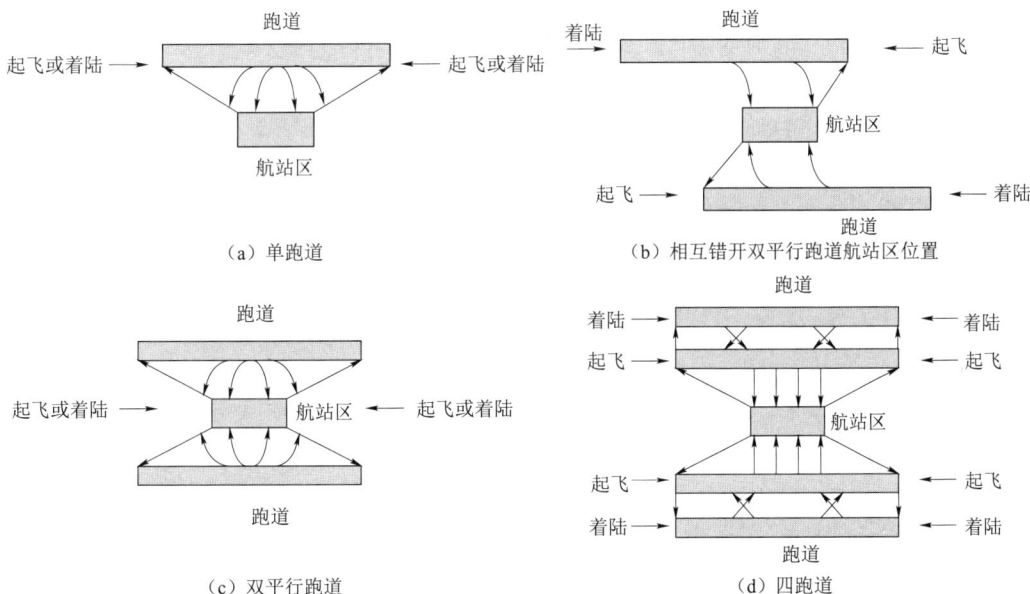

（a）单跑道　　（b）相互错开双平行跑道航站区位置

（c）双平行跑道　　（d）四跑道

图 7–17　航站区位置的确定

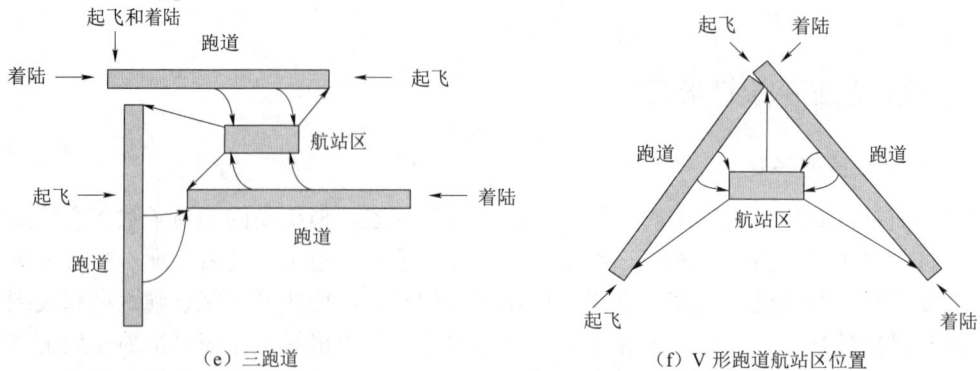

（e）三跑道 （f）V 形跑道航站区位置

图 7-17　航站区位置的确定（续）

2. 航站楼

航站楼是航站区的主要建筑物。航站楼的设计，不仅要考虑其功能，还要考虑其环境、艺术氛围及民族（或地方）风格等。航站楼一侧连着机坪，另一侧又与地面交通系统相联系。旅客航站楼基本功能是安排好旅客、行李的流程，为其改变运输方式提供各种设施和服务，使航空运输安全有序。航站楼是航空港的主要建筑，特别是国际机场，航站楼在一定意义上就是一个国家的大门，代表着国家的形象。因此，在建筑上要求航站楼具有一定的审美价值、地域或民族特色，并进行豪华的装饰，这也与航空旅行这种迄今为止高级别的旅行方式相适应。

（1）布设类型

根据停机坪与航站楼的相对位置，航站楼可以分为 7 种布设类型（图 7-18），分别说明如下。

① 前列式系统（frontal system）。如图 7-18（a）所示，飞机成排平行停靠于航站楼之前。这一系统适用于飞机架数少的小型机场，而随着需求的增长，航站楼及停机坪均可向两边扩建。

② 指状式系统（finger system）。如图 7-18（b）所示，宽阔的通道由航站楼延伸入停机坪，通道的两侧可同时停靠飞机进行登机、下机作业，因此其建造费用相对较少。

③ 分裂指状式系统（split finger system）。如图 7-18（c）所示，在指状式通道的末端再分出通道，此类系统旅客需步行较长的距离。假设停机坪的直径为 60 m，则当旅客由某一指状通道的末端至另一指状通道的末端转机时，其行走距离甚至超过 800 m。

④ 卫星式系统（satellite system）。如图 7-18（d）所示，在由售票处延伸而出的通道末端，建成一宽广的候机（或转机）大厅。大厅内除休息室外，还有商店、餐饮贩售及盥洗室。环绕此大厅周围可增设 5～10 个停机位供飞机停靠。此类系统可减少旅客的步行距离，但是对需在不同"卫星"间转机的旅客而言，则需花费较多的时间及行走较长的距离。

⑤ 突出卫星式系统（pier-satellite system）。如图 7-18（e）所示，卫星式的候机大厅建于由航站楼所延伸出的通道末端，对于运输频繁，需要更多登机门的机场而言，采用此形式可使旅客行走的距离大为缩短。

⑥ 指状突出式系统（finger-pier system）。如图 7-18（f）所示，在突出的候机大厅上又分出指状通道，此类系统可容纳更多停机位，而旅客的行走距离又不至过长。

⑦ 端停机系统（remote parking system）。如图 7-18（g）所示，当运量非常繁重，为了避免停机坪分散过广，致使旅客疲劳行走，将停机坪集中建设于与航站楼距离相当的地方，而以各种形式的公交车甚至大容量的运人系统（people mover system）担负转运乘客的任务。

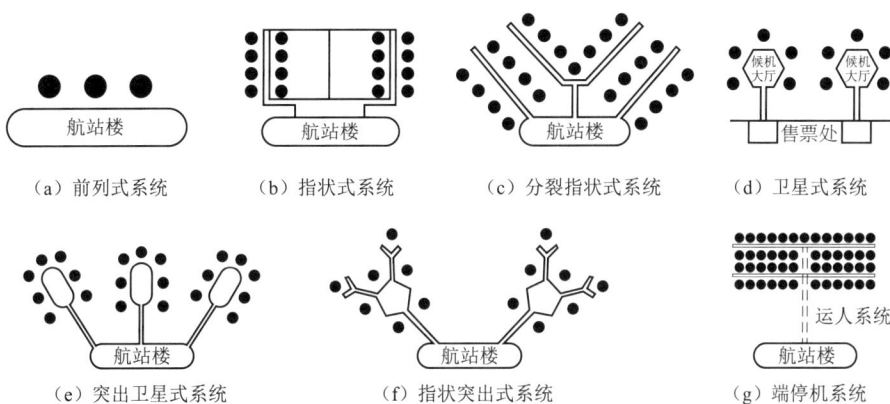

（a）前列式系统　（b）指状式系统　（c）分裂指状式系统　（d）卫星式系统

（e）突出卫星式系统　　　（f）指状突出式系统　　　（g）端停机系统

图 7-18　航站楼的布设类型

（2）航站楼的规模

航站楼是航站区域内最重要的设施，其规模的大小及所需具备的功能，则随飞行活动的多少及旅客的服务需要而定。一般而言，航站楼的规模至少应该满足以下几个目的。

① 航站楼的规模至少应该满足未来 10 年内高峰小时旅客的需求，并且其设计能随着旅客数量及飞机制造技术的演变而弹性地调整或者扩建。在此观点下，长方形的设计显然较为合理，图 7-19 为航站楼内空间布局示意图。

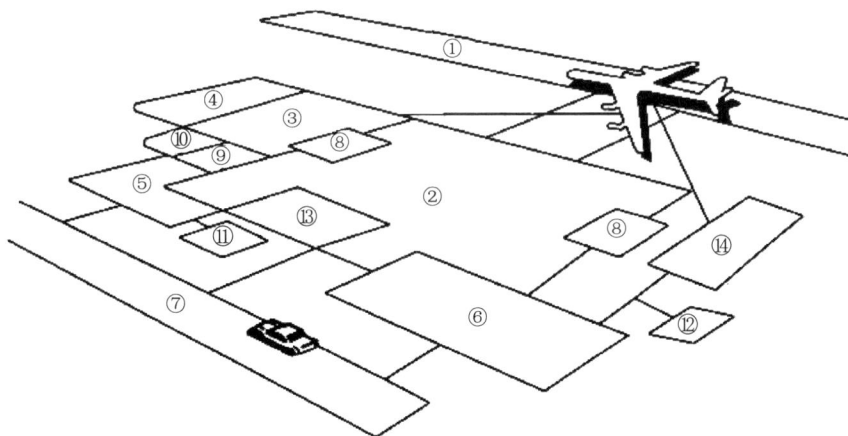

①—旅客上（下）机处；②—候机室；③—餐厅；④—厨房；⑤—领取行李房；⑥—购票大厅；
⑦—旅客上、下车处；⑧—零售商店；⑨—盥洗室；⑩—公共设施（自来水等）；
⑪—地面运输的起点；⑫—邮政设施；⑬—旅客服务台；⑭—航空公司作业室

图 7-19　航站楼内空间布局示意图

② 航站楼内的设计应以经济的成本对旅客的流动、候机、转机及其他的各种作业活动提供高水平的服务。尤其是对于出入境的旅客及其行李应能够快速地流动且互不干扰。图 7-20

为机场内旅客及行李流线示意图。

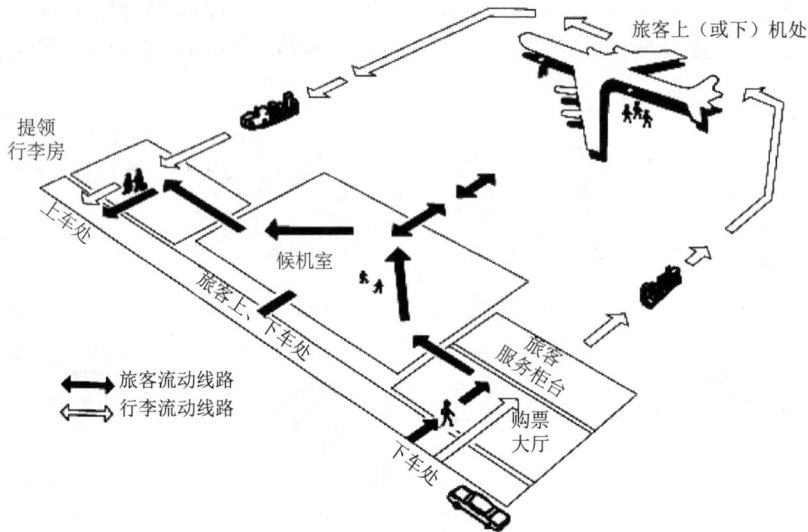

图 7-20　机场内旅客及行李流线示意图

③ 由于航空旅客所携带的行李较多，因此航站楼的设计应尽量减少旅客进出航站楼及在航站楼内行走的距离。无论旅客是乘坐私家车还是公共交通，应使其能够停于接近售票厅的地方，其行李也可以在此处寄存，然后以较短距离到达候机厅。同样，乘客下机后的地点应该靠近提取行李的地方，而紧邻此处有出租车及私家车等交通方式。

④ 由于航站楼内各种商店的租金是机场收入的主要来源之一，因此其设计应该尽可能针对旅客的需要提供服务，以赚取较多的利润。

⑤ 应能给机场及航空公司员工提供良好的工作环境。

7.3.4　航空港地面运输区设计

1. 航空港地面运输区交通流分析

航空港地面运输区交通流主要由 3 部分构成，每一组成部分都有其方式和需求，这些显著不同的对象如下。

① 出发和到达旅客——这部分客流或者是乘飞机出港，或者是乘飞机到港。

② 工作人员——航空公司、机场、政府和特许部门的工作人员，机场的各类经营者，他们大都每天往返机场。

③ 参观者——迎送者、机场观光者及从事其他商业活动的人员。

在规划和设计机场与城市之间的交通衔接方式时，应考虑不同性质的旅客的不同出行需求。通常来说，航空旅客及其迎送者和机场工作人员的出行需求是最基本的，也是必须要满足的。其中机场工作人员的出行特性是典型的通勤行为，具有潮汐现象，而航空旅客出行发生的时间和航班时间有很大的相关性。

在确定采用何种交通方式或交通方式组合与机场进行衔接时，必须知道在一定时间内旅客及迎送者、机场工作和服务人员、航空货运等的交通流量情况。表 7-3 即为通过调查得出的机场人员分布情况，从中可以发现数值的变化是很大的，其中机场工作人员的比例相对较低，但是相对于旅客的出行次数，工作人员的出行次数更加频繁和稳定。然而，除非对已有机场做过详尽的调查可得到上述数据，否则对于新建机场是无法用调查方法获取交通流量的。在这种情况下，可根据有关预测方法建立数学模型来估算。

表7-3　机场旅客、迎送人员、工作人员和参观人员的比例　　　　单位：%

机场	旅客	迎送人员	工作人员	参观人员
法兰克福机场	60	6	29	5
维也纳国际机场	51	22	19	8
巴黎戴高乐机场	62	7	23	8
阿姆斯特丹史基浦机场	41	23	28	8
多伦多机场	38	54	8	未包括
亚特兰大机场	39	26	9	26
洛杉矶国际机场	42	46	12	未包括
纽约肯尼迪机场	37	48	15	未包括
东京机场	66	11	17	6
新加坡机场	23	61	16	忽略
上海虹桥机场	68	16	16	忽略
上海浦东机场	56	26	18	忽略
北京首都机场	48	33	19	忽略

首先，假定机场内外乘客集散点（站），如环绕机场的卫星式车站或市内车站。其次，根据预期的投资和服务水平等因素初选交通方式，并罗列出此种交通方式的优点、缺点。最后，根据已有交通量数据或由模型估算的交通量数据进行各种运输方式的配流，并在此基础上对所选交通方式从载客率（量）、社会、环境、经济、技术等方面进行评价。如果评价结果不理想，则改变初选方案，再继续按图7-21所示的步骤选择交通方式，最后总能得出比较满意的结果。

2. 进出机场的交通方式

目前世界上通行的进出机场的道路主要有基于道路和基于轨道两种模式，可采用的交通方式有公交车、自备车、轨道交通、出租车等。

（1）公交车

机场大巴是公交车中进出机场的交通方式之一。机场大巴是从城市中心区、副中心区各点至机场定点往返的大型巴士，载客量大、价格较低。机场大巴定点发车，一般都不是从旅客的始发地直接到机场，或者是从机场直接到目的地。旅客需要预先乘车到发车地点，或从下车地点再次乘车，因此不太方便，而且中途要定点停车，速度慢，耗时长；机场大巴每天穿行城区，易被城区交通阻塞造成延误，另外携带较多行李时不太方便。

在国外，机场大巴曾在20世纪60年代以前比较普遍，近年来这种交通方式又引起了机场及航空公司的重视，常作为一种购买本公司机票者的免费服务提供给旅客。

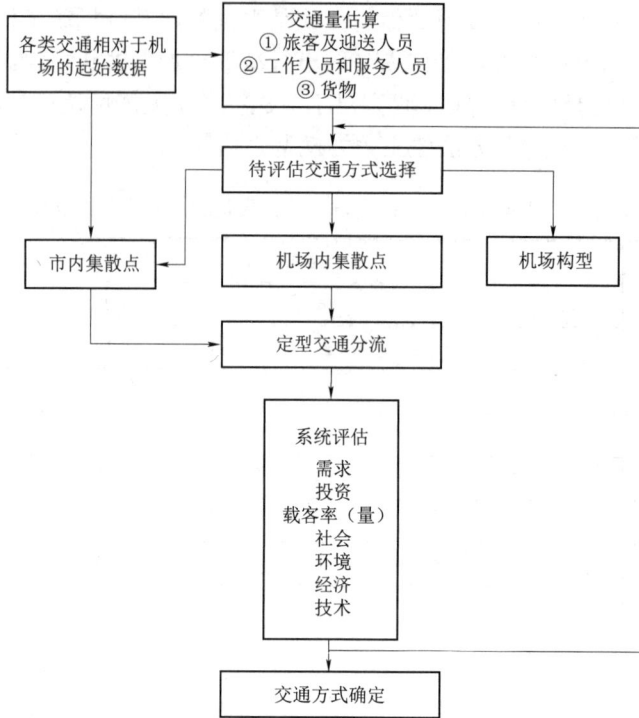

图 7-21 确定交通方式的方法

（2）自备车

自备车包括公务车、私家车、租用轿车。在国外占主导地位的是私家车，在国内这一趋势也逐渐明显。自备车的典型特点是出行方便，尤其是当旅客携带大宗行李，或者带着儿童或年迈体弱的人旅行时，更能体现出其优势，因此自备车是出入机场主要的交通方式。

自备车模式成为一种有吸引力的方式，旅客可以在希望的时刻离开或者到达机场，乘坐舒适且便于携带行李，是其他交通方式难以相提并论的，所需要支付的服务成本只包括诸如停车费和通行成本。但这种交通方式的缺点是载客量小，因而造成机场交通系统的负载加重，由此引起机场道路交通拥堵及庞大的停车量需求等难以解决的问题。当交通出现阻塞时，这种方式变得不可靠，会造成延误。

（3）轨道交通

基于可靠高速的要求，轨道是作为机场接入方式的理想选择。轨道交通一般包括普通铁路或高铁、地铁、轻轨等交通方式。轨道交通现在已经成为大型机场接运交通系统中的一种重要方式。美国、欧洲、亚洲的许多重要枢纽都建设了轨道交通线路。

与其他交通方式相比，轨道交通具有行程时间可靠的优势，对于携带极少行李的旅客来说，优势更加明显。但是轨道交通不能提供门到门的服务，在城市内还需要其他方式接驳，运营时间受到限制。另外，轨道交通昂贵的建设和运营费用也是机场规划师必须考虑的重要因素。

（4）出租车

当商务旅行比较多且机场距离城市不太远时，出租车常常成为旅客的主要交通工具，它可以把旅客从家门口直接送到航站楼的车道旁，为旅客提供极大的方便。在多数情况下，出租车对机场道路拥挤的影响比较大，容易与其他车流相互干扰，影响进场速度，离场更是如此，如上海虹桥机场。因此，在大多数大型机场常采用划分特定区域、特定循环道路和车道边停留时间限制等管理措施，控制在给定的时间内机场保有的车辆数，减少机场地面交通拥堵。

（5）其他公共交通方式

还有一些其他的公共交通方式用于出入机场的通道，例如，团队包车服务、小汽车拼车服务等，在一些较大的城市，乘飞机出行的旅客可能更加倾向于采用拼车服务，通过将具有相似目的地的旅客分组实现优化，使旅程的效率高，实现类似"门到门"服务的品质和直接服务。

3. 机场停车场规划与设计

机场停车设施是机场地面运输区内的一个重要子系统，它包括公共停车设施、出租车和租用轿车区域、员工停车设施、货运停车设施等。国外对于机场的停车设施问题非常重视，它是机场系统收益的重要来源。机场停车需求主要来源于两个方面：一是机场旅客和迎送人员，二是机场职工。机场停车场规划与设计时需要考虑的因素主要有两个方面：一是可供停车的面积（或位置），二是与航站楼的距离。对于停车场的面积主要是根据旅客流量及各种交通方式分担率计算得到。由于西方发达国家机场存在大量的停车问题，一般根据需求及旅客的特性，将机场停车场分为短时间停车场、长时间停车场及远处停车场 3 种。最靠近航站楼的规定为短时间停车场。各停车场的收费不同，实际上就是通过收费来调节不同的停车需求，短时间停车场收费最高，其次是长时间停车场和远处停车场。研究表明，70%～85%的停车需求不超过 3 h，超过 24 h 的长期停车需求为 20%～30%，但是从停车位来说，超过 75%的使用者只占 10%～30%的停车位，剩下的 70%～80%的停车位供给长期停车。

加拿大公路运输联合会针对小型机场研究提出，高峰小时旅客包含始发和到达，每百人需短期停车位 15 个，年登机旅客每 100 万人次需要长期停车位 900～1 200 个，再加上每千名工作人员 250～500 个的停车位。

机场如何合理地设置停车场是一个非常复杂的问题。停车场需求与许多因素有关，如进出机场的人数、类型、交通方式、停车费用、停车时间等。值得注意的是，中转、过境旅客根本不与地面交通发生联系，当然这些旅客也无停车需求。因此，在考虑停车场时，务必将中转、过境旅客排除。例如，美国亚特兰大机场每年承运众多的旅客，其中有 2/3 的旅客是中转和过境的。另外，有些机场旅客只占进出机场人员的少数，大部分是机场的工作人员。这种人员构成也会对机场停车场的设置造成很大影响。

表 7–4 给出了一些机场的停车位数量。显然，对于相同数量的旅客所设的停车位数有很大差异。

表 7–4　机场的停车位数量

机场	年旅客总数量/万人	出港旅客量（不含国内航线）/万人	每千位旅客的停车位数/个	年出港旅客每千个停车位数（不含国内航线）/个
华盛顿特区（DCA）	1 428	517	30	81
巴黎戴高乐（CDG）	999	—	53	—
杜塞尔多夫（DUS）	685	324	121	256
法兰克福（FRA）	1 664	472	50	178

续表

机场	年旅客总数量/万人	出港旅客量（不含国内航线）/万人	每千位旅客的停车位数/个	年出港旅客每千个停车位数（不含国内航线）/个
伦敦盖特威克（LGW）	870	408	124	265
伦敦希思罗（LHR）	2 798	1 168	36	86
蒙特利尔特鲁多（YUL）	615	—	59	—
蒙特利尔米拉贝尔（YMX）	153	—	229	—
巴黎奥利（ORY）	1 478	596	53	132
东京羽田（HND）	2 054	—	11	—
东京成田（NRT）	726	—	62	—
多伦多皮尔森（YYZ）	1 371	492	62	173
维也纳（VIE）	277	109	69	174
苏黎世（ZRH）	751	254	111	327
巴尔的摩（BWI）	377	131	120	345
波士顿（BOS）	1 520	635	60	145
芝加哥奥黑尔（ORD）	4 784	1 198	36	142
达拉斯沃思堡（DFW）	2 258	850	64	171
纽约肯尼迪（JFK）	2 698	972	49	136
洛杉矶（LAX）	3 492	1 317	57	151
迈阿密（MIA）	1 963	525	28	106
纽约纽瓦克（EWR）	930	430	124	262
奥克兰（OAK）	268	132	133	269
圣弗朗西斯科（SFO）	2 305	974	43	103

停车场的数量、大小、形状和类型与航站楼水平布局有关，航站区道路布局也会影响停车场的规划。但停车场配置没有绝对的标准，在很大程度上，通过停车费的浮动可以调节停车量。日本的茨城航空港为军用机场改造成的民用机场，地理位置偏僻，公共交通不便，不过它的占地面积较大，在发展壮大的初始阶段，它通过采用免除机动车停车费（最长停留时间为 15 天）来吸引旅客选择利用该机场。乘客可以方便地自驾车到机场出行，回来后再通过自驾车返回而不用支付停车费，这一措施吸引了附近地区大量的客流，进而促进了更多的航线入驻，从而不断发展壮大。而公共交通发达的大型城市附近的机场，则会通过价格较高的停车费和过夜费来引导乘客通过公共交通的方式进出机场。

如果航站区难以划出较大的停车场，而旅客的停车需求又确实较大，此时就可以考虑建设停车楼。其优点是在不增加占地的情况下，大幅地增加停车位数量，实现车辆的立体分层存放，同时使车辆处于遮蔽之下免受雨淋、日晒。停车楼内应配有使车辆上下移动的设施、设备，以及坡道或升降机。

7.3.5 航空港换乘空间的设计

航空港作为城市的重要对外交通枢纽，作为航空运输方式与其他运输方式之间有效连接最重要的节点，其对应的综合交通网络具有不同于一般交通衔接网络的特点。航空港不同于火车站，它面向城市群服务，服务辐射腹地范围更广；也不同于港口，它服务于时间价值高的旅客及货物，对时间要求更高。航空港规模和航班密度的快速增长，使得对航空港相应的集疏运能力提出了更高的要求，航空港交通网络正在向多模式、综合化的方向发展，不仅要求空港承担集疏运终端作用，还要拥有一定的换乘能力。航空运输作为综合运输方式中的高端运输方式，需要建立集公路、轨道交通、铁路等多种交通方式的综合系统为其进行有效、快捷的地面接驳。

道路交通方式是世界上大多数航空港中最主要的集疏运方式，但随着航空运输业的发展，已不能完全适应航空客、货进出机场的需要。为此，许多机场都建造了连接到机场的轨道系统，并使之与城市轨道交通系统相互连接起来。从交通方式看，航空港综合的换乘方式目前主要分为道路交通方式和轨道交通方式，在条件允许的情况下还可有水运交通方式。道路交通方式主要有私家车、出租车、机场公交巴士和其他大巴。轨道交通方式主要有高速铁路、地铁、轻轨、独轨和磁浮线等。

航空港本身就是航空、公路、轨道等多种交通运输方式的接合部，其内部各子系统、要素间的相互协调具有非常重要的意义。只有处理好各种运输方式之间的协调关系，才能充分发挥枢纽内各种运输方式的优势，促使彼此间的相互协作，进而形成航空港的综合能力。

1. 换乘原则

一体化的设计理念是航空港换乘衔接组织的一个重要原则。该理念是指综合考虑不同层面的交通联系、疏解与引导功能，通过优化整合各类交通资源及对各类交通方式流线的合理设计，实现航空运输与城市轨道交通、机场大巴、常规公交、小汽车等其他交通方式间无缝换乘。一般来讲，一体化换乘衔接组织设计原则主要包括以下几点。

（1）换乘距离最短

在进行航空港规划时，应尽量保证结构紧凑，充分利用空间，以缩短客流换乘距离，减少换乘时间。通过公交和轨道交通线路及站点的空间布局优化、客流与运能的合理配置，提高公共交通对私人交通方式客流的吸引力，使中转换乘更加方便与舒适。

（2）交通分流及车道边分区

大型枢纽机场的陆侧需要满足社会车辆、公交巴士、出租车、机场大巴和旅游巴士等多种交通方式的停靠和上下客需求。繁忙、多种类的交通流集中在航空港，如果没有很好的措施，极易导致枢纽内交通堵塞和混乱。另外，如果这些需求都集中在主体航站楼或换乘中心前，那么传统的楼前车道边往往长度不够，设施紧张。所以，空港综合枢纽的陆侧综合换乘系统需要通过道路分流和交通诱导进行车种分流，保证各类车辆都拥有功能独立、足够的车道边。

（3）人车分离

对于航空港换乘空间内多种不同性质的人流（如航站楼与机场公交、轨道交通车站、大巴车站、停车场等之间的出发和到达人流，各种换乘站点之间的过往人流等）在航空港枢纽有限的空间中穿梭往来，不可避免地会与车流产生交叉，导致换乘受阻和安全隐患，不利于航空港内的交通组织。较好的解决办法是人行系统与车行系统各成一套相对独立封闭的体系，通过立体交叉形成自然叠合点（人车换乘区），在叠合点区布置合适的竖向交通设施，形成真正意义的安全换乘。

（4）集中布置，统一管理

航空港的建设应考虑将交通换乘与商业等功能相结合，在设计中应当通过潜在引导，使得枢纽与相关物业相互带动、相互促进，并最大可能地充分利用地下空间，在控制地面土地利用规模的同时，创造通达便捷的集散吸引空间，结合周边条件刺激相关物业的开发。

（5）人性化设施

通过各种交通方式换乘系统的合理布局，促进动、静态交通的均衡分布。设施与导向系统的配套应充分体现人文关怀，合理设置各类水平、换层机械代步工具，设置合理的不同换乘区域标识诱导，保证人在枢纽内行动舒适、安全、方便、快捷。

综上所述，航空港换乘衔接组织原则主要考虑两方面：一方面是物理上的一体化设计，即从布局上使换乘乘客的行走距离尽可能短；另一方面是在运营管理上，将各种换乘的交通模式进行流线分解，使得各种流的旅客快速明确地分流，使各种交通方式运能相互协调匹配，使交通参与者方便地利用换乘设施。

2. 与道路交通换乘

在一般航空港，进出航空港采用的是道路交通方式。由于航空港与城市之间是点与面的联系，旅客广泛分布在城市和郊区，系统有时服务区域达数百平方千米，航空港与如此大区域的联系，汽车是较方便的。因此，道路交通也是枢纽航空港主要的进出机场交通方式之一，其示例如图 7-22 所示。但道路交通方式存在一定的局限性。它要利用城市道路系统，因而受非航空港交通的干扰和道路拥挤程度的影响，行程时间往往难以控制和得到可靠保证。有的

图 7-22　巴黎奥利机场道路交通示例

机场，由于城市的发展，进出机场的道路承担了越来越多的城市交通流量，以致成了城市的重点堵塞路段，对旅客进出机场造成了严重影响。另外，航站楼车道边一经建成，便难以拓宽，极大地限制了航空港的发展。尤其是在枢纽航空港，旅客流量大，发展速度快，问题更为突出。如美国洛杉矶、英国伦敦希斯罗等机场，随着机场的发展，都先后出现了车道拥挤和交通堵塞，导致航班延误等一系列问题。

航空港与道路交通的衔接方案包括航空港与公交车站、出租汽车站和社会停车场的衔接。

公交站点在航空港的设置方式一般有两种：一种为过境公交线路，其车站直接设置在航空港周边道路上；另一种在航空港内部直接设置公交枢纽站。由于公交车运营灵活度较低，道路交通条件要求较高，易导致车辆延误和客流疏散困难，因此在航空港内部布置公交枢纽站时，公交车站上、下客区应与航空港进出港大厅有一定的距离，上、下客区应采取分开布置的方式。

出租车、社会车辆等小汽车行驶机动灵活，在衔接设计时，可适当通过增加小汽车的绕行距离来缩短行人换乘距离，并优先考虑下客区与航空客流进站区域的对接；对于上、下客区位于同一区域的换乘系统，应在区域内部将上、下客区进行适当隔离，可采取地面标识、画线或强制停靠管理等措施，保证送客车流和接客车流能有序流动、顺畅进出枢纽。

3. 与轨道交通换乘

面对道路交通换乘的问题，大部分机场都采用衔接轨道交通的方式来解决。因为轨道交通比道路交通有更大的运输能力，而且对机场的扩展有更强的适应性。资料显示，如果列车每小时运行 6 趟，每趟列车有 4 节车厢，则年运载旅客量可达 1 200 万人次。当机场扩展时，轨道交通只需要加大运行密度或者增加轨道列车编组，而无须大动干戈地扩建。比如，列车运行密度增加至每小时 10 趟，车厢增加至 8 节，那么年运载旅客量可增加至 4 000 万人次。而且轨道交通不会因交通堵塞延误旅客的时间，能保证较短的出行时间。轨道交通能高效快速地运送旅客，是保证机场持续顺利发展的最佳交通方式。但它所需的投资较大，只有当机场的年旅客流量达到 1 200 万人次以上时，选用轨道交通才被认为是经济的。航空港与轨道交通换乘有以下 4 种方式。

（1）纵向分离换乘

以美国芝加哥奥黑尔机场为例，4 个候机楼中有 3 个在其下面建有地铁站，由载人运输通道连接至第四候机楼。该机场被视为集中运输模式间的"换乘枢纽"。1 号到 3 号候机楼有个庞大的停车楼为其服务，停车楼下方有芝加哥交通局蓝线铁路车站，如图 7-23 所示，每隔 8 min 有一班去市中心的列车，通行时间是 45 min，运送 4%的乘客到港和离港。

1 号候机楼是 1988 年为美国联合航空公司建造的，有 2 个 480 m 长且建有很高的光滑拱顶大厅。一个大厅与两层的前庭相邻，提供到达 25 个飞机停机位的快速通道；另一个大厅可通过一个停机坪下面的大厅到达，形成一个有 27 个停机位的岛屿卫星楼。7 500 m² 的行李处理区位于 2 个大厅相连的地下通道旁的停机坪旁。

（2）毗邻布局换乘

以法国巴黎戴高乐机场为例，7 个候机楼中有 6 个与铁路衔接。著名空心鼓形候机楼现在已与 2 号候机楼完全分离，2 号候机楼由 6 个组合式码头组成，如图 7-24 所示。前 4 个码头是 2A-2D 码头，每个码头有 6 个联络门，附近是铁路车站（图 7-25），铁路车站的上面是一家酒店。低层的铁轨与候机楼的中心线相交。另外 2 个码头——2E 和 2F，是在铁路车站另一边发展起来的。交通分担情况为：公交车占 14%；城市轨道交通列车占 16.5%，35 min 就能到达巴黎市中心区，且每隔 8～15 min 开一趟；高速铁路列车占 3%，主要有里昂和里尔线，每天有 25 趟。

图 7-23　芝加哥奥黑尔机场停车楼下面的铁路车站

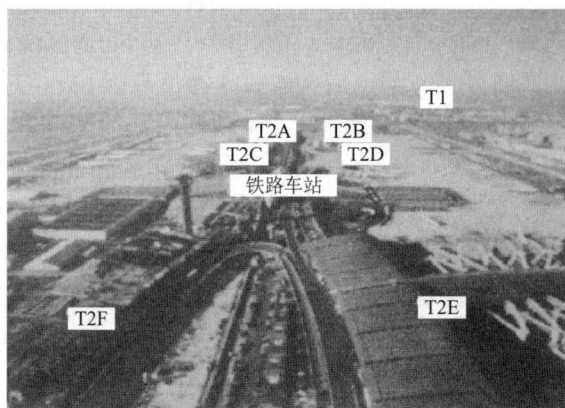

图 7-24　法国巴黎戴高乐机场俯视图

图 7-25　法国巴黎戴高乐机场相邻的铁路车站

（3）毗邻连接换乘

以英国伯明翰机场为例（图7-26），铁路车站和公交换乘枢纽通过自动导轨系统（automated guideway transit，AGT）的载人运输车（图7-27）与候机楼相连。该机场有2个候机楼，主候机楼和为英国航空公司服务的欧洲枢纽候机楼。伯明翰国际机场的一个独特优势在于其所在地靠近英国西海岸干线铁路，这是一条英国主要的干线铁路，直接将伦敦与英国西部主要城市连接起来。自动导轨系统将机场与铁路车站直接相连。列车每小时能运送1 500名乘客，每次旅程耗时2 min。该运输系统不仅连接了机场和铁路车站，而且还提供公交车、长途客车、出租车交通的连接线路、设施及私人停车场。

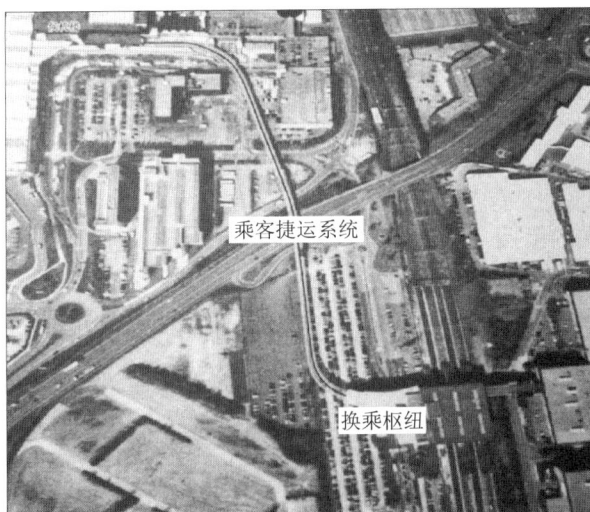

图7-26　英国伯明翰国际机场俯视图

图7-27　换乘枢纽的载人运输车

（4）偏远位置换乘

以英国卢顿机场为例（图7-28），铁路车站通过2 km的公交线路与候机楼连接。自2001年，在圣潘克拉斯到中部地区的铁路主干线上修建了卢顿百汇车站后，乘客乘坐由北向南穿过伦敦的泰晤士线到达卢顿百汇车站，再乘坐2 km公交车就可从铁路车站抵达机场候机楼。

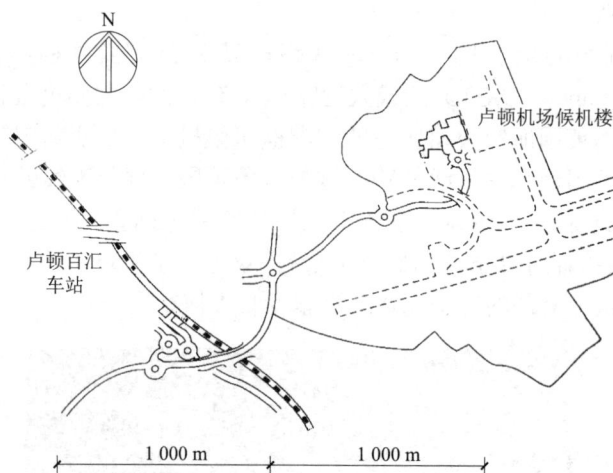

图 7-28　英国卢顿机场：连接铁路车站和机场的线路

4. 与其他交通方式的衔接

（1）自动步道

自动步道的交通方式在枢纽航空港中被广泛应用，绝大部分枢纽航空港中都有自动步道（图 7-29）。自动步道是指可移动的人行道，其运行速度与一般悠闲的人行速度相当，为 36.6 m/min。其宽度的确定，应根据交通流量的大小，最小为 1 m，稍宽的为 1.5 m，可允许旅客有足够的空间在步道上绕过站立的旅客行走。而自动步道的长度，则涉及安全和维护方面的因素，一般不应大于 125 m，以便行程的两端有足够的空间进入登机门位或商店。因此，较长的一段距离往往由多段自动步道组成，步道之间是短的步行距离。自动步道还允许有一定的坡度，但坡度一般不应超过 1:15。据测定，自动步道的旅客流量理论值为 9 600 人/h，但根据实际情况，通常使用的设计参数为 4 800 人/h。

图 7-29　英国希斯罗机场自动步道

（2）旅客捷运系统

由于枢纽航空港设计容量一般较大，因此在新建枢纽航空港或原有航空港进行扩建以适应枢纽需求时，需要更多的登机门位或重新组织门位的布局，加之枢纽航空港常常采用卫星式布局，所以旅客在航空港内的流线变得更长。传统的步行模式如自动步道只适用于短程行走。当距离变得更长时，自动步道就难以为旅客提供足够的服务。包括自动导轨系统（AGT）在内的旅客捷运系统（图 7-30），可为航空港内旅客长距离行走提供帮助。AGT 系统采用无人驾驶的车辆频繁地往复于固定的路线上，适用于运送不同航站楼之间大量的旅客。

图 7-30　旅客捷运系统

5. 上海虹桥综合交通枢纽案例

上海虹桥综合交通枢纽规划范围东起上海外环线，西至现状铁路外环线，北起北翟路、北青公路，南至沪青高速公路，总用地约 26.26 km²。上海虹桥综合交通枢纽已建成高速铁路、城际轨道交通、公共汽车、出租车与航空港紧密衔接的国际一流现代化大型综合交通枢纽。上海虹桥综合交通枢纽规划布局：东部为现有虹桥机场用地，中部为综合交通枢纽各类轨道交通站场用地，西部为相关开发配套设施用地。

虹桥机场在既有跑道西侧建设第二跑道及辅助航站楼，整个机场用地约 7.47 km²，规划旅客吞吐量为 3 000 万人次/年（日均为 8 万人次）。虹桥高速铁路客运站站场规模按照 30 股道设计，站场占地约 43 hm²，保留现状铁路外环线作为货运通道的功能，实行客货分流。高速铁路客运规模为年发送量达 6 000 万人次旅客，日均 16 万人次。长途巴士客运站布置于高速铁路客运站与机场之间，发车能力为 800 班次/天，远期旅客发送量达 500 万人次/年，日均 2.5 万人次，高峰日达 3.6 万人次/天，占地约 9 hm²。磁悬浮铁路客运站位于高速铁路客运站东侧，按照 10 线 8 站台的规模设计，站台长度按照 280 m 考虑，站台范围内车站宽度约为 135 m。轨道交通车站引入 4 条轨道交通线，即 2 号线、5 号线、10 号线、13 号线及低速磁悬浮线和机场快速线，形成"4+2"6 线汇聚布局。上海虹桥综合交通枢纽截面图如图 7-31 所示。

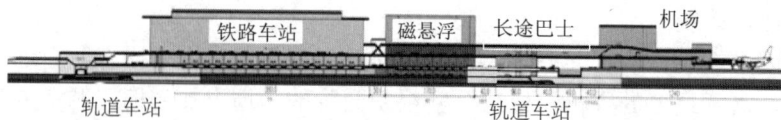

图 7-31　上海虹桥综合交通枢纽截面图

借鉴国内外大型机场、铁路枢纽的集疏运方式，基于虹桥枢纽距离中心区较远、虹桥机场现有交通方式影响及作为一个高端客流对外枢纽等多方考虑，虹桥综合交通枢纽交通功能规划最终选择了以"多方式均衡模式"作为虹桥枢纽集疏运系统发展模式。根据"多方式均衡模式"，远期虹桥综合交通枢纽轨道、公交等可持续公共交通集疏运比重达 50%以上，城市轨道、公交客流量分别达 20 万人次/d、5 万人次/d。小客车、出租车等个体机动车辆集疏运比重不超过 50%，出租车、小汽车客流量均达 12.5 万人次/日，枢纽产生的集散车流量达20 万辆/d。在虹桥枢纽大交通与各种城市集疏运系统的换乘客流中，轨道比重最高，达 30%~40%。其中，高铁、城际铁路的城市轨道换乘需求远远高于其他大交通，占虹桥枢纽轨道交通换乘客流量的 70%左右。机场旅客出发流线及机场旅客到达流线如图 7-32、图 7-33 所示。

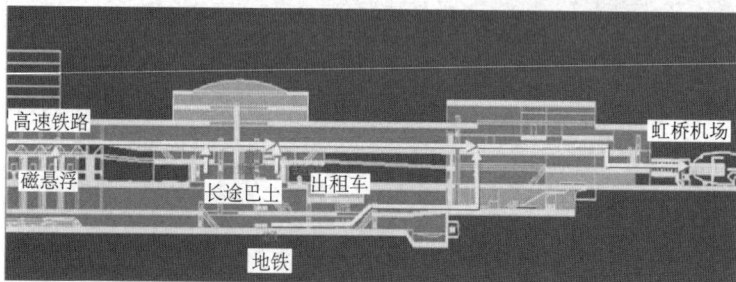

图 7-32　机场旅客出发流线

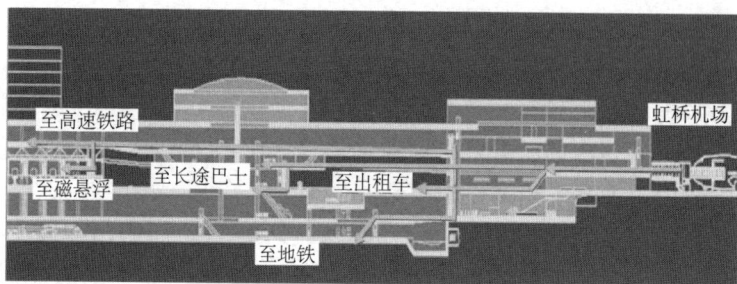

图 7-33　机场旅客到达流线

设计的定位把功能放在第一位，以人为本，突出人性化关怀。设计从布局入手，本着换乘量"近大远小"的原则水平布局三大设施；从经济合理的角度按"上轻下重"的原则垂直布局，轨道、高架车道及人行通道形成上下叠合关系；然后以换乘流线直接、短捷为宗旨，综合协调机场、磁悬浮铁路、高铁各自的到发流程，最终形成虹桥枢纽综合体的水平向"五大功能模块"，垂直向"五大主要功能层面，其中三大换乘层面"的枢纽格局。

枢纽建筑综合体由东至西分别是虹桥机场西航站楼、东交通广场、磁悬浮车站、高铁车站、西交通广场。东交通广场集地铁、公交和社会车库，服务于机场与磁悬浮。西交通广场组织地铁、公交、长途和社会车库，服务于高铁。各模块之间功能流程可合，产权界面可分。

枢纽建筑综合考虑五大功能层面，统一设计人流到发及换乘组织，从上至下分别为：12 m 为高架道路出发层，6 m 为到达换乘廊道层，0 m 为地面层，–9 m 为地下换乘大通道层，–16 m 地铁轨道及站台层。

7.4　廉价航空专用航空楼的设计

7.4.1　廉价航空简介

廉价航空公司（low cost carrier）又称为低成本航空公司，是指将航空营运成本控制得比传统航空公司低的航空公司，目标客户群为对价格敏感而对服务品质不太敏感的乘客。对于美国等幅员辽阔的国家，无论哪种消费能力的乘客，飞机都是最常用的中长途交通工具，因此对于价格敏感的低水平消费者来说，乘客只希望能够快速、安全地到达目的地，并不需要很高级的服务，基于此，廉价航空公司应运而生。美国的西南航空公司，澳大利亚的捷星航空公司，日本的乐桃航空公司，中国的春秋航空公司等都是廉价航空公司。

廉价航空公司采取的削减成本的主要手段有：统一采用官网销售机票，不设立代理票务机构，节省人工费和代理费；不提供自愿改签退票服务，对于任何原因造成的飞机延误均不提供餐饮住宿服务，只能原价退票或者改签至同航空公司航班；采取统一的机型（一般来说，中短途航线一般指定 Airbus 320 直飞），便于保养维修；最大限度地减少整备时间，增加飞机周转率；不使用廊桥，采用摆渡车运输旅客，以减少机场使用费；严格控制旅客行李尺寸及重量，以减少油耗；减少座位前后间距，以增加载客数；对旅客指定座位及飞机上的餐食服务收取费用等。部分航空公司甚至采用热敏纸打印登机牌或者由旅客自行打印，以及飞机上使用卫生间收费等方式严格控制成本，同时在飞行过程中售卖纪念品。廉价航空公司出现后，市场份额不断上升，极大地刺激了航空市场的竞争。我国同样幅员辽阔，旅客的消费能力也多种多样，随着旅客出行需求的扩大及航空业的不断发展壮大，廉价航空也具有良好的发展前景。

7.4.2　廉价航空专用航站楼设计

廉价航空公司的运营组织管理与服务与传统航空公司有较大的区别：许多传统的航站楼设施在为廉价航空服务时已经不再必要，如廊桥等，同时也不必提供大量的值机柜台，甚至没有必要对航站楼进行华丽的装潢。为了体现这些区别，从航空港的规划角度来看，建造专用的航站楼是十分必要的。目前很多航空港建造了廉价航空公司专用的航站楼。这样的设计能够分离使用不同航空方式的两部分旅客，减少了两部分旅客出行体验的相互干扰，提高了旅客的出行满意度。图 7–34 为大阪关西机场廉价航空专用航站楼的简易设施。从图 7–34 中可以看到，值机柜台及行李托运的通道大大减少，工作人员数量极其有限，基本都是依靠旅客自助完成。整个航站楼为简易建筑构造，节省了大量的建设成本。

具体来说，廉价航空专用航站楼由于取消了廊桥的设计，飞机全部停靠在停机坪，由乘客步行至机舱内，简化了飞机归靠登机口的运营组织管理。加上航站楼内商品尤其是奢侈品的贩卖用地也不用大量规划，在很大程度上节约了整体用地，可以高效快速地迎送大量旅客出入港，从而提高了航空港的运营效率。值机柜台、行李传送带、安检和边检柜台的设计也

图 7-34 大阪关西机场廉价航空专用航站楼的简易设施

随之大大减少。有些专用航站楼甚至采用摆渡车的方式运输行李。另外，候机楼的布局也可以紧凑，面积和座位数的设计基本满足一趟航班的旅客数的需要即可。自动人行步道及手推车等便捷措施也不再需要，节省了一部分的空间设计。对旅客的信息发布也不采用电子屏幕的方式，直接通过纸质化的标牌来引导旅客的流线。

由于廉价航空专用航站楼大多是依存于普通航站楼而存在的，在与其他交通方式衔接的问题上与普通航站楼保持一致，旅客到达航空枢纽之后再分流成两种航站楼的客流。

■复习思考题

1. 航空港由哪几部分组成？如何区分机场、航空港及航站等概念？
2. 简述航空港剖面流线的分类及特点。
3. 简述航站区—跑道有哪些典型的构型。
4. 根据停机坪与航站楼的相对位置，航站楼可以分为哪些典型的布设类型？
5. 航空港与轨道交通换乘有哪几种典型方式？
6. 廉价航空专用航站楼设计与传统的航站楼设计有哪些不同？

第8章

城市内部交通枢纽——
地面公共汽（电）车换乘枢纽

8.1 公共汽（电）车换乘枢纽概述

　　城市内部交通枢纽主要服务于市内以公共交通为主体的各种客运交通方式之间的换乘，是沟通市内各功能分区之间的交通联系。其服务范围一般较为广泛，周围的居民区或者就业岗位点都会尽可能地涵盖，而且换乘枢纽点一般都位于城市交通客流走廊之上，是城市公共交通的重要节点。

　　按换乘方式划分，城市内部交通枢纽主要包括地面公共汽（电）车换乘枢纽、城市轨道交通换乘枢纽、城市轨道交通与地面公共汽（电）车换乘枢纽及停车换乘枢纽。由于部分城市轨道交通与地面公共汽（电）车换乘枢纽具有城市轨道交通换乘枢纽的功能和特征，故这里不再对城市轨道交通换乘枢纽单独介绍，本章和随后的两章将对前述的地面公共汽（电）车换乘枢纽、城市轨道交通与地面公共汽（电）车换乘枢纽、停车换乘枢纽的设计分别进行介绍。

　　地面公共汽（电）车换乘枢纽，由多条公共汽（电）车线路首末站或重要换乘站集中布局而成，具有必要的服务和控制引导功能，乘客通过枢纽可以完成不同公共汽（电）车线路的换乘，如北京动物园交通枢纽、香港屯门市中心总站。

　　地面公共汽（电）车换乘枢纽设施基本构成如图 8-1 所示，一般应设置公交车停车场、公交线路、站台、小汽车停车场、自行车停车场、运营调度室、司售休息室、购物设施、餐饮设施等，具有商业功能的枢纽还应设置相应的服务设施。

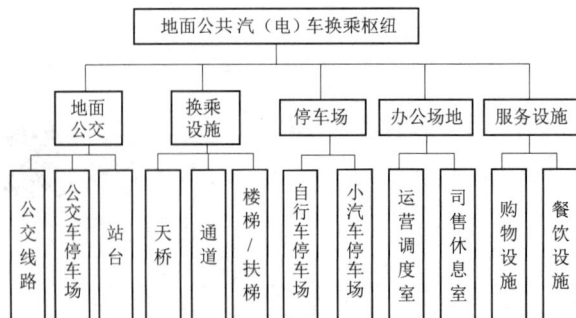

图 8-1 地面公共汽（电）车换乘枢纽设施基本构成

8.2 公共汽（电）车换乘枢纽功能与流线特征

8.2.1 公共汽（电）车换乘枢纽功能分析

地面公共汽（电）车换乘枢纽的基本功能为中转换乘功能，此处可以为乘客提供不同公交线路之间的换乘，另外还可以提供景观、商业服务等附加功能。

8.2.2 公共汽（电）车换乘枢纽功能布局与流线设计

地面公共汽（电）车换乘枢纽功能布局主要分为平面式和立体式。

1. 平面式

平面式地面公共汽（电）车换乘枢纽把各类车辆走行通道、驻车等候区、站台、乘客换乘空间等功能设施设置在同一平面，图 8-2 为某平面式布局的地面公共汽（电）车换乘枢纽功能布局及其流线设计。

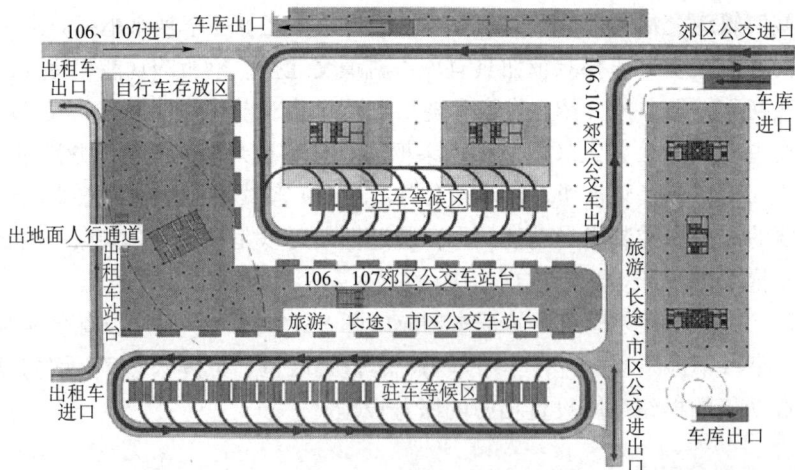

图 8-2 某平面式布局的地面公共汽（电）车换乘枢纽功能布局及流线设计

2. 立体式

立体式地面公共汽（电）车换乘枢纽将不同的交通方式对应的各类车辆走行通道、驻车等候区、站台等设置在不同层面，并通过楼梯、电动扶梯（或自动扶梯）等垂直换乘设施实现乘客换乘，如图 8-3 所示。

图 8-3　立体式地面公共汽（电）车换乘枢纽立面布局及流线图

8.3　公共汽（电）车换乘枢纽空间布局形式

按照站台的布置形式，平面式地面公共汽（电）车换乘枢纽主要有以下 3 种设计形式：岛式、站台式和组合式布局形式。

8.3.1　岛式布局

岛式布局可以分为停靠站在岛内和停靠站在岛外两种形式。下面分别介绍各布局形式的优缺点、车辆的流线设计及乘客换乘设计。

1. 停靠站在岛内

该类布局形式使得公交线路停靠站点都集中在枢纽的中间岛上，乘客上下车和换乘都可以在中间岛上进行，因此人流和车流的冲突会比较小，换乘距离短，便于换乘。因为车辆要绕岛作顺时针行驶，这种形式的枢纽就会产生行驶路径的交织，车辆在运行时会降低运送效率，并且这种布局形式的待发车辆进入停靠站位时会不太方便。方形中间岛和圆形中间岛如图 8-4 所示。

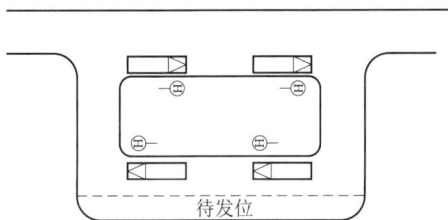

（a）方形中间岛

（b）圆形中间岛

图 8-4　方形中间岛和圆形中间岛

为了减少岛的长度，以减短换乘路径，可以把停靠处做成锯齿形（图 8-5）。这种停靠方式适用于线路终点站，而不适用于通过的线路，因为这样车辆不能顺利无阻地离站。

另外，中间岛的形式也可以根据枢纽的用地条件来确定，可以设计成椭圆形、多边形或其他样式（图 8-6）。所有的停靠站在岛内的岛式枢纽，由于站点间距短，不需要行人穿越车行道，因此它适用于换乘关系紧密的情况，但必须给予岛上出发和到达的乘客以指引。

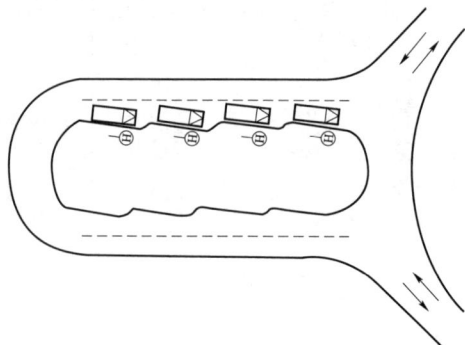

图 8-5　锯齿形中间岛

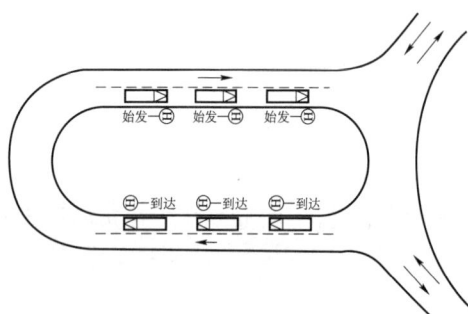

（a）椭圆形中间岛　　　　　　　　　　　　（b）东京某枢纽椭圆形中间岛

图 8-6　椭圆形中间岛及示例

2. 停靠站在岛外

如图 8-7 所示，该类布局形式由于不同公交线路停靠站点分散布置在枢纽的周围，所以乘客上下车和换乘都在周边步行区域内进行，从而避免了人流和车流的冲突。由于车辆绕内部的岛作逆时针行驶，因此行驶路线不产生交织，枢纽运行的安全性和效率都比较高。

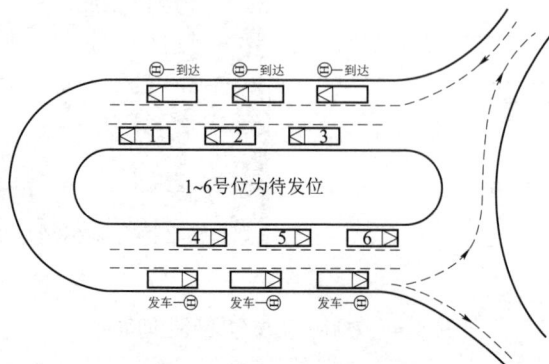

图 8-7　停靠站在岛外

另外，该类布局形式在枢纽的中央位置设置了公交车辆的待发车位，解决了停靠站在岛内布局形式中"因停靠站停车空间不足而带来的车辆无处停放的问题"，并且由于外缘较长，停靠站在岛外的枢纽所需基本面积会小于停靠站在岛内的枢纽。

这种布局形式的不足之处在于乘客区域较为分散，线路之间的换乘不是十分便捷。此外，车辆从待发位驶入停靠站时也会不太方便。枢纽的形式主要由地点条件和交通的要求而决定。如果为了缩短乘客换乘距离，枢纽交通设计时应优先考虑紧凑型的设计，避免狭长的停靠站，通过锯齿形停靠边缘可使过长的外缘延伸得到控制，如图 8-8 所示。

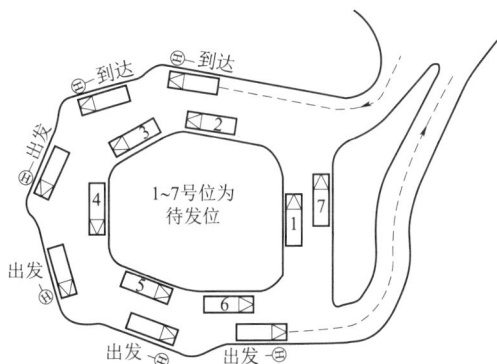

（a）锯齿形停靠站　　　　　　　　　　（b）东京某枢纽的锯齿形停靠站

图 8-8　锯齿形停靠站及示例

外部停靠的岛式解决方法，适用于客流量大并伴随大比例的始发和终到交通，以及换乘路线较少的情况。进出站的乘客不需要穿越车行道，站内换乘的乘客也不需要跨越车行道而到达换乘线路，但可能会有较长的换乘路径。因此，必须对交通关系认真分析，布置相应的站点。如果遮挡设施和外缘的建筑相融合，对于这种枢纽布局形式会比较有利。

8.3.2　站台式布局

站台式布局与用地较少的岛式布局比，停靠站布置在单独的站台上，能够让枢纽站容下更多的线路。这种布局在区域性交通枢纽或在位于城市中心的枢纽中运用较多。

站台斜向布置形式采用前进停车、前进发车的停放方式，因为斜向站台适合车辆在行驶动力学方面的操纵性能。而且当车道较窄时，该种布置可以让车辆平行于路缘石紧挨站台进站。这种布局可以有效地节省用地空间，且各线路进出站台比较方便，如图 8-9 所示。

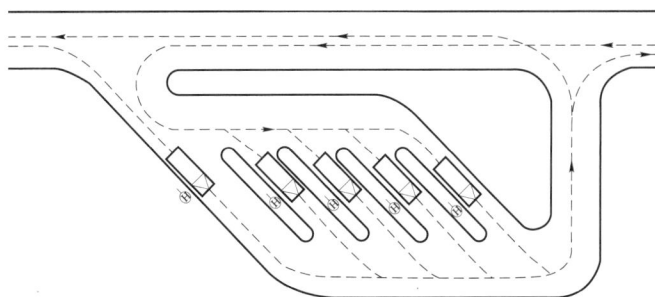

图 8-9　站台斜向布置

总之，斜向的停靠站台使得单位停车面积较小，节约用地，而且能够让枢纽变得更加细长，车辆驶入、驶出方便灵活。站台的斜角也可以由枢纽用地条件来决定。

站台平行布置（图 8-10）形式适合进站和出站较宽的车道。但要让司机使车辆平行于站台停靠，需有足够的入口宽度，特别是铰链车，为了能正确地行驶和节约车道宽，最好把它的进出车道布置在站台和进口之间。

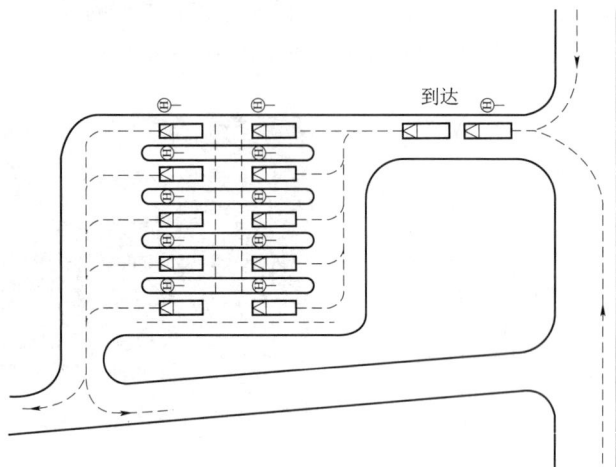

图 8-10　站台平行布置

站台平行布置的形式，其缺点在于乘客上下车需要穿越车行道，人流与车流冲突会比较严重。另外，该布置形式由于各停靠站停靠线路固定，因此灵活性比较差。当某个停靠站停车空间不足时，该停靠站的公交线路难以使用其他停靠站台，而且该布局形式在站点扩建和交通设施添置方面也不够方便。

通常，枢纽应布置在道路交通空间以外，并且有分离的进出口。只有在特殊情况下，枢纽才能占用城市道路空间，如图 8-11 所示。

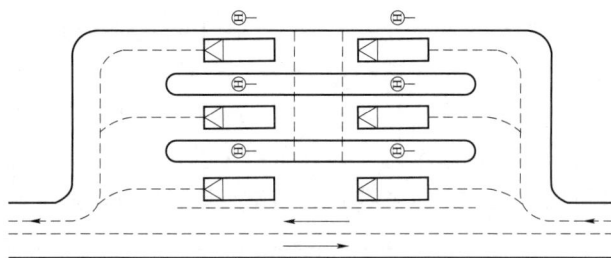

图 8-11　占用道路资源的布局形式

对于该种类型的枢纽，为了容纳高峰时加车和工作休息时的车辆，需要指定专用场地，但这样会导致较长的空驶距离，严重影响运行的经济性。

8.3.3　组合式布局

由于地区条件与道路网的相对位置、运行方式及可用空地的形状等限制，设计枢纽时需要以上方式的变异或几种元素的组合。图 8-12 为德国汉堡的一个名叫 Niendorf-markt 的公交枢纽，站台层布局采用岛式与站台式的组合形式。

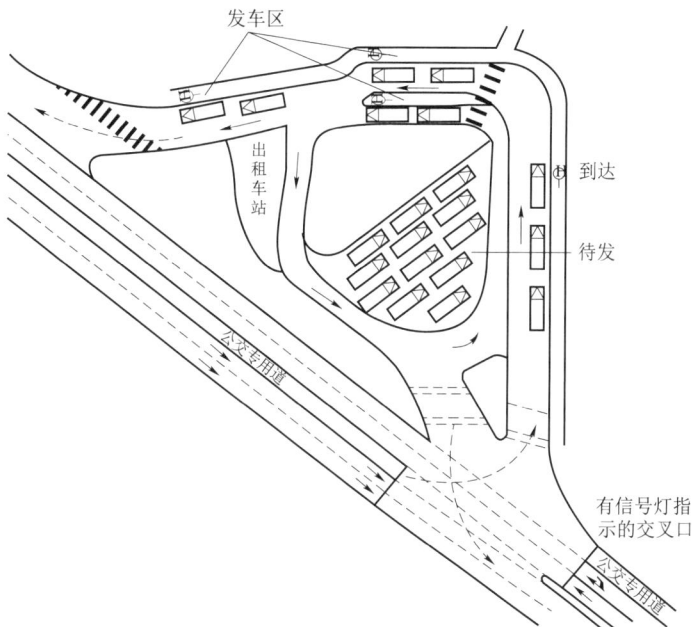

图 8-12　岛式与站台式的组合形式示例

8.4　公共汽（电）车换乘枢纽详细设计

本节主要对公交枢纽站及设施、换乘空间、换乘停车空间的详细设计进行说明。

8.4.1　公交枢纽站及设施

枢纽站的设置，一般应选择在紧靠客流集散点和道路客流主要方向的同侧。枢纽站的建设必须统一规划设计，其总平面布置应确保车辆按路线分道有序行驶；在汽（电）车都有的枢纽站，应特别布置好电车的避让线网和越车通道。

1. 用地面积

地面公共汽（电）车换乘枢纽的面积，首先是根据满足基本交通功能所需的最小面积和满足环境景观功能所应该确保的面积的总和，计算出枢纽的基本面积，然后根据枢纽的功能构成、设施配置计划、周边用地情况等综合研究，最终确定枢纽的用地面积。

根据《城市道路公共交通站、场、厂工程设计规范》（CJJ/T 15—2011），公交枢纽站的用地可以参照首末站因地制宜进行核算：规划用地面积宜按每辆标准车用地 100～120 m² 计算。若线路所配营运车辆少于 10 辆或者所划用地属于不够方正或地貌高低错落等利用率不高的情况之一时，宜乘 1.5 以上的用地系数。枢纽站安排在建筑物内时，用房面积宜因地制宜。枢纽必须建停车坪，若枢纽站用作夜间停车，其停车坪应按线路营运车辆的全部车位面积计算。

为了确保枢纽站的建设规模，回车道（行车道）和候车廊的用地要求另算后再加入枢纽站的用地面积中。其中枢纽站内按最大铰接车辆的回转轨迹划定足够的回车道，道宽应不小于 7 m，在用地较困难的地方，城市规划和城市交通管理部门应安排利用就近街道回车，非铰接车辆的出入口宽度应不小于 7.5 m。候车廊的建设规模按廊宽 3 m 规划。

车队办公用地应按所辖线路配备的营运车辆总数单独进行计算，计算指标宜每辆标准车 1 m²。另外，城市规划部门宜在枢纽站附近安排自行车停车处。若枢纽站建加油设施，其用地应参照《汽车加油加气站设计与施工规范》（GB 50156—2012）的有关要求另行核算后加入，并按其要求建设。

综合考虑，枢纽站的平均用地面积为 110～120 m²/标准车。表 8-1 为香港城市交通设施规划标准中规定的地面公共汽（电）车换乘枢纽最小用地面积。

表 8-1 地面公共汽（电）车换乘枢纽最小用地面积

停靠位数	始终点线路数	公交用地面积/m²	其他面积/m²	合计	绿化面积/m²	总计/m²
3（1 个发车位、2 个蓄车位）	18	7 128	720	7 848	1 385	9 233
	10	3 960	400	4 360	769	5 129
	5	1 980	200	2 180	385	2 565
	3	1 188	120	1 308	231	1 539
	1	396	40	436	77	513

注：根据规范，绿化按总面积的 15%计算预留；其他面积包括调度室、休息室等；根据地铁出入口到公交站点步行距离控制在 50～100 m 的要求，公交用地面积不应大于 9 500 m²。

2. 车道尺寸

为了保证车辆能够畅通无阻地运行，行车道的横断面必须要有足够的宽度。以下是推荐的常规尺寸，但在特定的地点条件，投入运行的车辆的行驶和转弯轨迹可能不一样，在这种情况下就需要根据地形条件单独验证，有必要的话还可以建立模型进行模拟。

（1）停车道

公交站台边的停车道的设置必须符合车辆行驶性能要求和运行的要求。到发区停车道的长度和站台的长度取决于停靠位的数量、车辆长度（12 m 或 18 m）、车辆间的安全距离（约 1 m），以及停车位置前后的进站和出站长度。车辆之间的距离要满足车身能够完全平行和贴近站台边缘停靠，在这里假设站台边缘和车门间的夹缝最大不超过 0.1 m，那么停车道宽可以设为 3 m。车辆不能独立进出站的站台使用长度要求如图 8-13 所示，车辆能独立出站的站台使用长度要求如图 8-14 所示，车辆能独立进出站的站台使用长度要求如图 8-15 所示。

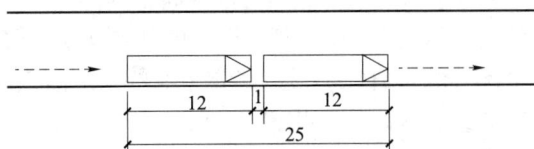

图 8-13 车辆不能独立进出站的站台使用长度要求

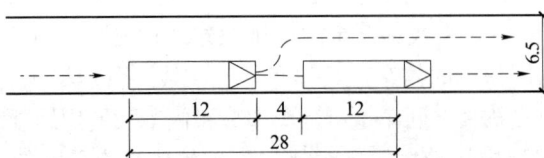

图 8-14 车辆能独立出站的站台使用长度要求

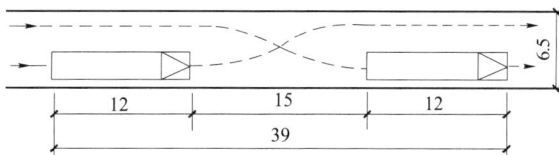

图 8-15 车辆能独立进出站的站台使用长度要求

为了避免站点过长的前后设置，特别是车辆需要互不影响地进出站时，可以设置锯齿形的停靠站（图 8-16）。这种设置方法的前提是车辆长度不得超过站台的设计长度。

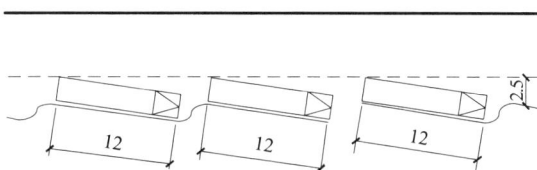

图 8-16 站台为锯齿形停靠站的停车道尺寸

（2）行车道

公交车停靠位置不同，要求的行车道宽度也各不相同，有时还与等候位的摆放有关。通常一个不被频繁使用的站台，行车道宽 3.5 m 就够了。如果使用频繁且有对面等候位的站台，单向行车道宽至少要 6 m。如果为了车辆可以从停下的车辆边上驶过，行车道宽至少要 6.5 m。某椭圆形岛式停靠站行车道尺寸示例如图 8-17 所示。

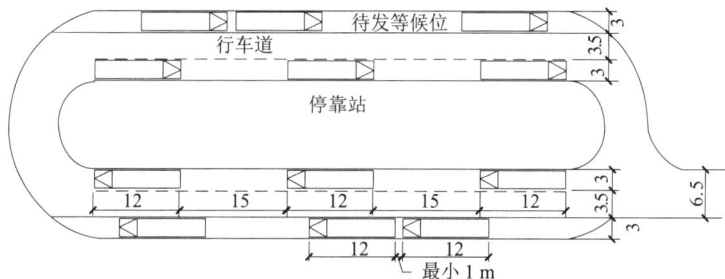

图 8-17 某椭圆形岛式停靠站行车道尺寸示例

平行站台的枢纽站行车道尺寸取决于站台的布置和公交车停车角度，如果站台宽度为 2.5 m，则长度相当于 1～2 辆车长度，其尺寸如图 8-18 所示。

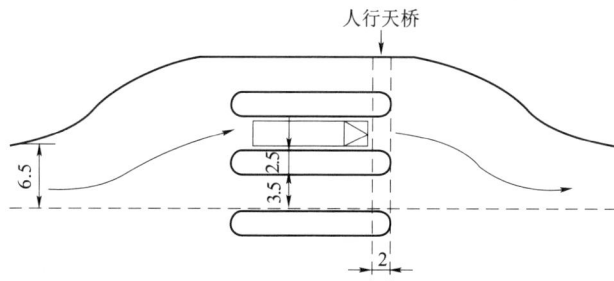

图 8-18 平行站台的枢纽站行车道尺寸

（3）掉头车道

为了保证行车的安全性，公交车掉头车道的设计如图8-19所示，外侧半径为15 m，内侧半径为8 m，同时要求在掉头弯道周围留出一条大概1.5 m宽的空地，不设置其他设备。

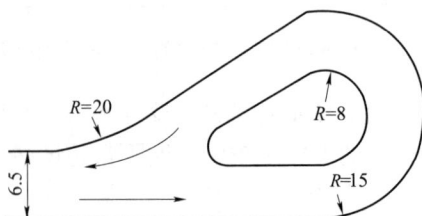

图8-19　公交车掉头车道的设计

3. 无障碍设计

《城市道路工程设计规范》（CJJ 37—2012）规定，公共交通车站应设置无障碍设施，并应符合现行行业标准《无障碍设计规范》（GB 50763—2012）的规定。其中，《无障碍设计规范》（GB 50763—2012）规定，交通建筑进行无障碍设计的范围应符合表8-2的规定。

表8-2　交通建筑无障碍设计的范围

建筑类别	设计部位
空港航站楼建筑 铁路旅客客运站建筑 汽车客运站建筑 地铁客运站建筑 港口客运站建筑	1. 站前广场、人行通路、庭院、停车车位 2. 建筑入口及门 3. 水平与垂直交通 4. 售票、联检通道，旅客候机、车、船厅及中转区 5. 行李托运、提取、寄存及商业服务区 6. 登机桥、天桥、地道、站台、引桥及旅客到达区

注：入口应设无障碍入口；必须设无障碍专用厕所；有楼层的交通建筑应设无障碍电梯。

8.4.2　换乘空间

1. 乘客候车空间

通常，乘客等候场地直接设置在公交车停靠位置的边上，等候场地的长度由满足运行所必需的停靠站长度决定。乘客等候场地宽度与枢纽站的站台最高聚集客流量有关，计算公式如下：

$$B = (F_e + M_{max} \cdot F_f) / L_n \tag{8-1}$$

式中：

B——乘客等候场地宽度；

F_e——站台上设备的面积；

M_{max}——站台最高聚集人数；

F_f——每位乘客需求面积（通常$F_f \geqslant 1.5 \text{ m}^2$）；

L_n——停靠站长度。

鉴于乘客上下车的舒适性，站台宽度应尽量大一些，通常不应小于2 m。进出站处的人行道路、台阶和坡道应根据枢纽站的客流量设置足够的宽度。尽量使进出站和场地持平，不设置人行天桥或地下通道。出入口处还要考虑残疾人的通行方便。

2. 步行廊道

《城市道路工程设计规范》（CJJ 37—2012）规定，人行道宽度必须满足行人安全顺畅通过的要求，并应设置无障碍设施，人行道的最小宽度如表 8-3 所示。可见，城市公共交通枢纽人行道的最小宽度可设为 4.0～5.0 m。

表 8-3　城市公共交通枢纽人行道的最小宽度

项目	人行道的最小宽度/m	
	一般值	最小值
各级道路	3.0	2.0
商业或公共场所集中路段	5.0	4.0
火车站、码头附近路段	5.0	4.0
长途汽车站	4.0	3.0

8.4.3　换乘停车空间

1. 自行车停车

（1）设计规范及技术要求

自行车的停放方式分垂直式和斜列式 2 种。《停车场规划设计规则》规定自行车停车场的有关设计参数应不小于表 8-4 的有关规定。

表 8-4　自行车停车场的有关设计参数

停车方式		停车带宽/m		车辆横向间距/m	过道宽度/m		单位停车面积/m²			
		单排	双排		单排	双排	单排一侧停车	单排两侧停车	双排一侧停车	双排两侧停车
斜列式	30°	1.00	1.60	0.50	1.20	2.0	2.20	2.00	2.00	1.80
	45°	1.40	2.26	0.50	1.20	2.0	1.84	1.70	1.65	1.51
	60°	1.70	2.77	0.50	1.50	2.6	1.85	1.73	1.67	1.55
垂直式		2.00	3.20	0.60	1.50	2.60	2.10	1.98	1.86	1.74

（2）规模测算

根据《城市道路公共交通站、场、厂工程设计规范》（CJJ/T 15—2011）规定，城市规划部门宜在枢纽站附近安排自行车停车处。假定枢纽换乘方式结构预测结果中，枢纽年平均高峰小时自行车换乘公共交通的交通量为 Q_{BiR} 人次/h，考虑停车场利用率及周转率等因素，枢纽的自行车停车场容量可按下式计算得到：

$$C_{\text{Bi}} = \frac{Q_{\text{BiR}}}{\gamma \cdot \alpha} \tag{8-2}$$

式中：

C_{Bi}——枢纽的自行车停车场容量，车位；

Q_{BiR}——年平均早高峰小时自行车换乘公共交通的交通量，人次/h；

γ —— 自行车停车场利用率；

α —— 自行车停车场周转率。

其中，住房和城乡建设部发布的《城市综合交通体系规划标准》对自行车周转率作出了如下规定：机动车每个停车位的存车量以一天周转 3~7 次计算，自行车每个停车位的存车量以一天周转 5~8 次计算，则有枢纽自行车停车场规模 $S_{Bi} = C_{Bi} \overline{S}_{Bi}$，其中，$\overline{S}_{Bi}$ 为单位自行车停车面积。

自行车停车场的规模和设置形式在很大程度上受到对象枢纽自行车换乘公共交通的交通量和用地条件的限制。因此，根据对象枢纽的自行车换乘公共交通的客流量、用地条件和表 8-4 中的数据，最终确定自行车停车场采用何种停放方式。

2. 小汽车停车

（1）设计规范及技术要求

《停车场规划设计规则》规定，机动车停车场的出入口应有良好的视野。出入口距离人行过街天桥、地道和桥梁、隧道引道须大于 50 m；距离交叉路口须大于 80 m。机动车停车场车位指标大于 50 个时，出入口不得少于 2 个；机动车停车场车位指标大于 500 个时，出入口不得少于 3 个。出入口之间的净距须大于 10 m，出入口宽度不得小于 7 m。机动车停车场内的主要通道宽度不得小于 6 m。

考虑到停车场的造价，在用地条件允许的情况下，人们会优先选择建设地面停车场，即露天平面式停车场。但是，如果地面停车场的车位设置过多（国际经验值为 600 个车位），则通往公共交通站点的步行路径就会过长，且进出口处的交通也会出现问题。一旦所需的车位过多，或者用地面积出现不足，这时就必须考虑建设多层立体式停车场或停车楼。

小汽车的停放方式分平行式、垂直式、斜列式、交叉式及扇形等。在上述停放方式中，除了地形条件等因素，垂直式停车具有使用方便和停车空间利用率高的特点。《停车场规划设计规则》规定了机动车停车场主要设计指标，其中小汽车停车场设计指标如表 8-5 所示。

表 8-5　小汽车停车场设计指标

停车方式		垂直通道方向的停车带宽/m	平行通道方向的停车带长/m	通道宽/m	单位停车面积/m²
平行式	前进停车	2.8	7.0	4.0	33.6
斜列式	30° 前进停车	4.2	5.6	4.0	34.7
	45° 前进停车	5.2	4.0	4.0	28.8
	60° 前进停车	5.9	3.2	5.0	26.9
	60° 后退停车	5.9	3.2	4.5	26.1
垂直式	前进停车	6.0	2.8	9.5	30.1
	后退停车	6.0	2.8	6.0	25.2

（2）规模测算

假定枢纽的换乘方式结构预测结果中，枢纽中小汽车换乘公共交通的交通量为 Q_{CR}。类似自行车停车场的计算方法，考虑停车场利用率及周转率等因素，枢纽社会停车场容量可按下式计算得到：

$$C_C = \frac{Q_{CR}}{\psi \cdot \gamma \cdot \alpha} \tag{8-3}$$

式中：

C_C——枢纽社会停车场容量，车位；

Q_{CR}——枢纽年平均早高峰小时小汽车换乘公共交通的交通量，人次/h；

ψ——小汽车早高峰小时每车次平均载客人数，人/车次；

γ——小汽车停车场利用率；

α——小汽车停车场周转率。

小汽车停车场的规模和设置形式在很大程度上受到对象枢纽小汽车换乘公共交通的交通量和用地条件的限制。因此，根据对象枢纽的小汽车换乘公共交通的客流量、用地条件及《停车场规划设计规则》的有关规定，最终确定小汽车停车场采用何种形式结构和停放方式。

3. 出租车停车

公共交通枢纽内出租车停车场规模的确定方法与小汽车停车场规模的确定方法相同，主要区别在于参数的选取上，特别是平均载客数和停车场的周转率指标。出租车停车场规模计算公式为：

$$S_T = \frac{Q_{TR} \cdot \beta \cdot \overline{S}_T}{\psi_T \cdot r \cdot \alpha} \qquad (8-4)$$

式中：

S_T——枢纽出租车停车场面积，m²；

Q_{TR}——枢纽年平均早高峰小时出租车换乘轨道交通的交通量，人次/h；

ψ_T——出租车早高峰小时每车次平均载客人数，人/车次；

β——到达枢纽的出租车进入停车场停车候客的比例，一般取 0.5～0.8；

r——出租车停车场利用率；

α——出租车停车场周转率，一般大于小汽车停车场的周转率；

$\overline{S}_T$——出租车停车的平均占地面积，m²。

出租车停车场的设置应尽量靠近枢纽站换乘公共交通工具的出入口，如出入口处不足以停靠所需数量的出租车，应在可视范围内安排停车场，并尽量避免与旅客人流和其他公共交通车辆路线之间交叉，管理措施也应相应配套，以便根据需要随时接送乘客。

出租车停车场车位排列方式一般有平行式、斜角式、垂直式 3 种类型，其中较为常用的是平行式，其车位排列及车位尺寸如图 8-20 所示。

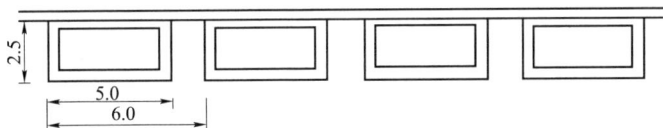

图 8-20　出租车车位排列及车位尺寸

复习思考题

1. 地面公共汽（电）车换乘枢纽有哪些空间布局形式？各种形式有何优点和缺点？
2. 地面公共汽（电）车换乘枢纽在换乘空间和停车空间的设计方面有哪些要求？

第9章

城市内部交通枢纽——城市轨道
交通与地面公共汽（电）车换乘枢纽

9.1 城市轨道交通与地面公共汽（电）车换乘枢纽概述

城市轨道交通与地面公共汽（电）车换乘枢纽，是指多条地面公交线路与城市轨道交通（如地铁、轻轨、市郊铁路、磁悬浮、独轨、有轨电车、自动导轨系统等）相接驳的综合型枢纽，乘客通过枢纽可以完成交通方式的转换，同时也可实行线路转换。例如，北京的东直门交通枢纽、宋家庄交通枢纽、西苑交通枢纽等。

该类型枢纽设施分为交通衔接设施和兼容性设施两大类，其中交通衔接设施包括轨道交通站场、公交站场或公交停靠站、小汽车停车场、出租车上下客区和自行车停车场等交通基础设施，兼容性设施包括商业、商务、娱乐休闲和服务等设施。交通衔接设施是枢纽的必要组成部分，而商业、商务、娱乐休闲、服务等设施可根据需要进行开发建设。图9-1为城市轨道交通与地面公共汽（电）车换乘枢纽的基本设备构成。

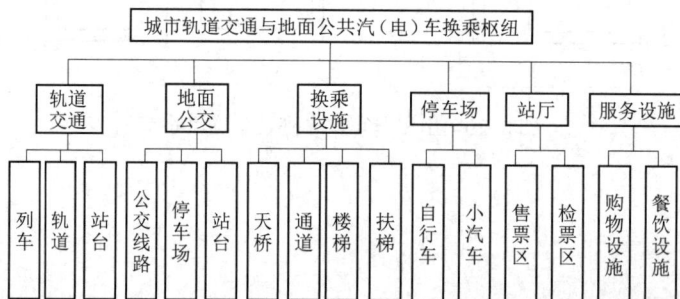

图9-1 城市轨道交通与地面公共汽（电）车换乘枢纽的基本设备构成

9.2　城市轨道交通与地面公共汽（电）车换乘枢纽功能与流线特征

9.2.1　城市轨道交通与地面公共汽（电）车换乘枢纽功能分析

交通功能为城市轨道交通换乘枢纽的基本功能，即对枢纽的到、发客流按不同的目的和方向，实现"停车、换乘、集散、引导"4项基本功能，核心的功能在于换乘。仅具有交通功能的枢纽称为交通型枢纽。另外，城市轨道交通枢纽还可以带有商业、商务、服务、居住、景观等功能，与城市建筑形成交通综合体。

例如，在日本，轨道交通枢纽不仅提供交通设施，还注重加强城市环境空间的开发。在具有交通客运功能的基础上，还兼有剧院、酒店、商场等多项功能，在顶层均设置了观景台和市民休息区。这不仅实现了交通枢纽的换乘功能，也为乘客和周边市民提供了良好的日常公共活动空间，使得枢纽站既是交通换乘中心，又是商业购物中心、文化娱乐中心和信息传递中心。

图 9-2 为日本京都火车站枢纽剖面图。京都车站大厦占地 38 075 m²，总建筑面积为 237 690 m²，地上西侧 15 层、东侧 11 层，地下 3 层，总高度为 60 m。除了电车站和地铁车站外，还包含了伊势丹百货公司、购物中心、一家文化中心（其中的一个大剧场有 925 座）、一座博物馆、一家有客房的旅馆，以及一座大型立体车库。用于车站的面积仅占总建筑面积的 1/20。此外，还有大量室外、半室外的公众活动空间。图 9-3 为日本"荣"综合交通枢纽剖面图，该枢纽站也体现了交通换乘中心与商业购物中心、文化娱乐中心等的融合。

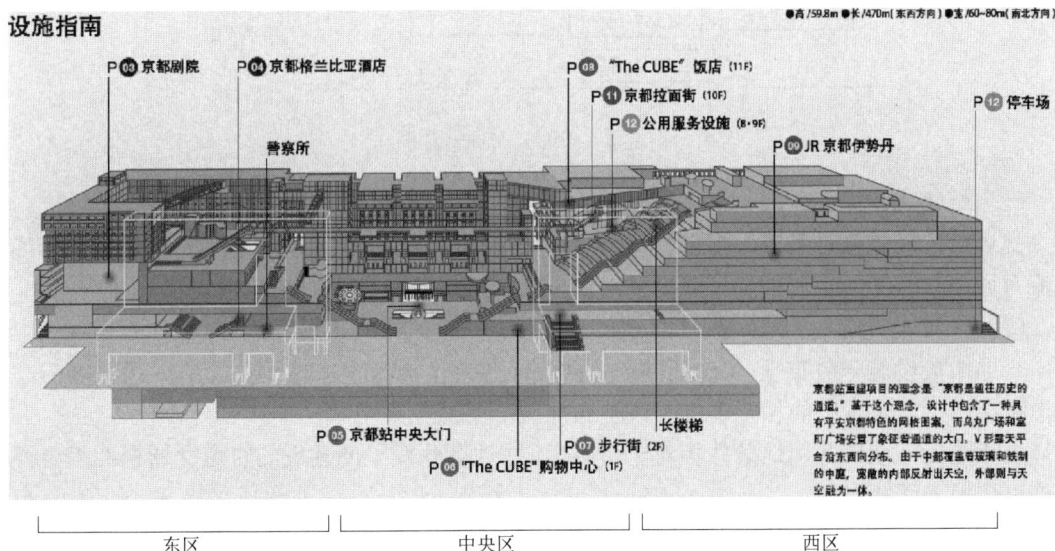

图 9-2　日本京都火车站枢纽剖面图
图片来源：http://www.kyoto-station-building.co.jp

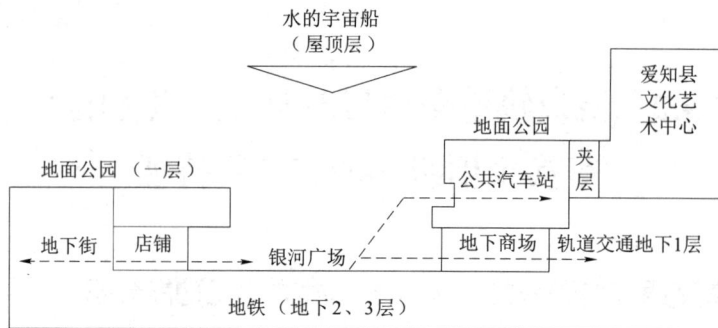

图 9-3 日本"荣"综合交通枢纽剖面图

9.2.2 城市轨道交通与地面公共汽（电）车换乘枢纽功能布局与流线设计

根据设施的空间分布，可以将轨道交通枢纽功能布局形式分为平面式和立体式两种。

1. 平面式布局

平面式布局是指轨道交通枢纽的各类设施独立选址，按照一定秩序设置在枢纽周围，空间上一般没有交集，除了部分轨道线路和站厅采用高架或设置在地下以外，交通衔接设施基本上位于地面层，枢纽客流集散基本上通过地面交通衔接设施完成，而商业、商务、娱乐休闲和服务等兼容性设施独立设置（图 9-4）。因此，根据交通衔接设施在地面层的分散程度，可将平面式布局细分为毗邻式布局和分散式布局两种。

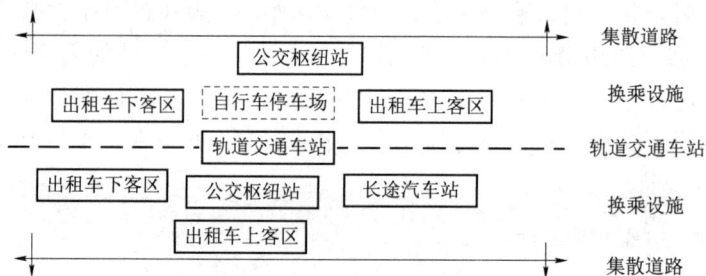

图 9-4 平面式布局示意图

（1）毗邻式布局

交通衔接设施位置紧密，彼此之间换乘时无须占用城市公共空间，无城市道路阻隔，换乘客流对城市道路的影响较小，一般要求地铁出入口周围具有较大的用地空间。

（2）分散式布局

交通衔接设施分散布设，彼此换乘占用城市公共空间或者被城市道路阻隔，换乘客流与城市道路会产生一定程度的相互干扰，该种布局应尽量避免采用。

城市边缘区或郊区用地条件相对宽裕，在这些地区开发早期建设的轨道交通枢纽综合开发设施可采用平面式布局。

2. 立体式布局

立体式布局是相对于平面式布局而言的（图 9-5），在平面式布局的基础上将不同类型的枢纽设施以地上或地下的形式有机结合，设置在同一块或几块用地内，相互之间通过自动扶梯、垂直电梯、楼梯等方式进行联系。根据枢纽设施在立体空间上集中程度的不同，可将立体式布局分为局部立体式和完全立体式两种。

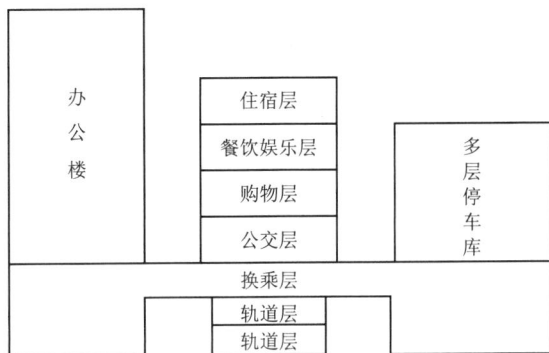

图 9-5 立体式布局示意图

（1）局部立体式

它是指轨道交通枢纽内只有部分设施（交通衔接设施和兼容性设施）以立体的方式结合设置在地上或者地下各层，其他设施仍以平面形式组织。这种形式是平面式布局向完全立体式布局演变过程中出现的产物。

（2）完全立体式

它是指枢纽内所有设施（交通衔接设施和兼容性设施）均以立体的方式集中设置在同一块用地内，形成一个紧密的枢纽综合体。

城市中心和片区中心的用地价位高，用地供应紧张，而轨道交通枢纽产生的边际效益大，其设施尽量采用立体式布局模式。

一般来说，轨道交通换乘枢纽的功能层分层设计如下：轨道交通都位于地下一层；地面层衔接常规公交、出租车及行人；长途公交位于地上二、三层，设置专用立体通道衔接至城市主要道路，以避免在枢纽站周边与城市内部交通及行人流线平面交叉。

图 9-6 为圣弗朗西斯科换乘枢纽的分层设计：轨道交通都位于地下一层；地面一层为有轨电车、出租车等；地面二层为换乘大厅层；地面三层为公交层；地面四层为长途公交层。

图 9-6 圣弗朗西斯科换乘枢纽的分层设计

3. 不同立面功能布局的流线设计

多种交通方式之间的换乘设施应实现一体化布局，各种交通方式在平面和立面布局方面应高度整合，换乘距离要短。体现在尽量缩短月台或车站与连接通道之间的水平和垂直距离，以缩短换乘时的步行距离，尽量减少乘车方向和楼层之间的转换。另外，发展要与周边区域充分融合，同时设置不同层面、多方向的、多点的通道，方便乘客进出枢纽，而在枢纽内需要设置楼梯、扶梯和电梯，以使乘客便捷地在不同楼层转换。

根据枢纽内不同交通层面设置交通方式种类的差异，立体式综合交通枢纽立面功能层布局模式可以分为分层独立式、分层组合式、混合式3种类型。

（1）分层独立式

分层独立式是指在立体式公共客运枢纽内，不同的交通层面上均设置一种交通方式的形式，如巴黎拉德芳斯枢纽站。该布局将不同的交通方式在不同的层面上分开，通过交通分流消除了不同交通方式间的相互干扰，尤其是行人活动空间与车辆的干扰，增加了安全性并提高了换乘效率，是3种形式中能获得最为理想的人车流线。图9-7为巴黎拉德芳斯枢纽立面布局及流线图。

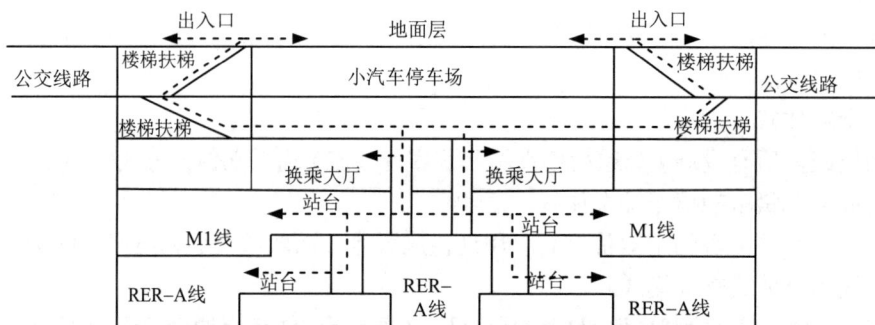

图9-7 巴黎拉德芳斯枢纽立面布局及流线图

（2）分层组合式

分层组合式是指在立体式公共客运枢纽内，不同的交通层面上设置两种或两种以上交通方式的形式，在流线设计方面应注意不同交通方式在同层面的疏解，如圣弗朗西斯科港湾枢纽（图9-8）、宋家庄交通枢纽等。

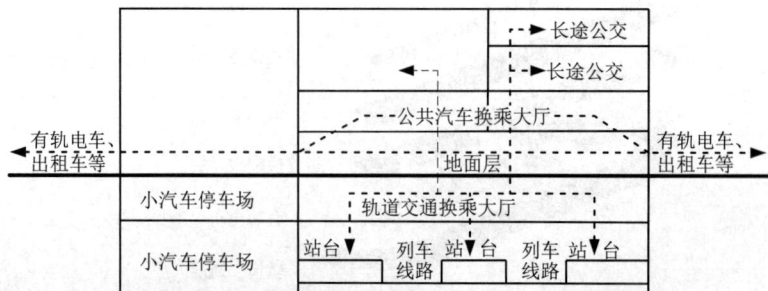

图9-8 圣弗朗西斯科港湾枢纽立面布局及流线设计

（3）混合式

该布局是枢纽平面式与立体式相结合的形式。该形式是建立在联系化、集约化的基础上，根据城市各功能空间的特性和要求，如关联性、公共性和可达性等，结合具体环境条件进行设计开发的形式，如东直门交通枢纽总体布局图，如图9-9所示。

该布局部分需要平面换乘，在流线设计方式上，可能出现人车之间的干扰，加大了换乘距离，枢纽的用地规模比前两种类型大。但是，这种布局方式也可有效地节省建设费用，在我国此种布局比较常见。

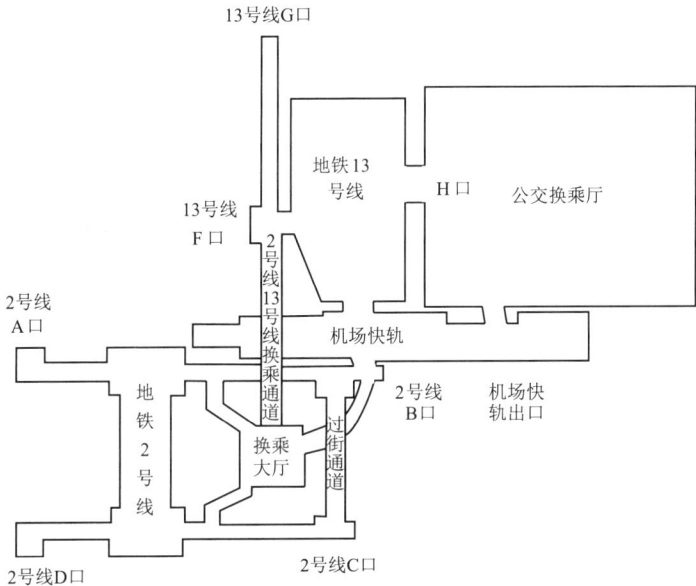

图9-9 东直门交通枢纽总体布局图

9.3 城市轨道交通与地面公共汽（电）车换乘枢纽空间布局形式

9.3.1 轨道交通线路之间的换乘空间布局

轨道交通线路布局按照线路的交叉形态和所处平面，主要分为T型、L型、十字型、水平平行型、上下平行型等，而轨道交通线路之间的换乘方式主要包括站台换乘、节点换乘、站厅换乘、通道换乘、混合换乘和站外换乘等。

轨道交通线路各种换乘方式的特点如表9-1所示，换乘客流规模与车站换乘方式关系如表9-2所示。

表9-1 轨道交通线路各种换乘方式的特点

换乘方式		功能特点	线路数	优缺点	代表
站台换乘	同平面站台	某些方向在同一站台平面内换乘，其他方向需要通过联结系统换乘	两线换乘	换乘直接、换乘量大，部分客流换乘距离较大	东京地铁表参道站
	上下平行站台				香港太子站、旺角站

续表

换乘方式			功能特点	线路数	优缺点	代表
站厅换乘			通过各线共用站厅换乘，或将各站厅相互连通进行换乘，乘客需上下楼梯	两线或多线换乘	客流组织简单，换乘速度快，但引导标志的设置很重要	上海人民广场站
节点换乘	十字型	岛式与岛式	通过一次上下楼梯或自动扶梯，在站台与站台之间直接换乘	两线换乘	一点换乘，客流方便但有交叉	上海河南中路站
		岛式与侧式			两点换乘，换乘量中等	
		侧式与侧式			四点换乘，换乘量大	
	T型、L型换乘				相对十字换乘，步行距离长	
通道换乘	T型、L型、H型站位		通过专用的通道进行换乘	两线或多线换乘	换乘间接，步行距离长，换乘能力有限，但布置灵活	北京东直门站
混合换乘			同站台换乘、节点换乘、站厅换乘、通道换乘中两种或以上方式的组合	两线或多线换乘	保证所有方向的换乘得以实现	上海火车南站
站外换乘			没有专用的换乘设施，在付费区外换乘，乘客需要增加一次进站手续	两线或多线换乘	步行距离长，客流混合，由线网规划的系统缺陷造成	上海火车南站

表 9-2 换乘客流规模与车站换乘方式关系

车站规模	单向最大高峰小时换乘量	推荐换乘方式	备注
小型	≤2 000 人/h	节点换乘，换乘楼梯净宽≥3.6 m，站厅付费区可不连通	若线路条件允许，优先选择平行换乘。当换乘规模较大时，可采用同站台换乘
中型、大型	2 000～7 000 人/h	节点加站厅换乘，换乘楼梯净宽≥3.6 m，站厅付费区连通	
特大型	≥7 000 人/h	站厅或通道换乘，站厅付费区连通。必须选择节点换乘方式时，换乘楼梯宽度需按下行通过能力80%复核	

其中，节点、站厅、通道3种常用换乘方式的换乘客流量由高到低排列为：站厅换乘＞通道换乘＞节点换乘。在通常情况下，单纯采用节点换乘无法满足轨道交通换乘的远期客流需求，需要辅助其他的组织方法。综合总结北京、上海、长沙、无锡、苏州、宁波等地的轨道交通换乘站设计方案，中国城市轨道交通换乘车站目前普遍采用节点加站厅换乘形式，一些大型的换乘车站则采用通道加站厅换乘形式。不同轨道交通线路布局的换乘设计如表9-3所示。图9-10为某轨道交通枢纽换乘组织的透视图。

表 9–3　不同轨道交通线路布局的换乘设计

轨道交通线路布局分类			换乘模式	换乘模式示意图	特点
线路相交	线路同平面	T型	一条线路的车站与另一条线路的车站"T"型交叉	节点换乘中的 T 型换乘		通过一次上下楼梯或自动扶梯，在站台与站台之间直接换乘
			一条线路的区间与另一条线路的车站"T"型交叉	通道换乘中的 T 型换乘		通过专用的通道进行换乘
		L型	一条线路的车站与另一条线路的车站"L"型交叉	节点换乘中的 L 型换乘		通过一次上下楼梯或自动扶梯，在站台与站台之间直接换乘
			一条线路的区间与另一条线路的车站"L"型交叉	通道换乘中的 L 型换乘		通过专用的通道进行换乘
	线路不同平面	十字型	两个岛式站台中央形成十字交叉点	节点换乘中的岛式与岛式换乘		通过一次上下楼梯或自动扶梯，在站台与站台之间直接换乘

续表

轨道交通线路布局分类			换乘模式	换乘模式示意图	特点
线路相交	线路不同平面	十字型	两条线路一个为岛式站台，一个为侧式站台	节点换乘中的岛式与侧式换乘	通过一次上下楼梯或自动扶梯，在站台与站台之间直接换乘
			上下两个侧式站台呈"井"字型布置	节点换乘中的侧式与侧式换乘	通过一次上下楼梯或自动扶梯，在站台与站台之间直接换乘
线路平行	线路同平面	水平平行型	双线岛侧式	混合换乘	部分乘客同站台换乘，部分乘客站厅换乘
			双线双岛式	混合换乘	部分乘客同站台换乘，部分乘客站厅换乘
			两线车站的站位平行或接近平行，且靠得很紧，但又无法采用同站台换乘	通道换乘中的"H"型换乘	通过专用的通道进行换乘
	线路不同平面	上下平行型	不同线路同站台	混合换乘	部分乘客同站台换乘，部分乘客站厅换乘（站厅在上部或中间层）

续表

轨道交通线路布局分类				换乘模式	换乘模式示意图	特点
线路平行	线路不同平面	上下平行型	同线路同站台	混合换乘		站厅换乘（站厅在上部或中间层）

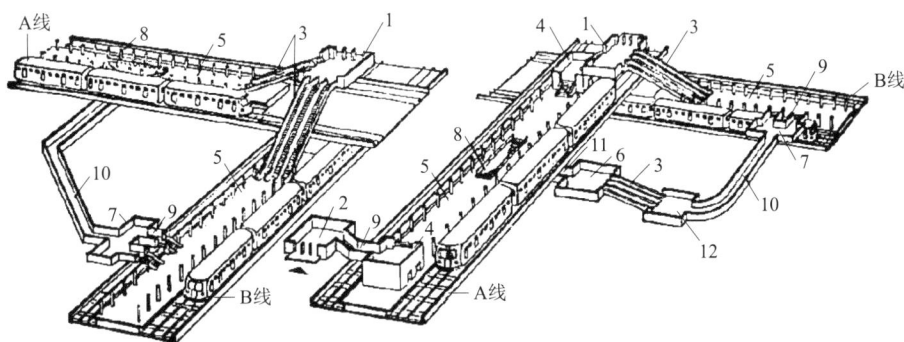

1—联合地面站厅；2—地面站厅；3—自动扶梯；4—前厅；5—车站集散厅；6—地下站厅；
7—地道小过厅；8—下降楼梯；9—天桥；10—地下换乘通道；11—通道；12—中间站厅

图 9-10 某轨道交通枢纽换乘组织的透视图

9.3.2 轨道交通与地面公共交通的换乘空间布局

在进行轨道交通枢纽设计时，应综合考虑地面公交与轨道交通的有效接驳，使轨道交通换乘车站站位靠近公交枢纽或将公交站点引入轨道交通车站建筑，以便形成综合枢纽换乘大厅。

1. 轨道交通与地面公交的换乘布局形式

（1）常规公交与轨道交通不处于同一平面，公共汽车站在轨道交通车站一侧停靠

如图 9-11、图 9-12 所示，可利用地下通道与轨道车站相联系，适用于轨道交通枢纽地面用地受限的情况，枢纽只允许安排少量公交停靠站点，无法设置大规模的公交始末站场，枢纽中的不同交通方式换乘功能相对较弱。

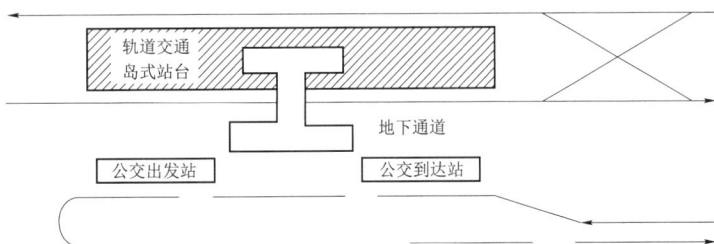

图 9-11 单侧公交线路与轨道交通岛式站台换乘布局与组织

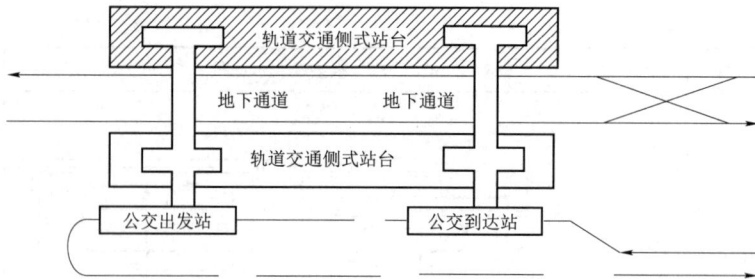

图 9-12　单侧公交线路与轨道交通侧式站台换乘布局与组织

（2）常规公交与轨道交通不处于同一平面，公共汽车在轨道交通车站两侧停靠

如图 9-13、图 9-14 所示，可利用地下通道与轨道车站相联系，当地面公交进出流线冲突时，可进行立体交叉疏解。适用于轨道交通枢纽用地受限的情况，枢纽只允许安排少量公交停靠站点，相比公交线路一侧布置的换乘组织模式，两侧布置的流线组织较为复杂，同时还需提供较多的信息引导。公交车辆的进出对枢纽内道路干扰较大，在枢纽内平面布局情况复杂，在专用道设置困难的情况下可考虑采用两侧布局方式，以减轻单向交通压力。

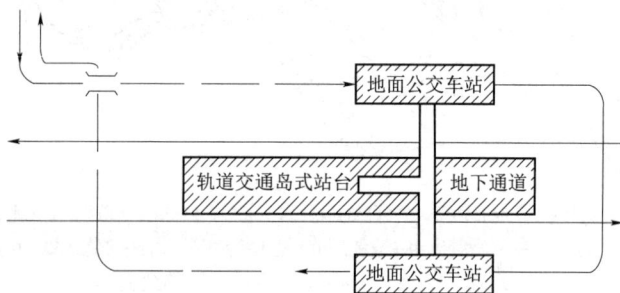

图 9-13　两侧公交线路与轨道交通岛式站台换乘布局与组织

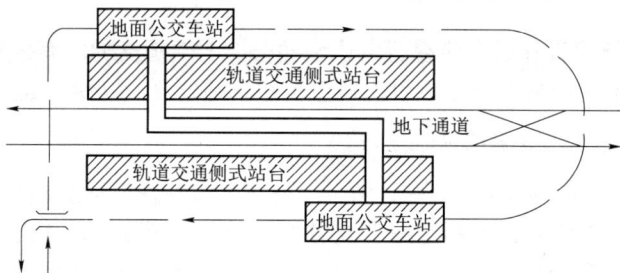

图 9-14　两侧公交线路与轨道交通侧式站台换乘布局与组织

（3）常规公交与轨道交通处于同一平面

如图 9-15 所示，常规公交上下客站与轨道交通的站台合用，并用地下通道联系两个侧式站台，确保有一个方向换乘条件很好，而且步行距离短。该方式适用于轨道交通与公交换乘客流的方向不均衡系数较大的情况。

如图 9-16 所示，通过某一路径，使常规公交车辆到达站和轨道交通出发站同处一侧站台，而常规公交出发站与轨道交通到达站同处另一侧站台。该形式使轨道交通与常规公交共用站台，两个方向都有很好的换乘条件。

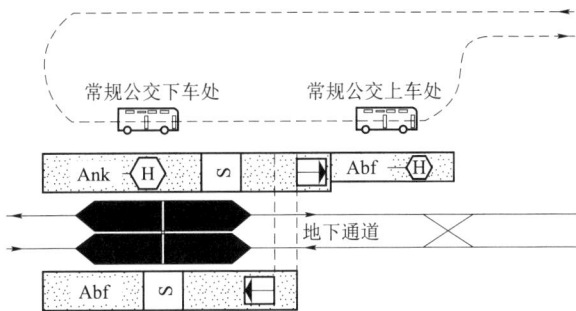

Ank—常规公交下车处；Abf—常规公交上车处；S—站台；H—地下通道入口

图 9-15　地面公交与轨道交通合用站台换乘布局与组织

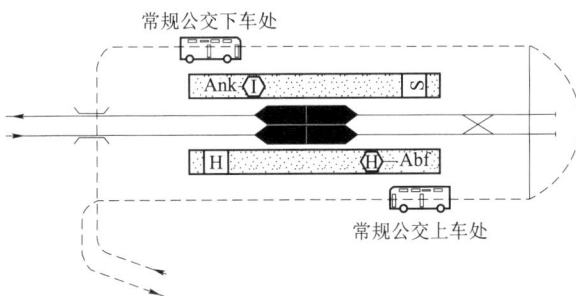

Ank—常规公交下车处；Abf—常规公交上车处；S—站台；H—地下通道入口

图 9-16　轨道交通与常规公交共用站台

2. 轨道交通与公交枢纽的换乘衔接形式

根据上述轨道交通与地面公交的换乘布局组织形式，不同布局形式的公交枢纽与轨道交通的具体接驳形式如下。

（1）岛式公交枢纽与轨道接驳形式

当公交站台为岛式布置时，可以考虑将地下通道的另一个出入口设置在公交站台范围内的中间位置，以方便乘客在公交与轨道之间进行换乘，如图 9-17 所示。

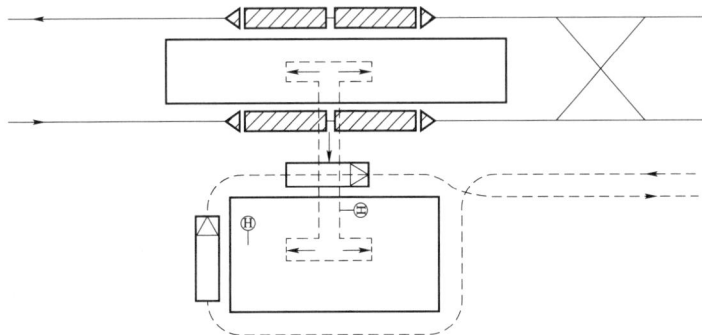

图 9-17　停靠站在岛内的公交枢纽与轨道交通衔接

该模式的优点是人车之间的冲突较小，换乘客流的平均步行距离最小，将乘客集中到一个"岛屿"上，换乘更为便捷。为保证乘客候车区的面积，在中央岛屿候车区可以提供各条线路统一的设施，以提供高质量的候车环境。

如果该公交站台布局形式为停靠站在岛外的岛屿形式，则可以利用停靠站的外边缘步行区直接与轨道交通换乘站厅连接，该方式可以有效地使客流均匀分布在整个换乘流程上，提高换乘过程的通畅性，但是这种方式也相应地增加了乘客的换乘距离，如图9-18所示。

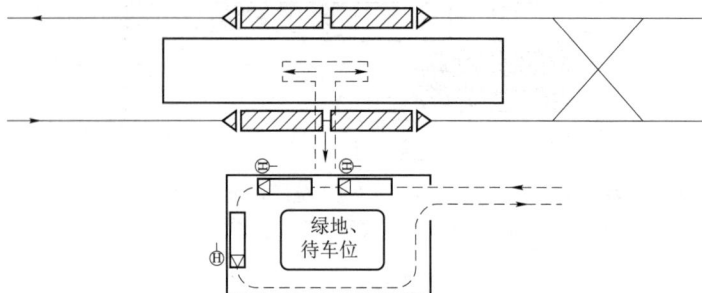

图9-18　停靠站在岛外的公交枢纽与轨道交通衔接

该模式的优点是灵活性大，临时停车集中于在中央停车区，泊位可以按需要调整。乘客的上下车和换乘在周边步行区进行，不存在人车冲突。乘客区域较为分散，线路之间的换乘略费周折，但乘客候车的区域较大。中间的空间如果设置为公交暂时停车场地，车辆从停放区进入站位会不太方便。

（2）站台式公交枢纽与轨道交通接驳形式

如果公交站台布局形式为站台式，则可以考虑利用地下通道将每个公交站台与轨道交通车站直接相连，以避免人流进出站对车流的干扰，如图9-19所示。

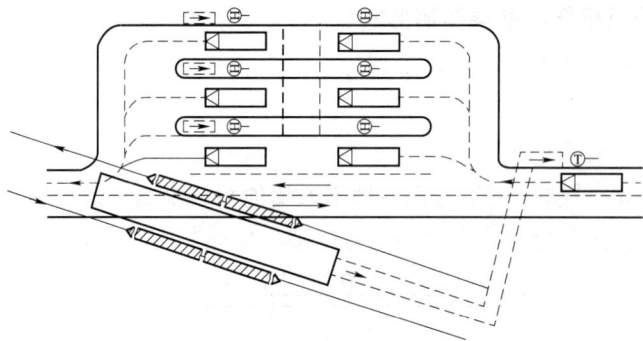

图9-19　站台式公交枢纽与轨道交通接驳形式

该模式下各线路车辆进出站台均较为方便，但换乘客流对各个站台的选择，易导致换乘人流与公交车之间的冲突。该模式灵活性差，如果某条线路停车空间不够，则不允许其车辆驶入其他线路的站位。为联系各个公交站台和轨道站台，需要配建多个楼梯和自动扶梯。另外，枢纽占地面积比较大。因此，该模式适用于换乘量较大、可用地空间较大的公交与轨道交通换乘枢纽站。

（3）特殊形式

当公共枢纽与轨道交通终点站接驳时，公交站台可以采用椭圆形岛式布局与轨道交通衔接，公交车的到达站与轨道交通的出发站位于一侧，公交车的始发站与轨道交通的到达站位于另一侧，这样在主要换乘方向上的换乘就非常容易（站台的两侧换乘）。图9-20为德国汉诺威的一个名叫 Empelde 的公交与轨道换乘枢纽站设计示例。

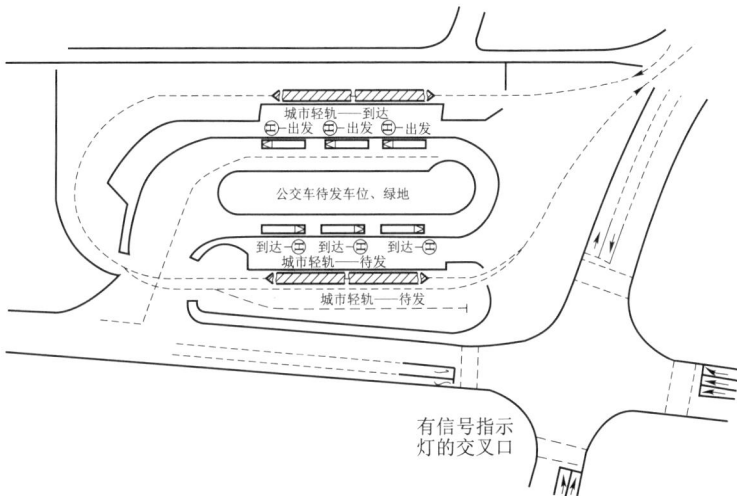

图 9-20 德国汉诺威 Empelde 的公交与轨道换乘枢纽站设计示例

（4）公共汽车站与轨道交通车站立体式布局时采用换乘大厅形式

在城市用地紧张，需要集中进行物业开发时，可将轨道交通车站、公共汽车站与综合体集中成立体化的布置方式。如上海市虹口商城，乘客可以通过地下二层大厅和设于站场内的垂直交通设施，完成地铁 8 号线、轨道 3 号线、地面公交等的换乘。

9.3.3 轨道交通与其他交通方式的换乘空间布局

1. 轨道交通与小汽车交通的衔接

轨道交通利用通道或楼梯连接小汽车停车场，与小汽车交通衔接，小汽车换乘用的专用停车场有以下几种。

① 枢纽站内的地下停车场。

② 枢纽站旁的专用停车楼，或者利用枢纽综合体内的立体停车空间。

③ 利用市政交通设施的剩余空间，如街道中心岛（不同方向车道中间的空间泊车）、辅助的单行线街道边、城市绿地边缘。

④ 借助于周围社会停车场。地铁枢纽站由于交通便利，往往形成周围商业以吸引大量人流、社会车流，商业中心地下层或其他专用停车场形成地区社会停车系统。

⑤ 机械式停车库（地上或地下）。该方式在节约空间上优势明显，但管理费用高。

2. 轨道交通与出租车交通的衔接

枢纽的出租车换乘设施，在道路空间外，通过设置的出租车站，提供集中实现出租车和乘客之间供需关系的场所，主要功能在于：满足乘客搭乘出租车的需求；为出租车进出道路系统提供缓冲的区域；实现交通功能转换，完成乘客在不同交通方式和出租车之间的换乘。枢纽出租车换乘设施的主要组成要素为下客区域、等车循环区、排队区、上客区域，如图 9-21 所示。

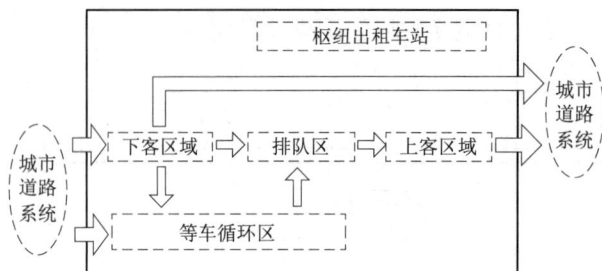

图9-21 出租车换乘系统的设计示意图

出租车上下客区域可以在同一个位置，也可以分散布置，出租车下客区域的位置应尽可能设在车站进口附近较方便的位置，上客区域相对可以灵活布置，尽量考虑人行系统相配合设计，其位置应较公共汽（电）车的停靠远点。出租车进出以及上下客的流线和等车循环区、排队区应尽可能与公共汽（电）车车行路线分离，减少出租车对公共汽（电）车停靠和行驶的干扰。同时加强对出租车停靠的管理，有序流动，禁止随意停车。

3. 轨道交通与自行车交通的衔接

与轨道交通衔接的自行车停车设施布设方式有以下几种。

① 露天专用自行车停车场和单建式多层车库（图 9-22）。但用地紧张的中心区，极少有机会实现。

② 利用车站外部空间边缘、城市街道边形成线状临时露天停车，这对街景会有影响，但可利用一些景观设施作遮挡，如花坛、花圃水池等。

③ 对于高架线路，利用设施的剩余空间，如高架桥下剩余空间、天桥下剩余空间等。

④ 利用站内（或相邻建筑）的夹层空间。

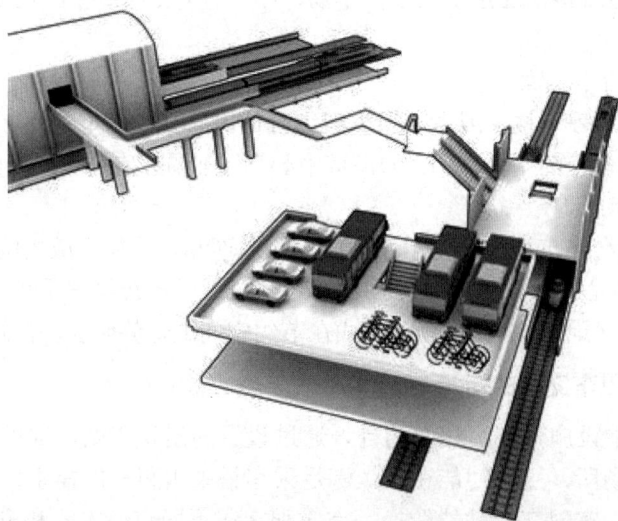

图9-22 利用站内夹层空间的停车库

9.4　城市轨道交通与地面公共汽（电）车换乘枢纽详细设计

由于前面已经对地面公交场站及设施、换乘空间、停车空间的详细设计进行了说明，本节主要讨论轨道交通设施的详细设计。《地铁设计规范》（GB 50157—2013）规定了车站各建筑部位的最大通过能力、最小宽度和最小高度，如表9-4～表9-6所示，其他设施按照出入口和集散通道、站厅公共区、站台层分别进行介绍。

表9-4　车站各建筑部位的最大通过能力

部　位　名　称		每小时通过人数
1 m 宽楼梯	下行	4 200
	上行	3 700
	双向混行	3 200
1 m 宽楼梯	单向	5 000
	双向混行	4 000
1 m 宽自动扶梯	输送速度 0.5 m/s	6 720
	输送速度 0.65 m/s	不大于 8 190
0.65 m 宽自动扶梯	输送速度 0.5 m/s	4 320
	输送速度 0.65 m/s	5 265
人工售票口		1 200
自动售票口		300
人工检票口		2 600
自动检票机	三杆门	非接触IC卡	1 200
	门扉式	非接触IC卡	1 800
	双向门扉式	非接触IC卡	1 500

表9-5　车站各建筑部位的最小宽度

名　　称	最小宽度/m
岛式站台	8
岛式站台侧站台	2.5
侧式站台（长向范围内设梯）的侧站台	2.5
侧式站台（垂至于侧站台开通道口）的侧站台	3.5
通道或天桥	2.4
单向楼梯	1.8
双向楼梯	2.4
与自动扶梯并列设置的人行楼梯（困难情况下）	1.2
消防专用楼梯	1.2
站台至轨道区的工作梯（兼疏散梯）	1.1

表 9–6　车站各建筑部位的最小高度

名　称	最小高度/m
站厅公共区（地面装饰面至吊顶面）	3
高架车站站厅公共区（地面装饰面至梁底面）	2.6
地下车站站台公共区（地面装饰面至吊顶面）	3
地面、高架车站站台公共区（地面装饰面至风雨棚底面）	2.6
站台、站厅管理用房（地面装饰面至吊顶面）	2.4
通道或天桥（地面装饰面至吊顶面）	2.4
人行楼梯和自动扶梯（踏步面沿口至吊顶面）	2.3

9.4.1　出入口和集散通道

1. 出入口

出入口布置应与主客流方向相一致，且宜结合地面街道条件布设。《地铁设计规范》（GB 50157—2013）规定，出入口的数量，应根据吸引与疏散客流的需求设置，每个公共区直通地面的出入口数量不得少于 2 个。每个出入口宽度应按远期或客流控制期分向设计客流量乘 1.1～1.25 不均匀系数计算确定。

2. 集散通道

集散通道包括人行通道、人行楼梯、自动扶梯、厢式电梯、自动人行道等。这里重点介绍前 3 种。

（1）人行通道

地下出入口通道力求短、直，通道的弯折不宜超过 3 处，弯折角度宜大于 90°，地下出入口通道长度不宜超过 100 m，超过时应采取能满足消防疏散要求的措施。有条件时，宜设自动人行道。

（2）人行楼梯、自动扶梯

人行楼梯、自动扶梯的设计标准如表 9–7 所示。

自动扶梯和楼梯台数及宽度的计算，以出站客流乘自动扶梯向上到达站厅层考虑。自动扶梯台数的计算：

$$n_1 = \frac{N_1 K}{c_1 \alpha_1} \tag{9-1}$$

式中：

N_1——预测下客量（上行+下行），人/h；

K——超高峰小时系数，取 1.2～1.4；

c_1——每小时输送能力 8 100 人/（h·m）（自动扶梯性能为梯宽 1 m，梯速为 0.5 m/s，倾角为 30°）；

α_1——自动扶梯的利用率，选用 0.8；

n_1——自动扶梯台数。

表 9-7　人行楼梯、自动扶梯的设计标准

类别	人行楼梯		自　动　扶　梯
	单向	双向	
梯级宽度	不小于 1.8 m	不小于 2.4 m	1 m
倾斜角度	26°34′		30°
运行速度	—		宜采用 0.65 m/s
其他规定	① 车站主要管理区内的站厅与站台层间应设人行楼梯，也可设置电梯。 ② 楼梯宽度应符合人流股数和建筑模数。当宽度大于 3.6 m 时，应设置中间扶手。 ③ 每个梯段不应超过 18 级，且不应少于 3 级。休息平台长度宜采用 1.2～1.8 m		① 车站出入口、站台至站厅应设上、下行自动扶梯；在设置双向自动扶梯困难且提升高度不大于 10 m 时，可仅设上行自动扶梯。每座车站应至少有一个出入口设上、下行自动扶梯；站台至站厅应至少设一处上、下行自动扶梯。作为事故疏散用的自动扶梯，应采用一级负荷供电。 ② 自动扶梯扶手带外缘与平行墙装饰面或楼板开口边缘装饰面的水平距离不得小于 80 mm，相邻交叉或平行设置的两梯（道）之间扶手带的外缘水平距离不应小于 160 mm。当扶手带外缘至任何障碍物的距离小于 400 mm 时，则应设置防碰撞安全装置。 ③ 两台相对布置的自动扶梯工作点间距不得小于 16 m；自动扶梯工作点至前面影响通行的障碍物间距不得小于 8 m；当自动扶梯与楼梯相对布置时，自动扶梯工作点至楼梯第一级踏步的间距不得小于 12 m

楼梯和通道的尺寸一般要在满足防灾要求的基础上，根据远期预测高峰小时客流量计算确定，可采用如下公式计算：

$$B = Q / C + M \tag{9-2}$$

式中：

B——楼梯或通道宽度，m；

Q——远期高峰小时通过人数；

C——楼梯和通道的通过能力，人/h；

M——楼梯或通道附属物宽度。

也可以利用式（9-3）计算：

$$n_2 = \frac{N_2 K}{c_2 \alpha_2} \tag{9-3}$$

式中：

N_2——预测上客量（上行+下行），人/h；

K——超高峰小时系数，取 1.2～1.4；

c_2——楼梯双向混行通过能力，取 3 200 人/（h·m）；

α_2——楼梯的利用率，选用 0.7；

n_2——楼梯数量。

上述楼梯及通道尺寸以向上出站疏散客流乘自动扶梯，向下进站客流走步行楼梯的模式而设置，在实际使用中，步行梯也有向上的疏散客流，在有条件设置上、下都使用自动扶梯的情况下，步行梯的宽度计算将做适当调整，相当部分的进站客流将被自动扶梯分担，因此步行梯宽度将缩小。根据地铁设计规范，在公共区中的步行梯宽度不得小于 1.8 m。另外，所设计楼梯的总宽度（包括自动扶梯宽度）必须满足灾变时的安全疏散时间要求。

9.4.2　站厅公共区

站厅公共区布置应满足功能分区要求,尽量避免进、出站及换乘人流路线之间的相互干扰。站厅公共区的面积除应满足自动扶梯、楼梯、电梯布置及售、检票机等所需面积外,还应满足容纳远期或客流控制期高峰小时 5 min 内双向设计客流集聚量所占面积。

1. 售票设施

售票设施一般设置在站厅层的显著位置,方便乘客快速辨认,缩短购票时间,降低购票客流与其他流线冲突的可能性,同时应有足够的设施满足高峰时期的购票需求。

售票设施的数量计算公式如下:

$$N_1 = M_1 K m_1 \tag{9-4}$$

式中:

M_1——高峰小时购票客流量;

K——超高峰小时系数,取 1.2～1.4;

m_1——售票能力,人工售票取 1 200 人/h,自动售票机取 600 人/(h·台)。

2. 检票设施

检票设施应设置在视线良好的开阔区域,检票口(机)宜垂直于人流方向布置。售票处距出入通道口和进站检票处应保持必要的距离,出站检票处距梯口也应保持必要的距离。付费区内应设补票亭。检票口(机)处宜设监票亭。当条件合适时,可考虑监票、补票合一设置。售、检票方式应根据具体情况,采用人工式、半自动或自动式。近、远期分期实施时应预留条件。

检票机的数量由高峰小时进出站客流量和检票机通过能力确定,计算公式如下:

$$N_2 = M_2 K m_2 \tag{9-5}$$

式中:

M_2——高峰小时进出站客流量;

K——超高峰小时系数,取 1.2～1.4;

m_2——检票能力,人工检票取 2 600 人/h,自动检票机取 1 800 人/(h·台)。

9.4.3　站台层

1. 站台长度

站台长度计算应采用客流控制期列车编组数的有效长度加停车误差。

有效长度:无屏蔽门(安全门)的站台应为首末两节车辆驾驶室门外侧之间的长度;有屏蔽门(安全门)的站台应为屏蔽门(安全门)所围长度。

停车误差:无屏蔽门(安全门)时应取 1～2 m;有屏蔽门(安全门)时(含缓装)应取 ±0.3 m。

设置在站台层两端的设备和管理用房,必要时可伸入站台计算长度内,但不应超过半节车厢长度,且不得侵入侧站台计算宽度,并应满足距梯口的距离不小于 8 m。

2. 站台宽度

站台宽度应按下列公式计算。

岛式站台宽度 B_{d}：

$$B_{\mathrm{d}} = 2b + nz + t \qquad (9\text{-}6)$$

侧式站台宽度 B_{c}：

$$B_{\mathrm{c}} = b + z + t \qquad (9\text{-}7)$$

$$b = \frac{Q_{\perp}\rho}{L} + b_{\mathrm{a}} \qquad (9\text{-}8)$$

$$b = \frac{Q_{\perp、\overline{\mathrm{F}}}\rho}{L} + M \qquad (9\text{-}9)$$

式中：

b——侧站台宽度，m，式（9-8）、式（9-9）计算结果的较大者；

n——横向柱数；

z——横向柱宽（含装饰层厚度），m；

t——每组人行梯与自动扶梯宽度之和（含与柱间所留空隙），m；

$Q_{\perp}$——远期或客流控制期每列车高峰小时单侧上车设计客流量，换乘车站含换乘客流量（换算成高峰时段发车间隔内的设计客流量），人；

$Q_{\perp、\overline{\mathrm{F}}}$——远期或客流控制期每列车高峰小时单侧上、下车设计客流量，换乘车站含换乘客流量（换算成高峰时段发车间隔内的设计客流量），人；

ρ——站台上人流密度，$0.33\sim0.75$ m²/人；

L——站台计算长度，m；

M——站台边缘至屏蔽门（安全门）立柱内侧距离，m；

b_{a}——站台安全防护宽度，取 0.4 m，采用屏蔽门（安全门）时用 M 替代 b_{a} 值。

3. 站台上的人行楼梯和自动扶梯

站台上的人行楼梯和自动扶梯宜沿纵向均匀设置，同时站台内计算任一点距最近梯口或通道口的距离应符合相关规范规定（如不得大于 50 m）。人行楼梯和自动扶梯的总量布置除应满足上、下乘客的需要外，还应按站台层的事故疏散时间（如多国规定不大于 6 min）进行验算。消防专用梯及垂直电梯不计入事故疏散用。

站台层的事故疏散时间可按下列公式计算：

$$T = 1 + \frac{Q_1 + Q_2}{0.9 \times [A_1(N-1) + A_2 B]} \qquad (9\text{-}10)$$

式中：

Q_1——列车乘客数，人；

Q_2——站台上候车乘客和站台上工作人员，人；

A_1——自动扶梯通过能力，人/（min·m）；

A_2——人行楼梯通过能力，人/（min·m）；

N——自动扶梯台数；

B——人行楼梯总宽度，m。

4. 无障碍设计

为了体现"以人为本"的设计理念，城市轨道交通车站内应实施无障碍设计，常采用以下两种不同的设计方法。

　　① 当车站位于道路地面以下，出入口位于道路两侧时，残疾人乘坐的轮椅可挂在楼梯旁设置的轮椅升降台下至站厅层，然后再经设置于站厅的垂直升降梯下到站台；另外，也可以直接在地面设置垂直升降梯，经残疾人专用通道到达站厅，再经设置于站厅的垂直升降梯下达到站台。对盲人设有盲道，自电梯门口铺设盲道通至车厢门口。

　　② 当车站建于街坊内的地下时，车站的垂直升降梯可直接升至地面，因此在地面直接设有残疾人出入口，以方便残疾人使用。

　　我国车站无障碍设施设计还必须符合现行国家标准《无障碍设计规范》（GB 50763—2012）的有关规定。

复习思考题

1. 简述轨道交通枢纽的功能布局形式。
2. 轨道交通与地面公交的换乘空间布局有哪些典型的形式？
3. 轨道交通与其他交通方式（如小汽车、出租车、自行车）的换乘空间布局有哪些形式？

第10章

城市内部交通枢纽——
停车换乘枢纽

10.1 停车换乘枢纽概述

停车换乘（park and ride，P+R）枢纽是指以轨道交通、地面公交和小汽车换乘为主体的枢纽，一般布设在城市中心区以外区域的轨道交通站、地面公交站及高速公路旁，同时设置大中型社会停车场，以引导小汽车换乘公共交通，截流进城机动车。

停车换乘枢纽主要有 3 种形式：小汽车与轨道交通换乘的 P+R，主要流行在美国和加拿大，其空间分布主要集中于轨道交通站点附近，沿城市通勤铁路、地铁、轻轨等大运量轨道交通沿线分散布置；小汽车与地面公交换乘的 P+R，主要流行于欧洲，多分布在城市外围线上，并在 P+R 设施与市中心之间配备专用的公交服务设施；小汽车与轨道交通和地面公交的换乘方式相结合，较典型的是新加坡。

图 10-1 为英国牛津城的 P+R 枢纽分布。

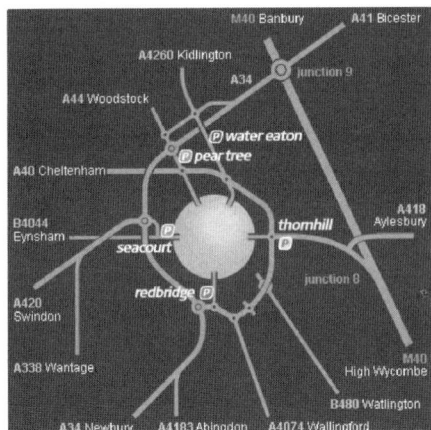

图 10-1 英国牛津城的 P+R 枢纽分布

停车换乘枢纽的基本构成包括独立的 P+R 设施（小汽车停车场、CCTV 系统、照明设施、卫生间、带雨棚的候车室、独立的人行道、限高设施及绿化系统等），还有公交车站或者轨道交通车站。

10.2 停车换乘枢纽功能与流线特征

10.2.1 停车换乘枢纽功能分析

基本功能为实现小汽车与地面公交、轨道交通等交通方式的换乘，部分枢纽还可能带有景观、商业服务等功能。

10.2.2 停车换乘枢纽功能布局及对应的流线设计方式

停车场是停车换乘设施的核心，停车场有 3 种形式：一为平面式停车场，二为停车楼（分为机械式和建筑式），三为地下停车库。如图 10-2 所示。

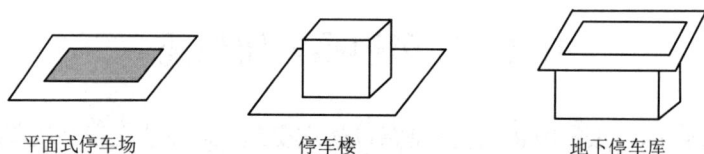

| 平面式停车场 | 停车楼 | 地下停车库 |

图 10-2 停车场建造形式

其中，停车楼和地下停车库的形式又称为立体式，因此停车换乘枢纽布局形式可分为平面式和立体式。

1. 平面式

图 10-3 为平面式停车换乘枢纽布局图。一般在城市中心区外围或城郊等用地条件不受限制的地方，主要道路附近，建平面式停车场，以利于车辆进出，吸引更多近郊出行者换乘。该形式的停车场交通组织与设计应注意：

① 要把停车场内不同的交通方式和不同的车型分离，为驾驶员提供从道路至停车泊位再到公交站台、轨道交通站台的单向的连续流线，尽可能减少冲突点和障碍；

② 单独考虑社会车辆临时停车接送客，设置专门的流线和上下客区域，避免对公交车辆和停车换乘车辆造成影响；

③ 停车场内部的交通流线组织应该方便车辆快速地进出停车泊位，避免车辆在出入口排队，影响道路交通。

2. 立体式

当在公共交通枢纽点建造 P+R 停车场时，由于 P+R 换乘需求极高，并且用地紧张，一般建立立体式停车场。当公交车站或轨道车站和停车楼位于同一建筑时，乘客通过电梯等垂直换乘设施实现方式间的换乘，与车流分离，如图 10-4 所示。

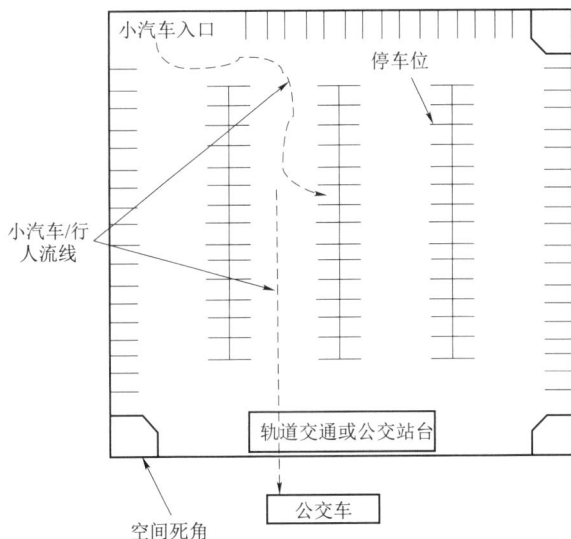

图 10-3　平面式停车换乘枢纽布局图

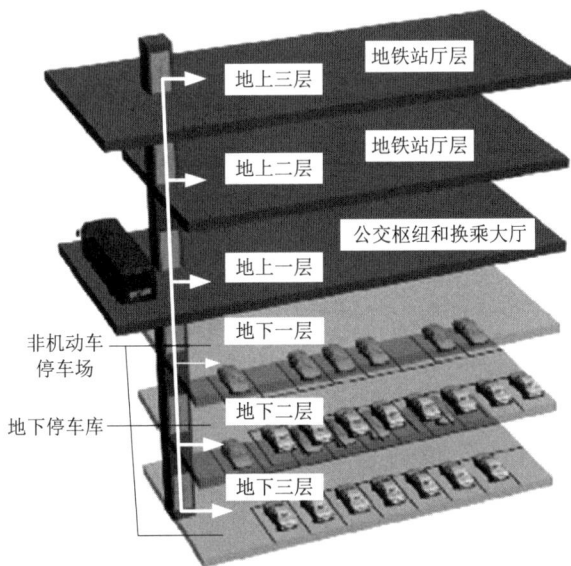

图 10-4　地下停车场形式的 P+R 枢纽与流线设计

10.3　停车换乘枢纽空间布局形式

10.3.1　停车换乘设施与道路交通的衔接

为使出行者能通过街道快速到达 P+R 停车场，同时不对道路交通造成影响，应设置特别的出入道或通往快速路、高速公路的入口。停车场与道路的具体关系如图 10-5～图 10-8 所示。

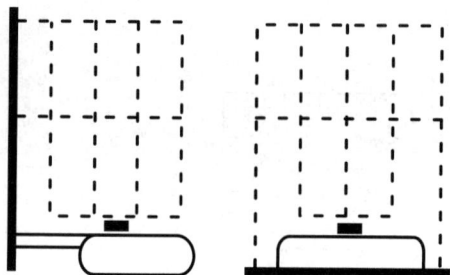

图 10-5   有一条相邻道路的停车换乘系统

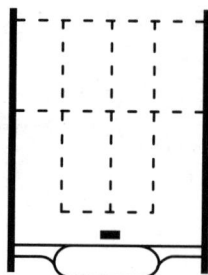

图 10-6   有两条平行道路的停车换乘系统

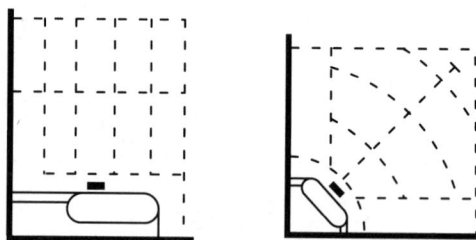

图 10-7   有两条相交道路的停车换乘系统

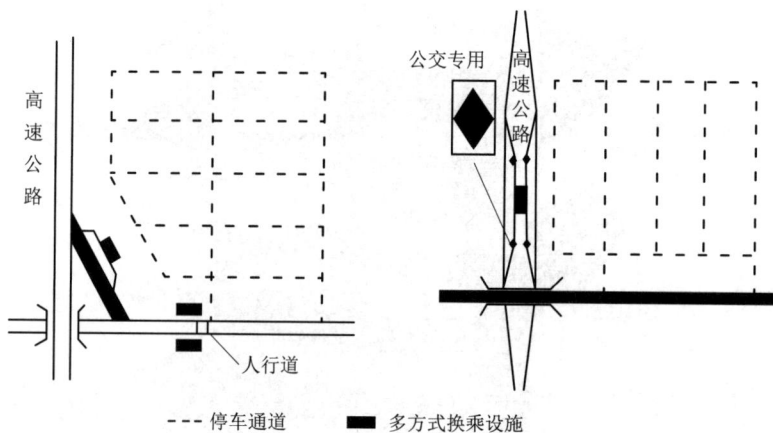

--- 停车通道   ■ 多方式换乘设施

图 10-8   高速公路交汇处停车换乘系统

10.3.2   小汽车与公共交通的换乘设计

根据公共交通车站与小汽车停车场的关系，可以将换乘衔接方式分为以下 4 类。

① 路内换乘，公交车站为干道的路边停靠站，站台可以外置或者内置，公交车站与小汽车停车场分离。以公交车的快速通过为主，停车场的出入口设置在支路上，如图 10-9 和图 10-10 所示。

② 路外换乘，公交车站设在小汽车停车场内，公交和小汽车混合。以公交服务小汽车为主，需要设置必要的人行设施，保证行人安全和方便性，如图 10-11 所示。

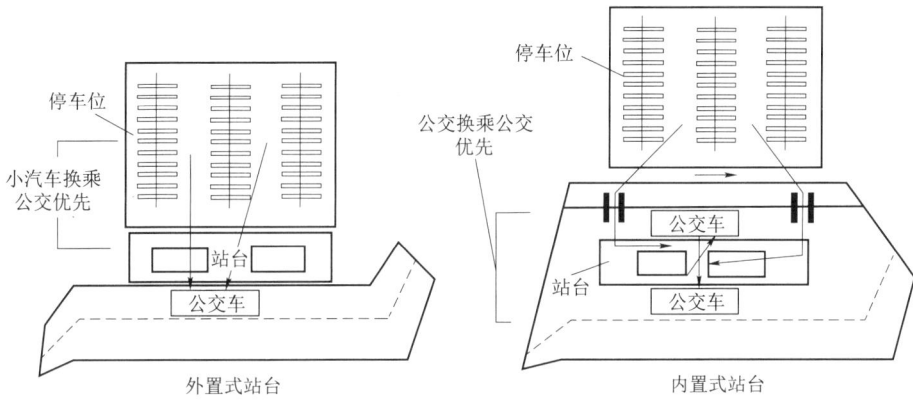

图 10-9　小汽车与公交车路内换乘

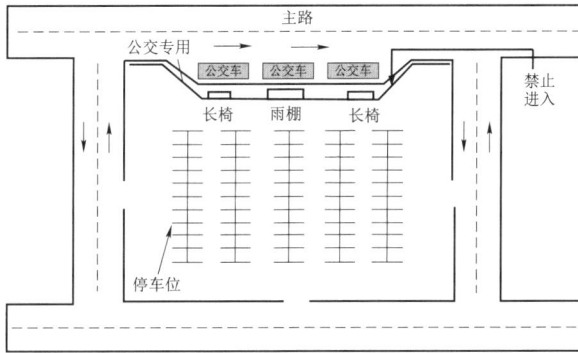

图 10-10　设置港湾式公交停靠站的 P+R

图 10-11　牛津 Thornhill P+R

③ 路外换乘，公交车站和小汽车停车场分离，设置专门的回车道，如图 10-12 和图 10-13 所示。

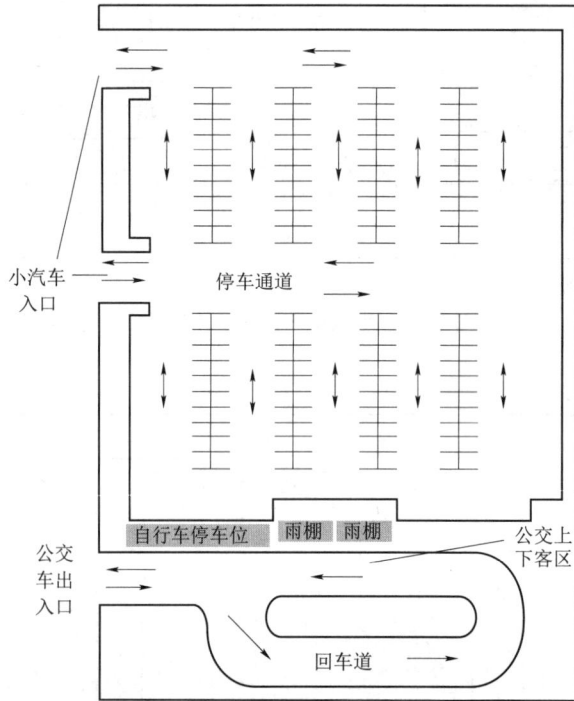

图 10-12 设有专门回车道的停车换乘枢纽

图 10-13 设有专门回车道的牛津 Water Eaton P+R

④ 路外换乘，多个公共交通车站共同构成公共交通的换乘枢纽，如图 10-14 和图 10-15 所示。

图 10-14 温哥华架空列车博览线 Scott Road Station 外的停车换乘场地

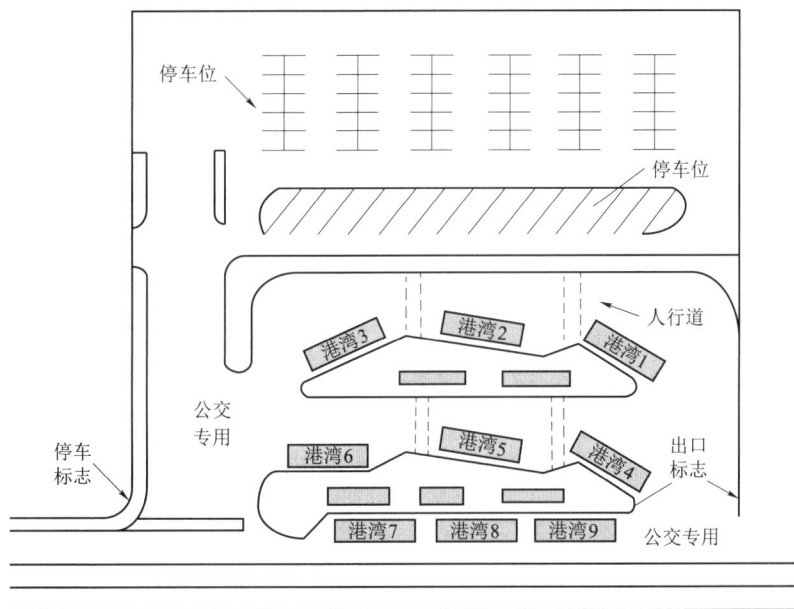

图 10-15 具有两个锯齿形公交停靠站的 P+R

10.4 停车换乘枢纽详细设计

本节分别对出入口及公交场地、换乘空间和换乘停车空间的设计进行说明。

10.4.1 出入口及公交场地

1. 出入口

P+R 停车场的出口和入口宜分开设置，通常在主次干道都可以布置，最好布置在次干道右侧，若必须设置在主干道旁时，应尽量远离交叉口并限制左转车辆进口，避免造成交叉口处交通组织的混乱。出入口处应设置明显的行驶方向标志和停车位置指示牌。

2. 公交载客区域

公交载客区域只允许公交车辆进入，该区域应与城市干道有良好的衔接并满足现状及未来不断增长的需求，留有足够的用地和回转空间。公交载客区域至少应能容纳一辆标准的公交车进出回转。

10.4.2　换乘空间

1. 乘客候车区域

乘客候车区域设置在公交载客区和机动车储存区之间。该区域应设置步行通道，并与机动车储存区、临停换乘区、自行车储存区连通，以方便乘客步行至候车区域换乘公共交通。在具体设计中还应考虑在该区域设置遮阳防雨顶棚，为乘客提供一个舒适的换乘环境。

2. 临停换乘区

在停车空间有限时，P+R 停车场最好布置临停换乘区。临停换乘区一般设置在乘客候车区域的一边，小汽车驶入候车区域，车上乘客下车进入候车区域，驾驶员驾驶汽车驶离停车场。值得注意的是，临停换乘区的车流不应和公交车流发生冲突。

10.4.3　换乘停车空间

1. 机动车停车区

机动车停车区的轴线应与乘客候车区域垂直，停车区距离乘客候车区域应大于 100 m，出行者驾驶小汽车进入机动车停车区，停车后直接步行进入乘客候车区域，这样的布局有效地避免了人流与车流的交叉，保证了行人的安全。P+R 设施内部路面应有显著的停车标志和行车方向标志，便于驾驶员自动入位。在城市用地紧张的大城市，停车场可向空间或向地下发展，建立多层停车库。

小汽车停车设计规范、技术要求及规模测算见 8.4.3 节。

2. 自行车停车区

自行车停车区紧邻附近街道和乘客候车区，以便骑车者直接进入储存区停放自行车。储存区应尽可能设置车棚（防雨、防晒），内设车架，以便于车辆存放和管理，停车带和通道应有显著的标志，以便车辆出入，避免干扰行人。

自行车停车设计规范、技术要求及规模测算见 8.4.3 节。

■复习思考题

1. 什么是停车换乘枢纽？有哪些形式？
2. 停车换乘枢纽中小汽车与公共交通车站的换乘衔接方式有哪些类型？

参 考 文 献

[1] 李灿. 城市轨道交通枢纽乘客流交通特性分析及建模 [D]. 北京：北京交通大学，2008.

[2] OLDER S J. Movement of pedestrians on footways in shopping streets [J]. Traffic engineering and control，1968，10（4）：160-163.

[3] FRUIN J J. Pedestrian planning and design [M]. New York：Metropolitan Association of Urban Designers and Environmental Planners Inc., 1971.

[4] WEIDMANN U. Transporteehnik Der Fussgaenger ETH [R]. Sehriftenreihe IVt-Berichte 90，Zuerich, 1993.

[5] SARKAR A K, JANARDHAN K S V S. A study on pedestrian flow characteristics [C]. Transportation Research Board Proceedings on CD-ROM. Washington, 1997.

[6] 陈绍宽，李思悦，李雪，等. 地铁车站内乘客疏散时间计算方法 [J]. 交通运输系统工程与信息，2008，8（4）：101-107.

[7] 张培红，鲁韬，陈宝智，等. 时间压力下人员流动状态的观测和分析 [J]. 人类工效学，2005，11（1）：8-10，17.

[8] PREDTEEHEMKII V M，MILINSKI A l. Planning for foot trafic flow in building [M]. Moscow：Stroiizdat publishers，1969.

[9] ANDO K，OTA H，OKI T. Forecasting the flow of people （in Japanese）[J]. Railway research review，1988，45（8）：8-14.

[10] THOMPSON P，MAREHANT E. A computer model for the evacuation of large building population [J]. Fire safety，1995（24）：131-148.

[11] VIRKLER M R，ELAYADATH S. Pedestrian speed: how density relationships [J]. Transportation research record，1994（1438）：51-58.

[12] 杨丽丽. 综合交通客运枢纽内部行人交通特性研究 [D]. 长春：吉林大学，2009.

[13] LAM W, MORRALL J, HO H. Pedestrian flow characteristics in Hong Kong [J]. Transportation research record，1995，1487（1）：56-62.

[14] 曹守华. 城市轨道交通乘客交通特性分析及建模 [D]. 北京：北京交通大学，2009.

[15] 张驰清. 城市轨道交通枢纽乘客交通设施服务水平研究[D]. 北京：北京交通大学，2007.

[16] HENDERSON L F. The statistics of crowd fluids [J]. Nature，1971（229）：381-383.

[17] HELBING D. A fluid dynamic model for the movement of pedestrians [J]. Complex systems，1999（6）：391-415.

[18] SERGE HOOGENDOORN，PIET H L. Bovy，gas-kinetic modeling and simulation of pedestrian flows [J]. Transportation research record，2000，1710（1）：28-36.

[19] HUGHES R L. The flow of large crowds of pedestrians [J]. Mathematics and computers in simulation，2000，53（4）：367-370.

[20] HUGHES R L. A continuum theory for the flow of pedestrians [J]. Transportation research

part B，2002（36）：507-535.

［21］ GIPPS P G，MARKSJO B. A micro-simulation model for pedestrian flows [J]. Mathematics and computers in simulation，1985，27（2）：95-105.

［22］ BLUE V J，EMBRECHTS M J，ALDER J L. Cellular automata modeling of pedestrian movements. Systems，Man，and Cybernetics [C]// IEEE International Conference，1997. USA：IEEE，1997（3）：2320-2323.

［23］ BLUE V J，ADLER J L. Emergent fundamental pedestrian flows from cellular automata microsimulation [J]. Transportation research record，1998，1644（6）：29-36.

［24］ OKAZAKI S. A study of pedestrian movement in architectural space，part 1：pedestrian movement by the application of magnetic models [J]. Trans. of A I J，1979，283（3）：27-32.

［25］ OKAZAKI S，MATSUSHITA S. A study of simulation model for pedestrian movement with evacuation and queuing [C]// Proceeding of the International Conference on Engineering for Crowd Safety. London：Elsevier，1993：271-280.

［26］ HELBING D. A mathematical model for the behavior of pedestrians [J]. Behavioral science，1991，36（3）：298-310.

［27］ HELBING D，MOLNAR P. Social force model for pedestrian dynamics [J]. Physical review E，1995，51（4）：4282-4286.

［28］ HELBING D，VICSEK T. Optimal self-organization [J]. New journal of physics，1999，1（13）：1-13，17.

［29］ LOVAS G G. Modeling and simulation of pedestrian traffic flow [J]. Transport research B，1994，28（3）：429-443.

［30］ THOMPSON P A，MARCHANT E W. A Computer model the evacuation of large building populations [J]. Fire safety journal，1995，24（1）：131-148.

［31］ THOMPSON P A，MARCHANT E W. Testing and application of the computer model 'SIMULEX' [J]. Fire safety journal，1995，24（3）：149-166.

［32］ WATTS J M. Computer models for evacuation analysis [J]. Fire safety journal，1987, 12（3）：237-245.

［33］ BLUE V J，ADLER J L. Cellular automata microsimulation of bidirectional pedestrian flows [M]. USA：Transportation research board，2000，1678：135-141.

［34］ 美国交通运输研究委员会. 美国公共交通通行能力和服务质量手册［M］. 杨晓光，滕靖，译. 北京：中国建筑工业出版社，2010.

［35］ 罗斯. 火车站规划、设计和管理［M］. 北京：中国建筑工业出版社，2007.

［36］ 袁敏红. 铁路枢纽客运站布局分析及客流通道能力研究［D］. 北京：北京交通大学，2007.

［37］ 唐子涵. 综合客运枢纽站流线组织与分析［D］. 成都：西南交通大学，2010.

［38］ 漆凯. 城市客运枢纽站旅客流线优化研究［D］. 北京：北京交通大学，2012.

［39］ 宣登殿. 综合客运枢纽系统规划方法研究［D］. 西安：长安大学，2011.

［40］ 何世伟. 综合交通枢纽规划：理论与方法［M］. 北京：人民交通出版社，2012.

［41］ 张发才. 铁路客运与城市交通运营组织衔接研究［D］. 南京：东南大学，2006.

［42］ 马衍军，高建华. 我国公路客运与其他运输方式及城市交通衔接换乘发展现状［J］. 交

通世界，2010（4）：42-55.

[43] 周爱莲. 交通枢纽规划与设计［M］. 北京：人民交通出版社，2013.

[44] 尹传忠，李秀泉，卜雷，等. 港口铁路集疏运系统规划研究［J］. 中国铁路，2010（2）：67-69.

[45] 张超，李海鹰. 交通港站与枢纽［M］. 北京：中国铁道出版社，2004.

[46] 郭子坚. 港口规划与布置［M］. 3 版. 北京：人民交通出版社，2011.

[47] 王晶，熊薇. 基于交通组织流线优化的港区货运交通［J］. 山西建筑，2012，38（36）：18-19.

[48] 范亚树，邵峰. 上海港国际客运中心城市与交通流线设计［J］. 建筑技艺，2009（5）：74-81.

[49] 陈小鸿. 城市客运交通系统［M］. 上海：同济大学出版社，2008.

[50] 关宏志，刘小明. 停车场规划设计与管理［M］. 北京：人民交通出版社，2003.

[51] 吕慎，庄焰. 城市客运交通枢纽规模研究［J］. 深圳大学学报（理工版），2005，22（2）：181-183.

[52] 韩冬青，冯金龙. 城市建筑一体化设计［M］. 南京：东南大学出版社，1999.

[53] 王炜，陈学武，陆建，等. 城市交通管理规划指南［M］. 北京：人民交通出版社，2003.

[54] 沙滨，袁振洲，缪江华，等. 城市轨道交通换乘方式对比分析［J］. 城市交通，2006，4（2）：11-15.

[55] 顾静航. 城市轨道交通枢纽一体化布局及换乘研究［D］. 上海：同济大学，2008.

[56] 付玲玲. 城市轨道交通枢纽站点间换乘设施设计研究［D］. 西安：长安大学，2008.

[57] 盛志前. 基于轨道交通换乘的枢纽交通设计研究［D］. 北京：中国城市规划设计研究院城市交通研究所，2004.

[58] 凌志强. 城市公共交通枢纽交通设计方法研究［D］. 南京：南京林业大学，2010.

[59] 毛保华. 城市轨道交通规划与设计［M］. 北京：人民交通出版社，2006.

[60] 范文博. 英国牛津城停车换乘发展经验与启示［J］. 交通运输工程与信息学报，2013，11（1）：40-46.

[61] http：//www.parkandride.net.

[62] ROBERT J， SPILLAR P E. Park and ride planning and design guidelines［M］. New York：Parsons Brinckerhoff inc.，1995.

[63] 郑斌，余奕浩，陈有文. 客运码头主要设计参数的确定［J］. 水运工程，2011（3）：86–89.